中国休闲农业年鉴

2019

农业农村部乡村产业发展司　主编

中国农业出版社

北　京

中国休闲农业年鉴
编 辑 委 员 会

中国休闲农业年鉴
编 辑 部

我们的业务

中农智慧（北京）农业研究院

产业分析
可行性研究报告
项目策划
方案编制
规划设计
申报咨询

丰华学院

国家涉农政策解读
乡村振兴经典案例解析
科技创新
创新创业典型案例解析
网红培训
电商培训
研学，游学

走进乡村——

微电影制作
纪录片制作
大电影制作
综艺节目制作
活动会议策划

乡创网

线上与线下同步

理论与实践结合

国内与国外游学

链接政府、企业、合作社

新型经营主体和科研院所

培育乡村专家、企业家、带头人创业导师队伍

百牛群——编辑部

《中国休闲农业年鉴》

乡村振兴八大案例丛书

《如何打造生态宜居的美丽乡村》

《图解<全国乡村产业发展规划（2020—2025年）>》

图书、期刊等

中农智慧

乡创客儿

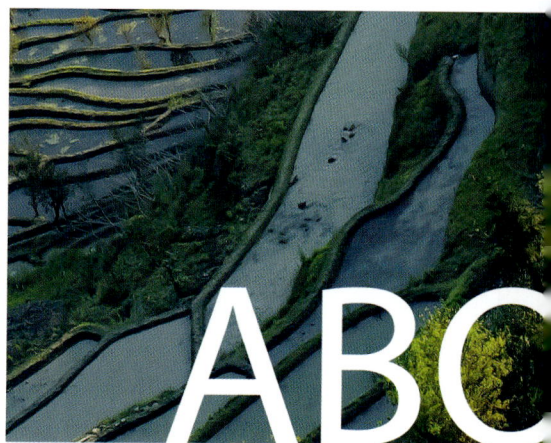

中农智慧简介

ABC

ZHONGNONGZHIHUI

CORE PHILOSOPHY

中农智慧核心理念

高端策划团队

为您搭建政企、科企、银企、市企对接平台

　　中农智慧（北京）管理咨询有限公司（简称"中农智慧"），是一家为现代农业服务的企业，整合原有多个专业部门和技术团队，发展成为集规划、电商运营、会议会展、编辑、培训、影视为一体的综合型服务企业。

JT US

助力乡村振兴　提供精准服务　宗旨

客户至上　共同发展　原则

讲好"三农"故事　文化

为中国农业"高标准、高质量、高效率"
发展提供全链条式的服务　目标

江阴市花木有限公司

　　江阴市花木有限公司成立于1982年，是江阴市成立最早、规模最大、获得国家二级资质的园林绿化专业公司，注册资本10 000万元，公司主营花卉苗木种植销售、城市景观绿化设计、园林景观绿化施工及养护。

　　公司下设江阴市徐霞客水产研究所有限公司和江阴鼎诺建设工程有限公司两个子公司。江阴市徐霞客水产研究所有限公司主要从事水产养殖、销售，水产养殖新技术、渔业设施的研究、开发等项目。江阴鼎诺建设工程有限公司主要从事市政工程、景观建筑工程的设计、施工、养护等项目。

　　公司已从事绿化工程近40年，具有一定的知名度及市场影响力。公司依托上海交通大学创新设计中心，为公司提供了强有力的设计技术支撑；公司自有的技术力量及施工经验，为工程项目提供了质量保证；公司自有苗木基地供给绿化工程项目，为公司顺利完成工程项目提供了强有力的保障。

　　作为一家集市政工程、景观园林设计、施工及苗木销售种植于一体的综合性企业，江阴市花木有限公司以"打造企业自身品牌，扩展业务范围"为宗旨，面向全国城市园林绿化市场，以景观园林绿化工程和苗木种植销售相结合的模式，将"绿化城市、造福地方"作为企业长期发展目标。

地址：江阴市澄江中路2号天福华厦6～7楼B座
电话：0510-86802715
传真：0510-86814981
邮箱：jyhm1997@163.com
网址：http://www.jyhm.cn/

目 录

休闲农业典型案例

发展概况

2018 年全国休闲农业概况

中国农民丰收节设立工作

中国美丽休闲乡村推介活动

全国休闲农业和乡村旅游精品景点线路推介

2018 全国休闲农业和乡村旅游大会

2018 年全国休闲农业概况

【基本情况】 休闲农业是农业旅游文化"三位一体"、生产生活生态同步改善、农村一二三产业深度融合的新产业新业态新模式。发展休闲农业和乡村旅游对于统筹城乡融合发展、培育农村发展新动能、加快农村转型发展、促进农民就业增收、推动生态文明和农业可持续发展有着重要意义。2018 年，农业农村部大力实施休闲农业和乡村旅游升级行动，通过积极争取设立并筹办丰收节、实施休闲农业和乡村旅游精品工程、夯实休闲农业和乡村旅游基础等多项工作措施推动休闲农业快速发展，进一步满足了现代人精神休憩的消费需求，也给发展较落后的乡村注入了无限活力。成为撬动"绿水青山"转化为"金山银山"的"金杠杆"。

2018 年，我国休闲农业和乡村旅游接待超 30 亿人次，营业收入超 8 000 亿元，呈现出产业规模化、经营集约化、内涵多元化的良好发展趋势。农业农村部高度重视休闲农业和乡村旅游发展，要求各级农业农村主管部门统筹兼顾，求真务实，全国上下一盘棋，围绕实施休闲农业和乡村旅游精品工程，通过"打造休闲旅游精品、丰富休闲旅游业态、提升休闲旅游管理水平"等措施积极发展乡村休闲旅游，增添乡村产业发展亮点，有力推动了乡村产业振兴。

【政策创设工作】 为深入贯彻党的十九大精神，认真落实《中共中央　国务院关于实施乡村振兴战略的意见》提出的"实施休闲农业和乡村旅游精品工程"决策部署，2018 年 4 月，印发《农业农村部关于开展休闲农业和乡村旅游升级行动的通知》（农加发〔2018〕3 号），要求各地以精品促升级、设施促升级、服务促升级、文化促升级、管理促升级，到 2020 年，产业规模进一步扩大，营业收入持续增长，实现休闲农业和乡村旅游高质量发展。

【休闲农业精品培育工作】 近年来，农业农村部高度重视休闲农业和乡村旅游品牌体系建设，自 2014 年以来，持续开展中国美丽休闲乡村推介活动，向全社会推介生态环境优、产业优势大、发展势头好、示范带动能力强的"中国美丽休闲乡村"。为了进一步提升休闲农业品牌价值，2018 年农业农村部印发《农业农村部办公厅关于开展休闲农业和乡村旅游精品推介工作的通知》，继续开展推介工作，要求以农业为基础、农民为主体，依托农业产业、乡村文化、村落建筑、民俗风情、生态资源、人居环境的优势，因地制宜发展休闲农业和乡村旅游，通过制定标准、明确程序、专家评选，培育推介了 150 个功能特色突出、文化内涵丰富、农民利益联结机制完善、具有较强的示范辐射和带动作用的中国美丽休闲乡村。

【农耕文化传承工作】 经农业农村部积极申请协调落实，最终由党中央批准、国务院批复，同意自 2018 年起，将每年农历秋分设立为"中国农民丰收节"，体现了党和国家对"三农"工作的重视和关心，并明确由农业农村部商有关部门组织实施具体工作。统筹完成第三、第四批中国重要农业文化遗产整理工作，编辑出版《中国重要农业文化遗产（第二辑）》，从历史、科学和现实三个维度来阐述这些中国重要农业文化遗产的产生、发展和演变，并总结了遗产保护的成功经验和做法。

【基础性工作】 通过开发监测系统、制定统计指标、建立监测试点，逐步建立监测体系，组织开展休闲农业统计监测工作，为行业发展提供数据支持。分赴海南、山西、云南等地调研休闲农业和乡村旅游发展情况，完成调研报告，参与制定《关于支持海南省全面深化改革开放加快发展热带现代农业的实施方案》。围绕休闲农业和乡村旅游发展政策、产业发展理论和实践经验，在宁夏银川和山东兰陵分别举办全国休闲农业和乡村旅游管理人员和从业人员培训班，对全国 200 多名代表进行了培训，通过专题讲解、案例剖析和现场教学，增强了管理人员和从业人员规划开发、模式创新、创意设计、营销策划、从业技巧等方面的能力。

【宣传推介工作】 按照"统筹谋划、上下联动、突出特色、重点推进"的思路，农业农村部在品牌培育和示范创建的基础上，根据春夏秋冬季节特点和节假日时点分布，以及休闲消费需求，分时段、分类别向社会发布推介一批休闲农业和乡村旅游精品，搭建信息共享平台，为城乡居民提供望得见山、看得见水、记得住乡愁的好去处，促进农民就业增收。

2018 年 4 月，以"春观花"为主题，在重庆市南川区举办中国美丽乡村休闲旅游行（春季）推介活动，启动 2018 美丽乡村休闲旅游行，向社会推介休闲农业和乡村旅游精品景点 56 个，发布 60 个全国休闲农业和乡村旅游示范县（市、区）名单，为城乡居民提供了踏青赏花的好去处。2018 年 9 月，以"秋采摘"为主题，在湖北恩施建始县举办首届中国农民丰收节系列活动，向全社会推介 100 个休闲农业和乡村旅游精品景点线路。在部网站同步推出"春观花""夏纳凉""秋采摘""冬农趣"四季主题推介专题。编印出版《全国休闲农业和乡村旅游经典案例》，启动"中国休闲农业"微信公众号。

中国农民丰收节设立工作

2017 年全国"两会"期间，45 名全国人大代表提出建议设立"国家丰收节"，农业部高度重视，进行了认真研究和广泛调研，并请各方面专家学者加以论证。各方均认为，要高度重视和采纳人民代表的建议。

随后，农业农村部向国务院上报《关于申请设立"中国农民丰收节"的请示》（农请〔2017〕83 号）。2017 年 11 月 15 日国务院法制办就此事向中央宣传部、中办法规局、中央农办、全国人大农业与农村委员会、全国人大常委会法工委、国家发展和改革委员会（以下简称"国家发改委"）、国家民委、财政部、文化部等 31 个中央单位和 31 个省（自治区、直辖市）人民政府以及新疆生产建设兵团等广泛征求意见。各方面均赞同设立"中国农民丰收节"。

由农业农村部积极申请协调落实，最终经中央政治局常委会会议审议通过，由国务院批复，同意自 2018 年起，将每年农历秋分设立为"中国农民丰收节"，明确由农业农村部商有关部门组织实施具体工作。"中国农民丰收节"的设立，彰显了以习近平同志为核心的党中央对"三农"的高度重视、关心关爱，有利于凝聚力量、鼓舞士气，有利于营造全社会重农强农、支农爱农的良好氛围，有利于传承弘扬中华优秀农耕文化，为实施乡村振兴战略、加快农业农村现代化增添力量。

中国美丽休闲乡村推介活动

"乡村"是休闲农业和乡村旅游的基本单元之一，以乡村为基础，通过发展休闲农业和乡村旅游，将农业生产、农事体验、休闲度假、田园观光、科普教育、民俗展示等有机融合，有效促进了农业提质增效、带动了农民就业增收、推进了美丽乡村建设、推动了城乡一体化发展，为扩消费、稳增长、调结构、惠民生做出积极贡献，成为促进和带动乡村产业兴旺、生态宜居、生活富裕、乡风文明、治理有效的典范和样板。

为全面贯彻落实中央 1 号文件关于实施

休闲农业和乡村旅游精品工程的决策部署，以《乡村振兴战略规划（2018—2022 年）》为指导，推动构建乡村产业体系重大工程，以农业农村部培育推介的中国美丽休闲乡村为重点，搭建发布推介平台，开展中国休闲农业和乡村旅游精品发布推介活动，为行业发展营造良好环境，为农民增收致富提供新的增长点，为广大消费者提供望山、看水、忆乡愁的好去处。

2018 年，农业农村部继续组织开展了中国美丽休闲乡村推介活动，按照"政府引导、市场主导、以农为本，联农带农，城乡互动、融合发展"的原则，以促进农民就业增收、满足人民美好生活需要、建设美丽乡村为目标，培育推介一批天蓝、地绿、水净、安居、乐业的中国美丽休闲乡村，加大宣传推介，树立服务质量和市场反响良好，经济、社会、文化、生态效益显著的行业样板，不断挖掘农业特色、传承农耕文明、展示民俗文化、带动农民增收，提升休闲农业和乡村旅游中高端产品供应能力，提高知名度、美誉度和影响力，促进休闲农业和乡村旅游精品工程实施。

经过地方推荐、专家评审和网上公示等程序，向全社会推介了北京市房山区蒲洼乡东村等 150 个村为中国美丽休闲乡村，本着优中选优、突出特色的原则，在总体情况一致的情况下，重点考虑产业特色突出、文化内涵明显、品牌知名度高、示范作用强的乡村。2018 年 10 月，农业农村部在江苏溧阳举办的全国休闲农业和乡村旅游大会上发布了中国美丽休闲乡村推介名单，进一步完善了休闲农业和乡村旅游品牌建设。同时，农业农村部要求各级主管部门加强指导服务，加大政策扶持，强化宣传推介，大力开发特色产品，努力提升服务质量，持续打造休闲农业和乡村旅游精品，为实现乡村振兴、全面建成小康社会做出新的贡献。

全国休闲农业和乡村旅游精品景点线路推介

为进一步深入贯彻落实中央 1 号文件精神，推动实施休闲农业和乡村旅游精品工程，2018 年，农业农村部按照"统筹谋划、上下联动、突出特色、重点推进"的思路，在品牌培育和示范创建的基础上，根据春夏秋冬季节特点和节假日时点分布，以及休闲消费需求，开展"春观花""夏纳凉""秋采摘""冬农趣"四个主题休闲农业和乡村旅游精品发布推介。

发布推介活动以全国休闲农业和乡村旅游示范县、中国美丽休闲乡村、中国重要农业文化遗产、中国美丽田园、星级农庄以及各具特色的地方品牌和农事节庆活动为主体，发布推介休闲农业集聚村、田园景观、农庄农园、节庆活动等休闲农业和乡村旅游不同类型的精品点。农业农村部部署安排各省（自治区、直辖市）择优推荐拟发布推介的精品景点线路，通过专家评选推介，遴选精品景点线路，并采取线上线下结合的方式，集中开展推介。一是举办线下活动，营造浓厚氛围。分季节选择适宜地点，举办全国休闲农业和乡村旅游精品发布活动，进行集中发布，提升休闲农业和乡村旅游精品的影响力和关注度。二是运用媒体平台，加大推介力度。在发挥好报刊、电视等传统媒体作用的同时，充分利用网站、微信等新媒体平台，向社会发布推介，提高传播力、影响力和舆论引导力。

4 月 2 日，2018 中国美丽乡村休闲旅游行（春季）推介活动在重庆市南川区举办。活动以"春观花"为主题，启动了 2018 中国美丽乡村休闲旅游行，向社会推介了 56 个休闲农业和乡村旅游精品景点，发布了 60 个全国休闲农业和乡村旅游示范县（市、区）。9 月 19 日，农业农村部乡村产业发展司在湖北恩施建始县，举办首届中国农民丰收节系列活动——2018 中国美丽乡村休闲旅游行精品景点线路推介活动，向全社会推介了 100 个休闲农业和乡村旅游精品景点线路，并通过中国农民丰收节网站对外发布。极大地营造了节日氛围，让全社会共享丰收喜悦。通过分时段、分类别向社会发布推介一批休闲农业和乡村旅游精品，搭建了信息共享平台，为城乡居民提供望得见山、看得见水、记得住乡愁的好去处，促进农民就业增收。

2018 全国休闲农业和乡村旅游大会

为深入实施休闲农业和乡村旅游精品工程，推进休闲农业和乡村旅游高质量发展，农业农村部以"发展休闲农业 助推乡村振兴"为主题，于 10 月 31 日在江苏召开 2018 全国休闲农业和乡村旅游大会。旨在深入学习领会习近平总书记关于"三农"工作的重要论述，践行"两山"理论，围绕实施乡村振兴战略，总结交流各地休闲农业和乡村旅游发展的做法和经验，分析面临的新形势新挑战，部署安排促进休闲农业和乡村旅游高质量发展各项工作。农业农村部总农艺师马爱国出席会议并讲话。

会议强调，实现乡村振兴，重在产业振兴。休闲农业和乡村旅游是乡村产业的重要标志，也是实现乡村产业振兴的重要措施。

要加强引导，创新思路，丰富业态，创造精品，提升服务，打造休闲农业和乡村旅游升级版，助力乡村振兴，全面建成小康社会。

会议指出，近年来，各地因地制宜发展休闲农业和乡村旅游，产业规模不断扩大、业态类型不断增多、产业内涵不断拓展、农民收入不断增加，取得了积极成效。随着消费结构的快速升级、乡村振兴战略的深入实施、供给侧结构性改革的纵深推进，休闲农业和乡村旅游发展面临难得的历史机遇。

会议认为，发展休闲农业和乡村旅游，要坚持政府引导，发挥市场的决定性作用；坚持农民主体，调动各方积极性；坚持绿色引领，保护开发生态资源；坚持产业融合，延伸产业链条。

会议要求，各地要围绕发展现代农业、紧扣乡村产业振兴和农民持续增收、突出特色化差异化多样化、提升设施服务管理水平，重点抓好规划引领、精品打造、规范管理、设施完善、业态丰富，推动休闲农业和乡村旅游转型高质量发展。

会议期间，安徽省、四川省、江苏省、吉林省、山西省、浙江省、湖南省及上海市 8 位省、县、村代表做了交流发言，并和其他与会代表交流各地推进休闲农业和乡村旅游发展的主要做法和经验；部署安排统计监测等有关工作；公布中国美丽休闲乡村推介名单的通知并为代表授牌；推介发布了"中国休闲农业"微信公众号。

各地概況

北京市

天津市

河北省

山西省

内蒙古自治区

辽宁省

吉林省

黑龙江省

上海市

江苏省

浙江省

安徽省

福建省

江西省

山东省

河南省

湖北省

湖南省

广东省

广西壮族自治区

海南省

重庆市

四川省

贵州省

云南省

西藏自治区

陕西省

甘肃省

青海省

宁夏回族自治区

新疆维吾尔自治区

新疆生产建设兵团

北京市

【基本情况】　休闲农业和乡村旅游是北京市都市型现代农业的组成部分，是推进城乡一体化发展的重要内容，是落实"绿水青山就是金山银山"的重要载体，是实现乡村产业振兴的重要措施，在推动农业供给侧结构性改革、建设美丽乡村、带动农民就业增收、传承农耕文明等方面发挥着重要作用。在北京市《关于加快休闲农业和乡村旅游发展的意见》（京政农发〔2017〕30号）指导下，2018年北京休闲农业减量发展、规范发展并进，挑战机遇并存。

在疏解整治促提升的大背景下，北京市持续深入推进农业"调转节"，传统农业进一步缩减，农业内部结构进一步调整。2018年，全市实现农林牧渔业总产值296.8亿元，同比下降3.7%，扣除价格因素，同比下降4.0%。2018年，全市设施农业占地面积20.8万亩①，同比下降7.1%，设施产值51.7亿元，同比下降5.1%。在减量的同时，休闲农业和乡村旅游结构进一步优化，效益水平有所提升。

（一）农业观光园情况

截至2018年年底，全市农业观光园1 172个，比上年减少44个，全年接待人次1 897.6万人次，实现总收入约27.3亿元，接待游客人均消费143.8元，同比增长1.3%。门票、住宿及其他收入增势强劲，同比增长分别为26.9%、4.5%和11.9%。观光园带动本地就业增长，本地从业人员占高峰期从业人员的比重达74.5%，较上年提高0.4个百分点。全新认定19个国家级休闲农业园区，累计82个休闲农业园区被认定为全国星级园区。

（二）乡村民俗旅游情况

截至2018年年末，北京市乡村民俗旅游实际经营户7 783户，民俗旅游总收入约13

亿元，接待人次为2 042万人次，接待游客人均消费63.66元，同比有所提高。2018年继续实现提档升级，5个乡村被农业农村部认定为中国美丽休闲乡村，累计全市已有25个村获得"中国美丽休闲乡"村称号。

表1　北京市2018年农业观光园基本情况

指标名称	计量单位	2018年	2017年	同比增长
观光园个数	个	1 172	1 216	−3.62%
接待人次	万人次	1 897.6	2 105.3	−9.87%
总收入	万元	272 657	299 000	−8.81%
人均消费	元/人	143.8	142.0	1.30%

表2　北京市2018年乡村旅游基本情况

指标名称	计量单位	2018年	2017年	同比增长
实际经营乡村旅游农户（单位）数	户	7 783	8 363	−6.94%
接待人次	万人次	2 042	2 245.5	−9.06%
总收入	万元	130 361	142 000	−8.20%
人均消费	元/人	63.66	63.24	0.66%

（三）农业会展及农事节庆情况

2018年度，北京市各涉农区举办丰富多彩的农业节庆活动，如大兴西瓜节、平谷桃花节、海淀樱桃节、通州番茄文化节、房山稻作文化节等，推动乡村休闲产业发展，带动农民增收致富。农业节庆活动已成为休闲农业和乡村旅游的新亮点。举办北京市"首届中国农民丰收节"，推出系列农业节庆活动，举办第六届北京农业嘉年华，打造农田景观观光模式。

【主要做法及成效】　以服务首都、富裕农民为出发点和落脚点，着重从以下几个方面推动休闲农业和乡村旅游发展。

（一）加强政策研究

北京市农村工作委员会深入研究乡村民

---

① 亩为非法定计量单位，1亩＝1/15公顷。

宿住宿合法经营资质问题，会同相关部门，研究乡村民宿行业审批等问题，共同制定《北京乡村民宿管理导则》。组织各区开展农业观光园清查工作，研究本市农业观光园相关政策。

（二）制定行业标准，加强指导

制定北京市休闲农业星级园区（企业）评定标准。开展《北京市共享农园建设与服务规范》标准起草工作，完善《北京市共享农园建设与服务规范》。

（三）积极培育多种经营主体

通过积极引入社会资本，积极发挥村集体作用，统筹利用农村集体建设用地，盘活农村闲置资源，集成农村各项政策，提升民俗旅游村创意设计水平，推动休闲农业和乡村旅游提档升级。引导民俗旅游村成立民俗旅游专业合作社，将民俗旅游接待户组织起来，使其逐渐由自发经营走上规范化发展的道路。例如，密云区提出了"一个民俗村就是一个乡村酒店"的发展理念，通过成立民俗旅游专业合作社，实现民俗旅游接待户的"六统一"，实现规范化、标准化、组织化、网络化。

（四）多方位开展宣传推介工作

以"互联网＋"为手段，依托新媒体开展多方位休闲农业推介。开展京郊休闲农业百度地图标注，共实现标注点5 059个。与《北京晨报》合作，每周推出一期休闲农业和乡村旅游宣传内容，已累计推出近百期。利用农业嘉年华举办契机，组织昌平、房山、密云、门头沟等区举办了10场"主题日"活动，宣传展示各区、镇休闲农业与乡村旅游和特色农产品。

（五）加强品牌打造和创建

一是成功举办北京市"首届中国农民丰收节"，树立品牌。

积极配合农业农村部筹备全国首届"中国农民丰收节"主会场活动，指导各区、各部门做好北京市首届"中国农民丰收节"有关活动的组织实施。选调房山区中幡、门头沟区京西太平鼓、平谷区舞龙舞狮三个节目参加主会场的文艺表演，推荐顺义区老北京火绘葫芦画、延庆区朱氏豆塑画参加非遗展演。指导各区举办系列庆祝活动共计29项。

二是继续深入打造"北京农业嘉年华"品牌。成功举办六届北京农业嘉年华，已成为全国知名的节庆活动。第六届北京农业嘉年华累计接待入园游客112.86万人次，门票收入1 011.12万元，园区累计实现总收入4 520.37万元。活动期间，周边各草莓采摘园接待游客达256万人次，销售草莓197.8万千克，实现收入1.23亿元。有效带动延寿、兴寿、小汤山、崔村、百善、南邵6个镇的民俗旅游，活动期间共计接待游客73.26万人次，实现收入1.16亿元。

三是继续深入打造"农田观光季"品牌。结合整体生态宜居环境建设，以打造景观农业为切入点，加快美丽田园建设，探索出了一条推动休闲农业转型升级的发展之路。截至2018年，北京景观农业面积达到10万亩，美丽田园覆盖率约17％。

（六）提升创意策划水平

一是为提升休闲农业经营项目的趣味性、体验性、知识性，丰富休闲农业产业链的经营内容，编写出版了《北京休闲农业与乡村旅游创意设计导则：体验活动》，展示了京郊及外省市发展较为成熟、市场认可度高的主题活动设计案例。二是加强《北京休闲农业与乡村旅游创意设计导则》的推广与应用，引导休闲农业经营者提升创意设计水平。

【存在的主要问题】 北京休闲农业与乡村旅游正在进入由快速发展期向成熟期转变的转型期。这一时期休闲农业和乡村旅游面临的一些亟待解决的问题，需要引起关注。

一是土地政策需要突破。休闲农业的产业特点不同于简单的种植业，其提供的产品除了满足消费者食用需求以外，还需要为消费者提供科普、体验、参与、分享等功能需求。这些需求，客观上需要一定的基础设施建设。但目前，虽然各级政府出台了一系列支持休闲农业与乡村旅游的用地政策，但还无法满足休闲农业发展的需求。

二是财政政策整合力度不高。这些年，北京各级政府对休闲农业的财政政策不少，但发挥的作用不明显，主要表现在政策的整合度不高和持续性不够。为支持休闲农业与乡村旅游产业发展，旅游部门的专项资金、农业部门的转移支付、园林水务的产业资金不少，但是各部门之间的政策缺乏整合与聚焦，没有真正发挥1＋1＋1＞3的效果。

三是中介组织发育不强。北京休闲农业发展时期，需要通过分工（打造农业匠人）与合作（抱团闯市场）来实现新发展。协会等中介组织承担着协助各级政府实现行业自我发展、自我管理、自我服务的职能。这些年，农业部门和旅游部门以及其他部门都成立了休闲农业行业协会、渔业协会等各类行业组织，在推动行业发展过程中发挥了积极作用。但这些组织缺乏相互协调，各自为政，没有很好地发挥聚合作用。

天津市

【基本情况】 休闲农业是现代农业的新型产业形态、现代旅游的新型消费业态，为农林牧渔等多领域带来了新的增长点。经过多年努力，我市休闲农业发展取得显著成效，目前，已创建全国休闲农业与乡村旅游示范县（区）4个、示范点20个，北辰双街、宁河小闫等17个特色旅游村被农业部评为中国美丽休闲乡村，蓟州区团山子梨园、宝坻八门城水稻等4处景观被认定为中国美丽田园，滨海崔庄古冬枣园成为中国重要农业文化遗产。围绕"9123"载体建设目标，在全市规划了9条休闲农业精品线路，规范认定了22

个市级休闲农业示范园区、258个示范村（点）和3 000户示范经营户。2018年，全市休闲农业与乡村旅游直接从业人员达到6.9万人，带动农民就业人数29.5万人，全年共接待游客1 900万人次，实现农副产品及旅游综合收入70亿元，成为我市农业提质增效、农民致富增收、农村植景增绿的重要途径。

【主要做法及成效】

（一）优化产业布局

依据天津市休闲农业"十三五"发展规划和京津冀休闲农业一体化发展规划，以农业资源、农业产品、农业生产为基础，注重与乡村基础设施、交通体系网络、生态旅游资源相结合，突出农业各类资源和特色优势，形成"三廊道三板块"空间布局，即湿地生态景观、滨海观光生态休闲、运河民俗生态文化三条休闲观光廊道，蓟州山水度假、滨海渔农休闲、平原田园养生三大板块，规划建设一批休闲农业集聚区，逐步建成京津冀休闲农业协同发展综合示范区。

（二）完善产业体系

依托农业科技创新、结构优化、产品升级，开发新型产品、拓展服务功能、延伸产业链条，利用"旅游＋""生态＋""互联网＋"等模式，开启休闲农业产业领域的供给侧改革，推进农业、林业与旅游、教育、文化、康养等产业深度融合，发展休闲种植业、休闲林业、休闲牧业、休闲渔业和创意农业等多种业态。拓展各产业的生态休闲、旅游观光、度假养生、文化教育等功能，挖掘在地资源的品牌价值和文化内涵，实现由资源消耗型向文化创新型的转变；创新服务手段，通过科技化、创意化、智能化、网络化等方式实现休闲产业升级，打造"绿色生产—线下体验—文化教育—线上营销—健康养生—定制服务"的一二三产业融合的高端休闲农业产业体系。

（三）强化基础设施

着力改善休闲农业游客综合服务中心、

餐饮住宿设施、农事景观道路、休闲辅助设施、乡村民俗展览馆和演艺场所等基础服务设施，提升消费者对休闲农业旅游的可参与度和满意度。加快完善休闲农业场所的道路、供水、供电、通信、网络、厕所、垃圾污水处理等基础配套设施；建立明晰的标识指示系统、完备的生态停车场、特色农产超市和休闲驿站等载体设施，实现特色农业加速发展、村容环境净化美化和休闲服务能力同步提升。鼓励因地制宜兴建特色餐饮、特色民宿、购物、娱乐等配套服务设施，满足多样化的市场消费需求。

（四）打造精品样板

强化休闲农业经营场所的创意设计，注重农村文化挖掘和特色民居改造，积极推进农业与文化、科技、生态、教育、旅游的融合发展，实施休闲农业精品提升工程。一是积极创建中国美丽休闲乡村，以现有旅游特色村为基础，提升基础设施和接待设施水平，依托农业农村部平台加大宣传推介力度。二是加快提升市级休闲农业示范园区和示范村点。选择区位优势明显、资源基础良好、产品特色鲜明、市场前景广阔的农业园区，扩大规模，提升质量，提高标准，将其打造成为天津市休闲农业精品示范窗口。三是发展田园综合体项目，依托乡村文化、田园风光、自然景观、民风民俗等要素，整合资源、打造特色、点面结合、片区开发，形成连片发展的聚集效应。

（五）培育知名品牌

开展品牌创建，以科技、创意、文化等手段提升休闲产品质量、档次和内涵，大力塑造"津味乡田，乐活休闲"的整体形象，培育一批市场信誉度高、影响力大的区域公用品牌、企业品牌、产品品牌和服务品牌。实施品牌提升，对现有品牌进行升级改造，增强趣味性、体验性、知识性和独特性。强化品牌推介，通过节庆会展、主题活动、经营主体形象设计等多种方式，串联京津冀三地的休闲农业精品线路，塑造一批休闲农业精品形象，吸引城乡居民到乡村休闲消费。鼓励通过传统媒体和网络、微信等新兴媒体宣传推介精品线路和精品点位，大力支持社群营销，扩大休闲农业和乡村旅游产业的影响力。

（六）加大公共服务

强化体系建设，建立健全休闲农业公共服务体系和管理体系，引导成立各类休闲农业合作组织和行业协会，制定行业标准并督促实施，引导休闲农业有序发展和规范经营，逐步形成专业化生产、企业化管理、社会化服务的经营管理机制。强化研发服务，依托市区划所、南开大学等科研教育机构建立一批设计研究中心、规划中心、创意中心，为产业发展提供智力支撑。强化信息服务，启动天津休闲农业网的商务系统升级和市场化运营，按照"互联网＋休闲农业"的理念，构建网络信息服务平台，实现网络营销、网上交易等功能；建立休闲农业与乡村旅游监测点，开展基于互联网大数据的行业运行监测分析，建立完善的监测统计系统。

（七）强化人才支撑

进一步实施农民素质提升工程，组织休闲农业发展论坛和休闲农业管理人员培训班，开展休闲农业示范交流活动，提高经营管理水平。广泛开展从业人员技能培训，丰富农业技术、旅游服务、接待礼仪、乡村文化等知识，提高相关技能。大力开展创业创新培训，积极组织具备条件、有从业意愿的农户和经营者，从基础理论、政策支撑、资源特色、经营管理、典型经验和创业培养等方面开展专项培训，培养一批示范带动作用明显的休闲农业创业致富带头人。

【存在的主要问题】 产业发展用地问题是制约行业发展的最主要的瓶颈。在现行土地政策条件下，如果不研究适合行业发展的新政策，休闲农业很难再有新的发展空间。

河北省

【基本情况】 2018年，河北省践行"绿水青山就是金山银山"重要理念，实施乡村振兴战略，深入推进农业供给侧结构性改革，以建设美丽乡村、促进农民就业增收、满足居民休闲消费为目标，以规范监管、品质提升、品牌培育、宣传推介为重点，实施休闲农业与乡村旅游精品工程，形成了规模可观、布局优化、类型丰富、特色明显、链条完整、效益突出的休闲农业新格局。据统计，全省共有6 707个经营主体，从业人员52.05万人，全年休闲农业接待人次达到6 904.65万人次，营业收入82.37亿元，农副产品销售收入46.56亿元，带动农户34.61万户。

【主要做法及成效】

1. 为满足居民休闲消费需求，2018年河北省对全省的休闲农业景点线路进行了空间上和时间上的全方位优化布局。围绕清明和五一假期，以郊外赏花踏青、体验农耕文化为主题，发布了37条"春观花"精品景点线路和12个精品品牌；围绕端午节和暑期，以"戏水纳凉避暑、品尝特色美食"为主题，发布了40"夏纳凉"精品景点线路和9个精品品牌；围绕中秋和国庆假期，以"品尝收获喜悦、观赏秋日美景"为主题，发布了30条"秋采摘"精品景点线路和15个精品品牌；围绕元旦和春节，以"品味特色民俗、采购农家年货"为主题，发布了14条"冬农趣"精品景点线路和7个精品品牌。这些景点线路通过河北新闻网、河北省农业农村厅官网、河北休闲农业微信公众号上发布，受到了媒体广泛关注和公众的欢迎，《人民日报》客户端、《河北日报》客户端、"今日头条"客户端等媒体当天就进行了转发。

2. 河北省在优化休闲景点、打造精品线路的同时，与传统农耕文化、科普教育、养生养老、信息技术、节庆活动、美丽乡村等产业的融合更加深入，打造了各具特色、内容丰富，在公众中"叫得响、传得开、留得住"的休闲农业和乡村旅游品牌，延长了农业产业链，增加了产品附加值，提升了休闲农业和乡村旅游的发展动力。2018年河北省遵化市何家峪村等6个乡村获评中国美丽休闲乡村，择优筛选了"春观花""夏纳凉""秋采摘""冬农趣"4个主题的14个休闲农业和乡村旅游品牌和7个农事节庆活动，参加休闲农业和乡村旅游精品景点线路推介活动。在首届"中国农民丰收节"系列活动之2018美丽乡村休闲旅游行精品推介活动上，河北省平山县东方巨龟苑等4个精品入选全国100条休闲农业和乡村旅游精品典型线路，北戴河集发生态农业观光园做了典型发言。

3. 以省农业厅、省农村工作办公室名义转发了《农业农村部关于开展休闲农业和乡村旅游升级行动的通知》，要求各市农业部门把开展升级行动作为推动乡村振兴的重要举措，认真履行规划指导、监督管理、协调服务的职责，进一步明确目标任务和主要内容，尽快组织制定发展战略、政策、规划、计划并指导实施，打造一批生态优、环境美、产业强、机制好、农民富的休闲农业和乡村旅游精品，推动河北省休闲农业和乡村旅游高质量发展。廊坊、石家庄等市按照要求，出台了支持休闲农业园区发展的相关政策。

4. 2018年河北省发布了《休闲农业采摘园等级划分与评定》河北省地方标准。此外，河北省地方标准《休闲农业园区等级划分与评定》已于2016年发布，2017年实施。这些标准的制定对于引导全省休闲农业园区规范化发展起到了重要作用。还通过河北休闲农业微信公众号，对近年来国家各部委出台的关于田园综合体、特色小镇、农村一二三产业融合、京津冀一体化等13个方面的休闲农业与乡村旅游相关政策及相关典型案例进行了宣传，并针对中央1号文件提出的"实施休闲农业和乡村旅游精品工程"进行了解读，取得了良好的效果。

5. 河北省深入挖掘中华优秀传统文化，重视中国重要农业文化遗产的保护、传承和利用工作，按照农业农村部的安排，已获认定的宣化城市传统葡萄园等5项中国重要农业文化遗产参加了由中国农业博物馆主办的中国重要农业文化遗产主题展，通过文字、图片、实物、影像等诠释和展示了农业文化遗产的技术体系、文化内涵、生态价值、保护意义和保护成就。河北宣化草编技艺和葫芦烙画还进行了文化展演。另外，河北省还选送馆陶粮画《春到农家》参加了全国新农民新技术创业创新博览会，展示了河北省休闲农业创意精品。

6. 为对标先进，2018年河北省组织省环保站和部分市休闲农业主管部门负责同志，赴陕西省开展休闲农业发展专项调研活动，从政策引导、公共服务、文化引领、项目带动等方面总结经验，分析了河北省当前存在的问题，提出了推动河北省休闲农业健康快速发展的对策建议。省环保站协助省农业生态环境与休闲农业协会组织了休闲农业管理人员培训班，各示范创建企业管理人员共200余人参加了培训。廊坊、秦皇岛、石家庄等市举办了休闲农业从业人员培训班，提升了休闲农业从业人员服务质量和休闲农业管理水平。

【存在的主要问题】 河北省休闲农业工作虽然取得一定成效，但与先进兄弟省相比，河北省休闲农业工作存在以下差距：

（一）推动产业升级的力度不足

休闲农业作为推动乡村振兴的重要举措，部分市、县农业部门对休闲农业定位不准，高度不够，工作的自觉性、主动性还不到位。应当进一步增强规划指导、监督管理、协调服务的职责，延伸产业链条，加强企业间合作，扩大消费市场，提高产业水平和企业市场竞争力，加快休闲农业转型升级。

（二）加快产业融合发展的力度不足

休闲农业是促进一二三产业融合的重要抓手，一些地方产业发展模式和服务功能单一，仅停留在简单观光、餐饮服务层次，一二三产链条延伸不完整，与周边农户利益联结不紧密，三产融合效应尚未充分体现。农业部门应当整合农业一产、二产的优势资源，打造生产标准化、经营集约化、服务规范化、功能多样化的休闲农业集群；并使农业与旅游、教育、文化、健康、养老、信息等产业进一步深度融合，形成新业态，从供给侧满足广大城乡居民对休闲农业和乡村旅游的需要。

（三）发掘产业文化内涵的力度不足

休闲农业是增强经济发展新动能的重要手段，河北省休闲农业产品一方面是项目设计简单缺乏新意、经营形式简单雷同、低层次同质同构等现象较为普遍，市场竞争力、可持续性偏弱；另一方面是公众需求得不到充分满足，常常出现"想玩没处去、去了玩不好、走时没啥带、回头不想去"的现象。农业农村部门应当深度挖掘农耕文化内涵，保护重要农业文化遗产，传承燕赵历史文化，打造休闲农业新亮点，进一步宣传打造蕴含农耕文化的休闲农业精品景点线路，擦亮河北休闲农业品牌，满足游客多层次、多元化和高品位的需求。

山西省

【基本情况】 2018年，山西省农业农村厅深入贯彻中央1号文件和党的十九大精神，实施乡村振兴战略。按照农业农村厅的总体部署，与省旅游发展委员会（以下简称"省旅发委"）等部门配合，把发展休闲农业作为拓展农民增收渠道、调整农村产业结构的重要措施，积极开展工作。

山西省紧跟形势，抢抓机遇，不断调整产

业结构，依托当地自然生态环境和民俗文化优势，深入践行"两山"理论，休闲农业和乡村旅游营业收入预计达到 72.9 亿元，接待人数达到 5 000 万人次，带动农户 23 万户。

【主要做法】

1. 山西省农业农村厅同省旅发委、省扶贫开发办公室于 2018 年 2 月 23 日下发《关于积极开展"民宿（农家乐）"和"采摘园"标准化创建工作的通知》晋农新农发〔2018〕3 号。评选出山西省"山西农家示范户"和山西省"省级精品采摘园"。以规范提升"民宿（农家乐）"和"采摘园"标准化创建为重点，通过创建活动、完善标准体系、优化发展环境，加快培育一批生态环境优、产业优势大、发展势头好、带贫能力强的"民宿（农家乐）"和"采摘园"，支持其提升改造住宿、卫浴、洗涤、餐饮和整体环境等接待设施，引导经营户提高接待品质与档次，营造安全放心、舒适愉悦的休闲环境。对资源禀赋有优势的贫困地区，优先支持建档立卡贫困户发展休闲农业合作社、农家乐和小型采摘园等，带动贫困地区传统产业转型升级，为农民脱贫致富做出贡献。

2. 山西省农业农村厅印发了《山西省2018 年城郊农业建设项目实施方案》的通知，省财政安排 1 亿元补助资金支持山西城郊农业示范县建设，其中提到大力发展休闲观光农业和乡村旅游。补助资金可用于扶持建设特色村镇、田园综合体、高端休闲观光采摘园、农业旅游重点景区或高端民宿聚集区等。

山西省农业农村厅印发了《山西省 2018年农村农林文旅康产业融合发展建设项目实施方案》的通知，省财政安排农村农林文旅康产业融合发展项目补助资金 6 000 万元。一是结合各地独有的自然气候、地形地貌、农田水利、民俗民风、服务设施、农家小院、国有或集体森林等资源要素，建设一批农林文旅康融合发展项目。二是支持发展多种形式的农家乐，建设一批具有历史、地域特点的特色旅游村镇和乡村旅游示范村。三是支持发展一批中医保健、功能食品、康复疗养、避暑养生、森林康养等休闲旅游、康体健身产业示范基地。四是支持农村传统文化保护，支持开发农业文化遗产。五是支持一批引进现代信息网络技术，推动科技元素融入农村产业发展的农林文旅康融合发展项目

3. 推进休闲农业和乡村旅游示范县、示范点的创建提升。2018 年省财政休闲农业省级专项资金为 500 万元，山西省农业农村厅已经分别给予 4 个县支持 200 万元，支持休闲农业和乡村旅游规划编制、信息技术服务平台建设、基础设施提升改造、文化挖掘、宣传推广、营销策划、农事节庆活动等。支持休闲农业和乡村旅游示范点、中国美丽休闲乡村实施提升工程 30 个示范点 300 万元，主要对休闲农业发展所需的公共服务进行支持，对基础设施进行提升改造，主要包括停车场、游客服务中心、标识牌、环境美化绿化、环境改善设施以及洗涤烘干设施等；对文化进行挖掘，主要包括创意农产品开发、特色农产品展卖、品牌培育等；帮助各休闲企业打造自己的企业品牌。截至目前，山西省已创建了全国休闲农业和乡村旅游示范县11 个、示范点 16 个；山西省休闲农业和乡村旅游示范县 28 个、示范点 201 个；中国美丽休闲乡村 18 个。

内蒙古自治区

【基本情况】 发展休闲农牧业是解决"三农三牧"问题的新途径，有助于转变农牧业发展方式、带动农牧民就业增收、推进新农村新牧区建设、满足城乡居民休闲消费需求。近年来，内蒙古自治区农牧厅加强统筹规划，强化政策引导，着重规范管理，加大公共服务，推进农牧业与旅游、教育、文化、健康

养老等产业深度融合，提升休闲农牧业发展水平，着力将休闲农牧业培育成为实现乡村振兴的新兴支柱产业。

产业规模稳步增长。2018 年，全区有规模不等的休闲农牧业经营主体 3 600 多家，从业人员达到 15.28 万人，其中农牧民 11.43 万人。年接待游客人数 5 547 万人次，营业收入 74.58 亿元，其中农副产品销售收入 22.97 亿元。国家级休闲农业和乡村旅游示范县 9 个，示范点 17 个；自治区级示范旗县 21 个，示范点 117 个；中国重要农业文化遗产 3 个，中国美丽休闲乡村 18 个。

产业框架基本形成。在推进休闲农牧业发展过程中，原汁原味地将农牧业生产过程、农牧民劳动生活和农村牧区风情风貌融入其中，科学设计，系统开发，充分满足城乡居民休闲观光、农事体验、文化传承、科普宣传等要求，基本建成了布局科学、结构合理、服务完善、特色明显、管理规范的休闲农牧业产业带；进一步增强新颖性、趣味性、体验性，创新农家乐、休闲农庄、农业示范园、农业观光园、民俗文化和农事节庆等模式；打造休闲农牧业创意人才队伍，创新创意产品推介的方式方法，完善创意产业与休闲农牧业对接的机制。

综合效益显著提升。在推进休闲农牧业发展过程中，内蒙古逐步将农牧业的功能从食品保障向就业增收、生态涵养、观光休闲、文化传承等多功能拓展，带动农畜产品加工、交通运输、建筑、文化和旅游等关联产业集群式发展，就地就近吸纳农牧民就业人数不断增加，农村牧区面貌得到明显改善，地区文化软实力不断彰显，文化遗产得到保护、传承与振兴，城乡一体化发展得到有效统筹，休闲农牧业综合效益得到显著提升。

【主要做法】

（一）规划引领，适宜发展

在《内蒙古自治区休闲农牧业发展"十三五"规划》框架内，依托农村牧区农牧业资源和自然景观优势，因地制宜，合理布点，稳步推进五大休闲农牧业产业带建设。突出区域特色，发展"一村一品"，重点打造一批有特色、有基础的休闲农业示范区；重视农林牧区传统民风、民俗、历史风情，突出当地民族文化特色，鼓励农牧民发展农家乐、牧家游；以农村、牧区、林区为主体，发展以拓展农牧业功能、传承农耕游牧文化为核心，兼顾度假体验的休闲农庄；充分挖掘内蒙古独有的人文资源，把开发文史资源与休闲旅游结合起来，建设具有科普、教育、示范以及传统农耕游牧文化展示功能的休闲农牧园。

（二）重点培育，宣传推广

内蒙古培育了一批生态环境优、产业优势大、发展势头好、示范带动能力强的休闲农业精品企业和基地，向农业农村部推介了休闲农业和乡村旅游精品景点、线路 64 个，农事节庆活动 11 个，额尔古纳市奇乾村、奈曼旗孟家段村、喀喇沁旗雷营子村、伊金霍洛旗查干柴达木村 4 个村入选 2018 年中国美丽休闲乡村。内蒙古乌兰察布市察尔湖生态旅游度假区作为科普教育开发模式，内蒙古赤峰市喀喇沁旗三家村作为村落乡镇开发模式，入选《全国休闲农业和乡村旅游经典案例》。

（三）加强管理，提升水平

与自治区旅游发展委员会联合开展休闲农牧业和乡村牧区旅游示范创建工作，对于新报的 30 个示范点、7 个示范县及之前认定的 27 个示范县、124 个示范点进行实地考察和全面监测，对于转产、发展缓慢，示范作用不明显的 10 个经营主体取消了示范点资格。针对基层休闲农牧业管理人员队伍不稳定，对新形势、新理念、新思路了解不多、关注不够的现状，举办培训班，以专家讲座、现场教学、案例点评的形式，培训盟市和休闲农牧业示范旗县管理人员及有休闲农牧业和乡村旅游发展潜力的苏木（乡镇）、嘎查（村）、合作社等致富带头人 100 多人次。

（四）挖掘传统，提升内涵

开展文化遗产的发掘和储备工作，已完成自治区内重要农业文化遗产材料收集整理，储备潜在农业文化遗产项目 23 项。内蒙古已有认定的中国重要农业文化遗产 3 项、潜在农业文化遗产 6 项，2018 年计划申报中国重要农业文化遗产 3 项、全球农业文化遗产 1 项。聘请专家指导有关地区开展文化遗产发掘和保护规划制定、文本起草等方面的工作。

（五）结对扶贫，成效显著

内蒙古通过出台《关于旅行社与农牧家乐旅游点结对扶贫的指导意见》，鼓励旅行社开辟农牧家乐旅游专享线路；鼓励旅行社在常规线路中增加农牧家乐旅游点，开辟景区与农牧家乐旅游点融合线路，带动农牧家乐旅游点发展；推动旅行社与农牧家乐旅游点合作经营，提高农牧家乐经营管理水平、服务质量和集约化程度；鼓励旅行社与农牧家乐旅游点进行专题合作，全力推进乡村旅游精准扶贫工程。直接推动 100 个建档立卡贫困村、2 万个建档立卡贫困人口脱贫，直接带动 3 万名贫困人口脱贫，间接带动 5 万名贫困人口脱贫，使全区 20 个乡村（牧区）旅游扶贫重点村（嘎查）年旅游经营收入达到 50 万元，贫困人口年人均旅游收入达到 5 000 元以上，让贫困群众切实感受到休闲农牧旅游产业带来的获得感、幸福感。

辽宁省

【主要做法】 一是开展中国美丽乡村休闲旅游行精品景点线路的推荐工作。按照农业农村部乡村产业发展司的通知要求，积极组织向农业农村部推荐 50 多家辽宁省重点休闲农庄（园区）和美丽休闲乡村，按照春夏秋冬不同季节向社会宣传发布，以提高企业的知名度和公众的认知度。

二是按照农业农村部要求推荐"中国美丽休闲乡村"，辽宁省的鞍山千山区对桩石村、丹东镇安区窑沟村、盘锦市大洼区杨家村和建平县小平房村被农业农村部认定为中国美丽休闲乡村。

三是组织开展对全省休闲农业管理者和经营者的培训工作。辽宁省培训工作分三个层面：第一，组织参加省外培训。组织部分休闲农业企业参加全国休闲农业管理人员培训班，通过学习和培训，企业开阔了视野，提高了企业的管理能力和水平。第二，集中开展省内培训。省农业农村厅结合当前全省休闲农业发展动态和机构改革后人员变动较大的实际情况，为推进全省休闲农业健康有序发展，组织开展全省休闲农业管理者和经营者培训班，通过培训、交流和现场考察，参训者进一步提高了认识，统一了思想，为今后全省休闲农业发展起到一定的推动作用。第三，各地区结合本地实际，组织本地区相关人员参加休闲农业与乡村旅游相关专业知识和有关技能的培训活动。2018 年全省共培训各类人员 500 多人。

四是积极组织开展乡村美食招牌菜活动。辽宁省大连市通过与商业局合作组织开展大连地区乡村美食招牌菜活动，按照企业申报、各级主管部门逐级推荐、网上投票遴选和现场实地比赛等方式，评选出一批大连地区乡村美食招牌菜，弘扬了地方特色民间饮食文化，树立了地方餐饮品牌，推动了休闲农业与乡村餐饮提档升级，打造了独具特色的乡村美食，为广大消费者提供丰富的特色服务。

五是扩大宣传，提高休闲农业和乡村旅游的影响力和知名度。第一，与各种宣传媒体合作，在广播、电视、网络等平台宣传辽宁省休闲农业企业的特点、功能特色等。第二，制作各种图文并茂的宣传材料、休闲农业和乡村旅游图集、宣传片等进行广泛宣传，进一步提高企业的知名度和公众的认知度。第三，积极开展休闲农业与乡村旅游系列节庆活动，积极引导各地根据不同季节开展各类节庆活动：春季开展桃花、樱花、杏花、梨花、油菜花、观鸟节等节庆活动，如沈阳的杏花节、盗梦空间的水稻插秧节，大连的樱花节，鞍山的千山梨花节，丹东宽甸河口村的桃花节、东港市举办的观鸟节、宽甸绿江镇的油菜花节，锦州的梨花节，朝阳的杏花节等；夏季举办荷花节，如沈阳市辽中区在珍珠湖举办的荷花节、沈阳向日葵观赏节，本溪的羊汤节、丹东的海鲜节等；秋季举办各类采摘节，如盘锦河蟹捕捞节，各地积极组织开展多种形式的农民丰收节等；冬季举办草莓采摘节，如沈阳、盘锦鱼类冬捕节等各种节庆活动。

六是积极参加各类宣传展示展销活动。积极引导各市组织企业参加辽宁农产品博览会，通过参加各种会议对消费者进行现场宣传推介，提高企业的知名度和公众的认知度。

七是开展休闲农业和乡村旅游省级提升行动。通过开展休闲农业精品工程等相关活动，形成省、市、县齐抓共管的局面，使企业按照相关规程健康有序地发展。目前，沈阳、大连等市相继出台扶持政策，强化休闲农业与乡村旅游要素保障，推动休闲农业与乡村旅游由小到大，由弱到强，数量不断增加，规模效益日益扩大。

八是开展全省级休闲农业和乡村旅游星级企业示范创建活动。通过开展休闲农业和乡村旅游星级企业创建活动（此项工作已纳入省政府目标考核）。经过企业申报，县、市休闲农业主管部门逐级推荐，现场考察组和专家组根据企业申报材料并对照评审条件进行综合评审，2018 年全省共认定省级休闲农业和乡村旅游星级示范创建企业 23 家，其中五星级 5 家、四星级 9 家、三星级 9 家。

吉林省

【基本情况】 2018 年，全省休闲农业和乡村旅游接待游客 4 000 万人次，实现营业收入 90 亿元，同比增长 10% 以上。现有休闲农业主体 4 000 多个，其中农家乐 3 000 户，休闲农业观光园（休闲农庄）900 家，休闲农业融合体近 100 个，直接安置以农民为主的从业人员 17 万人次，带动农户超过 8.3 万户。全省共有国家级休闲农业示范县 13 个、省级休闲农业示范县 17 个，国家级休闲农业示范点 15 个，中国最美休闲乡村 20 个，3 星级以上国家级休闲农业企业 71 户、省级 257 户，其中三星级 80 户、四星级 94 户、五星级 83 户；拥有中国重要农业文化遗产 3 处。休闲农业的大发展，从模式创新、主体培育、利益联结、服务优化、机制健全等方面，促进了农村一二三产业融合发展。

【主要做法及成效】

（一）创新多类型的融合模式，大力发展休闲农业

1. 优化产业结构。提高三产比重是衡量现代农业发展水平标志之一，大力发展休闲农业，直接带动了农村三次产业发展，促进了三产融合。辽源市东辽县双福村打造"福"文化特色新村，在扩大食用菌种植、扩建袜厂等产业支撑的基础上，修建了 150 亩花果山，打造了 7 个品种 12 色花海，优化了产业结构，促进了产业融合发展。双阳区在做大做强梅花鹿优势主导产业基础上，确定了"一个市场、两个核心产业园、三个基地、三个中心"的发展布局，启动实施了梅花鹿标准化规模养殖、良种提纯提质、鹿产品精深加工、梅花鹿文化培育等十大重点工程，大力发展休闲农业。

2. 延伸产业链条。依托"龙头企业"，以农产品加工业为"轴心"，一方面，产业链向前端延伸，建设种植养殖标准化原料生产基地，满足龙头企业对加工原料数量和质量的需要；另一方面，产业链向后端延伸，建设仓储冷链物流、配送营销中心等农产品加工服务业，实行全产业链深度融合，重构供应链、再造价值链。通化县禾韵现代股份有

限公司、江达米业有限公司，与当地农民或合作社开展生产经营合作，建设稳固的质量可控的原料生产基地，再通过线上线下交易市场拉动，产业集群集聚发展的园区带动，发展休闲农业、观光农业，形成产业链条有效衔接、利益共享的蓝莓、大米、人参产业全产业链融合体，带动整个区域融合发展。长春市嘉龙集团，走种养生态循环发展道路，投资 1.2 亿元建设了占地 50 万平方米的吉地嘉禾现代有机农业示范园区，建设了集有机水稻示范区、绿色有机果菜采摘体验区、生猪良种标准化繁育示范区、休闲旅游度假区和水稻博物馆于一体的农业综合示范区。

3. 拓展农业功能。农业在提供"衣食"基本功能基础上，强化供给侧结构性改革，不断拓宽功能领域，实行"田园变公园、园区变景区、劳动变运动、产品变商品、空气变人气"，派生出观光、体验、休闲、康养、教育等多重功能，催生出休闲农业、乡村旅游、共享农家等新产业新业态。长春国信现代农业基地、奢爱农业科技公司、绿屋生态农庄等多家企业和项目分别荣获"全国休闲农业与乡村旅游示范点""全国休闲农业与乡村旅游五星级示范企业""中国乡村旅游金牌农家乐""中国乡村旅游模范户""省级休闲旅游度假五星级示范企业"等称号。奢岭草莓小镇、缘山湖农业观光园、奢爱农业采摘园、国信农耕文化展示园、绿屋农业休闲园、绿宝石生态园等一批集休闲、采摘、观光、体验、娱乐、餐饮等多种功能于一体的休闲农业和乡村旅游新产业新业态新模式蓬勃发展。

4. 发展新兴业态。通过线上与线下、虚拟与实体有机结合等多种途径，催生出了共享农业、体验农业、创意农业、中央厨房、农商直供、个人定制等大量新业态。发展都市农业带动了乡村旅游业，形成了以都市农业为主的集生态旅游和休闲观光体验于一体的都市休闲农业发展格局。"共享农家"是以

农村闲置的住宅、院落及其周围园田地为资源，吸引工商社会资本，采取"协商开发，合作共赢"的机制，以"企业＋农民"方式建立"共享农家"。东辽县朝阳村由一个朝鲜族村和汉族村合并而成，村里投资 1 000 万元，建造了民族博物馆，改造了原来朝鲜族村民宅 50 户，现已打造成 50 个院落、50 套民宿，拥有 100 个房间、50 个厨房、50 个卫生间，可供 300 人居住及召开工作会议的"民居民宿"。依托"互联网＋农业"发展新型农业生产经营融合发展模式。白城淘之宝电商就通过塑造品牌和互联网电子商务等营销模式，公司年收入超 1 000 万元。

5. 引导产业集聚。依托龙头企业、家庭农场、农民合作组织实施的大园区、大项目等，实行农业、文化、旅游三位一体，促进生产、生活、生态有机结合，全区域全方位整体推进。吉林市立足资源禀赋、文化特色和产业基础，规划引导休闲农业与乡村旅游发展，重点构建"一带、一圈、两县、两区"的休闲农业发展格局。"一带"即"万昌—孤店子"温泉农业带，它联结着万昌、孤店子两个现代农业先导区和中新食品区，3 个园区现已晋升为省级现代农业产业园，已成为吉林省乃至东北重要的温泉娱乐休闲养生旅游目的地；"一圈"即环城都市休闲农业圈，意在打造"春踏青品鱼、夏游湖赏花、秋看红叶采鲜果、冬观雾凇住农家"的农业观光、休闲采摘特色景观；"两县"即丰满、蛟河两个国家休闲农业示范县（区），它们主推乡村田园风光、特色农业景观、乡村民俗文化、山水美食体验旅游"四大特色"，打造关东风情、农家生活、特色美食、长白山特产、葡萄酒文化和朝鲜族民俗文化"六个特色小镇"；"两区"即"北有金珠花海、南有二道采摘"两个休闲农业示范区，重点建设花海戏水公园、乡村民宿、户外拓展区、金珠绿道漫行系统等项目，以及金丰现代农业园、庆丰乐樱桃园、苏相锦绣黄桃园、张家沟甜

瓜园、王相李子园等特色果品采摘园。截至目前，万昌区休闲农业经营主体 43 家，包括休闲农业企业 5 家、休闲农庄 10 家、农家乐 28 家，年营业收入达到 2 000 万元，接待人次 5 万人次，带动农户 100 余户，带动农民增收 150 万元；昌邑区共有休闲旅游农业企业 29 家，其中农家乐 22 家、休闲农庄 3 家、休闲农业园 4 家，资产总额约 4 亿元，年营业收入达到 9 000 多万元，带动 1 440 农户增收。

（二）培育多元化的融合主体，大力发展休闲农业

经营主体是大力发展休闲农业，促进农村三产融合最重要的因素。截至目前，全省现有休闲农业主体 4 000 多个，其中农家乐 3 000 户、休闲农业观光园（休闲农庄）900 家、休闲农业融合体近 100 个，直接安置以农民为主的从业人员 17 万人次，带动农户超过 8.3 万户。

一是农民合作社和家庭农场基础作用不断强化。农民合作社和家庭农场作为深化"三农"发展的基础性、带动性作用不断加强，在带领小农户对接现代农业、对接产业融合发展中地位愈发凸显，不可替代。目前全省认定的家庭农场达 24 130 个，其中有近 2 000 个从事与休闲农业有关产业，占总数 8.28；全省注册农民合作社 81 884 个，其中 1 069 个从事与休闲农业有关的产业，涉及成员近 10 万人，出资总额近 78.6 亿元。

二是龙头企业引领示范作用更加突出。农业产业化龙头企业具有实力强、规模大、集聚要素全、组织化程度高等特点，在大力发展休闲农业、实现农村三次产业融合发展的主力军作用不可取代。2018 年，全省首次将休闲农业企业纳入产业化龙头企业评选，起到了良好的示范作用。

三是社会资本成为农村产业融合发展新兴力量。农村产业融合发展催生的新产业新业态新模式，成为社会资本追逐的效益洼地，农产品主食加工、休闲农业和乡村旅游、农村电子商务等得到资本的投入。近两年，全省实施了一批农业产业园项目、产业融合示范园项目、农产品产地初加工等融合项目，休闲农业融合体项目，极大地促进了产业融合发展。

四是充分发挥行业协会和产业联盟作用。充分发挥行业协会自律、教育培训和品牌营销作用，开展标准制定、商业模式推介等工作。全省休闲农业产业联盟，已完成章程制定、成员遴选等工作，正在组建过程中，将鼓励龙头企业、农民合作社、涉农院校和科研院所参加产业联盟，实现休闲农业和产业融合的信息互通、优势互补。

（三）建立多形式的利益机制，大力发展休闲农业

1. 鼓励发展股份合作。发展休闲农业，促进产业融合，需要土地、资金、技术、项目等大量的要素积聚到产业发展当中，鼓励在发展休闲农业、促进产业融合过程中，开展多种形式的股份合作，促进资源－资产－资本良性互动。加快推进农村集体产权制度改革，力争 3 年完成清产核资，5 年完成改革任务，激发休闲农业主体资本活力。加快实施《关于完善农村土地所有权承包权经营权分置办法的实施意见》，促进发展休闲农业要素流动。

2. 创新发展信用体系。休闲农业本身就是产业融合产物，引导龙头企业在发展休闲农业，促进三产融合过程中，与农户、家庭农场、农民合作社签订合同，合理确定产品和服务价格，形成稳定利益分配关系，实施龙头企业通过"公司＋合作社＋基地＋农户""保底收益＋入股分红"等模式。

3. 强化工商资本责任。发挥工商资本发展休闲农业，促进产业融合的生力军作用，鼓励从事农村产业融合发展的工商企业优先聘用流转出土地的农民，引导工商企业发挥自身优势，辐射带动农户扩大生产经营规模、提高管理水平。

4. 健全风险防范机制。积极引导发挥"大棚房"整治，对发展休闲农业，促进产业融合的规范作用，促进休闲农业规范有序发展，稳定土地流转关系，推广实物计租货币结算、租金动态调整等计价方式。规范工商资本租赁农地行为，建立农户承包土地经营权流转分级备案制度。增强新型农业经营主体契约意识，鼓励制定适合农村特点的信用评级方法体系。

（四）完善多渠道的产业服务，大力发展休闲农业

1. 加快推进各项改革。扎实推进农村集体产权制度改革，扩大试点范围。完成农村集体土地"三权分置"改革任务。加快大棚房整治，发挥对发展休闲农业、促进产业融合发展的促进作用。

2. 搭建公共服务平台。搭建农村综合性信息化服务平台。引导鼓励返乡下乡创业创新人员发展休闲农业，促进产业融合。累计建设省级农民工返乡创业基地 116 个，扶持创业 2.1 万户，带动创业就业 16.3 万人。

3. 加快农村金融创新。基本实现农村土地经营权抵押贷款试点县域全覆盖，累计发放贷款 4 770 笔 15.52 亿元，抵押面积 85.93 万亩。引导金融创新产品向休闲农业等新产业新业态新模式倾斜，促进农村产业融合发展。

4. 强化人才科技支撑。加大发展休闲农业有关人才和高素质农民培育力度，实施鼓励农民工等人员返乡创业三年行动计划和现代青年农场主计划，开展百万乡村旅游创客行动，促进农村产业融合发展。

（五）健全多方面的联动机制，大力发展休闲农业

1. 形成工作机制。从战略和全局的高度深化对发展休闲农业的认识，充分发挥农业、旅游部门的牵头抓总作用，有效指导产业的整体发展，积极争取各级党委、政府的重视

支持，建立有效的合力推进工作的协调机制，争取相关部门坚持农业农村优先发展的原则，在乡村振兴规划、基础设施建设、专项资金安排、财税政策、用地政策、金融政策、自然生态资源和乡村文化保护以及贫困户发展乡村休闲旅游等方面加大投入支持力度。

2. 加大支持力度。立足资源优势，在农业、旅游和文化之间，在乡土意境和时尚度假之间，在农村一二三产业之间搞融合创新发展，积极引导和支持农民采取休闲农业合作社、联合体等组织化方式发展休闲农业，鼓励和引导社会资本进入，向休闲农业输入现代理念和要素。争取国家和省里支持，实施农村一二三产业融合发展试点项目，在德惠、敦化、通化等 6 个县（市、区）扶持了 7 个重点休闲农业项目，重点对休闲农业集聚村合作社、休闲农庄等休闲农业经营主体，在完善游客综合服务中心、游步道、观景台、农耕文化展馆、垃圾污水处理设施、餐饮住宿消毒设施、生态停车场等方面投资实行补助，共投入项目资金 1 136 万元，撬动社会资本投入 5 704.7 万元。投入资金 1 920 万元，在 13 个国家级休闲农业示范县开展休闲农业融合体示范项目建设，累计撬动社会资本上亿元。

黑龙江省

【基本情况】 近年来，黑龙江省农业农村厅认真贯彻国家《关于大力发展休闲农业的指导意见》精神，全面落实省委省政府关于发展旅游业的安排部署，牢固树立"青山绿水、蓝天白云、林田湖沼、农村文化都是农业资源、都能开发经营"的理念，大力发展休闲农业和乡村旅游，培育农业新产业新业态，在农村快速催生打造一个新的百亿规模产业。坚持把休闲乡村旅游业作为重点推动全省农业发展的新产业新业态新动能，积极打造休闲农庄等经营主体，围绕培育精品旅游线路

和休闲观光景点开展专项专题推介活动，促进城乡经济、文明互动交流，融合发展，加快催化新的产业形态和消费业态，吸引国内外及省内外游客到龙江农村休闲消费，全省休闲农业和乡村旅游快速发展。2018 年，全省休闲农业和乡村旅游经营主体数量、营业收入分别达到 4 177 个和 42 亿元。全省有 12 个县被评为全国休闲农业和乡村旅游示范县，有 18 个乡村旅游点被评为全国休闲农业和乡村旅游示范点，有 17 个村被评为中国最美休闲乡村。

【主要特征】 休闲农业和乡村旅游的蓬勃发展，为全省农业农村经济发展提供了新的动力，添加了新的活力。各地纷纷对山水田园、文化遗产、传统村落进行整理、规范和提升，农村人居环境更加舒适美丽，为省内外游客提供了新的游玩去处，涌现出了哈尔滨绿世界农业生态旅游园、牡丹江宁安小朱家、佳木斯赫哲族乡壁画小镇等比较火爆的休闲农业景点。通过吸引省内外游客到果园、酒庄、农庄进行现场体验消费，开发伴手礼和"后备箱产品"，由"拿出去卖产品"转变为"坐地卖产品"，由卖产品转变为卖空气、卖环境、卖文化，好产品卖出了更好的价钱。产业发展开拓了农民增收的新领域新空间，更好地挖掘了土地价值，实现了"一田多用"。2018 年，全省休闲农业和乡村旅游吸纳 6.6 万农民就业，带动 5.6 万户农民在产业发展中受益，成为农村经济发展的新亮点。为了加快培育黑龙江省农业农村发展新动能，推动休闲农业产业发展，通过传统媒体、新媒体宣传，专业摄影，出版画册等方式广泛进行推介、展示，增强市民对家乡的认识和认同感。2018 年重点加强了对休闲农业和乡村旅游点、精品旅游线路的宣传力度，年初开展了首届"龙江最美休闲乡村、龙江乡村旅游精品线路评选活动"，通过省《农村报》《哈尔滨日报》《生活报》等新闻媒体先后多

次对松北万宝大道、呼兰湿地、五常稻作农业等休闲农业和乡村旅游精品线路进行了报道。鼓励有条件的地区发展智慧乡村游，提高在线营销能力。以县（市、区）为基础，搭建农村综合性信息化服务平台，提供电子商务、乡村旅游、农业物联网、价格信息、公共营销等服务。

【主要做法及成效】 全省依托农村自然环境、田园景观、农业生产、农耕文化、农业设施、农家生活等资源，发展观光、休闲、习作、度假、体验等经营活动，休闲农业与乡村旅游产业规模加快壮大，产业体系日趋完善，带动作用不断显现。

（一）开展休闲农业融合示范工作

坚持把发展休闲农业和乡村旅游作为促进农村一二三产业融合发展的重要内容，2016 年以来，联合省财政厅连续两年开展农村产业融合示范活动，围绕拓展农业功能、发展休闲农业，重点培育了哈尔滨市周边和牡丹江一带两个休闲农业集聚区，打造了宁海长休闲农业示范带和宾县、饶河等示范县，较好地发挥了示范带动作用。

（二）培育休闲农业精品品牌

坚持品牌培育、典型引路的发展思路，以品牌引领休闲农业和乡村旅游发展，对省内一批基础较好的县（市）、村、点进行重点扶持，加快促进提档升级，总结推广发展经验。海林市等 12 个县（市）被评为全国休闲农业和乡村旅游示范县，兰西县锡伯部落等 18 个点被评为全国示范点，漠河县北极村等 17 个村被评为中国美丽休闲乡村。

（三）加强农业文化遗产的保护开发

按照在发掘中保护、在利用中传承的思路，以挖掘、保护、传承和利用为重点，以农业生产系统为主体，在全省范围内筛选认定一批重要农业文化遗产，建立了名录库和一批保护点。宁安响水稻作文化系统、抚远赫哲族鱼文化系统被列入中国重要农业文

遗产名单。

（四）组织各类休闲农业主题活动

支持各地因地制宜开展各类农村节庆活动和特色主题活动，突出培育冰雪休闲产业项目特别是冬捕项目。全省较大规模的冬捕渔场发展到 20 家左右，每年冬捕活动捕获量超过 600 吨，镜泊湖、连环湖等冬捕在全国范围内都有较高的知名度。

【存在的主要问题】　黑龙江省休闲农业和乡村旅游还处于刚刚起步阶段，地理位置偏远、农耕历史相对较短、人文底蕴相对不足是天然劣势。除此之外，还存在四个方面问题。一是经营项目重复较多。黑龙江省发展休闲农业和乡村旅游产业时间不长，总体发展不平衡不充分，仍处于起步阶段。经营项目多停留在农家乐、垂钓、采摘等传统项目上，同质化较为突出，高品质、富有创意的个性化主题不多。二是文化挖掘深度不够。相关景点在农业用具、物资开发利用、农事节庆活动挖掘上与民族文化、农耕文化融合深度不够，特色不鲜明，主题创意缺少文化内涵，高科技手段和现代乡村风貌特色融入较为缺乏。三是中高端产品供给缺乏。休闲旅游产品精深加工不足，休闲旅游衍生产品与地域文化、特色资源、传统技艺结合不充分，本土性、艺术性缺乏，产业链附加值不高。四是质量弱，效益不理想。由于产业投资大、周期长，部分经营主体经济基础和发展能力较弱，投入不足，设施标准低，质量不高。加之专业化的旅游人才缺乏等，部分休闲农业和乡村旅游景点知名度不高，景点与景点之间距离相对较远，没有形成经典可玩的旅游线路。

上海市

【基本情况】　2018 年上海休闲农业和乡村旅游紧紧围绕发展现代农业、促进农民就业增收、建设绿水青山宜居乡村的目的，在深入发掘多功能、着力开发新模式、带动农业转型升级方面取得了一定成效。截至 2018 年年底，上海市已开业的休闲农业和乡村旅游景区（点）达 287 个，全年共接待游客 1 631 多万人次，营业收入约 12.67 亿元，带动就业约 2.3 万人（其中本地农民就业约 1.6 万人）。

【主要工作】　一是配合原市旅游局共同起草了《关于促进上海市乡村民宿发展的指导意见》，由市政府办公厅转发。二是继续推进松江雪浪湖生态园、青浦联怡枇杷乐园、嘉定沥江生态园、崇明东禾九谷开心农场 4 个首批试点项目，专项规划均获批。三是开展全市休闲农业标准系列研究。目前，已完成《休闲农业品牌价值评价》团体标准备案，其他 6 项标准都初步完成。四是成功举办了第五届长三角休闲农业和乡村旅游博览会和上海海派农家菜大擂台活动。五是开展休闲农业星级示范创建评定，今年向农业农村部报送了 15 家，其中三星级 10 家、四星级 3 家、五星级 2 家。六是组织开展中国美丽休闲乡村申报推荐，崇明仙桥村、奉贤吴房村、金山新义村、金山南星村被农业农村部评为 2018 年度中国美丽休闲乡村。

【主要特征】

（一）品质不断提升

为适应休闲农业和乡村旅游消费市场结构升级、农业转型升级需要，积极努力发展观光、健康养生、教育科普和农事体验等产品。上海市已创建 75 个全国休闲农业和乡村旅游星级景点，其中五星级 19 个、四星级 24 个、三星级 32 个。上海市组团式、生态化、特色明显的聚集区发展效应也相当凸显。较典型的金山区是国家发改委确定的全国 137 个农村一二三产业融合试点示范区之一。

（二）业态丰富多样

上海市的休闲农业和乡村旅游从最初农民自发经营为主的"农家乐"发展到今天以农民为主体、社会资本广泛参与，逐步提升的多模式推进、多产业形态打造、多要素发力的格局。

（三）农业资源的价值和功能不断拓展

一是传统文化传承。金山区金山嘴渔村，是上海最早和最后的渔村，现在从事近海作业的渔民只剩 100 多人。金山嘴渔村在"修旧如旧"的原则下，以粉墙黛瓦还原了金山嘴渔村的村庄古韵，原汁原味地完整展示和介绍了从古至今的渔业史、捕鱼、渔具等，让村民和消费者在不经意中受到优良传统文化的熏陶。

二是康养功能的开发。如崇明区聚银农庄、半日闲农庄通过拓展养生养老、健身运动的功能，让城市居民到乡村居住，感受田园和农耕生活，享受返璞归真的喜悦。

（四）农民收入不断增加

上海的休闲农业和乡村旅游产业发展带动了餐饮住宿、农产品加工、交通运输、建筑和文化等关联产业发展，更带动了农民就地就业和创业，农民把民俗文化、农产品变成礼品，把礼品变成工艺品，把工艺品变成商品，大幅增加了收入。

【主要做法及成效】

（一）领导关心、支持

2018 年，上海市委市政府就贯彻落实中央 1 号文件，出台了《关于贯彻〈中共中央、国务院关于实施乡村振兴战略的意见〉的实施意见》（沪委发〔2018〕7 号）。同年 10 月，面对上海市乡村民宿发展的新形势出台了乡村民宿发展政策文件《上海市人民政府办公厅转发市旅游局、市农委〈关于促进上海市乡村民宿发展的指导意见〉的通知（沪府办规〔2018〕21 号）》。

（二）坚持政府引导，发挥市场主导作用

休闲农业和乡村旅游在政府正确引导、政策扶持，产业规范管理下，发挥了市场主体的主导作用，加快推进了休闲农业和乡村旅游产业转型升级，健康有序发展。

（三）坚持农民主体，调动各方积极性

休闲农业和乡村旅游依托农业农村资源，源于农业，根植于农村，农民积极参与、融入其中实现其自身的发展。同时休闲农业和乡村旅游吸引了资金等各方要素的投入，实现了各要素的集聚和功能的集合，调动各方积极性，提升了休闲农业和乡村旅游的水平。

（四）坚持绿色引领，保护开发生态资源

休闲农业和乡村旅游把践行"绿水青山就是金山银山"的理念作为发展主线。把优美的生态环境、清新的空气、纯净的水质、绿色的食品提供给消费者。如青浦区用"小桥流水人家"留住水乡情结、用"柳暗花明又一村"留住田园印象，把生态优势转化为发展优势，让消费者靠得近水、走得进绿、望得见乡愁。

（五）坚持产业融合，延伸产业链条

休闲农业和乡村旅游与农业资源、文化艺术、特色产品服务等产业深度融合，立足一产、拓展二产、提升三产，促进一二三产业融合发展。如浦东新区大团以桃产业为主线，与种植、加工、文化创意、美丽乡村融合发展，成为实至名归的"在那桃花盛开的地方"。

【存在的主要问题】

1. 活动产品单一，特色缺乏。一些景点发展方式还比较粗放，在不做市场调查、投资分析、计划设计的情况下，仅利用现有的农田、果园等设备来进行观光、采摘、垂钓等产品开发，层次低、基础设施建设和环境不配套、功能单一。

2. 季节性资源浪费现象显现。景点旺季时人看人，人挤人；淡季时门可罗雀，甚至关门。

3. 管理标准缺乏，重游率不高。一些景

区（点）按照传统经验管理，消费者初次吃到农村阿婆烧的菜、提供的服务时会感到亲切，再次消费时便会发现不足：服务员上菜时不专业、不卫生；同一个菜，品质不稳定；木制橱柜，容易生虫钻老鼠；景点指南、术语五花八门，看不懂等。诸如此类问题都会导致重游率不高。

4. 专业管理人员缺乏。有相当一部分景点是由农民自发经营、管理、提供服务的，从业人员的专业培训教育普遍较少，很大程度上影响了企业管理水平。

5. 基础设施建设需进一步规范、稳定。一些景区（点）建设时缺乏规划，无序建设，随意性大，导致基础设施稳定性差。

江苏省

【基本情况】 2018 年，江苏省全面贯彻落实乡村振兴战略，以高质量发展为根本要求，深入推进农业供给侧结构性改革，着力开发新产业、新业态、新模式，培育农业农村经济新动能，推动全省休闲农业持续健康发展，取得显著成效。截至 2018 年年底，全省具有一定规模的休闲观光农业园区景点（包括农家乐）达 9 200 个以上，年接待游客量突破 2 亿人次，综合收入超过 535 亿元，比 2017 年同比增长 27.4%。全省休闲农业从业人员 105 万人，其中农民 97.3 万人。

2018 年，全省深入实施休闲农业和乡村旅游精品提升工程，持续开展中国美丽休闲乡村推介、全国休闲农业与乡村旅游星级示范企业（园区）创建等国家级品牌建设，2018 年创建了 6 个中国美丽休闲乡村和 66 个全国休闲农业与乡村旅游星级示范企业（园区），累计创建了 29 个中国美丽休闲乡村和 233 个全国休闲农业星级示范企业，国家级品牌创建总数保持全国领先。省级层面，研究制定了《江苏省休闲农业千亿级产业发展规划（2018—2022）》，实施"百园千村万点"休闲农业精品行动，计划到 2022 年培育建设 500 个省级主题创意农园、1 000 个休闲农业精品村和 10 000 个休闲农业精品点，休闲农业综合收入超过 1 000 亿元。2018 年，全省培育建设了 99 个江苏省休闲农业精品村，累计达 220 个精品村；92 个省级主题创意农园，累计主题创意农园数量达 193 个，有力促进了全省创意休闲农业加快发展。加强休闲农业发展智力与人才支撑，成立了江苏省农业委员会休闲农业专家指导组，开展理论研究、项目评审、人才培养、管理与经营培训等工作。2018 年 10 月，江苏省在常州溧阳市承办了第二届全国休闲农业和乡村旅游大会，取得显著成效。全年组织开展全国休闲农业和乡村旅游精品发布推介，进一步扩大江苏休闲农业和乡村旅游知名度与影响力，提升市场竞争力，为推动江苏休闲农业强省建设增添新动力。

【主要做法及成效】

（一）推动政策落实

认真贯彻落实农业部等 14 部委《关于大力发展休闲农业的指导意见》和《农业农村部关于开展休闲农业和乡村旅游升级行动的通知》等文件精神，实施休闲农业和乡村旅游精品工程，积极引导各类经营主体围绕科技型、文化型、功能型、生态型和服务型"五种模型"开发创意休闲农业项目，着力培育农业特色产业、发展农产品加工业、创新农村服务业，建设了一批附加值高的创意休闲农业产业；深入发掘农耕文化、传承农业文明，打造了一批具有文化特色、民俗特点的创意文化休闲农业园。在研究落实"省休闲农业千亿级产业发展规划"的基础上制定《全省乡村振兴休闲农业产业发展规划和休闲农业高质量发展意见》，强化"新五年"休闲农业发展的目标路径和重点措施。

（二）强化品牌培育

组织开展"百园千村万点"休闲农业精

品行动，印发《关于做好 2018 年休闲观光农业精品村和主题创意农园建设工作的通知》，引导各地认真组织发展基础好、创新动力足、带动能力强的村集体经济组织培育建设省、市休闲农业精品村，全年共培育建设了 99 个农村服务业创意设计新、农业功能拓展领域宽、农民利益联结机制好、休闲农业宣传推介和发展氛围浓的省级休闲农业精品村和 160 个市级休闲农业精品村，推动休闲农业整村发展。在创意休闲农业发展方面，积极培育建设省级主题创意农园，充分利用农田、山丘、水面、树林、牧场、庭院等场地资源，融合文化、科技、教育、体育、艺术等元素，创意设计并开发建设了一批主题突出、个性鲜明、产业融合、内涵丰富的省级主题创意农园。2018 年，全省认定了 92 个省级主题创意农园，同时开展专题宣传推介活动，推动创意设计和项目开发根植休闲农业发展全过程。2018 年，扎实开展第五批中国重要农业文化遗产项目申报，组织已认定的 4 个中国重要农业文化遗产地参加"中国重要农业文化遗产主题展"等推介活动，开展首届中国农民丰收节系列庆祝活动，进一步提升江苏省重要农业文化遗产项目品牌影响力，有力促进了遗产地经济发展。

（三）强化宣传推介

重点开展休闲农业和乡村旅游精品发布推介，根据春夏秋冬季节特点和节假日时点分布，围绕"春观花""夏纳凉""秋采摘""冬农趣"四个主题，组织了 136 个休闲农业和乡村旅游精品景点在中国休闲农业网、省电视台《走进新农村》栏目、省农委微信公众号等平台持续进行宣传推介。组织参加农业农村部开展的"中国美丽乡村休闲旅游行推介活动"，江苏有 12 个休闲农业和乡村旅游园区景点获全国推介，其中，金湖荷花荡景区作为全国 6 个"夏纳凉"景点之一，在湖北恩施举行的首届中国农民丰收节上现场发布推介，取得良好效果。为突出抓好"秋采摘"主题休闲农业宣传推介，联合《扬子晚报》编制了《江苏省休闲采摘电子地图》，在报刊网络广泛宣传，为广大消费者提供全年果品蔬菜采摘服务指南，促进了江苏省农村果蔬产业绿色发展、效益突飞猛进。江苏全年鼓励支持各地举办梨花节、桃花节、樱花节、油菜花节、草莓文化节、茶叶文化节等农事节庆活动，多达 1 000 余个，使各地休闲农业农事节庆品牌更加响亮，市场影响力和竞争力不断提升。

【存在的主要问题】

（一）项目建设南北发展不平衡

休闲农业项目开发缺乏科学规划、缺乏创新创意意识，项目设计和开发建设随意性强，导致南北发展不平衡。苏南地区较为重视乡村旅游基础设施和服务设施建设，而忽视农业生产的经营管理和农业功能拓展，大多数休闲农庄（农园）小而精，以经营餐饮民宿为主，缺乏大农业的创新功能，农业带动力不强；苏中苏北地区相对重视农业生产，发展设施农业，拓展农业功能，但休闲旅游的接待能力和服务水平相对较低，大多数休闲农业主体经营果蔬采摘、休闲观光、农家餐饮等项目，休闲档次低、项目雷同、吸引力不强，导致经济效益相对低下。

（二）管理层面体制机制不健全

从省市到县乡、从经营主体到各级各部门监管还没有形成完整成熟的管理体系和工作机制，农民从事休闲农业活动与政府的监管职责常常脱节，休闲农业经营主体往往各行其是，随意发展，而各级管理部门由于缺乏必要的监管制度和措施，往往会出现无法监管，甚至发生问题后难于处置的尴尬局面。

（三）政策层面对休闲农业支持力度不够

特别是在财政奖补、土地利用、公共服务、金融支撑等方面对发展休闲农业的政策支持还比较薄弱，农民创办农家乐、休闲农庄等几乎没有财政补助，发展休闲农业必需的游客接待、餐饮、住宿、停车、农产品展销等服务设施难以获得建设用地指标。尤其"大棚房"问题的清理整治，拆除了大批生态餐厅、休闲木屋等休闲设施，对休闲农业经营主体创新创意发展带来影响，各地投资农业、促进休闲农业发展的热情有所减弱。

（四）人才培养尚显乏力

发展休闲农业需要大量的科技性、创新性、懂农业的人才力量，需要在大力发展好农业产业的基础上拓展功能、延伸产业链、提升服务业，每个环节都需要专业性人才，但目前休闲农业的从业人员往往因年龄层次、知识能力、管理经验的限制导致创新经营人才严重短缺，各类教育培训机构短缺，后继人才培养乏力。

浙江省

【基本情况】 2018 年，浙江省休闲农业经营主体供 24 919 个，从业人员 42.68 万人，其中农民从业人数 33.81 万元；共接待游客 7.25 亿人次，营业收入 398.13 亿元，其中农副产品销售收入 110.43 亿元。全省累计创建省级农家乐重点县 23 个、省级特色乡镇 58 个、省级特色村 392 个，高星级（四星级、五星级）农家乐经营户（点）944 家，一二三产业深度融合的省级现代农业园区 48 个，农旅结合紧密的特色农业强镇 85 个，"最美田园"100 个，休闲农业和乡村旅游精品线路 100 条。全省有 8 个农业生产系统被列入中国重要文化遗产，其中青田稻鱼共生系统、绍兴会稽山古香榧群、湖州桑基鱼塘系统被认定为"全球重要农业文化遗产"。

【主要做法及成效】 重点围绕"三大工作载体"推进农家乐休闲旅游业的发展和提升：

1. 以项目创建为抓手，实施提升发展工程。省级特色村（点）、高星级经营户（点）、特色乡镇、精品示范区等项目的实施，使得提升发展的内生动力和外在要求实现了较好统一。组织各类休闲农业示范创建，新增 8 个中国最美休闲乡村，指导各地创造条件推荐申报中国重要农业文化遗产。2018 年，将休闲乡村建设指标纳入乡村振兴考核和美丽乡村示范县的考核，要求 3A 级景区村庄和美丽乡村精品村建成休闲乡村的比例分别达到 60％和 70％。

2. 以培训为支撑，加快人才队伍建设。举办全省休闲农业工作培训研讨班，60 余人参加，提升管理指导休闲农业能力水平；同时发起浙江省休闲农业和乡村旅游诚信优质经营倡议。以"请进来、走出去"方式开展省级农家乐专业培训工作，2018 年邀请了台湾民宿协会专家团到农家乐集聚区现场培训指导，同时组织特色村（点）负责人、高星级经营业主出国出境培训 200 余人。支持市县开展相关培训，帮助联系培训院校、课程设置、师资安排、考察点推荐和相关联络等。大力推进省、市、县、乡（镇）四级培训机制的完善，逐步实现高、中、低和长、中、短合理分工，理论与实务结合，不同岗位有别的农家乐从业人员培训机制。

3. 以宣传推介为手段，确保产业发展效益。联合原省旅游局，组织各地充分挖掘乡村农业旅游资源，推进串点成线、结线成网，积极向社会推介浙江省 100 条休闲农业和乡村旅游精品线路、推选 100 个"最美田园"，吸引凤凰网、浙江卫视、钱江晚报等二十余家媒体宣传报道，还安排省广播电视集团钱江频道、民生新闻栏目开展系列专题报道。策划和实施了"上海新春大联展浙江农家乐展示、展销和宣传推介活动""乡约星期五"青年农家乐休闲交友活动、少年儿童农家乐夏令营活动以及两年一届的"全省农家特色菜大奖赛""畲家菜大赛"等活动；在新媒体和传统纸媒开辟"浙江去哪儿玩""最美农家乐去哪儿""春节去哪儿过大年"等专栏；全力组织参与"长三角休闲农业和乡村旅游博览会"，使浙江成为展区面积最大、参展阵容最广、设计装修最有特色、展示内容最精彩、互动体验活动最丰富、获奖项目最多、观众评价最高的展团，进一步巩固了浙江农家乐在上海及长三角地区的休闲旅游首选目的地的地位。2018 年，全省县（市、区）级人民政府以上主办的农业节庆活动有 102 场次，各市、县（市、区）在参加省里统一组织的宣传活动外，也分别开展了各类节俭、务实、有效的宣传推介活动，举办了各类富有地方特色的农事节庆活动、民俗体验活动，为农家乐增收增效发挥了积极的促进作用。

【存在的主要问题】 浙江省的乡村休闲旅游业虽然取得了很大的成绩，但是依然存在一些亟待解决的问题。主要表现在发展不平衡、发展不充分、人才短板突出几方面。

1. 发展不平衡。一是区域发展不平衡，即使是产业发展排名靠前的湖州市，区域不平衡现象仍然突出。二是业态发展不平衡，业态主要集中于短期度假、农事体验，乡村文创、乡村养老、乡村康体健身等新兴业态比重不大，有的还处于起步阶段，导致产品同质化。三是发展动能不平衡。山区、丘陵地带较早确立了生态优先的发展理念，美丽乡村建设走在前列；平原地区受大气、水环境以及自然景观等影响，人们对发展乡村休闲旅游普遍存在畏难情绪。

2. 发展不充分。产业发展不充分，品牌效应不明显，追求顾客数量与提升消费质量两种动能未能联动发展，对买方需求的有效供给不足，发展提升的空间很大。传统产业转型慢，适应市场新需求的业态发展不足。尤其是前景无限、适应城市需求的乡村养老业还在萌芽过程中，一些养老项目仅能提供度假服务。

3. 人才短板突出。农户在涉及休闲领域创业时，缺乏产品创意、个性化设计、赢利模式规划等方面的有效指导，导致业态相对单一、雷同，难以满足个性化、多样化、多层次化的休闲消费需求。业主缺乏相关知识积累，农村休闲业服务的综合素质与乡村休闲业发展的需求还有一定距离，影响了发展的转型升级。

安徽省

【基本情况】 近年来，安徽省深入贯彻党的十九大精神，将休闲农业作为实施乡村振兴战略、促进农村产业兴旺的重要抓手，在农业农村部的精心指导下，以"美丽田园 休闲安徽"为主题，推进实施休闲农业和乡村旅游精品工程，全省休闲农业和乡村旅游蓬勃发展。据农业部门统计，2018 年全省休闲农业和乡村旅游经营主体 1.7 万余家（17 047 家），与去年基本持平；综合营业收入 787.05 亿元，同比增长 13.5%；接待旅客人数达到 1.96 亿人次，同比增长 8.21%。

【主要做法及成效】

1. 强化主体培育，打造休闲农业发展生力军。发展休闲农业最关键的因素是人。2018 年，依托半汤乡学院、安徽工商管理学院等培育 80 名休闲农业高级经营管理和领军人才，2 次组织赴台湾和国内先进地区考察交流。落实 1.5 万名高素质农民培训，助推传统农民向休闲农业经营主体快速转变。积极发挥省级休闲农业协会的服务功能，推动市、县休闲农业协会成立，目前 7 个市、县休闲农业协会已经正式挂牌运行；省休闲农业协会组织省内交流活动 7 次，参会经营主体 1 000 余人。

2. 推动要素积聚，培育休闲农业发展新动能。安徽省积极贯彻落实发展改革委、财政部等 14 部门联合印发的《关于大力发展休闲农业的指导意见》文件精神，着力破解休闲农业发展的要素瓶颈。半汤论坛、中国休闲农业黄山峰会、安徽休闲农业高峰论坛已成为业内精英论道休闲农业和乡建理论的策源地。安徽师范大学、新田园新乡村研究院等5所高等院校和研究机构在休闲农业教学、设计、建设等领域辛勤耕耘，渐成流派。三农前线传媒有限公司率先建设全国第一个休闲农业频道。省级特色产业发展资金切块用于休闲农业示范县（区）奖补和宣传推介。积极协调省农业信贷融资担保有限公司（以下简称"农担公司"）、中国人民保险集团扩大对休闲农业的融资服务功能，尝试解决休闲农业融资难、融资贵、融资慢和融资少的问题，目前省农担公司推出的用于休闲农业经营主体发展的劝耕贷达到10亿多元。2018年省财政又投入5 000万元，着力打造特色产业融合发展，产业强镇、农业特色小镇等项目也持续为休闲农业发展厚筑发展根基。

3. 突出品牌引领，培育休闲农业发展模范生。注重示范引领，培育生态环境优、产业优势大、发展势头好、示范带动能力强的休闲农业园区，发挥示范带动作用，整体提升安徽休闲农业的市场影响力和美誉度。目前全省共创建全国休闲农业和乡村旅游示范县14个、中国美丽休闲乡村22个、中国重要农业文化遗产4处、五星级休闲农业和乡村旅游园区10个。全省认定省级休闲农业示范县45个、示范园区162个。连续两年开展十佳休闲农庄、特色农事节庆和精品休闲农业旅游线路评选活动。今年，我们还将联合安徽广播电视台举办年度十佳休闲农庄颁奖典礼。

4. 广泛宣传推介，营造休闲农业发展好氛围。开展以"美丽田园 休闲安徽"为主题的系列宣传活动，借助合肥安徽名优农产品暨农业产业化交易会、上海农产品交易博览会、长三角休闲农业博览会等展示平台，举办推介会，设立休闲农业展馆，大力推介安徽省休闲农业和乡村旅游精品景点、精品线路以及优秀农事节庆活动；开设"美丽田园 休闲安徽"微信公众号，发布"每日农庄"信息，从事休闲农业的相关人员个个都是宣传员，充分运用自媒体手段，向公众宣传推介安徽休闲农业精品园区；组织开展"四季安徽 美丽农庄"大型航拍宣传活动；举行"乡味江淮"首届农家菜评比活动。搭桥驴妈妈集团牵手安徽省休闲农业协会，探讨挖掘休闲农业和乡村旅游爆款产品；与阿里巴巴集团高德地图达成战略合作协议，联手打造"指尖上的休闲安徽"，举办全省休闲农业经营主体整体上线高德地图活动，满足城乡居民快速发现寻找休闲农业经营地点、快速匹配休闲体验方式等消费需求。

福建省

【基本情况】 休闲农业作为乡村振兴战略的重要内涵、农村一二三产业融合发展的重要载体、转变农业发展方式的重要抓手，在传承中华农耕文明、建设美丽乡村、促进农业提质增效、推动城乡一体化、带动农民就业增收方面发挥着重要作用。近年来，福建省高度重视休闲农业发展，积极创新举措，着力提升休闲农业发展水平。休闲农业呈现出发展加快、特色初现、功能拓展、内涵提升的良好发展态势，已成为福建经济社会发展的新业态、新亮点。2018年底，全省具有一定规模的休闲农业经营主体3 885家，休闲农业从业人数12.38万人，其中农民就业人数10.18万人，年接待游客5 701.492万人次，注册经营主体营业收入87.7亿元，其中农副产品销售收入53.43亿元。

【工作举措】

（一）加强品牌打造

积极引导各地发挥资源特色，走特色化经营、差异化发展道路，强化休闲农业经营的创意和设计，推进集农耕体验、田园观光、教育展示、文化传承等于一体的休闲农业项目建设，着力培育休闲农业知名品牌。2018年开展国家级和省级休闲农业试点示范建设工作，向农业农村部推荐了6个中国美丽休闲乡村和6个全国休闲农业精品园区（农庄），开展省级休闲农业示范点和省级最美休闲乡村培育活动，培育了30个省级休闲农业示范点、20个省级最美休闲乡村。同时推进4条试点建设风景道沿线休闲农业项目建设，沿线累计培育全国休闲农业与乡村旅游示范县1个、中国美丽休闲乡村4个、全国休闲农业与乡村旅游示范点1个、福建省最美休闲乡村3个、省级休闲农业示范点14个。

（二）拓展宣传渠道

深入挖掘保护乡土文化、农耕文化，结合休闲旅游设施、古建筑与农业采摘体验等，在重大节假日、重要时令季节、重要交流活动中，有组织、有计划地开展全省休闲农业精品景点和精品线路宣传推介，引导市民出行，拉动消费，提升效益。一是开展时令休闲农业推介，2018年向农业农村部推荐了9个福建省休闲农业和乡村旅游精品品牌、4个休闲农业和乡村旅游农事节庆活动，已有4个休闲农业精品点被列入全国100条休闲农业和乡村旅游精品线路，并进行了广泛宣传推介。二是打造休闲农业与乡村旅游精品线路。2018年省农业农村厅组织全省各设区市开展福建省休闲农业乡村旅游精品线路推介活动，精选20条精品线路向社会宣传推介。三是加强闽台休闲农业交流。充分发挥福建省位于海峡西岸的区位优势，以海峡论坛为主要平台，积极开展海峡两岸休闲农业、创意农业发展交流活动，学习借鉴台湾经验。

（三）强化行业指导

一是开展全省休闲农业调研。2018年组织开展福建省休闲农业发展情况专题调研、采取各地自行组织前期调研、撰写调研报告，后期省站组织有关专家现场调研的形式，对全省休闲农业发展状况进行全面调研，收集

整理休闲农业基础数据，为政策决策提供依据。此次调研活动是省农业农村厅开展休闲农业工作以来最广泛、最深入的全面调研，目的是摸清底子，找准问题，提出今后工作的意见建议，对推动福建省休闲农业发展具有重要意义。二是落实安全生产指导。深入贯彻落实"管行业必须管安全"的工作要求，加强行业安全生产指导，如五一期间下发了《关于休闲农业行业安全生产工作的通知》（闽农综明传〔2018〕116号），暑假期间下发了《关于加强暑假期间休闲农业安全生产工作的通知》（闽农综明传〔2018〕231号）。三是开展行业数据监测。持续性开展休闲农业数据监测工作，组织各设区市每半年收集上报一次休闲农业数据，省农业农村厅对数据进行汇总分析，以把握行业发展动态。四是引导休闲农业经营主体在铁路沿线适宜地区发展休闲观光农业，培育了一批铁路沿线休闲农业点，其中全省各铁路沿线分布有国家休闲农业示范点2个、省级休闲农业示范点9个、省级最美休闲乡村2个。12月开展了杭深线宁德段铁路沿线调研，深入了解铁路沿线休闲农业发展情况。

（四）加大项目支持

省农业农村厅在开展农村一二三产业融合发展项目、农村产业兴村强县示范行动、新型职业农民培育等方面，将休闲农业项目纳入重点支持范围，积极引导各类新型农业经营主体发展休闲农业。2018年实施农村一二三产业融合项目和农业产业强镇示范建设项目，累计下达财政资金15 000万元，重点支持各类新型农业经营主体建设了一批休闲农业项目；高素质农民培育开展了三期休闲农业和乡村旅游管理人才培训，累计培训休闲农业管理人才360人次。

【主要成效】

（一）品牌建设持续加强

目前全省已有全国休闲农业与乡村旅游

示范县 13 个、中国美丽休闲乡村 29 个、省级休闲农业示范点 231 个、省级最美休闲乡村 61 个。2018 年组织开展省级休闲农业示范点和省级最美休闲乡村培育，新增 30 个省级休闲农业示范点、20 个省级最美休闲乡村。休闲农业试点示范建设有效引领了全省休闲农业的转型升级发展。

（二）示范带动作用明显

休闲农业品牌建设及精品线路推介等工作，有效引导了市民的旅游出行，带动了休闲农业效益提升。如福鼎赤溪村充分发挥其地处世界地质公园太姥山西南麓的优势，大力发展休闲农业，将中国扶贫第一村打造成为"全国旅游扶贫试点村""中国乡村旅游模范村""中国最美休闲乡村"，品牌效应凸显，游客纷至沓来，年接待游客 20 余万人次，村民依靠旅游业增收的路子越来越宽，村人均收入近年来翻了好几番，建档立卡贫困人口由 135 人减少至 7 人。

（三）产业转型升级发展

通过项目支持及品牌建设，促进了产业转型升级发展，文化创意普遍体现其中，有效推动了全省休闲农业从原来比较单一的观光、农家餐饮向体验农事、展示教育、休闲度假等多类型、多业态发展。如武夷岩茶第一镇、世界红茶发源地——武夷山星村镇，充分发挥其自然旅游资源和茶文化积淀，大力打造茶旅文化活动，既带动了旅游收入，又增加了茶叶的推广销售，茶文化与旅游融合发展，已成为福建省农业供给侧结构性改革的重要领域，成为激活福建茶产区经济再次发展的主要动力。

（四）闽台合作逐步深化

2018 年 6 月 5 日在厦门第十届海峡论坛上，举办了"两岸特色乡镇交流暨促进'双新双创'发展对接会"，邀请台湾休闲农业带头人介绍台湾休闲农业发展经验，组织"台湾青年农民中华农耕文化福建行"活动，增加两岸青年农民的交流与互动。此次活动共有两岸农业界及农村基层从事休闲农业的嘉宾、代表等 350 余人参加，取得良好成效。

【存在的主要问题】 虽然 2018 年福建省休闲农业发展取得了一定成效，但也存在一些突出问题，如：财政支持力度不足，除部分市县有安排少量休闲农业专项经费外，省级尚未安排休闲农业专项扶持资金；农村基础设施建设滞后，特别是休闲农业配套的道路、网络、水电、公厕、垃圾处理等公共服务设施有待进一步完善；休闲农业建设用地审批难、贷款难等问题也十分突出。

江西省

【基本情况】 2018 年，在农业农村部的指导下，江西休闲农业和乡村旅游发展成果丰硕，扶持力度逐渐加大，主体规模不断扩大，农业功能有效拓展，品牌示范作用突出，宣传推介影响显著。休闲农业和乡村旅游已经发展成为江西省农业农村经济的新亮点、新看点和新热点，成为助推江西省实施乡村振兴战略的重要举措。

【主要做法及成效】 一是加大政策支持力度。2018 年是江西省实施农业结构调整行动计划的第一年，省政府将休闲农业和乡村旅游发展工程列为农业结构调整九大工程之一，制定了《江西省休闲农业和乡村旅游产业发展工程实施方案》，明确了 2018—2020 年的工作安排，重点开展省级田园综合体创建、休闲农业品牌建设和休闲农业提质增效工程。

二是贯彻落实升级行动有关要求。为了深入贯彻落实《农业农村部关于开展休闲农业和乡村旅游升级行动的通知》精神和要求，推进江西休闲农业和乡村旅游高质量发展，2018 年 10 月，原省农业厅、省发改委、省财政厅、原省国土厅、原省文化厅、原省旅发委、省教育厅 7 部门联合印发了《关于开展休闲农业和乡村旅游升级行动的实施意见》，就江西省开展升级行动的有关要求、重点工作和保障措施等做了明确规定，指导全省各地推进休闲农业和乡村旅游提质升级发展。

三是开展省级田园综合体创建。按照省政府要求，2018 年全省建设了 20 个省级田园综合体，主要分布在 20 个具有一定休闲农业和乡村旅游产业发展基础的项目县，全省 16 个全国休闲农业和乡村旅游示范县中有 11 个县承担了建设任务。在资金支持方面，省级财政安排 3 000 万元用于项目实施，每个项目 150 万元，市、县按省、市、县 1：0.5：1 的比例联动安排财政补助资金，主要用于公共服务设施建设、生态环境改善、特色景观打造、创意农业建设、产业提升建设和开展人员培训 6 个方面。目前补助资金已基本落实到位，有关项目正有序实施中。

四是开展品牌培育工作。积极参加农业农村部的休闲农业和乡村旅游精品工程，择优推荐了 10 个精品品牌和 5 个有代表性的农事节庆活动参与精品推介活动；积极推荐有代表性的村庄参加中国美丽休闲乡村推介活动，其中安义县罗田村等 5 个乡村被评为 2018 年中国美丽休闲乡村。组织开展了省级休闲农业品牌创建工作，评出了 20 个江西省美丽休闲乡村、50 个江西省星级农家乐、10 个十佳休闲农庄和 10 条休闲农业十大精品线路。

五是实施休闲农业提质升级项目。为了进一步突出产业优势，打造一批示范带动能力强、在全国有一定影响力的休闲农业示范基地和品牌企业，组织实施了休闲农业提质升级项目，从中央财政农业生产发展优势特色主导产业发展资金中安排 2 105 万元用于项目实施。全省共提质升级江西省美丽休闲乡村 40 个、江西省星级农家乐 91 个、江西省十佳休闲农庄 14 个。主要任务是提升特色产业、打造农业景观、提升创意农业、改善公共服务设施、改善生态环境等。

六是组织开展农民丰收节活动。2018 年，全省各地共开展了近 500 个踏春赏花、果实采摘、春耕插秧、庆祝丰收等农事节庆活动。2018 年是设立"中国农民丰收节"的第一年，全省各地以节为媒，组织开展了众多以庆丰收为主题的农事节庆活动。据不完全统计，从 9 月中下旬至 10 月下旬，全省各地陆续开展了 260 余场活动，参与活动人数达 600 多万人次。其中，省农业农村厅主办的首届中国农民丰收节江西系列活动于 9 月 22 日在高安市举办，省委书记刘奇出席开幕式并宣布江西系列活动启动，省委副书记、省长易炼红出席并致辞，引起了社会各界的广泛关注，反响热烈。

七是推进重要农业文化遗产保护利用工作。积极组织遗产地参加有关重要农业文化遗产的培训、研讨等，组织指导遗产地筹备中国重要农业文化遗产主题展。开展了"江西省全球重要农业文化遗产保护与发展"国际交流与合作项目，积极组织遗产地前往意大利、日本等地开展交流与学习活动。组织开展第五批中国重要农业文化遗产发掘和申报工作。

八是组织开展培训和服务活动。2018 年，全省共组织休闲农业和乡村旅游培训超 2 000 人次。省农业农村厅组织休闲农业服务小分队深入基层开展送科技下乡活动，活动现场共发放《江西休闲农业画册》《休闲农业理论与实务》等相关资料 300 余份，并邀请专家就休闲农业景观设计、园区创意景观打造等进行了专题培训。在宜春等地举办了农业产业结构调整带头人（休闲农业和乡村旅游）专题培训班，以提高休闲农业企业管理人员的经营管理水平。组织专家前往井冈山等地开展休闲农业产业扶贫活动，深入了解贫困村的基本情况和需求，为当地发展休闲农业产业进行现场教学和指导。

山东省

【基本情况】 截至 2018 年年底，全省农业投资总额 1 333.69 亿元，其中休闲农业投资 228.59 亿元，占投资总额的 17.14%，休闲农业政府扶持资金总额 39.13 亿元，占休闲农业投资额的 17.12%。休闲农业占地面积 322.85 万亩，从事休闲农业经营主体个数 1.53 万个，休闲农业从业人数 99.36 万人，其中农民从业人数 88.1 万人，人均工资 2.64 万元，带动农户 66.31 万户，培训 32.16 万人次。休闲农业利润总额 133.71 亿元，接待人次 3.26 亿人次，销售收入 472.75 亿元，其中农副产品销售收入 151.15 亿元。2018 年，山东省内共举办 1 786 次休闲农业相关的节庆活动。

【主要做法】

（一）加强部门联动，开展休闲农业和乡村旅游示范创建

按照农业农村部统一部署，组织开展休闲农业和乡村旅游示范创建活动，2018 年，有 6 个村荣获"中国美丽休闲乡村"荣誉称号；8 个单位申报全国休闲农业精品园区（农庄）。联合旅游部门，组织开展省级示范创建工作，认定省级休闲农业和乡村旅游示范县 9 个、示范点 22 个、美丽休闲乡村 24 个、齐鲁美丽田园 24 个、休闲农业精品园区（农庄）23 个。同时在有关专项资金安排上，优先向休闲农业和乡村旅游示范县和示范点倾斜，加速培育休闲农业和乡村旅游示范典型。

（二）加大扶持力度，夯实发展休闲农业的产业基础

以项目为载体，大力推进现代农业产业园建设、高效特色农业发展、农村一二三产业融合，将农业功能拓展纳入全省生态循环农业示范基地建设内容，为发展休闲农业提供产业支撑。2018 年，在 28 个景观资源较好的生态循环农业示范项目基地，继续打造休闲农业景观。

（三）加强人员培训，提高从业人员素质

从业人员能力素质是决定行业发展水平的重要因素。一年来，为全面提高全省休闲农业从业人员能力水平，全省各级组织开展了丰富多彩的业务培训，不断提升全省从业人员的经营管理水平。一是开展全省休闲农业和乡村旅游培训。在潍坊市召开全省生态农业培训班，邀请国家和省知名专家授课，对全省各市、县 160 多名休闲农业相关管理人员进行了业务专题培训。二是组织参加农业农村部相关业务培训。年内积极组织参加农业农村部举办的各类主题推介会及相关业务培训会，学习先进省份的典型做法和宝贵经验，促进了与各省之间的交流沟通。三是各市、县组织开展丰富多彩的培训、观摩等活动。各市发挥农民田间学校的作用，积极举办都市农业、休闲农业等专题培训班。

（四）采取多种形式，加强休闲农业宣传推介

开展全省休闲农业和乡村旅游精品品牌和农事节庆活动推介，通过省农业信息网、电视、广播、报纸及微信等平台进行宣传推荐。在山东农业信息网、《农业知识》杂志开设专栏，积极宣传休闲农业和乡村旅游品牌。各地也开展多种类型的特色活动，策划推出一批具有浓郁文化特色和地域风貌的节庆活动，大力推介具有地域特色的休闲农业和乡村旅游品牌。

【存在的主要问题】 虽然山东省休闲农业工作取得了一定成效，但还存在发展不平衡、同质同构现象明显、休闲农业经营人才缺乏等问题。

一是缺乏政策和资金支持。休闲农业与乡村旅游建设离不开政策支持和资金投入。但目前政策支持、资金投入与休闲农业的发展不配套，缺乏政策和资金支持。大部分休闲农业项目是投资少，融资难，难以上规模、上档次，制约休闲农业与乡村旅游的发展。

二是农业设施用地政策落后。在"大棚

房"清理行动中可以看出，农业设施用地政策已不适合，甚至是制约了休闲农业发展。因为缺少农业设施用地指标，休闲农业园区基础设施存在很大缺口，基础设施不完善影响从业者的积极性。

三是从业人员素质有待提高。休闲农业与乡村旅游从业人员普遍缺乏系统有效的培训，自身素质不高，服务水平较低，难以留住客人。管理人员缺乏科学的管理知识和经验，对休闲农业经营主体的定位不准确，发展思路不清晰。

河南省

【基本情况】 党的十九大报告提出大力实施乡村振兴战略，河南省按照生态宜居的总要求，抢抓机遇，乘势而上，依托优美的农业生态环境和特色的休闲观光资源，大力培育新业态，引导休闲旅游行业快速发展，取得了明显成效。

河南省休闲农业虽然处于起步阶段，已显示出强大的生命力，已形成多个旅游小镇、美丽乡村，休闲农业旅游业逐步成为富裕当地百姓的幸福产业。一是开展了全国休闲农业示范县和休闲农业示范点创建工作。目前，河南省已有济源示范区、商城、新县、鲁山等多个全国休闲农业和乡村旅游示范县。二是成功推荐一批休闲农业示范村。2018 年，河南省休闲农业经营主体达到 1.6 万个，接待人数达 9 000 万人次，全年营业收入实现 440 亿元，从业人数达 37.2 万人。全省创建全国休闲农业与乡村旅游示范县 16 个、示范点 21 个；中国美丽田园 6 处；中国美丽休闲乡村 24 个；中国重要农业文化遗产 2 处。

【主要做法及成效】

（一）发展得到有效很大推动

近年来，在推进河南省农村改革实验区和新型农村社区建设中，将"城乡一体化"和"美丽乡村"建设结合起来，出台了一些政策，也采取了一些措施。这些政策和措施对乡村旅游的发展起到了一定的推动作用，在全省形成了一些亮点和特色。

（二）实施了一大批乡村旅游项目

近两年，借助推进新农村建设的机遇，全省吸引了一批有实力的企业参与休闲农业和乡村旅游开发，项目涵盖了生态农业、休闲度假、民俗文化、农事体验等不同主题。

（三）形成了一些亮点特色村

各地依托自然资源优势和区位条件，在乡村旅游发展中做了一些积极探索，形成了一些亮点。如平桥郝堂村，土坯房、茅草房修旧如旧，每一处都很有品位，成为全省乡村旅游发展的代表，闻名于全国；还有具有豫南民居建筑风格的商城黄柏山新村，整齐划一地镶嵌在大别山深处，成为一处靓丽的风景。

（四）产生了一定品牌效应

这两年，河南省各地策划了一些活动，比如"美丽信阳·最美乡村——全国知名摄影家、摄影记者信阳行"主题采风、"赏春花·品春茶"活动、"美丽乡村"自驾游等，在《人民日报》《光明日报》《河南日报》《大河报》等主要媒体做了宣传。尤其值得一提的是，平桥区策划的"捷安特杯"美丽乡村全国单车嘉年华——郝堂站和郝堂豫南民俗文化周等活动，新县策划的乡村旅游踩线活动，济源的全域乡村旅游，这些活动对乡村旅游品牌打造有积极的影响，产生了一定知名度。

【存在的主要问题】 全省乡村旅游点"小"，面"散"，基础设施配套建设差，经营发展水平还在低层次徘徊，市场影响力还比较小，行业标准较难有效实施，还处在发展的初级阶段。目前县域乡村旅游发展还不平衡，还存在着不少亟待解决的问题和制约因素，主要是经营模式还比较单一、基础设施不够完善、高端乡村旅游项目少、特色品牌不够响等。具体体现在四个方面。

一是部分政策并没有落实到位，措施不是很有力，部分县区认识不很到位，基础设施配套建设不足，工作推进力度不大。

二是发展比较零散，缺乏有效监管，乡村旅游标准难以实施，发展也不平衡，形成不了集聚效应，在省内外的影响力较弱。

三是乡村旅游项目要素配套还不完善，大多都处在发展建设提升中，受资金、征地、环评等方面的制约，部分还停在规划阶段。

四是品牌还不是很响亮，想打造出在全国叫得响乡村旅游品牌，还有很长的路要走。

湖北省

【基本情况】 党的十九大提出，农业农村优先发展，实施乡村振兴战略。2018 年 2 月，湖北省委副书记、武汉市委书记陈一新提出，要大力推动市民下乡，盘活农村闲置资源，动员一批工商企业投资农业农村，引导在外能人回乡创业，一项以"市民下乡、能人回乡、企业兴乡"为主要内容的"三乡"工程，以武汉为发端，在全省大规模推进，激发农业农村发展新活力，涌现出一大批具有荆楚风韵的休闲农业点和美丽休闲乡村，成为乡村振兴的突出亮点和扶贫攻坚的重要动能。全省现有全国休闲农业示范县（市、区）13 个、示范点 19 个，"中国美丽休闲乡村"24 个，"中国美丽田园"10 个，休闲农业点 6 235 个，湖北省休闲农业示范点 140 个。全年接待游客 1 亿人次，综合收入 377.4 亿，从业农民人均收入达到 26 825 元。

【主要做法及成效】

（一）创设新政策，推进新工程

湖北省委办公厅、省政府办公厅印发了《关于实施"三乡"工程，促进乡村振兴的指导意见》，原省农业厅制定了《"三乡"工程五年（2018—2022）行动方案》。武汉市先后出台了支持"三乡"工程的"黄金 20 条"、鼓励能人反哺家乡的"四张牌"等，促进了木兰花乡、花朝河湾等精品工程建设。武汉万中集团董事长葛天才，响应"三乡"工程号召，回到自己的家乡，先后投资 2.6 亿元，利用乡村闲置房屋，改建木兰文化博物馆、书画创作基地、旅游民宿、共享厨房等，成为乡村振兴的有效载体。一花引来万花开，武汉经验迅速在全省推广，迎来休闲农业和乡村旅游发展的"井喷"时代，省委书记蒋超良在《人民日报》发表署名文章，为"三乡"工程点赞。

（二）再加新力度，培育新标杆

湖北省按照《关于统筹整合相关项目资金，开展美丽宜居乡村建设试点工作的指导意见》，每年整合省级财政专项资金 20 亿元，重点支持 300～500 个村，开展美丽宜居乡村建设试点，培育休闲农业和乡村旅游精品工程。自 2018 年起，湖北省委明确再加新力度，三年内每年投资 1 000 亿元以上，用于扶贫攻坚，改善农业农村基础设施。武汉市先后安排乡村休闲游资金 3.8 亿元，撬动社会资本投资 29.6 亿元，建设休闲景点停车场、游步道等设施。2018 年再加新举措，在东西湖区、新洲区、江夏区、汉南区建设 4 个大型都市田园综合体，每个奖补项目资金 3 亿元，区级财政同步配套资金 3 亿元，强力打造休闲农业的"新标杆"。宜昌市夷陵区统筹资金 7.6 亿元，撬动社会资本投资 48 亿元，打造邓村茶旅小镇、宜大路三峡茶谷、百里荒高山草原等项目，倍受游客青睐。大冶市、麻城市每年安排 2 000 万元，奖补休闲农业示范点，推进休闲农业产业提档升级。

（三）紧盯新亮点，引领新时尚

湖北是油菜大省，常年种植面积 1 700 万亩以上。油菜既是长江流域的主要油用作物，也是春季踏青赏花的"新亮点"。湖北省立足油菜产业的资源优势，组织开展最美油菜花海和最优赏花线路评选推介活动，印发了《"2018 湖北最美油菜花海"大型推介活动方案》，在随县举行了启动仪式，组织油菜主产区、油菜生产基地、油菜休闲农园参加评选推介活动。先后推介了 23 个精品油菜花海，征集摄影作品 1 000 多件。《农民日报》《湖北日报》湖北广播电视台、ZAKER（扎克）新闻等媒体全程宣传报道，网络投票推介、优质品牌菜籽油进社区等活动无缝衔接，一场场踏青赏花的精彩盛宴，令人流连忘返。"赏油菜花，吃菜籽油"已成为"新时尚"。

（四）搭建新平台，营造新氛围

2018 年元月，湖北省委在武汉市黄陂区召开了全省"三乡"工程推进会，推广黄陂区以"三乡"工程为抓手、促进休闲农业发展的经验。全省各地借力"三乡"工程，积极搭建农业招商引资平台，营造发展休闲农业和乡村旅游氛围。2018 年全省农业招商引资签约项目 122 个，签约金额 620.77 亿元，涉及休闲农业和乡村旅游的项目达 80%。各地因地制宜组织开展"三乡"工程村企对接活动，多渠道推介乡村旅游资源，引导"三乡"工程主体投资兴办精品民宿、共享农庄等，引导龙头企业与休闲农业集聚村对接，涌现出黄陂杜鹃花海、沙洋油菜花海、宣恩伍家台贡茶园一大批精品工程。湖北省农业农村厅利用网站、微信公众号及时发布行业动态，推介精品景点、线路，营造了良好氛围。

【存在的主要问题】 近年来，随着消费结构升级和农业供给侧结构性改革的深化，休闲农业和乡村旅游成为社会资本投资的热点，基础设施不断完善，产业规模不断扩大，消费者满意度不断提升，为促进农业增效、农民增收和乡村振兴做出了积极的贡献。但也存在一些不容忽视的问题。

（一）规划引导滞后，项目建设同质化

2014 年编制了《省农业厅关于印发湖北省休闲农业发展总体规划（2013—2020）》，但多数市州和县（市、区）没有编制休闲农业发展规划，在引导休闲农业产业区域布局上显得滞后，项目选址、投资和建设主要依赖市场主体的认知，跟着感觉走，缺乏科学规划，设计与定位不准，产业布局不够合理，重复建设、同质化竞争现象较为突出。

（二）基础设施薄弱，公共服务滞后

目前，湖北省大部分通往休闲农业和乡村旅游景区道路狭窄，游客接待中心、园区标识路牌、停车场、游步道、通信网络、卫生绿化、垃圾处理等基础设施不够完善，难以满足游客的消费需要，游客"引不来、留不住、难再来"问题较突出。

（三）发展定位不准，盈利模式不清

社会资本投资休闲农业与乡村旅游凭热情凭感觉的多，进行创意设计的少，往往停留在吃吃农家饭、看看乡村景上。总体上看，项目市场定位不够高，主题不够突出，特色不够鲜明，"农"味不浓。经营项目以农家乐、垂钓为主，科普、游乐、住宿等项目比较薄弱，缺乏持续赢利能力。

（四）政策支持乏力，发展后劲不足

各地在休闲农业与乡村旅游发展上缺乏相关的扶持政策，特别是缺乏财政专项扶持资金。在规划与审批、登记与管理、标准与规范等方面缺少制度安排，休闲农业和乡村旅游产业发展处于无序状态。在项目设施建设用地、贷款融资和配套设施等方面问题较为突出。

（五）管理人才匮乏，服务水平较低

从事休闲农业和乡村旅游业的主体大多数是农民，科技文化素质相对较低，管理经验不足，与市场需求不相适应。尽管根据高素质农民指标开展了休闲农业培训，但培训的面还比较窄，培训的深度还不够。加之大多数休闲农业园区远离城市，难以留住专业性人才，制约了休闲农业和乡村旅游的快速发展。

湖南省

【基本情况】 2018 年，湖南省围绕中央和省委"实施休闲农业和乡村旅游精品工程"决策部署，坚持示范引领，创新驱动，休闲农业实现新发展。

2018 年，湖南省休闲农业经营主体达到 17310 个，从业人数 78 万人，实现营业收入 4 407 710 万元，同比增长 15.1%；接待人次 19 608.9 万人次，同比增长 12.2%；利润总额 576 692.2 万元，带动农户 766 610 户，从业人员人均工资额 2.5 万元。

【主要做法及成效】

（一）抓顶层设计

在全省开展休闲农业与乡村旅游发展大调研，调研情况汇集形成《全省加快发展乡村旅游助力乡村振兴》报告，向省委常委会做了专题汇报。开展了政策扶持休闲农业发展的专项调研，为下阶段以省政府名义出台支持休闲农业发展的政策意见做好准备。立足省情，提出若干支持休闲农业发展的政策举措和任务目标，写入了 2018 年省委 1 号文件《关于实施乡村振兴战略开创新时代"三农"工作新局面的意见》《湖南省乡村振兴战略规划（2018—2022 年）》《湖南省人民政府关于深入推进农业"百千万"工程促进产业兴旺的意见》（湘政发〔2018〕3 号）、《湖南省国土资源厅关于全力服务促进乡村振兴的若干意见》（湘国土资发〔2018〕21 号）等重要文件。结合基层意见，制订了全年休闲农业发展"十项重点工作"清单，明确专人，制订细则，逐一抓好落实。

（二）抓示范创建

对全省近 3 年来认定的省级休闲农业示范创建经营主体开展了"回头看"。精心组织全省 2018 年度休闲农业示范创建工作，结合长株潭地区种植业结构调整，创新开展"省

级休闲农业与乡村旅游示范县"创建；结合"村园融合"，创新将一批行政村镇纳入"休闲农业示范点"创建范畴。2018 年，全省共创建休闲农业与乡村旅游示范县 9 个、休闲农业示范村镇 36 个、休闲农业示范农庄 60 个。组织开展全省第七批休闲农业与乡村旅游星级创建工作，成功创建五星级农庄 90 家、四星级农庄 176 家、三星级农庄 111 家。国家级星级农庄创建工作顺利通过，全省新增国家级星级农庄 33 家，其中五星级农庄 15 家。

（三）抓宣传推介

推介花垣县十八洞村等 5 个乡村获评 2018 年"中国美丽休闲乡村"。围绕四时节气，向农业农村部和全社会推介了湖南省 11 个精品景点线路和 7 个特色节庆活动。率先在全国开展"休闲农业创新创意产品推介活动"，推选出湖南省 50 个休闲农业创新创意产品和 20 条精品线路，在第十六届中国国际农产品交易会暨第二十届中国中部（湖南）农业博览会现场向全社会推介发布。组织湖南省 4 个农业文化遗产地参加在北京举行的中国重要农业文化遗产主题展。组织编写《走进湖南最美农庄》消费指南，指导城乡居民"游有所去"。组织各地经营主体积极参与"首届湖南油菜花节"和"首届中国农民丰收节"，指导各地"政府搭台，企业唱戏"，开展了一系列丰富多彩、贯穿四季的特色休闲节庆活动。

（四）抓行业服务

围绕一批休闲农业重点投资项目，有针对性地开展调度协调和跟踪服务。开展了行业培训与团队分区指导，省级直接培训超过 300 人次，全省共培训休闲农业从业人员近 3 000 人次。建立了休闲农业专家智库，集中一批省内外的专家学者，为休闲农业发展提供服务，指导湖南省农庄深化从传统的"老三样"（钓鱼、打牌、农家饭）向教育、文化、康养、科普等内涵融合发展的模式转

变，其中 4 个农庄开发模式被收入农业农村部组织编写的《全国休闲农业和乡村旅游经典案例》。修订完善省级星级农庄评审方法，指导行业协会和中介组织找准定位，理顺思路，更好地开展行业服务。集中开展"大棚房"问题整治和"扫黑除恶"摸排清查，促进行业主体依法经营。

（五）抓融合发展

率先提出休闲农业"三向融合"理念，着力推动休闲农业与特色产业、生态资源、民居村镇有机融合，新业态新模式层出不穷，盈利水平和带动能力显著增强。如永州市零陵区香零山村，围绕蔬菜主导产业和"香陵烟雨"生态景观，大力发展休闲农业，2018 年村集体收入仅休闲旅游一项就接近 300 万元，其中一处由 100 平方米废弃猪栏改造的"猪栏咖啡馆"年创收 30 余万元。据测算，2018 年全省休闲农业共安置就业人员 81.4 万，发放工资总额 188.8 亿元，人均 2.32 万元，同比增长 10.1%；通过股份合作、产品销售等方式联结带动农户超过 100 万户；51 个贫困县通过休闲农业带动近 10.1 万户建档立卡贫困户脱贫，户均增收 1.3 万元。

【主要活动】

（一）组织开展休闲农业示范创建工作"回头看"活动

2018 年 3 月 22 日，湖南省农业委员会办公室向各市州农委下发了《关于组织开展休闲农业示范创建工作"回头看"活动的通知》，对已创建的 16 个全国休闲农业与乡村旅游示范县、17 个全国美丽休闲乡村、50 个湖南省休闲农业特色产业园、38 个湖南省休闲农业示范点的示范工作进展情况、经验做法提炼推介情况及存在的问题进行了全面自查。通过"回头看"，促进了休闲农业发展水平进一步提高，休闲农业带动能力进一步加强，全省各类资本注入休闲农业的热情持续高企，休闲农业格局呈现立体多样。

（二）认定 2018 年度湖南省休闲农业与乡村旅游示范县和湖南省休闲农业示范点

2018 年 6 月 13 日，湖南省农业委员会办公室下发《湖南省 2018 年度休闲农业示范创建工作方案》（湘农办产业〔2018〕99 号）。各地根据创建工作方案要求上报了有关资料，其中长株潭地区申报休闲农业与乡村旅游示范创建县（市、区）9 个，各市州申报示范点创建主体 110 个（农庄 71 个、村镇 39 个）；同年 9~10 月，组织对 2018 年度全省休闲农业示范点创建主体和全省休闲农业与乡村旅游示范县创建县（市、区）进行了考核评审，2019 年 1 月 25 日，经湖南省农业农村厅 2019 年第 3 次厅党组会议研究通过；2019 年 1 月 31 日，湖南省农业农村厅办公室下发《关于认定 2018 年度湖南省休闲农业与乡村旅游示范县和湖南省休闲农业示范点的通知》（湘农办产业〔2019〕16 号），认定长沙市望城区等 9 个县（市、区）为"湖南省休闲农业与乡村旅游示范县"，认定岳麓区学士街道学华村等 36 个村镇、长沙市谷丰生态园等 60 家休闲农庄为"湖南省休闲农业示范点"。

（三）湖南省第七批休闲农业与乡村旅游星级创建考核评审

2018 年 5 月 24 日，湖南省农业委员会办公室下发《关于开展第七批休闲农业与乡村旅游星级创建工作的通知》（湘农办产业〔2018〕77 号），同年 10 月下旬至 11 月下旬，对 2018 年度全省休闲农业与乡村旅游星级创建主体进行了考核评审，2019 年 1 月 25 日，经湖南省农业农村厅 2019 年第 3 次厅党组会议研究通过；2019 年 2 月 1 日，湖南省农业农村厅办公室下发了《关于湖南省第七批休闲农业与乡村旅游星级创建认定结果的通知》（湘农办产业〔2019〕17 号），认定长沙县田茂现代农庄等 377 家休闲农业经营主体为"湖南省第七批休闲农业与乡村旅游星级企业（园区）"，并授予星级标牌。

（四）湖南省休闲农业创新创意产品及精品线路推介活动

2018 年 11 月 3 日，第十六届中国国际农产品交易会（简称"农交会"）暨第二十届中国中部（湖南）农业博览会系列活动——湖南省休闲农业创新创意产品及精品线路推介活动在湖南长沙国际会展中心举行，活动以"推介精品，提升品质"为主题，向全社会推介了 50 个休闲农业创新创意产品和 20 条精品线路，并通过全媒体对外发布。此次推介的 50 个休闲农业创新创意产品和 20 条精品线路是经县、市层层遴选推介和专家评议，最终确定的休闲农业精品。50 个创新创意产品分为菜品与饮食类创意、农园与景观类创意、产品与包装类创意、营销与服务类创意、其他类创意五大类，代表了省内休闲农业产品较高质量的发展水平。20 条精品线路遍及三湘四水，沿线景色优美，农庄产业特色突出、文化特征明显、品牌知名度高，是湖南休闲农业旅游线路的典型代表。本次推介活动，是湖南省农业农村厅贯彻落实中央和省委 1 号文件关于实施休闲农业与乡村旅游精品工程的重要举措，旨在促进农业与文化、科技、艺术、教育、体育、康养、旅游、时尚等产业融合发展，展现休闲农庄的特色美食、美景和美意，给城市居民提供消费信息，充分释放需求，满足城乡居民日益增长的休闲消费需求和对美好生活的向往，进一步扩大湖南乡村休闲旅游的知名度和影响力。全省 14 个市州分管休闲农业负责人、科长、50 个创意产品农庄代表、旅行社代表、省内外主流媒体代表共 200 人参加了活动。

广东省

【基本情况】 2018 年，广东省认真贯彻农业农村部关于乡村振兴战略相关要求，大力推进农村一二三产业融合发展，实施休闲农业和乡村旅游升级行动，休闲农业工作稳步发展。

全省共创建全国休闲农业示范县（区）10 个、示范点 19 个、中国美丽休闲乡村 16 个，省级休闲农业与乡村旅游示范镇 115 个、示范点 286 个，中国农业公园 1 个（台山），省级农业公园 24 个。全省休闲农业经营主体 6 710 个，营业收入 140.93 亿元，接待游客 1.29 亿人次，带动农户 30.7 万户，从业人员人均工资 4.39 万元。

【主要做法及成效】

（一）加大政策标准供给

2018 年，编制印发《广东省农产品加工业发展规划（2018—2025）》《省级示范家庭农场认定管理办法》，拟制了《广东省民宿管理办法》《广东省农业公园总体发展规划（2018—2020）》《广东农业公园建设标准及评价指标体系》等相关政策法规，实施乡村旅游与休闲观光农业"百镇千村"提质升级行动，把发展休闲农业作为实施乡村振兴战略、推进农村一二三产业深度融合的重要任务，为行业发展不断完善制度保障。全省各地把休闲农业与乡村旅游作为全域旅游发展重点发力方向，着力打造"粤美乡村"品牌，推动产区变景区，田园变公园，劳作变体验，农房变客房。

（二）加大资金扶持力度

一是用好中央财政农村一二三产业融合发展补助项目。全年安排 7 253 万元中央财政资金支持 14 个县（市、区）创建农村一二三产业融合发展补助试点县，共补助主体 62 个，其中企业 54 个、合作社 8 个，建设休闲农业相关设施游客综合服务中心 31 个、游步道长度 114 543 米、景观台数量 125 个及其他设施，推动农产品精深加工、休闲农业和乡村旅游、农村电商等新产业新业态高质量发展。二是加大省级财政支持力度。省财政投入 25 亿元，启动建设 50 个省级现代农业产业园；安排省级专项资金近 1 000 万元，对 2016 年以来创建认定并监测合格的省级休闲农业与乡村旅游示范点实施奖补。省农垦系统和部分市县也采取措施加快推进农业公园建设，扶持创建了一批农业公园。这些项目的实施，必将有力促进和带动休闲农业等新业态发展。

（三）创建休闲农业品牌

广东省继续开展休闲农业与乡村旅游示范点创建活动，并同步对前五批认定的 286 个休闲农业与乡村旅游示范点进行监测，擦亮品牌。开展休闲农业与乡村旅游行业统计，推荐 50 个经营主体成员纳入全国休闲农业和乡村旅游发展评价体系。遴选省内精品休闲农业和乡村旅游品牌报农业农村部并向全国推介，其中精品旅游线路 10 条、特色农事节庆活动 5 个，3 个村落被农业农村部推介为中国美丽休闲乡村。充分放大首届中国农民丰收节等农事节庆活动节日品牌效应，省长马兴瑞亲赴梅州分会场宣布活动启动，配套开展 10 个"十佳最美"系列评选活动。梅州市借成功主办丰收节分会场的东风，国庆期间游客数量大幅增加，达 390.88 万人次，旅游总收入 13.87 亿元，同比分别增长 8.03% 和 10.27%，其中大黄村丰收广场人流量达 20 多万人次，农产品线上线下销售额超千万元。

【存在的主要问题】 休闲农业产业发展不平衡不充分。缺乏科学规划和标准化指引，中高端乡村休闲旅游产品和服务供给不足，发展模式功能单一，经营项目同质化严重，管理服务规范性不足。从业人员总体素质不高，南粤风情、岭南品牌的转化率、利用率低，没有充分挖掘和活化利用岭南的历史、农耕文化和自然等特色资源。

休闲农业项目缺少建设用地。休闲农业经营主体建设游乐休闲设施、停车场、游客服务中心、餐饮住宿、旅游厕所等配套基础设施所必需的建设用地需求较多，但由于土地性质及用地指标问题，部分建设项目无法落地。土地指标难落实，导致休闲农业经营主体发展受阻。

广西壮族自治区

【基本情况】 截至 2018 年 12 月，我区共创建国家级休闲农业与乡村旅游示范县 14 个、中国美丽休闲乡村 21 个、自治区级休闲农业与乡村旅游示范点 113 个。休闲农业和乡村旅游持续火爆，全年全区休闲农业接待游客超过 7 500 万人次，产业总收入超过 280 亿元，同比增长 25%。到 2020 年，力争全区创建 200 个国家级和自治区级休闲农业与乡村旅游示范点、100 个全区休闲渔业示范基地，接待游客 1 亿人次以上，休闲农业总产值 300 亿元以上，吸纳农民就业 45 万人。

【产业类型】 根据自然特色、区位优势、文化底蕴、生态环境、经济发展水平和消费习惯，广西在发展农家乐、民俗村、休闲农园、休闲农庄等形式的基础上，不断创新产业类型，鼓励开发乡村酒店、特色民宿、户外运动等休闲度假产品，拓展休闲农业的经济、社会、文化和生态等功能，激活了一片区域、兴起了一批产业、带富了一批百姓、建成了一方乐园。一些休闲农业旅游区引进了民族风情表演、民族美食，民族农耕文化、民族建筑文化等当地有特色的民族文化，丰富了休闲农业旅游区的文化内涵。地方农事节庆和旅游节庆异彩纷呈，中国·隆安"那"（稻作）文化旅游节、恭城月柿文化旅游节、横县中国国际茉莉花文化节、灵山荔枝文化节、贵港覃塘荷花节、昭平茶王节、武宣金葵花旅游节等节庆活动吸引了大量游客前往，成为广西休闲农业靓丽的风景线。

【产业发展及品牌培育情况】 依托山清水秀

等独特优势，着重做好首府南宁都市休闲农业示范区、柳州都市休闲农业示范区、桂林休闲农业国际旅游示范区、沿边民族风情特色休闲农业产业带、沿江亲水观光休闲农业产业带、滨海海洋文化休闲农业产业带、依山森林旅游生态休闲农业产业带、沿高铁（公路）特色种养休闲产业带、富硒农业休闲体验产业带、养生长寿生态休闲农业产业带"七带三区"休闲农业聚集带（区）打造。

依托广西现代特色农业（核心）示范区创建，全区1 700多个各级现代特色农业示范区中1/3以上园区将休闲旅游作为主要产业功能，80％的园区规划设计了休闲观光设施，现代特色农业示范区已经成为发展休闲农业的重要载体。

2017年，制作了广西休闲农业视频宣传片，在广西电视台、广西农业信息网、广西农业微信公众号以及自治区组织的农业投资合作洽谈会、农交会、农业论坛等平台上推介宣传广西农业休闲的好去处。制作完成并上线广西休闲农业电子导览图，以现代技术手段展示全区休闲农业与乡村旅游精品，向区内外提供休闲农业景点景区、特色农家餐饮和交通信息等资讯服务。

经过近几年的快速发展，广西休闲农业结构不断优化，功能日益拓展。休闲农业的发展方式逐步从农民自发发展向各级政府规划引导转变，经营规模逐步从零星分布、分散经营向集群分布、集约经营转变，功能定位逐步从单一功能向休闲、教育、体验等多产业一体化经营转变，空间布局逐步从城市郊区和景区周边向更多适宜发展区域转变，经营主体逐步从农户经营为主向农民合作组织和社会资本共同投资经营发展转变。比如南宁市美丽南方、河池南丹县绿稻花海、玉林市五彩田园、贵港市荷田广场等示范区都实现了规模化、多功能、多产业一体化经营。

广西通过积极组织参与全国休闲农业与乡村旅游示范创建、中国美丽休闲乡村和中国美丽田园推介等系列活动，树标杆，育品牌，引领产业新发展。同时，积极组织开展广西休闲农业与乡村旅游示范创建活动，收到了良好成效。先后有6个县获得"全国休闲农业与乡村旅游示范县"称号。

玉林市容县全面深入推进特色农业、乡村旅游等优势资源的开发建设，逐渐完善各项基础设施，不断增强发展后劲，全县现有休闲农业和乡村旅游点118个，形成沙田柚之旅、亲子田园采摘之旅、现代休闲农业之旅、容州兰花之旅、中医药养生休闲之旅等12条精品旅游线路，近三年年均增长32％，被授予"全国休闲农业与乡村旅游示范县"称号。培育了马山、北流、田东、恭城、灌阳、容县、巴马等一批生态环境优、产业优势大、发展势头好、示范带动能力强的县域休闲农业与乡村旅游集聚区。打造了东兴市竹山村、三江县丹洲村、灵山县大芦村、南丹县巴平村、武宣县下莲塘村等一批天蓝、地绿、水净、安居、乐业、增收的美丽休闲乡村。创建了南宁市金穗生态园、蒙山县长坪瑶族乡长坪村、凌云茶山金字塔、合浦县小村故事乡村旅游区、宁明县花山田园等113个等广西休闲农业与乡村旅游示范点。同时，广西还有龙胜龙脊梯田系统、隆安壮族"那文化"稻作文化系统、恭城月柿栽培系统入选中国重要农业文化遗产实录。

通过扶持贫困地区发展生态休闲产业，助推脱贫成效明显。柳江百朋万亩双季莲藕休闲农业基地、万亩鲁比葡萄休闲基地、荔浦砂糖橘休闲园区、忻城薰衣草庄园等拉动了近万群众脱贫致富，河池南丹歌娅思谷景区采取"公司＋合作社＋基地＋农户"的模式，年支付劳务费1 000多万元，为社区及周边群众创造就业岗位192个，共有贫困户139户569人从中获利，其中103户443人实现脱贫。

【创新亮点】 自治区党委、政府高度重视休闲农业和乡村旅游的发展，2016 年、2017 年连续召开休闲农业产业推进大会，为各地积极拓展农业多种功能，促进农村一二三产业融合发展指明方向。自治区党委办公厅、人民政府办公厅印发的《"产业富民"专项活动工作指南》，将"农旅结合休闲农业进村行动"列入自治区"十项进村行动"之一，作为促进农村产业转型升级和提质增效的重要手段全面推进。

【主要做法】

（一）全域谋划，集聚带动

按照全域旅游的发展理念，从全局上统筹全区休闲农业发展，优化休闲农业产业布局，根据各地农业资源的不同，设定合理的开发方向，鼓励各市、县（区）先行先试，以点带面，引领和带动广西休闲农业体系发展和提升。

（二）科学规划，突出特色

科学制定各级休闲农业规划，因地制宜，合理布局，有序开发，避免盲目发展；深入挖掘地方乡土文化，结合当地农业资源特色，设定具有当地特色化。

（三）农旅融合，创新发展

激活各类农业生产要素，积极推进农业和旅游的融合发展，加强休闲农业旅游产品开发力度。构建休闲农业物联网，通过大数据和云计算平台，提高休闲农业产业信息化程度。

（四）深化合作，共赢发展

加强区域旅游合作，构建合作机制，扩大与东盟国家、区内外城市在休闲农业开发方面的合作，加强与湖南、贵州、云南、四川等中南、西南省区的区域协作，促进共赢发展。

（五）共建共享，富民减贫

建立共建共享发展机制，大力引导和帮扶农民参与休闲农业开发和经营，汇聚各行业和社会力量，共建广西休闲农业品牌，共享产业发展红利，带动乡村经济社会发展，帮扶农民脱贫致富。

（六）绿色低碳，持续发展

遵循开发与保护并举、生产与生态并重的理念，统筹考虑资源和环境承载能力，制定保护规划，明确保护要求。加强乡村生态保护和改善农村人居环境，加强村落古建筑和传统民居建筑保护，加强村落非物质文化遗产的保护，建立传承机制。

海南省

【基本情况】 2018 年，海南省进一步强化"三农"工作，抓统筹、建机制、强保障，建设共享农庄，探索符合海南实际的乡村振兴可持续路径。据统计全省休闲农业个数 421 个，同比增长 5.3%；直接从业人数 3.56 万人，同比增长 18.7%，间接从业人员 11.8 万人；带动农户 4.72 万户，同比增长 36.6%；休闲农业和乡村旅游接待 2051.28 万人次，同比增长 -6.3%；营业收入 32.70 亿元，同比增长 20.4%；人均年工资 29 437 元，是全省农村居民人均可支配收入 13 989 元的 2.1 倍。休闲农业和乡村旅游保持快速增长的态势，共享农庄创建有序推进。

【主要做法及成效】 2018 年年内，坚持以问题为导向，把美丽乡村建设作为乡村振兴的重大任务，把共享农庄作为美丽乡村建设的重要抓手，努力探索政府引导、农民主体、企业参与、社会支持的共享农庄建设模式。

（一）建立政府引导与科学管控机制

一是规划引领。在省域"多规合一"框架内，科学布局和划分乡村生产空间、生活空间和生态空间，合理确定三类空间的适度规模和比例结构，划定生态红线，限定开发边界。二是政策支持。省政府印发了《关于支持美丽乡村建设的若干意见》《关于以发展共享农庄为抓手建设美丽乡村的指导意见》，出台财政、金融、税收、土地、产业等相关配套政策，设立美丽乡村建设专项资金，每年按照省级土地利用年度计划指标的5％下达美丽乡村新增建设用地指标，创新了"先租后让""点状供地"等供地方式。三是红线管控。成立共享农庄联盟，制定《海南共享农庄建设规范》，建立"试点先行、定期监测、动态管理、能进能退"的管理机制。加强土地用途和建筑风貌管控，严禁以共享农庄建设为名违法违规开发房地产或建私人庄园会所，严守生态保护和基本农田保护红线。

（二）建立一二三产业融合发展机制

一是推进信息互联。鼓励支持共享农庄建立可视化生产系统和农业物联网系统，建设全省统一的共享农庄信息化运营平台。二是推进农旅文融合发展。以农为本，160个试点共享农庄差异化、特色化的农业生产规模达43万亩，满足不同消费群体个性化需求。同时，充分挖掘农业的多元属性，培育休闲观光、健康养生、文化创意等新业态，以农促旅、以旅强农、以文创树品牌。三亚海棠稻乡共享农庄打造水稻种植、农事体验、科普教育和田野艺演等业态，年初开业至今已接待游客26万人次，琼海田园梦想共享农庄在博鳌亚洲论坛年会期间接待游客1.3万人次，其中外宾200多人。三是加快发展特色农产品加工业。今年全省新增特色农产品加工项目54个，农产品加工业产值同比增长12％，农业产业链进一步延伸。

（三）建立多元化投融资机制

引进有实力、有情怀、有品位的企业参与共享农庄建设运营，用最好的资源吸引最好的投资。利用多层次资本市场进行股权融资。各类投资主体采取信用贷款、抵押贷款和担保贷款主要方式进行债权融资。采用农产品众筹、民宿建设众筹、农产品预售等方式，创新融资模式。年内筹划和实际建设共享农庄的主体达到285家，去年以来累计投资76亿元，创建共享农庄试点61家，今年新纳入试点的共享农庄达100家。设立国内首支共享农庄基金，基金规模达到50亿元。目前正筹备设立海南省乡村振兴产业发展基金。

（四）建立共建共享共赢利益联结机制

共享农庄采取共享经济的商业模式，实现农民变股东、农房变客房、农产品现货变期货、消费者变投资者，多方共建共享共赢。如：白沙县阿罗多甘共享农庄通过农民土地流转、闲置房屋作价入股等方式，实现农民变股东、农房变客房，去年为282户贫困户发放股金红利80万元，支付农民闲置房屋租金30多万元；澄迈县洪安蜜柚共享农庄依托无籽蜜柚绿色食品和国家原产地保护产品，采取众筹等方式进行定制认购，建立线上线下互联平台，把农产品现货变期货，年产品经营收入860多万元；白沙县五里路共享农庄把300多亩优质绿茶预售给76户会员，会员由消费者变为投资者，年销售收入达200多万元；三亚市小鱼温泉共享农庄带动233名农民直接就业，通过管护农庄、代耕代种等方式获得工资性收入。

（五）多措并举推进共享农庄有序创建

把共享农庄作为"美丽海南百镇千村建设"的一个抓手先行试点，推动农村一二三产业深度融合发展。农庄园区环境整洁、功能分区、活动项目、餐饮、住宿、道路、景观、卫生等配套服务设施完善是农庄建设的基本要求，自2017年创建试点以来，在建设用地紧缺的情况下，共享农庄业主积极探索利用不同用地模式，开展园区休闲业态建设。如文昌好圣航天共享农庄以好圣村美丽乡村改造为依托，完成了餐饮中心、互联网中心、农庄污水处理点等休闲配套设施建设；福山荔枝共享农庄获得在澄迈县"多规合一"范围内的72.76亩旅游建设用地指标，用于游客接待中心、餐饮、民宿等服务设施建设；五里路茶韵共享农庄拟利用白沙县政府近期批复的符合白沙县"多规合一"的5亩旅游建设用地指标建设与茶文化相关的休闲业态。云龙御养共享农庄充分利用原有的 12.9 亩建设用地，积极开展农庄房屋升级改造、餐饮区建设、农业设施提升、生态道路建设等。强化对创建试点主体督促检查，实行"动态管理、定期监测、优进劣汰、能进能退"机制，努力确保创建试点工作稳步健康推进。针对个别非创建试点单位打着"共享农庄"旗号、"挂羊头、卖狗肉"宣传促销的违规行为，责令其坚决取消、举一反三、严肃整改。

（六）继续推动休闲农业提档升级

开展"春观花、夏纳凉、秋采摘、冬农趣"推介活动，积极向农业农村部推荐休闲农业和乡村旅游精品品牌 11 个、农事节庆活动 7 个，推荐 3 个村为中国美丽休闲乡村。继续开展全国休闲农业与乡村旅游星级创建工作，指导海南省休闲农业协会开展全国休闲农业与乡村旅游星级创建工作。开展第五批海南省休闲农业示范点创建和到期复评工作。加强共享农庄行业监管，在北京、上海、广州举办 3 场宣传推介招商活动，共签订 49 亿元投资意向合同。加强休闲农业行业统计监测，及时研判行业动态，促进行业平稳健康运行。

【存在的主要问题】 尽管海南休闲农业发展，特别是共享农庄创建取得了一定成效，但由于创建处于起步阶段，发展过程中还存在一定问题和困难，主要表现在：

一是体制机制还不够完善。个别市县对共享农庄如何发展研究不多、谋划不够。部门工作合力还没形成，统筹协调研究解决问题不够。审批受理难，相关流程不够清晰，部门之间推诿现象时有发生。

二是土地利用难。一些休闲农业和乡村旅游、农庄建设用地指标难以落实，影响配套业态建设。农村宅基地"三权分置"尤其是宅基地确权登记工作还没有完成，致使一些有存量建设用地指标的共享农庄在开发建设民宿、接待中心等过程中，增加报建难度。土地利用受限已成为影响休闲农业和乡村旅游、共享农庄建设等的"瓶颈"。

三是建设特色不鲜明。一些休闲农业和乡村旅游、农庄功能布局不清，缺乏创意和创新，档次不高，黏合性不强。定制、认养、租赁、众筹等共建共享项目有待强化。

四是人才资源短缺。休闲农业和乡村旅游发展需要的专业人才和劳动力缺乏，影响运营管理和服务品质。

五是宣传推广力度不够。休闲农业和乡村旅游、共享农庄宣传推介手段单一，持续宣传、招商引资力度有待进一步加强。

重庆市

【基本情况】 近年来，重庆市着力休闲农业和乡村旅游，着力按照习近平总书记"三农"工作重要论述，紧扣"加快建设内陆开放高地、山清水秀美丽之地""努力推动高质量发展、创造高品质生活"目标，立足市情农情，以实施乡村振兴战略为总抓手，深入推进休闲农业和乡村旅游发展。在农业农村部的指导下，坚定不移走生态优先、绿色发展之路，以"巴渝人家"为形象主题，坚持根在农业、利在农民、惠在农村，坚持个性化、差异化、特色化发展，推动全市乡村旅游实现全域全季游，让全市乡村旅游休闲有玩头、文化有说头、产业有奔头、发展有势头，推动乡村资源增值、农业增效、农民增收、农村繁荣。截至目前，已创建全国休闲农业和乡村旅游示范县 12 个、全国休闲农业和乡村旅游示范点 23 个、中国美丽休闲乡村和美丽田园 31 个。2018 年，接待游客 1.88 亿人次，实现休闲农业和乡村旅游综合收入 502.2 亿元，带动农户数 56.34 万户。

【主要做法及成效】

1. 强化指导重引领。认真落实农业农村

部促进乡村旅游发展的工作要求，积极指导区县在产业发展基础上抓好乡村旅游。2018年上半年，重庆市农委等14部门印发《加快乡村旅游发展实施方案》，结合乡村振兴的总体要求，明确了重庆乡村旅游发展布局、发展目标、重点任务以及保障措施等，突出乡村旅游发展对促进产业兴旺的提升带动作用。

2. 提档升级重驱动。2018年，市财政农业产业发展专项资金安排2亿元，在20个区县开展农旅融合试点和田园综合体建设，重点支持休闲农业、森林旅游、乡村民宿、生态康养等乡村旅游项目，集中打造农旅融合精品旅游片区和精品路线。

3. 统筹整合重保障。主动加强与市级部门的联系，进一步完善联动机制，加大工作统筹力度，整合资源、密切配合、形成合力。坚持与农村重点民生工程结合，大力抓好农村撤并村通公路建设、饮水安全工程、村社便道建设、农村危房改造、行政村环境连片整治、村卫生室建设等工作。坚持与乡村旅游发展结合，推动建设优美的生态环境、整洁的村容村貌、淳朴的乡风民俗、浓郁的乡土文化，促进产村融合发展。坚持与转变农业发展方式结合，加快发展现代农业，建成218个现代农业园区，促进农业可持续发展。坚持与生态环境保护治理结合，大力发展生态循环农业，加强农业生态环境保护与建设，强化传统村落和农耕文化的保护与开发，保持乡村味道。

4. 做靓品牌重宣传。坚持政府搭台、市场引领的思路，每年推介"巴渝醉美乡村"精品线路。2018年3月，农业农村部在南川举办2018年中国美丽乡村休闲旅游行（春季）推介活动，市里相继开展"春季踏青赏花、夏季避暑纳凉、秋季收获体验、冬季民俗年节"四季旅游精品线路宣传推介活动，共推出休闲旅游线路307条。2018年9月，以"庆祝丰收、弘扬文化、振兴乡村"为主题，在全市乡村开展了一系列"庆丰收、晒丰收、话丰收、享丰收"等喜闻乐见的活动，庆祝首届"中国农民丰收节"。

【政策措施】

1. 2018年3月，重庆市农业委员会等14部门印发《加快乡村旅游发展实施方案》（渝农发〔2018〕64号），结合乡村振兴的总体要求，明确了重庆乡村旅游发展布局、发展目标、重点任务以及保障措施等，突出乡村旅游发展对促进产业兴旺的提升带动作用。

2. 2018年，市财政农业产业发展专项资金安排2亿元，在20个区县开展农旅融合试点和田园综合体建设，重点支持休闲农业、森林旅游、乡村民宿、生态康养等乡村旅游项目。

四川省

【基本情况】 2018年，全省休闲农业与乡村旅游经营主体42 154个。综合经营性收入达1 516亿元，其中，休闲农业经营主体的营业收入达到553.94亿元。接待游客量达到4.21亿人次，从业人数119.73万人，带动农户数108.53万户，通过从事休闲农业脱贫的农村人数15万人，全省农民人均增收99元，规模效益位居全国前列。

【主要做法及成效】

（一）大力建设休闲农业景区

全省上下坚持以水果、茶叶、花卉等优势特色产业为基础，以科技、文化、艺术为手段，以农耕文化、巴蜀文化为灵魂，大力建设休闲农业景区。新打造各类农业主题公园120个，累计建成560个。雅安市名山区依托35万亩生态茶园和蒙顶山茶文化底蕴，被评为全国首个茶叶国家农业主题公园，带动发展经营主体1 100余家，实现休闲旅游收入30多亿元。

（二）着力打造美丽休闲乡村

按照天蓝、地绿、水净，安居、乐业、

增收的建设目标，以产业扶贫和旅游扶贫为契机，结合新村建设、古村落改造、文化建设等，积极打造农业与旅游、文化、康养、教育等深入融合集聚发展的美丽休闲乡村。预计今年新建美丽休闲乡村 200 个，累计建成 1 600 个。

（三）积极创建休闲农业品牌

以提升质量水平为核心，以扩大影响力和示范带动效应为重点，积极培育国家级和省级品牌。组织开展了 2018 年中国美丽休闲乡村的申报工作，向农业农村部推荐上报的成都市郫都区战旗村等 6 个村全部获评 2018 年中国美丽休闲乡村，全省总数达到 25 个。开展第二批省级示范休闲农庄的创建认定工作，认定省级示范休闲农庄 200 个，全省总数达到 300 个。

（四）加强培育休闲农业主体

积极扶持休闲农庄、星级农家乐、精品民宿等经营主体，着力改变四川休闲农业和乡村旅游规模大、水平低、同质化、单一化的突出问题。重点引导家庭农场、农民合作社、农业企业转型发展休闲农庄，在土地流转、税收等政策上给予扶持，对评定的省级乡村旅游示范社每家给予省级财政奖补资金 30 万～50 万元。制定农家乐（乡村酒店）等级评定标准、乡村民俗达标户标准以及相关评定管理办法。目前，全省休闲农庄 2 420 家，星级农家乐（乡村酒店）5 048 家、民宿达标户 2 350 个。

（五）开展休闲农业宣介活动

以品牌化营销为手段，全方位开展营销推介宣传活动，着力提升产业发展影响力和竞争力。一是强化节庆营销。组织举办"四川美丽田园欢乐游""四川花卉（果类）生态旅游节"和"四川乡村文化旅游节"（四季版）三大省级活动，推介精品景点、精品线路，带动全省各地举办各类特色产业节庆活动 350 个以上，吸引游客上亿人次。在广汉油菜花节上推介了全省 20 个油菜花精品景区，在四川国际茶业博会上推介了全省"十大最美茶乡"。二是强化宣传造势。编辑发行《休闲农业》季刊，年发行量 1.8 万册以上。利用新华社、农民日报社、四川日报社、四川电视台、新浪网、腾讯网等 30 多家主流媒体和新媒体平台全方位宣传推介四川省的精品农庄、精品景区、精品线路、节庆活动等。三是强化特色产品开发。支持各地开发具有地方特色的生态农产品、休闲食品、手工艺品、创意精品，实施"乡村旅游后备箱工程"，支持乡村旅游扶贫重点村在景区景点、交通要道等设立农副土特旅游商品销售体验中心。

（六）强化休闲农业智力支撑

按照农业农村部开展农产品加工业人才、全国农村创业创新人才、休闲农业和乡村旅游人才的"三大"人才培训要求，结合四川实际，分级、分类、分批开展培训。农业农村厅每年至少举办 5 次以上的休闲农业培训现场会，同时依托省休闲农业协会举办高级人才研修班、省级交流考察等各类活动。实施乡村旅游领军人才培养计划，推行"引进来、走出去"交流机制，组织开展乡村旅游产业带头人赴台学习交流活动，2018 年分 10 批次共组织 570 余名乡村旅游产业带头人前往台湾学习交流。同时，与新希望集团签署协议，共同开展 10 万新型职业农民的培育计划，并对 2018 年参加赴台学习的优秀学员给予 10 万元的现金奖励。开展休闲农业和乡村旅游职业经理人培养，规范管理运营，有效提高服务水平、自身效益。成都市持证的休闲农业和乡村旅游业职业经理人——"大掌柜"已达 2 600 多人，占全市农业职业经理人总数的 1/3。

【存在的主要问题】

（一）产业扶持资金不足

目前国家、省级层面均缺乏对休闲农业发展的扶持专项资金，这已经成为制约产业发展的瓶颈。虽然有些地区对休闲农业进行了一定的投入，但总的来看，财政资金的效益不明显，资金缺口较大，经营者融资难的问题比较突出。

（二）基础设施亟待完善

标识标牌设置不合理，游览观光道建设不规范，景区景点打造不精致。停车场、安全、消防、应急、医疗、食宿等基础设施滞后。

（三）发展方式较为粗放

四川省大多数项目开发深度不够，大多以就餐、钓鱼、采摘、棋牌为主，游客参与性不强，缺乏创意和特色，同质同构现象严重，抗经营风险能力较弱。

（四）服务质量有待提高

大部分休闲农业经营主体缺乏管理的相关标准，管理制度不健全、不规范，从业人员缺乏专业培训，服务水平亟待提高。受传统经营方式和管理思想的影响，基层干部和经营主体缺乏市场观念和品牌意识。

贵州省

【基本情况】 2018 年，全面贯彻中央和省委 1 号文件的决策部署和农业农村部 14 个部委下发的《关于大力发展休闲农业的指导意见》的精神，结合贵州独特的自然生态，良好的农业基础，进一步打造生态休闲农业品牌，推进农业经济、农家旅游快速发展，促进农业增效农村增绿农民增收。

2018 年，全省休闲农业与乡村旅游经营主体 6 885 个，比上年同期增加 710 家；接待人次近 6 199.4 万人次；实现营业收入 90.5 亿元，同比增长 13.4%；实现利润 22.5 亿元。休闲农业经营主体从业人数达到 13.2 万人，其中农民就业人数达到 11.3 万人，从业人员年均工资额 2.08 万元，带动农户 16.2 万户。整个产业呈现出"井喷式"增长态势。

【主要做法及成效】

（一）培育精品品牌促升级

一是整合农村二、三产业等涉农资金，投入 1 500 万元资金扶持休闲农业精品项目建设，扶持了一批特色鲜明、运行规范、前景广阔的休闲农业和乡村旅游项目。二是积极参与农业农村部举办的"2018 中国美丽乡村休闲旅游精品推介活动"，兴义市万峰林景区、六盘水市钟山区梅花山国际滑雪场、大方县百里杜鹃景区和水城县猕猴桃产业园四景点成功入选。三是编制《贵州省休闲农业和乡村旅游》宣传画册。极大提升了贵州休闲农业和乡村旅游的知名度和美誉度。

（二）完善公共设施促升级

结合"四在农家·美丽乡村"基础设施建设行动计划，改造提升一批休闲农业村庄道路、供水、停车场、厕所、垃圾污水处理等设施，扶持建设一批设施齐全、功能完备、特色突出的美丽休闲乡村（镇）、休闲农业园区和休闲农庄。鼓励因地制宜兴建特色餐饮、特色民宿、购物、娱乐等配套服务设施，满足消费者多样化的需求。

（三）提升服务水平促升级

组织开展休闲农业和乡村旅游人才培训行动，加强行政指导、经营管理、市场营销等培训，培育一批积极性高、素质强、善经营的行业发展管理和经营人才。鼓励从业人员就近就地参加住宿、餐饮、服务等各种培训，增强服务意识、规范服务礼仪、提高服务技能，提升服务规范化和标准化水平。加强对休闲农业设计、管理、营销、服务的指导。

（四）注重规范管理促升级

大力宣传实施《贵州省乡村旅游村寨建设与服务标准》《贵州省乡村旅游客栈服务质量等级划分与评定》《贵州省乡村旅游经营户（农家乐）服务质量与等级评定》等标准，提升产业标准化、规范化发展水平，形成经营主体自我管理、自我监督、自我服务的管理服务体系。加强对从业人员的诚信教育和服务考核，规范竞争行为，营造公平环境。加强安全宣传教育，强化安全意识，完善预警机制，提升应急能力。

云南省

【基本情况】

(一) 发展成效显著

一是休闲农业稳定发展。云南省凭借得天独厚的资源优势，积极发展休闲农业，整个产业呈现出"发展加快、布局优化、质量提升、领域拓展"的良好态势。据统计，2018 年云南省休闲农业经营主体达到 10 161 个，从业人员达 13.07 万人，其中，农民就业人数 10.59 万人；带动农户 33.31 万户；接待人次 7 801.29 万人次。休闲农业营业收入 121.9 亿元，其中，农副产品销售收入 41.52 亿元，经营利润总额 19.68 亿元，从业人员劳动报酬达 24.83 亿元。

二是示范创建成效好。2018 年，云南省玉溪市红塔区大营街社区等 5 个村被农业农村部授予"中国美丽休闲乡村"称号。楚雄州以丰富多彩的彝族"火把节""七彩云南民族赛装文化节"、南华"野生菌美食节"、双柏"虎笙节"等节庆活动为载体，结合特色村镇建设开展示范，促进农业与旅游、文化、康养等产业深度融合，推动休闲农业与乡村旅游发展。2018 年获得农业农村部认定的"中国最美乡村"5 个，培育省级休闲农业与乡村旅游示范企业 4 户，创建精品农业庄园 29 个，建成了省级旅游特色村 12 个。

三是"春花经济"促增收。每年的 2 月初到 3 月中下旬，是云南省春花盛开的时节，漫山遍野的油菜花、桃花等争奇斗艳，闻名而至的赏花客络绎不绝，以腾冲、罗平为代表的小县城一时间成为中外游客汇聚的热门景点。各级农业农村部门因势利导，大力发展"春花经济"，举办"罗平油菜花节""腾冲花海节"等各种花卉节庆，引导休闲农业健康发展，有力促进了农民增收。

四是宣传推广见成效。2018 年云南省积极参加农业农村部组织开展的以"春赏花、夏纳凉、秋采摘、冬农趣"为主题的休闲农业和乡村旅游精品推介活动。2018 年罗平县农业农村局代表云南省在全国进行"春赏花"典型推介。参加农业农村部在全国四个省开展的全国休闲农业精品地图拍摄试点工作，选取文山州广南县和玉溪市大营街开展拍摄试点工作，取得了良好效果，并在全国进行推广。通过这些宣传有效提高了云南省休闲农业和乡村旅游的知名度和美誉度。

(二) 休闲农业和乡村旅游服务水平显著提高

云南省休闲农业从最初单一娱乐性的"农家乐"逐渐向产业配套、功能多样的休闲农业和乡村旅游发展，从低水平服务向高水平服务转变。休闲农业和乡村旅游服务水平显著提高，相继开发了采摘、耕作、科教、民族文化等休闲农业体验项目，最终实现了农民增收、农业增效、政府增税的发展目标。

(三) 休闲特色逐步显现

各地根据自然条件和农业资源禀赋，结合人们的消费需求，加大了休闲农业资源的深度开发力度，不断调整产业布局，逐渐形成了具有浓厚地方特色和农业特色的休闲农业产业发展模式。例如：以中国重要农业文化遗产为依托，以体验农耕文化为主的山水民族风情休闲农区——红河哈尼梯田稻作系统；以中心城市群为依托，以城市居民假日休闲娱乐、购物、农业教育等为主的多功能休闲农业区。

(四) 带动作用不断增强

休闲农业的发展，带动了农村商贸业、交通运输业、乡村客栈等产业的繁荣，促进了农民就业增收和农业农村经济发展，脱贫效益不断增长。2018 年全省从事休闲农业的农村贫困人口 7.33 万人，通过从事休闲农业的脱贫农村人口 4.84 万人。

【主要做法及措施】

（一）突出政策引领，强化工作推动

一是省级层面认真贯彻党中央国务院的一系列方针政策，指导州市开展工作；二是积极鼓励支持州、市出台适合本地的政策。玉溪市、曲靖市、大理州等州市都相继出台政策，大力发展休闲农业和乡村旅游。大理州强化顶层设计，编制了《大理州休闲农业与乡村旅游发展规划（2016—2020 年）》，构建乡村旅游发展新格局，充分挖掘整合乡村旅游资源，梳理出"乡村旅游资源大数据"，策划乡村旅游精品线路，形成了点、线、面有机结合、循序渐进的开发模式。

（二）突出财政扶持，提升发展能力

农业农村厅积极鼓励各地大力发展休闲农业和乡村旅游，具有休闲农业和乡村旅游发展优势的州、市、县都整合资金加了投资力度。2018 年全省休闲农业投资总额 80.03 亿元，各级财政扶持资金 8.65 亿元。

（三）突出示范引领，提升发展水平

按照以点带面、示范引领的思路鼓励支持各州、市打造地方特色品牌，推动形成休闲农业产业区、产业带，指导县区结合"一县一业""一镇一特""一村一品"制定休闲农业发展规划，划定休闲农业区。大理州依托已打造形成的"景区带动型""节庆会展型""党支部带动型"等乡村旅游典型示范模式，积极向具备类似资源和条件的地区进行示范推广。德宏州坚持农业产业与休闲产业的融合，不断丰富和拓展休闲农业综合功能和文化内涵，重点推广休闲农业产业示范园、休闲农业示范镇、休闲农庄、休闲农家 4 种发展模式，提升休闲农业发展水平。

（四）突出新业态培育，大力发展"旅游十"新产业

依托云南省丰富的自然景观和民族风情，鼓励各地大力发展休闲农业。保山市组织推介保山华大智惠农业科技园、高黎贡山茶博园、腾冲和睦茶花村、腾冲界头油菜花 4 个休闲农业和乡村旅游精品景点线路，推进"农业基地"变为"旅游景区"。大理州鹤庆县新华村通过挖掘民族传统手工艺，发挥其在大理、丽江两大旅游热点目的地的优势，突出"小锤敲过一千年"的品牌，走出了"旅游＋民间传统工艺"的成功发展模式。

（五）突出人才培养，提供智力支撑

结合云南省实际分级、分类、分批开展培训。农业农村厅积极组织贫困地区参加农业农村部组织的全国贫困地区休闲农业培训班。2018 年云南省举办全省休闲农业和乡村旅游培训班及统计培训班，农业农村厅做开班动员和开班授课，采取课堂授课和现场教学并进的方式，全体学员在学思践悟中对休闲农业和乡村旅游有了更深层次的认识，取得了预期效果。

（六）突出品牌营销，塑造产业形象

坚持以品牌化营销为手段，鼓励支持各地多形式、多渠道开展营销推介宣传活动，着力提升产业发展影响力和竞争力。一是强化品牌培育。在积极参加农业农村部组织的中国美丽休闲乡村推介活动的同时，鼓励支持各州、市培育地方品牌；二是强化节庆营销。丽江市先后举办了"丽江市农民丰收节""丽江雪桃桃花节""纳西三多节""金山东元白族文化节""东巴文化旅游节"等活动，吸引了大批省内外游客，有力提升了休闲农业与乡村旅游的品牌形象。大理州举办鹤庆奇峰梨花村梨花节、巍山马鞍梨花节、漾濞县核桃文化节、稻田养鱼首届开渔节，通过"旅游＋节庆"发展模式打造休闲农业和乡村旅游品牌。

【存在的主要问题】

1. 发展较为粗放。云南省休闲农业仍处于初级发展阶段，建设、经营管理中的随意

性比较突出，没有较好的规划，没有深入研究游客需要求，导致整体发展水平较低，配套设施缺乏，休闲农业产品仍处于质量较低、水平较低、效益较低的粗放发展状态。

2. 产品较为单一。休闲农业属专项旅游产品，能够进行综合性开发和系统性发展。但目前云南省休闲农业还局限在观光休闲层次，产品特性没有充分展示出来，观光型多，自然型多，农事体验、民俗文化、康养度假型少，影响了产品的吸引力。休闲农业的活动项目多以吃饭、垂钓、棋牌娱乐、乡村观光等形式为主，缺乏特色项目，休闲农业同质化、雷同化现象突出。

3. 基础设施相对较差。目前云南省大部分休闲农业点可入性较差，公共交通缺乏，无法吸引大量游客前往。其他配套设施仍然适应不了游客的需要，例如停车场、洗手间、工具室等公共设施简陋、设备不足；客房、餐厅、茶楼等主要设施条件较差，卫生状况难尽人意，很难留住游客。

西藏自治区

【基本情况】 一是积极创建全国休闲农业与乡村旅游示范县、示范点。截至 2018 年年底，西藏自治区经认定的全国休闲农业与乡村旅游示范县、示范点共计 16 个，通过积极拓展农牧业休闲观光，促进文化传承、科技普及等，围绕农牧业生产发展历程、农民劳动生活和农村风情风貌，通过创意、创新、创造让人们品味农业情调、享受田园生活、体验农耕文化，进一步发挥休闲农牧业促进脱贫增收、带动就业、保护利用传承农耕文明和美化乡村环境等功能。二是积极开展中国美丽休闲乡村推介活动。依托乡土文化、民俗风情等优势，积极推荐区内自然环境优美、生态资源丰富、村落居民原生态保持完整、产业特色突出的美丽休闲乡村参与评选，经农业部认定，西藏自治区中国美丽休闲乡

村已达 13 个。三是开展中国最有魅力休闲乡村推介活动。为进一步转变农牧业发展方式，促进农牧民增收，建设美丽乡村，统筹城乡发展，充分发挥典型示范作用，带动休闲农业又好又快发展，积极推介西藏独有的休闲乡村，不断提升休闲农业的知名度和影响力，截至目前，全区经农业部认定的中国最有魅力休闲乡村 1 个。四是积极配合做好发展乡村旅游相关工作。为进一步促进乡村旅游发展提质扩容，发挥乡村旅游对促进消费、改善民生、推动高质量发展的带动作用，按照国家发展改革委等 13 部委联合印发《关于印发〈促进乡村旅游发展提质升级行动方案（2018—2020 年）〉的通知》（发改综合〔2018〕1465 号）的相关工作部署，积极配合"特色乡村旅游工程"建设工作，支持在主要旅游沿线、旅游景区（点）、城镇周围等乡村旅游资源潜力富集区域大力发展乡村旅游，形成了以农家乐、藏家乐、休闲度假点、家访点为主题的旅游系列产品（包含自助、自驾等专项旅游和生态旅游的乡村旅游产品体系以及产业体系），形成了"以旅游助农、农旅结合、安居致富、城乡互动"的旅游富民发展新格局，农牧民吃上"旅游饭"、发上"旅游财"成为近年来西藏民生的新亮点。

【主要做法及成效】 一是推动了休闲观光农业发展。自治区党委、政府高度重视旅游业，不断加强组织领导，理清工作思路，增加资金投入，加快发展步伐。西藏自治区农牧厅协同有关部门狠抓各项工作落实，推动乡村旅游和休闲农业发展。西藏自治区旅游发展委员会制定出台的《西藏自治区"十三五"时期旅游精准脱贫规划》总体发展任务"开发富有地方特色的旅游产品"中指出"以高原特色农畜产品基地为平台，以原生态的乡土环境为依托，以优质农畜产品为亮点重点围绕休闲旅游，开发适合大众消费、满足出

游休闲需要的旅游产品，重点开发如农家乐、牧家乐、瓜果节、游憩、农耕农作、骑马、射箭、藏式民间游戏、林卡野营灯旅游产品"。休闲农业的多功能，成为农牧民非农就业、增收的重要形式。二是推动文旅结合体系建设。把握旅游文化属性和功能，全力推动旅游文化与旅游产业的融合，将文化元素融入休闲度假旅游、生态乡村旅游等大众化产品中，充分展示民俗文化旅游魅力，并吸引大量区外游客，推动本地休闲乡村旅游服务意识和经营理念的转变，带动旅游二次消费，文旅结合体系初步形成。三是带动当地居民增收，推动产业融合。区内休闲农业和乡村旅游充分立足天然资源禀赋，大量旅游消费者慕名而来，从而带动区内休闲农业观光旅游业消费市场，在增加农牧民收入的同时，促进了现代旅游服务业的发展，并与民族手工业形成有机衔接。

【存在的主要问题】 休闲农业与乡村旅游发展迎来了良好的契机，各大旅游电子商务平台逐步推广休闲乡村旅游产品，不过在休闲农业与乡村旅游发展过程中，还存在以下问题。

一是专业人才匮乏。目前，休闲农业与乡村旅游的开发和研究均处于较低层次，对乡村旅游从业人员缺乏系统有效的培训，乡村旅游经济管理人和农牧民旅游意识亟须增强，多处于粗放型经营模式，逐步陷入轻管理、低质量、低收入的恶性循环中。

二是基础服务设施有待完善。区内公共配套设施普及程度远不及内陆城市，随着旅游消费者需求逐渐多元化，在旅行时间、节奏和服务要求上，滞后的旅游基础公共服务设施无法满足消费者需求。

三是缺乏合理有效的规划和策划。由于建设资金和意识的制约因素，在缺少策划规划的情况下，依葫芦画瓢，立马开工，规模与效益不成正比，自发性与盲目性并存，严重影响休闲农业与乡村旅游标准化、集约化

发展。

四是市场经营服务理念滞后。由于乡村旅游起步晚、发展程度低，在旅游浪潮的带动下无法快速适应旅游市场规范化、标准化发展，所提供的服务能力和水平无法满足消费者需求，现代化经营观念弱，导致服务观念不强。

陕西省

【基本情况】 新增中国美丽休闲乡村 4 个，累计创建中国美丽休闲乡村 25 个，全国休闲农业和乡村旅游示范县（区）13 个、示范点 20 个，中国重要农业文化遗产 3 处，中国美丽田园 11 处，休闲农业企业（园区）五星级 5 家、四星级 7 家、三星级 1 家。截至 2018 年底，全省休闲农业经营主体 1.2 万个，从业人数 26.4 万人，其中农民就业人数 21.6 万人，带动农户 9.1 万户。全年接待游客 1.1 亿人次，营业收入 77.7 亿元，从业人员年平均劳动报酬 2.4 万元。

【主要做法及成效】

（一）抓监管指导，建立工作新机制

一是细化业务指导。印发《关于开展休闲农业和乡村旅游升级行动的实施意见》（陕农业发〔2018〕34 号），提出了"理念升级、业态升级、硬件升级、内涵升级、服务升级、体系升级、规模升级"的目标任务。二是加强监测统计。陕西省农业厅办公室印发《关于进一步做好休闲农业统计调查工作的通知》（陕农业办发〔2018〕7 号），组织做好全省休闲农业统计调查和动态监测工作，并举办了全省休闲农业统计监测培训班。三是开展产业调研。联合省社科院有关专家，开展全省农村特色产业小镇发展研究。

（二）抓示范创建，打造发展新样板

一是"国字号"品牌添亮点。商南县太子坪村等 4 个村被农业农村部认定为 2018 年

中国美丽休闲乡村。二是农村特色产业小镇建设顺利推进。列支专项资金 3 800 万元，按照"产业为基、风光为韵、绿色为径、文化为魂"的思路，支持产业特色鲜明、区位优势突出、生态条件良好、文化底蕴深厚、基础设施完备的 12 个特色产业聚集区建设产业小镇。三是省级休闲农业示范创建有序开展。印发了《陕西省农业厅办公室关于开展 2018—2019 年度省级休闲农业示范点创建工作的通知》（陕农业办发〔2018〕34 号），组织各市（区）推荐申报；印发了《关于开展中省级休闲农业示范点用地等自查工作的函》（陕一村一品中心函〔2018〕10 号），组织各市（区）对推荐申报的示范点用地情况进行自查。

（三）抓宣传推介，营造发展新氛围

一是印发了陕西省农业厅办公室《关于做好休闲农业和乡村旅游精品宣传推介工作的通知》（陕农业办发〔2018〕19 号），指导全省围绕"春赏花""夏纳凉""秋采摘""冬农趣"四个主题，宣传推介休闲农业和乡村旅游精品品牌和节庆活动。二是联合共青团陕西省委等 3 部门，以"绿水青山家乡美"为主题，启动第二届特色与休闲农业品牌推广系列活动，开展微电影微视频大赛、最美农庄农产寻找、农特产品创意与包装设计大赛、山花工程·后备箱行动四大活动。

（四）抓学习培训，探索发展新思路

采取"走出去、请进来"的办法，加大学习培训力度，取得良好效果。组织各市（区）管理人员，获认定的中省级休闲农业点、规划设计单位、有关村镇负责人、中国重要农业文化遗产所在地代表等，参加全国休闲农业和乡村旅游管理人员培训班、全国休闲农业和乡村旅游（春季）推介活动，学习借鉴好经验、好做法；组织陕西省中国重要农业文化遗产所在地代表，赴宁夏参加全国休闲农业和乡村旅游管理人员培训班。以"提升休闲农业，助力产业扶贫，助推乡村振兴"为主题，组织各市（区）业务负责人和获认定的全国休闲农业和乡村旅游示范县、示范点，中国美丽休闲乡村负责人，分陕北、关中、陕南三个片区培训 500 余人次。编印了《休闲农业和乡村旅游百问》培训教材。

【存在的主要问题】 总体上看，陕西省休闲农业发展还面临不均衡、不充分的困难和问题。一是思想准备不充分。部分市、县农业农村部门对休闲农业内涵、外延认识还不清，定位不准，高度不够，工作的自觉性、主动性还不到位。二是产品供给不丰富。一些地方产业发展模式和服务功能单一，产业发展仅停留在简单观光、餐饮服务层次。项目设计简单缺乏新意，参与性、体验性项目较少，经营形式简单雷同、低层次同质同构等现象较为普遍。三是利益机制不紧密。一些地方与周边农户利益联结不紧密，三次产业融合效应尚未充分体现。四是配套服务不匹配。主要表现为缺专业规划设计团队、缺经营管理服务人才、缺行业协会组织、缺专项扶持政策。

甘肃省

【主要工作】

（一）深入贯彻落实政策措施

2018 年，全省贯彻落实农业部等 11 个部门《关于积极开发农业多种功能大力促进休闲农业发展的通知》、农业部等 14 个部门《关于大力发展休闲农业的指导意见》（农加发〔2016〕3 号）和甘肃省农业厅联合甘肃省发展和改革委员会、财政厅、旅游发展委员会等 16 个省直部门印发的《关于大力发展休闲农业的实施意见》（甘农牧发〔2017〕291 号）精神，与国家最新的建设用地、财税扶持、融资信贷、公共服务等政策对接，结合当地工作实际，相应出台了本地的实施意见或办法，有力地推动了全省休闲农业产业发展，休闲农业各项经济指标稳速增长，产业规模不断扩大。据预统计，全省各类休闲农业经营主体（含农家乐、农业示范园区、休闲农庄、休闲旅游合作社、农家乐专业村、民俗村等）7 473 家、营业收入 26.39 亿元、接待人数 7 800 万人次；全省休闲农业从业人员 21.5 万人，其中农民就业 19.2 万人，带动农户 8.171 万户。

（二）创建了一批示范品牌

组织全省各地积极参加中国美丽休闲乡村、精品园区线路、星级示范创建等各类活动，打造了一批功能完备、特色突出、服务优良的示范品牌。2018 年甘肃省白银市白银区顾家善村、敦煌市月牙泉村、景泰县西和村、天水市秦州区李官湾村、兰州市西固区河口村 5 个村荣获"中国美丽休闲乡村"称号。目前，全省共创建全国休闲农业与乡村旅游示范县 10 个、示范点 17 个；中国休闲农业与乡村旅游十佳精品线路 1 条；全国星级休闲农业示范企业 3 家；中国美丽休闲乡村 18 个；中国美丽田园 7 项；甘肃省休闲农业示范县 10 个、示范点 85 个。通过示范引领，全省一些有资源和区位优势的地方，以合作社为纽带，发展农家乐、乡村民宿、采摘园等休闲农业项目，农民闲置的房屋、农户的农产品、农村剩余劳动力，都发挥了不同程度的增收作用，促进了群众脱贫致富。

（三）开展了农业文化遗产挖掘保护

参加了中国重要农业文化遗产主题展。组织全省重点发掘绿洲农业文化、旱作农业系统、黄河灌溉农业文化、游牧文化、特种动物养殖、特色农业种植及农林牧共生等复合系统，积极申报第五批中国重要农业文化遗产，指导各地依据《中国重要农业文化遗产申报书编写导则》和《农业文化遗产保护与发展规划编写导则》编制好申报书、保护规划和管理办法等申报文件，提高申报水平。目前，农业农村部共公布中国重要农业文化遗产 91 个，甘肃省

有 4 个入选。其中，迭部扎尕那农林牧复合系统被联合国粮农组织命名为"全球重要农业文化遗产"，为全省农业文化遗产的发掘保护起到了积极的示范作用。

（四）坚持宣传推介，营造良好氛围

围绕"春观花""夏纳凉""秋采摘""冬农趣"四个主题，甘肃省农业农村厅组织甘肃省全国休闲农业和乡村旅游示范县、中国美丽休闲乡村、中国重要农业文化遗产、中国美丽田园、全国休闲农业星级示范企业及省级休闲农业示范县、示范点等率先参加，通过层层推荐，优中选优，共推荐休闲农业与乡村旅游精品景点 106 个、农事景观和节庆活动 58 项，利用各种平台，充分宣传展示了甘肃省近年来培育的休闲农业精品品牌形象，引导了消费，扩大了影响。

【存在的主要问题】

一是没有扶持引导资金。总体上全省休闲农业发展还处于起步阶段，政策不完善，财政无投入，发展无规划，基本处于自发式发展状态。

二是开发深度不够。经营主体特色不明显，对乡村文化内涵挖掘不够深，延伸产品开发不足。同一区域内休闲观光农业项目开发的模式雷同。

三是管理人才匮乏。经营管理人员基本都是原来从事农业生产的农民，对休闲农业缺乏管理经验，整体素质偏低。

四是管理机制不健全。农业部门与工商、国土、卫生、公安、文旅等部门齐抓共管的机制尚未形成，游客的餐饮、住宿、娱乐在安全、卫生等方面管理还不规范。

青海省

【基本情况】 全省两市六州 44 个县参与了本次系统监测，涉及东部特色种养高效示范区、环青海湖农牧交错循环发展先行区、青南生

态有机畜牧业保护发展区三大区域。

（一）休闲农业发展总体向好

在市场拉动、政策推动、创新驱动、政府带动下，青海省休闲农牧业发展良好，全省共有各类休闲农牧业经营主体 2 297 家，较上年减少 9.3%，从业人数 2.6 万人，其中农民就业人数 2.15 万人，年接待游客达 1 474.96 万人次；实现营业收入 17.6 亿元，其中农副产品销售收入 2.95 亿元，创利润 5.59 亿元；从业人员年人均工资 2.36 万元，带动农牧户 3.2 万户。

（二）发展类型日趋丰富

全省各地根据自然生态、农牧业资源、区位交通、民俗文化、客源规模及市场容量等因素，探索具有浓郁地域特色的发展模式和类型，初步形成了以种植业为主的"传统农业观光型"、以城郊设施农业为主的"设施农业休闲型"、以民俗文化为主的"民俗文化体验型"、以草地畜牧业为主的"草地生态旅游型"、以旅游景点为主的"风景名胜依托型"等多种发展类型，并且逐步向主题化、产业化、区域化和专业化方向发展。

（三）品牌效应逐步显现

开展休闲农牧业示范县和示范点创建、美丽乡村和美丽田园推介活动，认定国家休闲农业示范县 8 个、中国美丽休闲乡村 16 个、全国休闲农牧业与乡村旅游示范点 15 个、中国美丽田园 3 个、省级休闲农牧业示范点 135 家。

（四）产业化经营初现端倪

全省的休闲农业与乡村旅游方兴未艾，逐步走向正规，并向产业化方向发展。围绕推进牦牛、藏羊、青稞、粮油、果蔬、中藏药材、冷水鱼等农牧主导产业和特色优势产业，与乡村旅游深度融合，提高农牧业综合效益。在 2 297 家休闲农业经营主体中，合作社参与经营 290 家，占 12.62%；休闲农业营业收入 17.6 亿元中，农副产品销售收入

2.95 亿元，占 16%；带动农户 3.2 万人，其中贫困户 0.92 万人，占 28.8%，通过从事休闲农业脱贫的农村人数 0.52 万人，占参与贫困户的 56.5%。

（五）宣传推介日益加强

越来越重视休闲农牧业与乡村旅游宣传，通过召开休闲农业现场促进会、发展座谈会和研讨会，拓宽了发展思路，以当地资源为依托因地制宜发展休闲农业和乡村旅游。加强了与电视台、报社等新闻媒体的合作，开展多种形式的节庆活动。2018 年各地策划和举办各类农事节庆、创意大赛等活动 116 次，不断创新节庆活动内容，扩大了民俗与农耕文化宣传，提高了休闲农牧业影响力、知名度。

【存在的主要问题】 从总体上看，青海省休闲农牧业还处于初级发展阶段，还存在不少的问题和困难，资源优势还未完全转化为产业优势和经济优势。

一是基础和配套设施薄弱。休闲农牧业经营场所基础设施简陋，休闲旅游内容单一，休闲旅游产品开发、设计、管理、市场营销和文化内涵挖掘不深，舒适度不高，娱乐性不够，吸引力不强。

二是市场主体发育不足。由于全省农牧区经济发展相对滞后，加之农牧业景观季节性强，消费客源市场稳定性较差，休闲农牧业仍处于较为封闭、自我发展能力弱的个体户经营阶段，产业化、组织化程度低，不能同时满足游客"吃、住、行、游、购、娱"一体化消费需求，休闲农牧业发展后劲有待提升。

三是管理和经营水平不高。休闲农牧业产业经营者和从业人员文化水平偏低，缺乏系统培训，法律意识、环保意识、服务意识淡薄，绝大多数农（牧）家乐仍处于较低的消费服务层次，服务项目单一，经营水平不高。

四是休闲农业用地不规范。多数休闲农业采摘基地是农户流转土地,属非农建设占用设施农用地,未依法办理建设用地审批手续,附属设施和配套设施超标,在2018年"大棚房"问题专项清理整治过程中被拆除,休闲农业基地(经营主体)有所减少,营业收入相应减少。

五是统计人员不确定。由于市州级工作量大,恰逢机构改革,导致基层统计工作人员变动大,人员不稳定,加之许多基层农牧部门的统计员是由其他业务人员兼任,统计工作难度大,导致报表和分析材料报送不及时,数据不精准。

宁夏回族自治区

【基本情况】 为深入贯彻党的十九大及中央1号文件精神,贯彻落实自治区党委、政府对"三农"工作的决策部署,宁夏以休闲农业提升年系列活动为载体,注重品牌创建和典型挖掘,强化宣传推介与示范推广,积极推进农业结构调整,进一步创新思路,提升发展质量,拓展发展空间,推动全区休闲农业健康有序发展。据不完全统计,截至2018年底,宁夏共有经营主体个数918个;接待人次1 385.01万人次;营业收入为151 227.56万元,其中农副产品销售收入为69 432.82万元;从业人数为2.08万人,其中农民就业人数为1.79万人;从业人员人均工资额为2.16万元,利润总额为27 729.73万元;带动农户数为35 113户。

【主要做法及成效】

(一)示范创建,培育品牌

宁夏各市、县(区)依托自身资源优势,积极开展示范创建活动,大力发展休闲农业和乡村旅游。先后涌现出了兴庆区"鲜花港"、花溪谷、禾乐村,贺兰县"稻鱼空间",青铜峡"地三贡米村",原州区"刘姥姥庄园",沙坡头区"陌秀庄园""鸣沙度假村"等一批休闲农业新秀;通过示范带动,涌现出一批融合地方特色休闲农业品牌,全国休闲农业和乡村旅游示范市、县(区)2个,全国休闲农业精品线路2条、中国重要农业文化遗产1项、中国美丽休闲乡村4个、全国休闲农业与乡村旅游星级企业(园区)14家,自治区级星级企业(园区)88家。印发了《休闲农业分类及休闲农庄分级规范》宁夏地方标准。安排自治区农业财政项目(农业产业化)资金900万元,对45家休闲农业示范点进行奖补。

(二)宣传推介,强力推进

宁夏通过三年休闲农业提升年活动,打造了5个市级休闲农业和乡村旅游品牌节会,包括银川市"农业嘉年华",吴忠市"黄河之滨,休闲食都"休闲农业和乡村旅游文化节,固原市"生态固原,醉美彭阳"六盘山山花节,中卫市的"休闲中卫行、六月枸杞红"枸杞采摘节,石嘴山市的"山水田园,美丽乡村"休闲农业和乡村旅游节会和品牌推介活动。此外,还有各市、县(区)创意举办的各种主题、特色鲜明的休闲农业和乡村旅游节会和品牌推介活动,如西吉县的"清凉六盘山、醉美龙王坝"休闲旅游避暑节、平罗拉巴湖"户外运动,沙漠越野"休闲旅游文化节等。2018年举办的首届中国农民丰收节主会场在贺兰四十里店"稻鱼空间"隆重举行,平罗"鱼米之乡"、中宁"枸杞之乡"、盐池"滩羊之乡"、西吉"马铃薯之乡"的4个分会场主题节会同时举行。这些节会和品牌推介活动,有效引领了城乡居民休闲旅游消费,大力推动了宁夏休闲农业和乡村旅游快速发展。

(三)加强培训,提升水平

2018年是实施乡村振兴战略的第一年,为了使休闲农业和乡村旅游自觉主动融入乡村振兴战略,先后邀请全国休闲农业顶层设计专家分别在石嘴山市、吴忠市利通区、中卫市沙坡头区和隆德县举办了4场"休闲农业与乡村旅游"专题报告会,使一市两区一县的干部群众接受了一次休闲农业的大培训,在社会上产生了积极而强烈的反响。此外,宁夏还先后在石嘴山市龙泉山庄和隆德县盘龙山庄举办了青年农庄主培训班,在银川举办了休闲农庄厨师培训班,都取得了良好成效,深受休闲农庄(园区)的欢迎和好评。国庆节之后,宁夏还分别在山西长治市、江苏无锡市举办了第二届休闲农业管理人员及职业经理人高级研修班。通过培训活动,更好地学习借鉴外省区发展休闲农业的好经验、好做法、好模式,提高宁夏休闲农业服务管理水平,促进全区休闲农业和乡村旅游的发展。

(四)政策扶持,带动发展

近年来,自治区党委、政府进一步优化发展思路,积极融入"一带一路"提出的"两区建设,旅游先行"发展理念,启动了全域旅游示范省(区)创建工作,凸显了旅游业在经济社会发展中的作用和地位;把发展休闲农业和乡村旅游业写进了《关于推进全域旅游发展的意见》《宁夏全域旅游发展规划(2016—2020)》和《全域旅游三年行动方案》中。各市、县(区)也适应经济新常态调整发展思路,突出休闲农业和乡村旅游业的发展,分别提出了"两宜银川""绿色石嘴山""水韵吴忠""休闲中卫"和"生态固原"的发展理念,并将休闲农业和乡村旅游业纳入经济社会发展整体布局中进行统筹谋划,为休闲农业和乡村旅游发展提供了政策和体制保障。

新疆维吾尔自治区

【基本情况】 全区休闲农业各类经营主体6 364家,营业收入33.55亿元,其中,农副产品销售收入8.92亿元,利润总额7.37亿元,接待人次2 829.11万人;从业人员

11.04万人,其中农民8.2万人,从事休闲农业的农村贫困人口32.9万人,通过从事休闲农业脱贫的农村人数13.09万人。

综合分析看,在以新疆社会稳定和长治久安为总目标统筹推进经济社会发展的区域背景下,在全国开展"大棚房"专项清理整治的政策环境中,在面临消费升级的高质量发展要求下,新疆休闲农业面临着"大浪淘沙"的严峻挑战与考验,客观上推动了休闲农业企业提档升级,加强生态环保理念和安全稳定防护措施,改善基础设施和服务设施环境。资金规模小、实力弱、内部管理不规范的部分休闲农业经营场所先后歇业整顿,个别企业停业倒闭;但资金实力雄厚、懂市场、会经营、善管理的休闲农业经营企业则快速崛起,逐渐发展成为区域行业领军企业。当前全区休闲农业仍处于鼓励引导和规范提升齐头并进发展阶段。

【主要做法及成效】 一是强化宏观指导服务。按照《农业农村部关于开展休闲农业和乡村旅游升级行动的通知》要求,结合自治区旅游发展大会工作安排,研究制定《农业厅贯彻自治区旅游发展大会精神 实施休闲农业和乡村旅游提档升级行动 助推"农业+旅游"融合发展的实施方案》。加快推动出台《自治区关于大力发展休闲农业的指导意见》。积极争取自治区党委农办支持,将休闲农业发展目标、重点工程列入《自治区乡村振兴战略(2018—2020年)》,进一步明确了发展任务,压实了责任。

二是规范提升示范创建。根据自治区政府关于清理规范创建示范活动要求,提出继续保留自治区休闲观光农业示范创建活动意见建议。组织开展休闲观光农业专项督导工作,重点开展26个自治区休闲观光农业示范县、258个示范点动态运行监测。研究修订完善《新疆维吾尔自治区休闲观光农业示范创建管理办法》,按照"创新、协调、绿色、

开放、共享"理念，充实调整自治区休闲观光农业示范点认定指标在"农业增效、农民增收、农村增绿"中的权重指标和评价标准，引导产业向更高层次、更大范围、更新模式发展。

三是加快培育知名品牌。贯彻落实"中国美丽乡村休闲旅游行""中国美丽休闲乡村""全国精品农庄"等系列推介活动工作部署，择优推荐英吉沙县芒辛镇恰克日库依村等6个村（镇）、霍城县解忧公主薰衣草休闲观光园等6个农庄参与中国美丽休闲乡村和全国休闲农业精品农庄（园区）推介活动；择优推荐阿伊朵薰衣草文化产业园等10个精品景观、景点，托克逊杏花节等5个农事节庆活动参与2018中国美丽乡村休闲旅游行（春季、秋季）推介活动；择优推荐奇台县塔塔尔天成文化旅游发展公司等7家企业争创全国休闲农业和乡村旅游星级示范企业。组织开展第五批中国重要农业文化遗产发掘暨全区农业文化遗产资源普查工作，

四是创新宣传营销推介。借助首届中国农民丰收节之机，支持乌昌地区、焉耆盆地产业圈的自治区休闲观光农业示范企业精心策划、组织举办以休闲农业和乡村旅游为主题的特色农事节庆活动。指导新疆4处中国重要农业文化遗产项目所在地开展形式多样的"弘扬农业文化·庆祝农民丰收"系列活动。协助征集和静县羽彩民族工艺品有限公司（羽毛画）、博湖县阿勒奇民族工艺品有限公司（芦苇工艺画）参加全国新农民新技术创业创新博览会综合展区休闲农业创意精品展览。通过创新宣传营销推介，进一步聚集了休闲农业和乡村旅游的人气，引导更多城镇居民下乡消费，激发农业农村要素活力，促进城乡融合互动。

五是助力特色产业脱贫。积极推动落实特色产业脱贫攻坚任务分工，目前，已培育休闲观光农业扶贫试点村5个，推出休闲食品、纪念品26个类型，在35个贫困县中培育3个自治区休闲观光农业示范县、43个自治区休闲观光农业示范点。对35个贫困县特别是22个深度贫困县休闲农业发展情况进行汇总，重点梳理全国休闲农业创意精品获奖产品情况，积极对接社会工商资本和创意设计团队、民间手工艺人，加快促成休闲农业创意商品规模转化。印发《推动落实自治区旅游产业带动就业三年行动规划及2018年工作任务的通知》，压实"新疆名优特及精深加工农产品生产企业吸纳13 000人，休闲观光垂钓采摘等乡村旅游吸纳11 000人就业"目标任务。

六是提升公共管理服务。推动实施休闲农业和乡村旅游提档升级工程，积极争取自治区财政资金500万元支持，将休闲农业项目列入2018年自治区现代农业示范项目内容，采取先建后补方式支持休闲农业和乡村旅游场所基础设施及公共服务配套设施提升改造项目，采取以奖代补方式支持中国重要农业文化遗产发掘保护与开发利用项目和休闲农业观光公共服务规范提升。配合开展"农业农村部培训休闲农业和乡村旅游人才15万人次"工程，争取各类培训资源，加强以规划设计、经营管理、服务导览为重点的专业人才培训。推荐乌鲁木齐县等26个县（市）、乌鲁木齐县华联板房沟农业科技示范园30家企业为全国休闲农业和乡村旅游发展评价体系成员。按照全国农产品加工（休闲农业）统计调查制度要求，按时组织休闲农业半年报、年报统计监测工作。组织参加中国旅游协会休闲农业和乡村旅游分会第二届会员代表大会、全国休闲农业和乡村旅游管理人员培训班等，推荐新疆2名企业家为第二届中国旅游协会休闲农业和乡村旅游分会副会长、理事。

【存在的主要问题】 当前，新疆休闲观光农业发展的突出的困难有：一是政策环境不够优化。休闲农业涉及面广，相关土地、金融、

财税政策缺少具体的实施细则，国家层面虽有好的产业政策但无法落地实施。突出表现在休闲农业经营场地基础设施及有关设备形不成有效抵押的固定资产，造成向金融机构贷款难、融资难。二是产业层次还比较低。同当前城乡居民多元化生态休闲消费需求相比，新疆休闲农业所能提供的服务项目功能比较单一，大多消费仍停留在餐饮、垂钓、采摘、观光和其他简单农事活动层面，同质化竞争严重，缺少文化内涵和创意设计，养生、休闲、生态、健康、科普、文化、教育等高附加值体验项目亟待开发，休闲农业经营场所基础设施建设和配套公共服务能力还需要进一步完善。三是队伍力量比较薄弱。基层农业产业化部门力量薄弱，人才队伍匮乏，各类经营组织（户）现代文化水平不够高、现代经营意识不强，各级行业管理部门人员和企业管理人员的整体素质亟待培训提高。

新疆生产建设兵团

【基本情况】 2018 年新疆生产建设兵团（以下简称"兵团"）休闲农业和乡村旅游工作在农业农村部的正确指导和大力支持下，以促进就业增收、建设美丽团场、推动农业结构调整为目标，以激发消费活力、促进产业升级、实施产业脱贫为着力点，积极推介宣传精品乡村旅游线路，努力提升休闲农业品牌的知名度，开发农业多种功能，优化团场生态环境，推动兵团休闲农业和乡村旅游快速健康发展。

近年来，随着稳定红利持续释放，新疆旅游业整体呈现"井喷式"增长，兵团休闲农业和乡村旅游也得以快速发展。2018 年，兵团休闲农业和乡村旅游从业人员约 0.91 万人，带动农户数 0.35 万户。休闲农业经营主体 580 个，2018 年兵团休闲农业和乡村旅游接待人数超过 224 万人次，年营业收入达

4.8 亿元。截至 2018 年，兵团共成功打造全国休闲农业与乡村旅游示范县 5 个、示范点 9 个，中国最美乡村 11 个、美丽田园 4 个，全国精品休闲农业和乡村精品旅游线路 3 条；认定兵团休闲农业示范团场 9 个，兵团休闲农业示范点 19 个。整个产业呈现出"发展快、领域多"的良好态势，成为兵团经济社会发展的新业态、新亮点。

【主要成效】

（一）结合城镇化建设，提升接待能力

休闲农业与团场城镇化建设相结合，提升团场旅游产品，打造复合性乡村旅游，增强吸引力和接待能力。如十二师利用地处首府乌鲁木齐周边地理优势，大力发展都市休闲农业和乡村旅游业，2018 年 104 团桃园、头屯河农场花田林海（开心农场）、西山农牧场烽火台小镇"小时光"多肉植物园等各类都市休闲农业基地及辖区内的各类农家乐都迎来了游客接待高峰。7~8 月，仅西山农牧场小土豆农庄日接待游客量就达到 1 000 余人次，累计接纳游客超过 2 万人次。置身于蓝天白云下，徜徉在鲜花盛开的自然田园中，游客们享受美食美景、体验采摘农事乐趣，在优美环境和农事劳作中收获了愉悦和满足。

（二）依托休闲旅游，扩大影响力

通过新农村建设，把生态农业与农家旅游结合起来，扩大师市和团场的知名度和影响力。四师 66 团芳草牧歌薰衣草牧游园，种植和销售采用高科技信息化管理，实现线上线下销售，提高了产品知名度；十师 181 团将二连逐步打造成为千亩玫瑰观赏园、千亩果蔬采摘园、万亩现代农业体验园，建成具有田园风光、农家风情的农家旅游休闲体验胜地。各地休闲农业与乡村旅游发展不仅改善了当地的生活环境，还增加了职工的收入，提高了师市和产品的知名度，为当地经济发展做出了贡献。

（三）休闲农业与扶贫相结合，增加职工收入

加大扶贫开发和土地流转，发展休闲农业，促进农业发展方式转变和职工就业增收。争取国家旅游扶贫政策支持，将 58 个边境团场和南疆困难团场全部纳入国家旅游重点扶贫工作范围，其中 10 个连队入选 2015 年国家贫困村旅游扶贫试点范围，3 个试点连队列入全国旅游公益扶贫行动支持范围。二师团场利用荒沙、荒水以及土地流转等方式发展休闲农业，十师 181 团流转土地 2 000 余亩，200 余名职工进入园区务工和发展农家旅游服务业，职均增收 3 万～4 万元。

（四）延长产业链，推动一二三产业融合发展

休闲农业与乡村旅游产业链条逐步拉长，不仅是把农业、农产品加工业和团场服务业紧密连接的一种新型的农业产业形态，还是连接一二三产业的纽带，要素配套逐步健全，从单纯满足"食"的农家乐，正在向满足旅游者食、住、行、游、购、娱等多方面需求发展。十师 187 团开发了以参与性为主的图瓦民俗文化旅游村主题公园项目；八师依托西部民俗风情园景区，打造西部民俗风情园自驾游宿营地，将桃源生态旅游示范区打造为集旅游观光、佛教文化、养老为一体的中华万福城旅游项目。

【主要工作】

（一）掌握发展现状

为贯彻落实党中央、国务院决策部署，深入推动农业供给侧结构性改革，全面掌握兵团休闲农业发展现状，及时总结典型经验，开展了兵团休闲农业情况调查，整个产业呈现出"发展加快、领域拓展"的良好态势，成为兵团经济社会发展的新业态、新亮点。

（二）培育休闲农业品牌

组织开展了中国美丽休闲乡村推荐申报工作，经农业农村部审核公布，四师 71 团 7 连、73 团 8 连荣获"2018 年中国美丽休闲乡村"荣誉称号。

（三）加强宣传推介力度

一是根据农业农村部部署，组织开展了休闲农业和乡村旅游精品景点线路的推荐工作，择优遴选推荐了一批有影响力的休闲农业和乡村旅游精品景点。启动"春观花""夏纳凉""秋采摘""冬农趣"系列主题宣传推介活动，使广大城乡居民在不同时节到各地乡村乐享田园生活、品鉴农家美食、体验农耕乐趣、感知民俗风情、品读乡土文化，共组织推荐了 61 团阿力玛里边境生态旅游风景区、143 团桃花节、十二师桃花节等 21 个精品景区和旅游线路，其中四师 65 团薰衣草牧游园、70 团伊珠葡萄生态采摘园、二师 21 团大漠知青风情园被农业农村部作为全国 100 个休闲农业和乡村旅游精品景点线路向全社会推介发布。二是组织开展了"2018 年'中国农民丰收节'100 个特色村庄推选活动"遴选推荐工作，十二师 104 团天鹅之乡入选全国"首届中国农民丰收节 100 个特色村庄"。

（四）提高管理人员素质

深入推进农业供给侧结构性改革，大力促进休闲农业和乡村旅游持续健康发展，2018 年组织第四师 65 团和芳草牧歌薰衣草牧游园的管理人员参加了 9 月在湖北恩施举办的"2018 美丽乡村休闲旅游行精品推介活动"，派员参加了 10 月底在江苏溧阳召开的全国休闲农业和乡村旅游大会。通过现场考察、会议交流、对接推介活动，学习培育新主体、增强新动能、发展新产业、打造新业态、探索新模式等方面的经验。

【存在的主要问题】 一是经营时间较短。受农业生产的影响较大，休闲观光农业多存在较强的季节性，主要集中在夏、秋两季，时间短，收益不高。

二是经营特色不明显。项目开发中对兵

团红色旅游文化、民俗风情、文体体验活动等开发不足，相关配套服务设施少，项目缺少文化创新和创意。

三是基础设施滞后。受资金不足的影响，休闲农业基础设施、游乐设施建设整体上较为滞后，服务设施的档次水平处于粗放式开发的阶段。

四是缺少融合发展的理念。各级农业农村部门应主动与交通、土地、文化、体育、水利等部门行业融合发展，共同推进休闲农业发展。

国外发展概况及动向

国外发展概况及动向

国外发展概况及动向

【引言】 休闲农业最初源于 19 世纪 30 年代，当时由于城市化进程加快，人口急剧增加，为了缓解都市生活的压力，人们渴望到农村享受暂时的悠闲与宁静，体验乡村生活，于是休闲农业逐渐在意大利、英国等地兴起，随后迅速在欧美国家发展起来。20 世纪 60 年代初，人们开始将休闲项目加入农场、庄园的规划之中，观光休闲农业呈现繁荣景象。随后，度假庄园、教育农园、市民农园等新产业形式开始兴起，全球休闲农业步入相对成熟阶段。世界范围内的休闲农业活动发展至今已有 150 多年的历史，并持续且迅猛地发展着。

休闲农业是以充分开发具有旅游价值的农业资源和农产品为前提，以农业活动为基础，利用田园景观、自然生态及环境资源，结合农林渔牧生产、农业经营活动、农村文化及农家生活，提供民众休闲、增进民众对农业及农村生活体验，把农业生产、科技应用、艺术加工和游客参与融为一体的农业经营活动。从生产粮、油、菜、肉、果、药、木等农产品角度看，休闲农业属于第一产业。但把它作为旅游资源来开发发展，则属于第三产业。它是农业发展的新途径，也是旅游业发展的新领域。休闲农业是一种集生产、生活、生态"三生"于一体的产业，其目的为结合观光休闲，盘活乡村资源、促进农业转型、增加农村就业、增进农家收益、繁荣乡村经济。休闲农业使农业融进了农村和农事文化景观，改善了农业农村生活环境，提高了农业资源的利用效率，使农村经济进入了一个更广阔的平台，从而实现城乡协调发展。

休闲农业作为一种新型旅游产品植根于乡村性，它的特点和卖点也源于乡村性。乡村性是休闲农业区别于一般旅游形式，尤其是城市旅游的本质所在。乡村性应至少包括生态和资源的原生性、农业生产过程的易参与性、风俗民情和生活方式上的乡土性，以及传统文化的悠久性浓郁性、市场的定势性，旅游产品的地方性、文化性和体验性等。

中国休闲农业发展始于 20 世纪 80 年代的农业旅游，历经近 40 年的发展，休闲农业从单一的农业旅游形式，已逐渐发展成为集休闲、观光、度假、体验、科普等为一体的现代农业产业新形态和旅游消费新业态。休闲农业的发展与广阔前景离不开国家的支持，2016 年中央 1 号文件提出，要大力发展休闲农业与乡村旅游；2017 年农业部印发《关于推动落实休闲农业和乡村旅游发展政策的通知》。现今，国家更是大力支持休闲农业中的"创意农业"，2016—2018 年连续 3 年中央 1 号文件皆提出大力发展创意农业，使之成为繁荣农村、富裕农民的新兴支柱产业。创意农业已变成中国农业发展的新兴热点领域，并同时成为引领农业功能拓展和产业转型升级的重要创新手段。

以下将从缅甸、泰国、日本、意大利这四个不同国家的休闲农业发展情况作为研究对象，结合当前发展现状及新动向，以"现状特点＋态势点评"的形式进行研究、梳理、归纳信息，通过对比而更正确地认识中国休闲农业发展所取得的成绩以及目前所处的发展阶段，在梳理、归纳各国该领域经验与路径的同时，也再次警醒和尽量规避休闲农业实践活动中的教训与错误，为中国今后休闲农业的优化发展提出建议。

【休闲农业"发展中"国家】

（一）缅甸

缅甸联邦共和国（简称缅甸），是东南亚的一个国家，也是东南亚国家联盟的成员国。西南临安达曼海，西北与印度和孟加拉国为邻，东北靠中国，东南接泰国与老挝，首都为内比都，是一个历史悠久的文明古国，旧称洪沙瓦底。

缅甸自 2011 年政府宣布政经改革，近两年来又陆续施行重要经贸投资及金融措施，包括统一汇率、放宽进出口管制、实施最低工资等，吸引全球投资人关注，近一两年纷纷前往投资布局及进行经贸考察访问，使缅甸经济呈现一片繁荣景象。尽管国家不断放宽外国人入缅投资政策，但缅甸如要摆脱传统农业社会的现状还有漫长的路要走。

缅甸的农业是缅甸国民经济命脉，其农产品出口额占全国出口总额 46%，农业总产值对 GDP 贡献率达 42%，国内约有 70% 左右人口直接或间接从事农业生产。

缅甸拥有丰裕的耕地资源，国内可耕作面积约 2.7 亿亩，其中仍有较大部分空地、闲地和荒地待开发。缅甸是著名的"稻米之国"和"森林之国"，拥有林地 3 412 万公顷，森林覆盖率 41% 左右，盛产檀木、灌木、鸡翅木、铁力、酸枝木、花梨木等。

缅甸作为以传统农业经济为主导的发展中国家，新兴的休闲农业产业没有官方认定，往往民众心中的休闲农业是他们农活劳作之余的惬意文娱生活，适用于各地的不同种类的休闲农业输出方式极为广泛，人们经过短途旅行，走亲访友的形式将不同地域间相同又各具特色的休闲农业紧密联结起来。几乎没有人会去考虑休闲农业这个社会大课题，在缅甸人眼中，"休闲农业"概念中所涉及的许多活动早就成为他们的日常活动中不可或缺的一部分。

1. 休闲农业资源与种类

缅甸的主要休闲农业资源可以归纳为以下五类。

（1）自然环境资源：主要提供亲近家禽养殖、自然森林、瀑布、景观，以及观察当地生活的休闲旅游空间。

（2）运动体验资源：主要包括划船、登山、骑马、滑翔、游泳、热气球飞行等丰富的运动项目的体验。

（3）乡村休闲资源：主要包括乡村度假、野生露营、节庆活动、农业生产、水果采摘体验等。

（4）物质与非物质文化遗产资源：历史博物馆、佛塔、纪念碑、寺庙、古老建筑等。

（5）传统文化活动资源：木偶戏、手工市场、民族文艺展演、传统美食品鉴等。

依托这些资源，目前缅甸休闲农业活动呈现出以下六种常见类型：农业生产体验，农场养殖体验，住宿寺庙的体验，温泉露营体验，河边钓鱼，野生烤肉体验，乡村风味餐厅体验，果园采摘体验、自制果酱体验等。

2. 代表性案例

（1）彬乌伦。彬乌伦市是缅甸近年具有代表性的主要发展休闲农业产业的地区，面积有 436.96 英亩①。在林业部和林园（Woodlands）公司的合作下，彬乌伦市政府将原来的农业耕作区升级成为以休闲农业产业为主的农耕公园。经过了大修建工程的第一阶段后，在 2001 年 4 月 8 日公园以新的面貌重新开放。工程的第二阶段是大量培植奇花异草、培育幼苗、增种树木品种等，另外还利用当地优质资源白柳安树化石修建了假山，成功设计了种有千百种兰花的园地等。这些工作目前均已陆续完工。彬乌伦休闲农业主题公园目前新增了亭榭、游泳池和宾馆，还有可供人们休闲的精致小楼、变化多样的喷水池，还在人行道两侧栽种各种花草和设置小桥等。游览者可以在这个公园里看到世界稀有动物以及中国的珍禽鸳鸯、孔雀，稀有的扭角羚羊，各种各样的兰花以及各种草药等。彬乌伦休闲农业主题公园不但是能吸引人们来休闲和游玩的好地方，也是能令植物研究者大感兴趣的好场所。由于这一开拓性的工程，该市被缅甸人普遍视为全国休闲农业与乡村旅游之都。

（2）格劳。格劳位于掸邦西部的高山上，是一座古老的山岗，有着美丽的高原风景和

---

① 英亩为非法定计量单位，1 英亩＝4 046.86 平方米。

悠闲的氛围。格劳许多原始殖民时期的建筑仍然存在，也被称为缅甸的徒步胜地。格劳位于当地市场的中心，附近村庄的村民会到这里售卖他们的土特产。大多数的餐馆和摊贩都围绕在市场中心。在英国统治期间，有许多印度和尼泊尔铁路工人移民到这里，形成了种类特别多样的食物。缅甸积极推动新生态旅游，一个很好的例子就是绿山山谷象营。从格劳租车大约40分钟到达，这个营地是在2011年成立的，目的是保护当地环境，照顾年老和体弱的大象，游客能够在它们的自然栖息地看到它们。短时间的大象骑行之旅也是允许的，但所有的活动必须以大象的福利为基准。在该地区也有各种徒步旅行的选择。

（3）茵莱湖。茵莱湖在掸邦西部，它以漂浮的村庄和花园以及当地居民独特的生活方式而闻名于世。湖长22千米，宽10千米，坐落在两个山脉之间的一个山谷，跟缅甸其他地方相比，似乎是另外一个国度。木制架空的房屋，渔民单脚划船的特点。随着捕鱼的发展，传统的手工艺品也是当地经济的重要组成部分，可乘船去逛丝织品和银饰品村庄，在湖上进行交易。茵莱湖周边还有水上市场、水上花园以及红山庄葡萄园，如果游客想找到一种完全不同的体验，可在葡萄园采摘葡萄并品尝当地酿好的葡萄酒。这是缅甸仅有的两个葡萄园之一，可让游客品尝各种不同葡萄酿制的葡萄酒，同时欣赏美丽的日落景色。

3. 存在问题与发展趋势

缅甸的乡村旅游产业起步较晚，最初只是简单的垂钓、采摘、农家院，经过多年的发展，已渐进成熟。但从全国来看，还没有摆脱自发式发展的模式，仍然存在一些问题。

（1）基础设施水平较低。对缅甸的大部分乡村来说，受经济发展水平制约，旅游基础设施水平较低：一方面是供水、供电、安全、通信等基础设施建设的问题，另一方面是餐饮、厕所等方面的卫生问题，导致游客

入住率下降，重游率下降，严重制约了旅游发展。

（2）追求城市化，失去乡村本色。乡村旅游赖以发展的基础就是其不同于城市的生活环境及民俗风情，但在发展过程中，乡村旅游存在着一定的"去农化"倾向，盲目追求城镇化、洋化、高档化，表现生硬，与主题不和谐。加之接待设施的大规模高强度建设，以"生态、绿色"为核心的吸引力逐渐弱化。

（3）定位不明确，主题不突出。很多乡村旅游项目，并没有深入地挖掘当地文化内涵，从而没有自己的特色。农业、温泉、采摘等旅游产品虽多，但缺乏核心的主题整合，给人大而杂的感觉。

（4）运营管理人才缺少，研发服务能力弱。乡村旅游的项目，融合了农业种养、餐饮服务、住宿服务、康体娱乐服务等多种业态，此类综合型人才缺乏，导致乡村旅游项目建成后，产品和服务跟不上，经营困难，更无力升级。

4. 结语

目前缅甸政府比较偏向于重农业，许多地区的休闲农业以及乡村旅游还处于未开发阶段。大部分缅甸休闲农业的基础设施水平不高缺乏维护，休闲和旅游方面的交通系统不能满足游客的需求并且需要更好的交通工具以及系统来吸引游客。政府管理部门除了没有很好地发挥统一管控作用外，也没有对休闲农业的发展进行明确的方向性引导。

（二）泰国

泰王国，（简称泰国），旧称暹罗，位于东南亚中南半岛中部，是一个君主立宪制国家，其西部与北部和缅甸、安达曼海接壤，东北毗邻老挝，东南接柬埔寨，南边狭长的半岛与马来西亚相连。广为人知的泰拳、泰式按摩、红艺人、大象是这个国家的标签。同时，泰国是传统的农业大国，是亚洲唯一的粮食净出口国和世界五大农产品出口国之

一，号称"东南亚粮仓"，支撑着整个国家对外贸易交流。19世纪以来，泰国依靠大米、橡胶、锡等粮食和原料的供应带动了泰国经济的发展。经过1997年金融危机的洗礼，泰国不改自由经济政策根基，同时着力推进农业扶持计划，试图通过农业的进一步发展实现经济恢复和国家振兴。

1. 泰国休闲农业发展概况

泰国属于热带季风气候，全年分为热、雨、旱三季，年均气温24～30℃，常年温度不低于18℃，平均年降水量约1 000毫米，拥有农业发展的良好自然生态条件。泰国境内地形多变，分为四个自然区域，北部是山区丛林，中部平原是广阔的稻田，东北部高原是半干旱农田，南部为热带岛屿和较长的海岸线，国境内大部分都是低缓的山地和高原。泰国农业用地约占全国土地面积的47%。基于这些得天独厚的条件，农业自古以来就是这个国家的支柱产业，农产品是对外贸易的主要商品，代表性的出口农产品包括稻谷、橡胶、木薯、玉米、甘蔗、热带水果等，其中稻谷和天然橡胶出口量为世界之最。2017年泰国农业产值占国内生产总值的8.2%。

泰国特别注重培育大农业观、整产业链、全绿色化的农业主体和发展业态，世界知名的正大集团通过打造种子改良、种植业、饲料业、养殖业、农牧产品加工、进出口贸易、品牌营销、农业文化创意等完整现代农牧产业链，成为世界现代农牧业产业化经营的典范。近年来，泰国农业在传统优势产业持续发展的同时，通过合作化、集约化、特色化、融合化、精品化的路径创新，大力开发创意农业新业态，不断创新农业发展新模式，有机农业、观光农业、精品农业等为农业带来新的增长空间，成为推动其农业改革的重要抓手，使泰国这一传统农业大国焕发出新的生机和活力！

2. 休闲农业特点

（1）农旅结合推动农业旅游景区发展。让农业不仅卖产品而且卖风景，不仅卖结果而且卖过程。为了拓宽农业发展模式，增加农民收入，寻求经济复苏，泰国观光与体育部于2015年推出农业旅游计划。该项旅游新计划旨在通过发展农业旅游观光，增加农产品附加值，同时还扩展旅游景区夜市规模，让更多的农业产品和手工业产品成为旅游纪念品，借此增加农民的收入，首期将12个城市确定为农业旅游试点区域。除此之外，泰国政府还大张旗鼓推进和打造"农旅融合"发展战略，将1 000座政府农业示范园区改造成推动地方生态旅游的景点，将这些农业园区打造成供人休闲体验的农家乐，开发出一系列彰显产业特色的农业旅游体验产品。

除了设立农业旅游景区外，泰国政府还推广民宿旅游和皇家发展计划，通过拉升产业链、提升价值链、完善利益链，促进各地农业生态旅游业的发展，不仅能够为当地旅游带来新增长亮点，同时还能通过售卖地方农特产品为地方群众增加家庭收入。位于清迈湄林县的Nong Hoi皇家农业发展基地，是泰王普密蓬在泰北五府推动发展的38个皇家农业发展基地之一，在这里，游客可以去蒙占山登高远眺、观日出日落、看雾海奇观、赏奇花异草，也可以体验蔬菜和草药种植。

（2）精品高端创意助推特色热带水果产业发展。打造集"养胃、养眼、养颜、养心、养乐"于一身，站在金字塔尖的"水果王国"。泰国水果因其高品相、高品位、高品质、高价格，在世界水果市场中被消费者誉为"奢侈品"。泰国国土纵跨亚热带和热带，各地地形、土壤、气候差异明显，极其适宜发展特色农业，加之泰国自古以来就是水果之乡，出产的热带水果不但品种繁多，而且产量充足，由于气候适宜，泰国水果品质普遍优良，榴莲、山竹、红毛丹、莲雾、芒果、椰子、菠萝、芭蕉等特色水果更是享誉全球，根据不同地区的生态资源优势，因势利导，因地制宜发展精品热带水果产业成为泰国农业发展的又一亮点，四季仙果，果香四溢。

比如，泰国北部在 20 世纪 60 年代以前曾经是全球罂粟种植的主要地区之一，为了治理毒品泛滥，依托皇家发展项目，泰国政府根据当地自然条件鼓励农民进行替代种植，发展出特色水果新产业。龙眼产业就是清迈因地制宜发展特色水果产业的一个缩影，不但杜绝了罂粟种植，还开发出个头大、味道甜、品质上乘的清迈龙眼，受到市场的追捧。又如泰国东部最大的素帕他水果园占地 1 700 多亩，园内种植有 20 多种热带水果，游客在这里可以无限量品尝各种当季热带水果，让人大快朵颐，大饱口福。

3. 代表性案例

（1）辛哈农场。辛哈农场位于泰国最北部的府——清莱府，泰国狮牌啤酒集团是辛哈农场的主人，这是一个最特别的农场，占地 1 400 多亩，农场入口有巨大的金色狮子雕像，十分显眼，是农场的传播符号，游客一看到这个符号就知道来到了辛哈农场。辛哈农场拥有许多身份，它既是大农场、动物园，也是啤酒生产基地，还是大公园，更是休闲旅游景点。

大农场方面，包括了 200 余亩的乌龙茶园、一望无际的水稻田、数个蔬菜大棚，还有诸如草莓、葡萄等水果田；动物园方面，除了一般农场常见的牲畜家禽外，还有斑马、长颈鹿，这可是在动物园才能接触到的；"辛哈"这一名称来源于狮子，因为辛哈农场还是泰国狮牌啤酒生产基地，这啤酒在泰国很是有名；大公园方面，农场里拥有花海、湖泊、游览道路。

而在游客眼中，这里更像是旅游景点，是休闲放松、田园观光的好去处，是清莱府的后花园，农场里不只有观景台、山顶滑索，还有观光车、讲解员、咖啡屋、餐厅和专属小卖部，基本都是自产自销，服务前来参观的游客，旅游和农业结合得恰到好处。辛哈农场的建设是先来后到的，他们不是因旅游

而建农场，而是当农场形成一定规模、待农场运营管理顺畅后，旅游才成了农场的延伸，成了农场的附加物，在辛哈农场，农业是本，旅游是末，到最后本末完全融为一体了。

辛哈农场对我国农场建设的启示：在农场内部处理好农业与旅游的关系，优化运营管理模式，处理好农场收益的分配问题。我国的新型农场建设还是需要避免本末倒置，任何情况下，农场的本就是农业，而延伸的产业和价值是为末，没有以农业作为根基，即使建立了旅游区、加工厂，农场的事业还是会风雨飘摇的。

以旅游作为价值延伸的农场，除了运营模式可以借鉴辛哈农场，其他可以学习辛哈农场的地方也很多，只有农场的农业根基稳固了，旅游在农场的建设才会更顺畅，旅游与农业的融合才会更好。像辛哈农场一样，在农场中引入观光车、讲解员，恰如其分地建造农场游览道路、观景台、游玩和拍照设施。不得不说的是辛哈农场入口的巨型狮子雕像，人们即便不了解它的寓意，也因此记住了辛哈农场，这就是农场的符号，是农场传播的品牌，非常值得我国农场借鉴。

干净整洁也可以成为农场的标配，美成诗也成为农场的气质和形象，辛哈农场的多重身份展示，得益于农场建设的本末有序，辛哈农场的美好、干净和整洁，得益于农场的管理，也归功于辛哈农场自身的岁月沉淀。

（2）泰国 Pun Pun 有机农场。泰国 Pun Pun 有机农场是泰国农民 Jon Jandai 亲手建造的红遍网络的有机农场，位于湄登省清迈市以北约 50 千米，占地约 10 英亩。

在 Pun Pun 农民 Jon Jandai 亲手种菜养鱼、亲手盖房子、亲手收集雨水净化、亲手制作美食……这里是一个小型有机农场和学习中心。

这是 Jon Jandai 在经历过人生的坎坷之后，回到家乡建造的。他找了一片莽荒之地，自己动手开荒。他一边在树林里寻找能吃的

食物，一边自己开垦菜园、挖鱼塘、制作木炭、收集净化雨水，然后学着用泥土建造房子，仅仅花了 3 个月的时间，Jon Jandai 就建成了真正属于自己的一座房子！

之后，Jon Jandai 便将水稻和果蔬卖出去的收入都投入到盖房子上。现在，Jon Jandai 已经盖了十多座这样的房子，每一座都是按照自己的想法盖起来的乡村别墅屋。不仅如此，他还把每座房子的内部进行风格化装修，别具一番风味。

Jon Jandai 的菜园子和十多座房子引起了乡亲们的注意，Jon Jandai 便想到应该让更多人都能够像乡亲们一样来到这里，不只是参观，而是能够享受这里的生活，因为这里的一切都是原生态的，没有被破坏，没有被污染。

于是有机农场 Pun Pun 诞生了，农场的宗旨就是：不使用化肥农药，不进行破坏，完全与大自然有机融合。

开放体验农耕生活，顺天应地的永续农业，美味地道的有机泰餐，让 Pun Pun 农场的名声大噪，泰国的电视台、报刊媒体争相报道。之后 TED 大讲堂也邀请了 Jon Jandai 去做演讲，15 分钟的主题演讲"生活本应简单，为何你过得这么难"引起大家共鸣。从此，Jon Jandai 一跃成为网红，而 Pun Pun 农场也成为网红农场，吸引了世界各地的旅游爱好者。

①社区经营模式。随着农场规模的逐渐扩大，越来越多的人愿意来到农场生活学习。目前，在 Pun Pun 中大约有 20 个社区成员生活和工作。他们中有从事泥土建筑的研究人员，有环境工程师，有当地出色的厨师，有瓦泥匠，有热爱艺术、美食、舞蹈、泰式按摩、园艺等各种领域的志愿者以及工作人员。

他们聚集于此，只有一个共同的理念：让生活回归自然，让生活变得简单，保护好居住的环境，并将这样的理念传播给更多的人。这里没有规章制度，没有老板，没有奖惩，一切自有秩序。大家自愿申领工作，集体研究新的技能、遇到困难也都是集体讨论，一起解决。

农场蓬勃发展主要得益于这些来自世界各地的许多志愿者的贡献。

目前，农场依旧欢迎世界各地推崇田园生活的人来到这里一起生活工作，可以短期来这里当志愿者，也可以长期在这里生活，当然对于长期想留在这里的人，农场也会设置考核机制。

②可持续经营理念。农场推崇让生活回归本质，一切皆可持续。因此，农场有两个核心板块，种子保存研发中心和可持续的生活和学习中心。此外，为了推广可持续的健康理念，促进永续农业的发展，农场还开设了一家有机素食餐厅。餐厅提供 Isaan（东北泰国食品）、咖喱、汤、融合食品和沙拉等。所有菜品烹饪以保持食材的营养价值为主，多以生食和轻度烹制为主，在烹饪过程中不会使用味精，也不使用转基因生物，不添加防腐剂。主食是未精制的全谷物，例如糙米和全麦面粉，调味料也主要是自制的，包括酸奶、奶酪、花生酱、辣椒酱和沙拉酱。

种子中心。种子中心的主要任务是搜集世界各地稀有种子，进行育种、保种。农场会通过与当地进行有机种植的农民们共同合作留种，再将种子们散播至原生地区持续繁衍，保持地球生物多样性。而对于对种子感兴趣的人，也可以给农场发邮件，农场会根据客人列出的种子清单赠送少量种子，目的仅仅是希望大家可以将其传播出去。农场官网中会不断更新农场里所有的种子清单。

可持续的生活和学习中心。农场探索出的一切可持续经验技能在可持续的生活和学习中心都能学到。这里全年举办课程，课程内容涵盖垃圾分类、处置厨余、自制有机肥、自制木炭、收集雨水、净化饮用水、学习建造自然建筑、养鱼、养奶牛、养鸡、有机园艺、育苗、选种、健康烹饪等，并提倡边学边做。

自然建筑培训。农场里的房子都是大家一起用土坯、竹子、稻草和黏土建造而成的。因此，自然建筑讲习班主要分享如何发现和选择建筑原材料，如何砌墙等知识，让大家学会自己建造房屋，小孩子都可以学习体验。官网上还会有建造自然建筑涉及的各种技术的相关信息，也会定期举办研讨会。

有机耕作。农场的种植面积不大且不集中，看上去杂草丛生，其实这就是有机耕种。而这些种植经验和技术也都非常简单，任何人都可以学会。

美食烹饪。农场里食物都是根据农场种植的农产品制作的，如何用最节能最环保的方式制作最健康的美食，这便是人们可以学到的经验技能。这里的食物大受好评，许多短暂停留的游客就是为了来这里吃非常经典的泰国素食。Pun Pun 餐厅还会不定期举办烹饪课程，餐厅里的有机料理都可以学。

③自动自发的旅行模式。Pun Pun 农场欢迎想深度体验有机生活的旅人来见习，也接受观光游客。农场采用一次性收费，农场会提供简单的住宿或寄宿以及午餐和晚餐，相应的，农场所有的活动大家都可以体验学习。

Pun Pun 农场与其他的有机农场最大不同之处是，农场没有固定的活动项目，你可以自己选择在农场干什么。你可以来这里写生、读书、采摘浇花、搬砖和泥、听社区成员分享各种生活经验、品尝健康美食……不过无一例外，来到这里的游客都是为了体验何谓返璞归真的。在这里务农的旅客与当地的农民没有太多区别。

Pun Pun 农场的模式也许无法完全复制，但是其原生淳朴、社区经营和可持续发展的让生活回归本质的理念，以及让游客自发探索的游乐模式都是我们值得借鉴的地方。如今休闲农业在中国蓬勃发展，在各种规划和开发之下，Pun Pun 农场营造出的"物欲降低、精神富足"的生活方式或许可以成为未来休闲农业的核心吸引力。

（3）泰国生姜农场。从《爸爸去哪儿》到《向往的生活》，国内的乡村体验式旅游越来越受到追捧，其中亲子旅游中的亲子农场模式最引关注。这主要是源于城市化的发展使得孩子们缺失真正意义上的亲近自然、体验农乐的童年生活，而亲子农场作为孩子们成长的大自然课堂，无疑成为休闲农业产业中发展最为突出、收效最为显著的细分市场之一。

但国内的亲子农场尚在摸索阶段，主要以蔬果采摘、动物互动、露营休闲为主，缺少品牌和高质量教育基础。而泰国的生姜农场却成功抓住了市场消费需求，把亲子游做到了极致，在旅游圈火了起来，吸引了全世界的目光。

①优越的地理条件。生姜农场位于泰国清迈古城南郊，距离市中心的直线距离不到7千米，车程在半小时左右。地理位置优越，交通便利。这个地处美萍河边小平原上的亲子农场，有着清迈美好的泰北田园风光，是清迈旅游线路的热门之地。

②丰富而有趣的体验项目。

插秧。插秧是个体力活，大多数人见过但不一定试过。因此，亲自在稻田里插秧对于小孩子来说是一种完全不同于在钢筋水泥的城市生活的新奇体验。父母可以和孩子一起插秧，重返童年时代。

在这里，秧苗配泥水成了孩子们肆意玩乐的游乐场。这一秒还嫌弃泥水肮脏，下一秒便会释放纯真的童趣，一群小朋友们在泥水潭中翻滚，构成了生姜农场最美妙的风景。

除此之外，这里还会举办讲座，学习如何种植和收割稻米，如何在稻田里捕鱼和螃蟹等等知识。辅导员全英文讲解翻译，过程中会和孩子们问答互动，孩子们可以抢答，从而激发他们学习的兴趣亲近动物。在泰国，大象是神圣之物，也是人类最亲密的好朋友，更是被保护的对象。在 Boddy's 大象营，孩子们能够与大象亲密接触，父母和孩子可以一起照顾大象、学习象语、喂食大象、给大象洗澡、学习与大象相处、体验骑大象等。还会知道一些关于大象有趣的小知识，比如大象每天吃多少，睡觉睡多久。

除了大象，孩子们在农场还可以通过骑牛、进入鸡窝喂鸡、收鸡蛋等，可以体验到更多的乐趣。

学习烹饪。在生姜农场，做料理不再是过家家的假游戏，而是有板有眼的真把式。孩子们在农场人员或家长的指导下，用自己亲手采摘的蔬菜来学习烹饪，学做西式甜品，感受自然食材的天然之道，在学习中体验制作美食的快乐。

学习瑜伽。在这里，小朋友们还可以和专业瑜伽老师一起学习做瑜伽，从中体验瑜伽的快乐和魅力。

艺术创作。艺术创作力一直都是家长比较重视的能力。从小培养孩子对美的嗅觉，对激发孩子的创作灵感很有帮助。生姜农场设计了绘画和雕塑的课程，有时候会让孩子们在白布袋上挥洒灵感，并带回家做纪念，一举两得。

稻草人制作。在这里还可以体验稻草人制作的乐趣在老师的指导下，孩子们亲自把废弃的稻草缝制成可爱的稻草人，在让他们体验手工制作乐趣的同时，还培养了他们的环保意识。

除此之外，这里还有跳蚤市场，在圣诞节、万圣节等重要节日也会开大型派对，小朋友、大人的生日会也可以在这里定制。

生姜农场所有的活动中无不体现着"寓教于乐"的教育理念。不同国籍、不同背景的大人和孩子都能在这里释放热爱自然、热爱生活的天性并参与其中。另外，如果这些活动都不能满足你的需求，还可以根据你喜欢的体验量身定做课程。

③打造特色美食套餐。生姜农场的创始团队来自 The House By ginger，是一家丹麦人开的网红餐厅，因此农场的餐厅 Ginger Cafe 是一大吸客利器。Ginger Cafe 是整个农场唯一的水泥建筑，除此之外，里面所有的建筑材料都是用木、竹、草等可再生资源制作的。桌椅等均是老物件，通过油漆刷涂和设计布局，呈现出独特的风格，并且完美地融入环境里。

餐厅里面的所有食材都是在农场里种的，都是有机纯天然的，很多菜式都是泰国当地特色，但由于来这个农场的外国人也很多，因此也增加了很多国际化的特色菜。

餐厅的设计也不比任何网红咖啡店差，四处摆满鲜花绿植，摆设和装饰也有品位，售卖的红丝绒蛋糕及咖啡口感也很好。

生姜农场餐厅作为网红餐厅，是前来清迈享受美食之人的热门选择地，每天客流量都爆满。农场餐厅实现了全年度的经济效益，打破了亲子周末体验游的时间局限性和消费群体的局限性。

④开发文创产品延长产业链。生姜农场自主研发了多种文创商品和家居产品，这些富有生姜农场特色的文创产品和家居产品延长了农场的经济产业收入链条，开拓了亲子旅游市场之外的其他消费项目，避免农场消费项目的单一性，在增加了农场消费附加值的同时也强化了生姜农场的农场品牌效应，更大程度地实现了农场的可持续性创收。

⑤精致贴心的服务。从单纯的酒吧和餐厅，发展到拥有咖啡、商店以及农场的小集团，人才是生姜农场取得成功的最重要因素。它的成功得益于极富经验的创始团队，生姜农场处处都是独到的心思。

无论孩子家长还是工作人员，农场统一配备蓝色泰式传统农服，下田干活也不用担心弄脏，完全解放孩子们的手脚。

体验项目中处处是充满惊喜的小细节，比如挂在脖子上的手写泰文名牌，担心烈日暴晒为孩子们准备的萌到炸裂的小草帽，担心孩子们弄脏衣服而准备的可爱围裙等。

在景观设计上，生姜农场也花费了很多心思。小朋友童年最爱的小木桩以及小竹桥随处可见，各种花样的遮阳棚体现出农场的人性化设计。无论是农场还是咖啡厅，每完成一项体验都会有证书或小纪念品相赠。

生姜农场能在清迈众多旅游点占得一席之地，给中国休闲农业的启示有以下三点：

①精准的市场定位。生姜农场基于精准的市场定位，依靠丰富的体验活动把周末亲子游做成新概念式的亲子幼儿园，使孩子既能真正回归自然，又能学到很多知识。同时，老少皆宜的体验项目也拉近了孩子们和父母之间的距离。

②延长产业链体系。90%的亲子农场是季节性的。如果要实现农场持续盈利，就必须要做好产业化经营，除了季节性活动之外，还必须要开发出可以持续盈利的产业。生姜农场通过网红餐厅、文创商品、节日活动、定制派对等方式来满足不同时段、不同年龄段的消费群体，从而打造清迈旅游线路的热门之地。

③细节周到的服务体验。细节周到的服务体验让游客产生好感，从而增加顾客的黏性，促进复游率。

亲子农业是在农业生产的基础上进行延伸开发的，具有引导城市家庭体验乡村氛围和田园生活的功能。农业与亲子、观光体验结合，是未来农业发展的一个方向，而生姜农场的模式为中国休闲农业旅游发展提供了一个非常好的蓝本。

【休闲农业"发达"国家】

（一）日本①

1. 概述。在"国家/地区国际游客数量排名（2018）"中，日本以2 869万人次排在第12位，高于2016年的第16位，在亚洲排名第三，超过了香港和马来西亚。2018年

赴日国际游客达319万人次，比上年增长8.7%，连续刷新近5年的最高纪录。根据两份数据显示，日本观光已成为国际游客观光游玩的热门之选。

日本观光活动中，休闲农业逐渐成为流行。依据《观光立国推进基本法》，日本政府把"观光立国"界定为21世纪日本的重要政策支柱，将观光产业上升到国家策略高度，在围绕休闲农业这一问题上，统筹各方需要，采取完善的相关立法，使日本休闲农业发展有法可依、有法保障。伴随着"一品一村""六次产业化""地方创生"等政策的推进，日本的农业资源得到综合化、高效益的开发，在"生产、生态、生活"上做到"三生"合一。同时，为迎合观光客多样性的游憩需求，日本休闲农业衍生了多元化的休闲农业场所，为日本休闲农业创造独特的魅力和优势，进一步促进日本乡村振兴。

日本近些年的休闲农业发展情况在往期的年鉴篇章中已有详细的介绍，本部分依据2018年日本休闲农业中"农泊旅游"与"越后妻有大地艺术祭"（简称：ETAF）两大热潮，对其着重分析，力求为中国正在进行的休闲农业探索提供一定的借鉴。

2. "农泊旅游"专项政策制定。欣赏自然风光、品尝乡土美食、了解和体验当地的风土民情，夜宿乡村等滞留型乡村休闲农业是日本的休闲农业主要活动。为进一步促进乡村振兴，解决乡村生计收入、增加工作岗位、吸引人流返乡、增添乡村观光多样性等问题，2016年3月日本当局将"振兴农山渔村给付"计划名称定为"支持未来日本观光业的愿景"，明示"农泊旅游"（日语：农泊观光）为此计划的施政重点。日语中的"泊"有"过夜""旅馆"的意思，"农泊旅游"可

---

① 本部分内容大多根据日本国家旅游局（JNTO）、日本观光厅（JTA）与日本农林水产省（MAFF）官方资料整理，少量根据参考文献资料总结提炼。

直译为"去乡下住一晚"。日本农林水产省（等同于中国农业农村部）定义"农泊旅游"为"逗留于农山渔村，住在农家民宿、古民居等，体验日本传统的生活方式，住客交流，亲身感受乡村魅力的旅游形态"。对中国而言，"农泊旅游"可以理解成日本版的农家乐。2017 年，日本政府正式启动"农泊旅游"政策，日本农林水产省拨出 50 亿日元预算，为试验区打造具有当地特色的农活体验、森林漫步等旅游方案，向可以接待游客住宿的古风日式民房的改修提供资金补贴，还聘请专家给予商业指导等，从软硬件两方面支持农村旅游业的发展。[①] 2018 年，在全日本有 50 多个地区先建设示范项目，力争在 2020 年之前日本 500 个地区建设"农泊"。

① "农泊旅游"主要模式（表1）。

表 1　"农泊旅游"主要模式

模式	成分	构成内容	游玩时间
观光类	农业＋观光	乡村自然风土观光 特色农家民宿体验 乡土料理品尝 农产品直销	短期逗留
文化类	农业＋生态 文化景观	文化遗产景观 农业乡土文化 农业非遗文化 农村庆典与祭祀	短期逗留
教育类	农业＋教育	农作体验学习 专业农业知识培养 自然教育	短期逗留
疗养类	农业＋休养	农业疗养体验	长期逗留

来源：作者整理

② "农泊旅游"推进对策和相关对策的主要措施与成果（表2）。

表 2　推进"农泊旅游"措施与成果统计

事件	措施	成果
观光	成立妥适的宣传单位，办理促进日本观光产业相关事宜；推出专门介绍日本国内各地方的风景名胜、民俗、风味餐、特产等相关活动的纪录片	有机的保护生态环境，促进观光活动朝向层次化与多元化等方向迈进，使之成为吸引观光客参访乡村的重要资产，让当地居民重新认识自己世代所拥有的魅力，进而感到自豪与自信
	采取积极找寻可以供做以"食"为主轴的观光行程（例如鼓励各地方将该地具有特色的料理、民俗、祭典等结合成具有特色的知性之旅；或者由乡村当地经营民宿的业者以带领观光客参访当地的景观，并且鼓励观光客以"自己动手做"的方式，找寻当地所生产的食材）	
	与观光相关的产业共同合作，积极开发乡村可供做"停留型"的观光行程；例如乡村所拥有的观光农园、海钓船、特殊景观、民俗庆典、农特产品及其加工品、风味餐、古民宅等，均属可供促进观光活动的卖点	
生产	利用无污染的大自然、自然农法、六次产业化等策略，提升乡土产品的质量（例如鱼鳞可以用来提炼胶原蛋白，供做面膜的原料）	提升乡村居民所得，增加乡村雇用机会，促进乡村的自立自强，促进城乡交流，人才的回流等
	充分活用乡村现有的空屋、废弃的学校等公共场所或设施、弃耕的农地等地域资源，在当地居民的主导下，积极办理城乡交流、建构农产品直接贩卖据点与网络销售等活动	
教育	建构以小学五年级学生为主要对象的"夜宿农山渔村活动"，让学童经由夜宿了解乡村	达到体验自然、体验农林渔牧业、了解农业的重要性等的政策目的，同时也促进乡村文化的延续

① 中国新闻网《让民宿走进生活 第三届国际民宿论坛将在杭州桐庐举行》。

（续）

事件	措施	成果
社会福祉	与社会福祉相关产业积极合作，开创"乡村福祉农园"	为身心障碍者提供作业内容简易且较具轻便的就业机会与活动空间、为长者提供可以休闲活动的场所、为游民等社会弱势族群提供谋生机会与场所，达到减轻家庭与社会负担的目的，以及弥补农业劳动力不足的难题
医疗	利用清幽及新鲜空气的优势，打造舒缓疗养院等疗养场所	为需求者提供安放和疗愈身心的场所

来源：作者整理

3．"农泊旅游"案例——Satoyama Hutte-Momo 民宿①。Satoyama Hutte-Momo 民宿位于宫城县里山里，旁边有一条名为雉子尾的河流，由于附近几乎没有街灯，到处都可凝望广阔的星空。夏季有萤火虫飞舞，是一家能在满天繁星下欣赏到萤火虫之光的民宿。游客在这个安静的山中小木屋，不仅可以观赏河流旁的萤火虫和满天的星星，还可以享受民宿女主人热情款待的乡土美食和当地出产的清酒，为游客带来故乡般的亲切感（表3）。

表3　"农泊旅游"特色体验项目

季节性农作体验	春：播种（水稻、当季菜） 夏：梅子作物体验 秋：收集银杏
手工艺体验	竹制工艺品、稻草手工艺、靛蓝染布等
自然风光体验	低山散步

（1）民宿简介。资源本底：360度山涧风光和天然田园风貌的绿色蔓延。

目标群体：家庭休闲农业游、亲子游。

特色风貌：满天繁星下欣赏到萤火虫之光，聆听溪水与虫鸣蛙叫的自然演奏。

特色美食：瑞士料理、乡土料理、居酒屋料理。

（2）小结。"进则江湖，退则田园"是当代都市人向往的生活，在"农泊旅游"的政策支持下，Satoyama Hutte-Momo 民宿深度挖掘自然元素，对为乡村提供新鲜空气的山涧，无污染的食用级的有机食材等自然资源予以妥适开发与利用，使不利因素（交通不便利、公共设施不全等）变成有利的理念，化身最原始的"自然乡村博物馆"。为都市人打造深度体验的真实乡村生活，为身心劳累的人打造自然休养的场所，淳朴、自然、有机等风土民情更是让观光客拥有归属感，满足其从"到乡下住一晚"到"再到乡下住一晚"的心理活动，从而达到提升山村居民所得、增加山村雇用机会、促进山村自立自强活性化目的。

对中国乡村休闲农业启示：优秀的乡村休闲农业并非是山水间高级酒店，打造乡村休闲农业应以深度挖掘当地的自然资源、淳朴民风、乡村文化特色等为基础，提升当地居民对本土特色的自信心与归属感，勿盲目、勿跟风。

4．越后妻有大地艺术祭。全球最大型国际户外艺术祭"越后妻有大地艺术祭"（简称：ETAF），至2018年为止已成功举办了七届，并逐渐成为国际最负盛名的艺术复兴乡村的休闲农业样本。从2000年第一届接待游客量162 800人到2018年第七届接待游客量548 380人，增长237%，极大地带动了当地经济发展，增加了大量的就业人口（表4）。

_____

① 本部分内容大多来源日本"农泊旅游"STAY JAPAN 网站。

表 4 "越后妻有大地艺术祭"举办
情况一览

举办年	作品数量	参加村落	观光人数	经济带动效益
2000	153	28	162 800	127.5 亿日元
2003	220	38	105 100	188.4 亿日元
2006	334	67	348 997	56.8 亿日元
2009	365	92	375 311	35.6 亿日元
2012	367	102	488 848	46.5 亿日元
2015	378	110	510 690	50.8 亿日元
2018	379	102	548 380	65.2 亿日元

（1）艺术祭的前世今生。越后妻有位于在日本的本州岛中北部的新潟县，是日本著名作家川端康成笔下的"雪国"，这一片区域以每年长达六个月之久的冬季和惊人的降雪量而著称，山路难行、交通不便，面临人口外流、老龄化、土地废耕等问题。

1994 年，为振兴地方发展，地方政府提出"十年地区再现活力营建计划"；1996 年，北川富朗介入计划，反思地方更新的在地文化特色保存问题，并提出以艺术开创地方的"艺术项链计划（The Art Necklace Project）"，越后妻有大地艺术祭的构想应运而生。越后妻有，名字由策展人北川富朗选择该地区在日本战国时代古名"越后国""妻有庄"拼接起来，模糊了地理边界，同时强调了历史纵深。

列夫托尔斯泰曾在他的《论艺术》中指出："文艺创作是艺术家在自己的心里唤起曾一度体验过的感情并且在唤起这种感情之后，用动作、线条、色彩、声音及言词所表达的形象来传达出这种感情，使别人也能体验到同样的感情——这就是艺术活动。"越后妻有艺术祭则以大自然为创造载体，把艺术与大自然有机结合所创造出的一种富有艺术整体性情景的视觉化艺术形式，将衰败的新潟县乡村重新复活繁荣，正在做到"让爷爷奶奶们开心"的本质。

（2）艺术祭措施。

①以艺术之名回归乡土。策展人北川富朗对大地艺术祭描述："这不是一个有关艺术的节日，艺术只是一个催化剂，是用来呈现当地历史和人的生活方式。"越后妻有大地艺术祭以艺术为连接点，修复人与土地的依存关系，并联合政府、社会多种资源的整合，启动当地旅游配套，鼓励艺术家进入社区，融合当地环境，创作与在地生态及社区共生的艺术作品，以艺术之名回归乡土。

②让农民做艺术祭的主角。艺术祭强调反映与当地居民和乡土相结合的艺术作品，参与艺术家需协助当地居民展示当地生活景象，并聘用当地居民，以丰富的自然资源为基础，展现当地传统文化，激发了当地居民的参与度，增添艺术品极强的乡土表达性，让艺术节不再是艺术的独角戏，而成为一曲全民共演的艺术大合唱！

③空间再使用。针对老旧房屋、空置房屋的改造，通过艺术的介入，赋予其新的功能与价值，打造艺文展示、美食体验、教育空间、农泊民宿等空间。

④"梯田银行计划"。日本从事农业的人数不到 200 万人，几乎是 IT 行业的一半。尤其是在老龄化迅速发展的现在，年轻一代的人数急剧下降，"梯田银行计划"应运而生。这是一项在个人和企业的支持下通过在线有偿认养田地，使废弃的农田重新耕种起来，维护美丽梯田的计划。其使命是"有趣的艺术×好吃的米"，通过向原野的农民学习技术，自立努力种植美味的稻米；承担高龄地区的人们无法耕种的田地，种植大米，守护先人珍爱的土地和风景。

⑤NPO 协作组织，助力艺术节在地化落实。非营利性组织（NPO）"小蛇队"协作组织是支持"大地的艺术节"与越后妻有地区"协作"的人员的总称。从艺术节的运营，到作品维护，到挖雪和农活，几乎所有与艺术节相关的活动都有"小蛇队"协作组织参加。"小蛇队"协作组织来源于"不如果断地启用

年轻人"理念,是"跨越世代、类型、地域、国境"的集会,吸引来自日本及其他地区的不同性别、年龄和背景的人们,通过交流后获取、创造、搭建出这样一个跨越度极大、流动性极强的社会平台,成为衔接政府、在地居民、投资者、游客、媒体的纽带与桥梁,同时提供了包括研究、实践在内的学术性资产,对在地乡村的发展起到比较大的促进作用。

(3)小节。艺术介入乡村的实践,重新探索乡村休闲农业的更多可能性,以此实现对传统文化的保护及当下的乡村振兴。政策上要着重资源整合及长远的系统性考量,从而制定战略框架;"生活"上要充分理解当地风土人情及当地居民的诉求,强调在地性与居民的参与性;"生态"上结合当地特有的历史文化、自然资源,因地制宜,焕发休闲农业文化魅力;"生产"上突破传统农产品的局限性,提升品质与开发性。最后,引用策展者北川富朗总结自己的经验,"作为艺术活动的组织者,是需要将活动的艺术高度和民众的现实需求做桥梁式的沟通与调和,从而让艺术与生活、艺术家与乡民、乡民与游客、作品与环境达到一种共生、共建、共享的状态"。

5.结语。随着中国城市化进程的进一步推进,国内各地都出现了萧条程度不同的老人村、空心村,乡村的衰落正急速加剧。依据2018年日本休闲农业的实践,对中国休闲农业发展的启示有以下三点:

①以农为本,完善政策实施机构,构建政策的执行协调制度,加强立法与顶层设计,统筹乡村振兴与现代发展。

②着重生态宜居建设,改善乡村生活环境。

③拓宽农民收入渠道,完善保障,提升乡村福祉水平。

中国休闲农业建设尽管面对自身的政策和经济社会文化方面的"国情"和乡土社会的现实,但通过各阶层的研究、实践,相信未来能够以创新想法和拓展思路实现乡村休闲农业的振兴,做到真正的"一村一品"。

(二)意大利①

1.概述。意大利位于欧洲南部,由亚平宁半岛以及地中海中的大岛西西里岛和萨丁岛组成,属于典型的地中海气候,平原和河谷较多,丘陵地带占据整个国家面积的60%,十分适合农作物生长。

在欧盟成员国中,意大利属于农业大国。2014年意大利农业产值为501.2亿欧元,在欧盟居第三位,占欧盟农业总产值的12.3%,仅次于法国和德国;2016年,意大利农业产值达529.02亿欧元,超过德国成为欧洲第二大农业生产国;2018年意大利农业产值569.21亿欧元,农产品增加值增长1.8%。

意大利是世界上旅游业最发达的国家之一,是世界第五大旅游国,旅游从业人员约32万人。休闲农业是意大利发展最快的一种旅游业形态,其始于20世纪70年代,发展于80年代,到90年代已日趋成熟。1865年,意大利就成立了农业与旅游全国协会,引导城市居民到农村去体验自然野趣,与农民同吃住、同劳作。

经过100多年的发展,如今的意大利绿色休闲农业已然成为世界特色农业的潮流风向标。在发展传统农业的同时,意大利也非常重视现代化新型农业的开发并充分挖掘农业的多功能性。农业的功能不再简单地局限于提供农产品,现代化的旅游观光农业和有机农业已逐渐成为意大利农业发展的新动向。多元发展,绿色共生也成为意大利农业最独树一帜的地方和最鲜明的特征。其中,现在意大利最流行的是"绿色休闲农业"。

意大利的绿色休闲农业极大地实现了一

① 4本部分内容大多根据驻意大利共和国大使馆经济商务处官方资料整理,少量根据参考文献资料总结提炼。

二三产业互融互动，并通过各个产业的相互渗透融合，把休闲娱乐、文化艺术、养生度假、农业技术、农耕活动、农副产品等有机结合起来，拓展现代农业原有的研发、生产、加工、销售产业链，使传统的功能单一的农业及加工食用的农产品成为现代休闲产品的载体，发挥出了产业价值的乘数效应。农业资源潜力也得以深度开发，农民增收途径得以拓宽，同时也很大程度上改善了城乡关系。

近年来，意大利休闲农业的维度和深度还在不断拓展，这种发展超前的模式，也给意大利农业注入了新鲜血液，焕发出新的生机和活力，让其一跃成为欧盟内仅次于法国的第二大农业生产国（表5）。

表5 意大利休闲农业旅游资源结构分析

地区	典型代表	特产	特色
中部	托斯卡纳大区	小麦、甜菜、果树等	农业遗产、自然风光、民俗文化宣传节等
北部	威尼托、特伦蒂诺、利古里亚大区	葡萄酒、Pesto香蒜酱、海鲜等	葡萄酒文化、世界文化遗产"五渔村""鱼节"等
南部	坎帕尼亚大区	橄榄、柑橘、葡萄、比萨等	园艺作物主产区、海滨风光、庞贝古城遗址、"比萨故乡"等

来源：意大利绿色农业旅游资源结构分析及借鉴

2. 休闲农业成功的经验。意大利已成为世界上著名的农业旅游国家之一，托斯卡纳等大区已成为闻名世界的农业旅游品牌，每年都吸引众多游客前来体验。总体来看，意大利农业旅游产业的成功主要得益于以下几点。

（1）政府的宏观规划和政策支持。意大利休闲农业的快速发展，与政府的大力支持密不可分。首先，意大利政府对全国休闲农业旅游进行整体规划，并对全国农业旅游资源做统一评价，从而避免因旅游产品的同质化竞争带来资源浪费。其次，对开展农业旅游的企业给予一定政策扶持，如实施农业低息贷款、税收减免等优惠政策。最后，意大利政府还很重视农村基础设施建设，有目的地加强交通路网建设和旅游食宿设施的配套建设等，优化了旅游环境。

（2）良好的法律法规保障。意大利是首个将农业旅游纳入法律的欧盟国家。为了保障休闲农业旅游业的健康发展，其各级政府出台了一系列法律法规。1985年，意大利第一部关于农业旅游的国家法律生效（目前这部法律仍是欧盟的第一部农业旅游法），该法明确了农业旅游发展中政府与农场经营者的职责和权力，规定了农业旅游发展的具体方式，同时也阐明了农业旅游与农业生产间的相互关系。意大利政府在政策上支持农业旅游业，旨在通过农业旅游开发协助农业振兴，增加农民收入，为农村社区增加新的就业机会，实现特色地域农产品价值增值以及促进农业旅游形式多样化发展。

（3）合理开发自然农业资源。意大利发展休闲农业旅游是在农业基础上开发其旅游功能。对农业生产和农业旅游发展的侧重点进行了严格要求，以保证农业生产的主体地位，严格控制农业旅游的发展规模。同时又鼓励农业生产和旅游相互促进发展，以农业自然景观吸引游客前来观光、旅游、度假，游客旅游的同时，购买当地农产品，从而促进农业生产的发展。如比萨的安吉蒂诺农场，以生产葡萄酒和橄榄油而闻名，游客在农场旅游后，购买这些特色农产品。这既促进了当地农业生产发展，又增强了游客的旅游体验度。

意大利绿色农业旅游发展迅速，同时也与意大利政府对环境保护的重视有关。尤其近几年，意大利生态农业发展很快，生态农业耕地面积不断扩大。意大利政府要求休闲农业旅游在开发建设的过程中，要充分利用当地的自然资源，保持其原生态环境和农民原有的生活方式，不破坏农场的自然景观和民俗文化等珍贵资源。对农业和自然的尊重，换来了优质农产品的产出，使意大利成为欧盟内部获得"原产地保护""地理标志保护"和"传统特色产品保护"认证最多的国家。

（4）休闲农业旅游营销手段多样化。意大利休闲农业旅游营销手段多样化。第一，通过旅游推介会加强对农业旅游的宣传。使游客整体了解旅游区的各项旅游产品，包括历史文化、美食、特色农产品等。如马尔凯大区旅游推介会，介绍了该大区的地理区位、特色农产品、历史文化以及美食等旅游产品，并对旅游出行方式和旅游路线做了细致介绍。第二，通过"互联网＋"的方式对农业旅游区进行宣传。如托斯卡纳地区有专门的农业旅游网站，游客通过网站可以很容易地找出不同等级和类型的农业旅游宾馆，也可以查询到各类旅行路线。网站还设置了不同语言为众多国外游客查询信息提供了便利。网站内容丰富，有农场特色、旅游景区特色、农场风景、各种具体旅游活动及旅游项目等的介绍。第三，通过举办大型农业旅游节对旅游区进行营销推广，吸引国内外游客前来旅游体验。如利古里亚每年 5 月举办的"鱼节"，托斯卡纳的"马铃薯节""板栗节"等。

（5）注重游客的亲身体验。意大利农业旅游经营者通过增加一些兼具文化教育和休闲娱乐功能的设施，使农村成为"寓教于农"的文化教育园区。在旅游区，游客不仅可以观光游览，可以亲身体验原始的牛拉车式耕作、狩猎、陶瓷制作等，还可以领养宠物及家畜，让游客体验到家的感觉。在葡萄成熟的季节，游客可以亲自在果园采摘葡萄，亲身体验酿造葡萄酒的乐趣，也可以在农场里骑马、垂钓等。此外，农场还开办了一些培训班，游客可以在培训班里学习体验烹饪、酿酒等课程。

（6）行业协会的支持。意大利早在 1865 年就成立了农业与旅游全国协会，专门介绍

农业旅游。在休闲农业发展中，意大利还通过农村合作经济组织的桥梁作用，深入挖掘农业的多功能性，大力扶持农产品加工业，积极发展休闲农业、乡村旅游和农村服务业等。

3. 存在问题。尽管意大利的农业发展取得了傲人的成绩，但依然存在着一些问题：

（1）年轻人"返农"受到制约，农业劳动力老龄化严重。

意大利第六次农业统计相关数据表明，35 岁以下的人群中，仅 5％的劳动力会选择从事农业生产活动，65 岁以上人群中，该比例则超过了 37％（表 6）。

表 6　意大利从事农业生产活动者的年龄

年龄阶段	2003		2010	
	农户（户）	比重（%）	农户（户）	比重（%）
小于 35 岁	80 600	4.1	82 110	5.1
35～44 岁	248 430	12.7	203 480	12.6
45～54 岁	390 570	19.9	338 050	20.9
55～64 岁	480 250	24.5	393 860	24.3
大于 64 岁	763 960	38.9	603 390	37.2

数据来源：意大利国家统计局

近几年，由于居高不下的失业率，意大利年轻一代重返乡村从事农业产业的比例有所攀升。意大利农业联合会 2017 年年底的一份调查显示，农业产业当中的年轻人就业率增长 12％，在全国青年企业家中，已有约 10％从事农业产业。然而资金和土地问题依然是起到制约作用的两大瓶颈。在获取银行贷款方面，过多的门槛和限制让年轻人有心无力。此外，意大利每公顷土地价格高达约两万欧元（1 欧元约合 7.5 元人民币），尤其在北部山区，土地稀少使得土地价格高出平均价格数倍。意大利媒体曾报道，都灵地区的土地价格每公顷高达 40 万～100 万欧元。高昂的价格让年轻人难以承受。

（2）农业生产条件有所恶化。

①近 20 年水资源短缺及干旱事件频发，

意大利农业深受影响（表7）。

表 7　意大利 2012 年干旱造成的影响

品种	番茄	玉米	大豆	红菜头	农业损失
减产	20%	30%	40%	50%	达 10 亿欧元

②随着意大利不断扩建住房、设施及工业的迅速发展，一些交通不便、条件不佳以及边缘地带的土地被弃用，相关农业面积不断减少。在过去的 20 年里，意大利已有 120 万个农场及 15% 的乡村消失。

【休闲农业未来趋势】 综上所述，休闲农业未来发展方向主要集中在四个方面：

（1）特色化发展。休闲农业根植于农业，以农为本，紧扣本地区域性的农耕文化，梳理出属于自己的地域农业特色，谨防同质化而丧失了休闲农业的旅游吸引力。休闲农业的发展必须依靠当地特色，这一点毋庸置疑，而休闲农业场所能否发展得更好的关键在于经营者能否发掘项目所处位置的自然、景观、产业、文化以及人的资源等并加以合理利用和开发，发挥乡村及农业资源特有的生物性、季节性、实用性并以此营造农场的特色。

（2）体验化发展。休闲农业的"休闲"二字是针对旅游者的感受而言的，而简单粗放型的参观游览型路线已不能创造二次游览，甚至多次重游的机会。休闲农业需要提升原有产品的品质，实现多元化、创造性地吸引旅游者的主观能动性，主动参与到农业生活当中来，获得沉浸式的体验。那么，如何将优势资源设计成知识性、趣味性、人性化的体验活动，将游客融入情景，感动其视、听、嗅、味、触觉等，使其产生美好的感觉和难忘的记忆，这也是休闲农业想要成功非常重要的部分。

（3）生态化发展。传统的农业种植从最初的望天收，到后来的过度依赖农药、化肥等，导致了一系列水污染、土地生态环境破坏等恶劣的影响。因此未来的休闲农业要注意构建生态农业种植系统，重新认识人与自然的关系，确保休闲农业生态化发展。

（4）健康化发展。健康是每个人所重视的，健康的"休闲农业"无疑是一个大的亮点。大力倡导有机农作物的生产固然是很重要的，但休闲农业不能只是让城市游客单纯地放松、肆意地吃喝享乐。健康的休闲农业还应该帮助城市人口探寻心中的那份乡愁，探寻健康的生活方式，探寻实现城乡居民共同富裕的路径。

（5）融合化发展。具有可持续发展的理念是十分必要的，是未来农业体验的目的。传统的农业资源散乱在乡间，独立发展，力薄势单，有不少农业走进了死胡同。未来休闲农业发展需要制定合理可行的发展规划，将这些资源有意识地融合，形成规模，壮大农业发展局面。同时大力发展智慧农业，发挥自动化、精准化生产，提高工作效率，稳定农产品产量。将解放出的人力放到服务、管理等岗位上去。

领 导 讲 话

在国务院新闻办"中国农民丰收节"新闻发布会上的讲话
在全国休闲农业和乡村旅游大会上的讲话
实施乡村振兴战略　努力推动休闲农业和乡村旅游高质量发展

在国务院新闻办"中国农民丰收节"新闻发布会上的讲话

国务院新闻办公室于 2018 年 6 月 21 日（星期四）上午 10 时在国务院新闻办新闻发布厅举行新闻发布会，请农业农村部部长韩长赋介绍"中国农民丰收节"有关情况，并答记者问。

新闻办新闻局副局长 袭艳春：

女士们、先生们，上午好。欢迎大家出席国务院新闻办新闻发布会。经党中央批准、国务院批复，自 2018 年起将每年农历秋分设立为"中国农民丰收节"。为了帮助大家更好地了解相关情况，今天我们非常高兴的邀请到农业农村部部长韩长赋先生，请他为大家介绍有关情况并回答记者提问。出席今天发布会的还有农业农村部办公厅主任、新闻发言人潘显政先生。首先请韩部长作介绍。

农业农村部部长 韩长赋：

女士们、先生们，新闻界朋友们大家上午好。很高兴和媒体朋友们见面，借此机会感谢各位长期以来对"三农"工作的关注和支持。这里我首先向全国亿万农民报告一个好消息，近日经党中央批准、国务院批复，自 2018 年起，将每年农历秋分设立为"中国农民丰收节"。这个节日的设立，是习近平总书记主持召开中央政治局常委会会议审议通过，由国务院批复同意的。这是第一个在国家层面专门为农民设立的节日。设立一个节日，由中央政治局常委会专门审议，这是不多见的，充分体现了以习近平同志为核心的党中央对"三农"工作的高度重视，对广大农民的深切关怀，是一件具有历史意义的大事，是一件蕴涵人民情怀的好事。

农民是中国人口的最大多数，是中国共产党执政的基础，广大农民在革命、建设、改革等各个历史时期都做出了重大贡献。习

近平总书记强调，任何时候都不能忽视农业、忘记农民、淡漠农村。中央决定，在脱贫攻坚的关键时期、全面建成小康社会的决胜阶段、实施乡村振兴战略的开局之年，设立"中国农民丰收节"，顺应了新时代的新要求、新期待，将极大调动起亿万农民的积极性、主动性、创造性，提升亿万农民的荣誉感、幸福感、获得感，汇聚起脱贫攻坚、全面建成小康社会、实施乡村振兴战略，加快推进农业农村现代化的磅礴力量。

中国是农业大国，中华农耕文化历史悠久、源远流长。"中国农民丰收节"作为一个鲜明的文化符号，赋予新的时代内涵，有助于宣传展示农耕文化的悠久厚重，传承弘扬中华优秀传统文化，推动传统文化和现代文明有机融合，增强文化自信心和民族自豪感。

今年是中国改革开放 40 周年，中国的改革是从农村发端，举办"中国农民丰收节"可以展示农村改革发展的巨大成就，展示中国农民的伟大创造，增强加快建设社会主义现代化农业强国的决心和信心。

设立"中国农民丰收节"是党中央、国务院作出的一项重大决策。农业农村部将按照习近平总书记重要指示精神和国务院批复要求，会同有关部门，精心组织，加强指导，秉承"庆祝丰收、弘扬文化、振兴乡村"的宗旨，遵循"务实、开放、共享、简约"的原则，坚持农民主体、政府引导，因地制宜、突出特色，开展喜闻乐见的活动，展示科技强农新成果、产业发展新成就、乡村振兴新面貌。希望新闻界的朋友持续关心关注"中国农民丰收节"。

下面，我和我部新闻发言人潘显政先生，愿意就"中国农民丰收节"有关问题回答大家提问。谢谢。

袭艳春：

感谢韩长赋先生的介绍，下面开始提问，提问前请通报所在的新闻机构。

中央电视台记者：

我国目前已经有很多的节日，为什么还要设立"中国农民丰收节"，设立这样的节日有什么样的特殊意义，谢谢。

韩长赋：

"中国农民丰收节"可不是一般的节日，是亿万农民庆祝丰收、享受丰收的节日，也是五谷丰登、国泰民安的生动体现。在这个过程中，我也有自身体会，我生在农村、长在农村，长期做"三农"工作，现在农民终于有了自己的节日，我和大家一样为亿万农民感到高兴，内心也感到欣慰和自豪。设立"中国农民丰收节"，具有重大的现实意义和深远的历史意义。我体会：

一是有利于进一步彰显"三农"工作的重要地位。习近平总书记强调，农业农村农民问题是关系国计民生的根本性问题，设立中国农民丰收节能够进一步强化"三农"工作在党和国家工作中的重中之重的地位，引起各个方面对于农业、农村、农民的关注和重视，营造重农强农的浓厚氛围，凝聚爱农支农的强大力量，推动乡村振兴战略实施，促进农业农村加快发展。

二是有利于提升亿万农民的荣誉感、幸福感、获得感。设立"中国农民丰收节"，给农民一个专属的节日，通过举办一系列的具有地方特色、民族特色的农耕文化、民俗文化活动，可以丰富广大农民的物质文化生活、展示新时代新农民的精神风貌，这顺应了亿万农民的期待，满足了对美好生活的需求。

三是有利于传承弘扬中华农耕文明和优秀文化传统。在工业化、城镇化加快推进的过程中，人们对传统农耕文化的记忆正在淡化，设立中国农民丰收节，树立一个鲜明的文化符号并赋予新的时代内涵，可以让人们以节为媒，释放情感、传承文化、寻找归属，可以汇聚人民对那座山、那片水、那块田的情感寄托，从而享受农耕文化的精神熏陶。

所以，设立这个节日，无论从政治上、经济上、文化上，还是从社会进步上，都具有重要意义。我想首届"中国农民丰收节"举办之后，大家会对这一点感受更深。

谢谢。

中新社记者：

刚刚韩部长提到这个节日的设立意义特别重大，特别是在推动乡村振兴战略实施方面，具有重要意义。能否请您具体谈一下，节日设立在推动乡村振兴战略实施方面将发挥什么样的作用？谢谢。

韩长赋：

这个问题很有意义，也说明你对这个问题很敏感。实施乡村振兴战略，是党的十九大提出的党和国家的重大战略，也是新时代"三农"工作的总抓手。"中国农民丰收节"确实是在这样一个背景下，也就是在乡村振兴的背景下设立的，它对乡村振兴战略的呼应和促进体现在很多方面：

第一，可以激发广大农民投身乡村振兴。农民是农业农村发展的主体，也是实施乡村振兴战略的主体。推进乡村振兴，是为了农民，也要依靠农民。举办丰收节可以让广大农民参与进来、投身进来，充分发挥亿万农民的主体作用。办这个节，可以激发农民群众的积极性和创造性。所以"中国农民丰收节"对农民兄弟是莫大鼓舞，在精神层面必将增强亿万农民振兴乡村的热情和信心。

第二，可以营造实施乡村振兴战略的良好氛围。乡村振兴将为中国农民丰收节提供厚实的经济社会基础，丰收节将为乡村振兴战略的实施营造浓厚氛围。今年是实施乡村振兴战略的开局之年，在开局之年设立中国农民丰收节，有助于把各方面的力量、各方面的资源动员起来、聚集起来，有助于促进乡村产业振兴、人才振兴、文化振兴、生态振兴、组织振兴，推动乡村实现全面振兴。

第三，可以满足农民美好生活的需要。乡村振兴五句话二十个字，生活富裕是根本。生活富裕不仅表现在物质层面，也体现在精神层面。"中国农民丰收节"本身就很美好。

办这个节也是农民美好生活的体现。通过这个载体，展示广大农民的劳动成果，为农民群众提供更多的公共文化服务，更丰富的精神文化生活、更多样化的文化产品，可以让全社会都感受到，农业是有奔头的产业，农民是有吸引力的职业，农村是安居乐业的美丽家园。

谢谢。

中国日报记者：

我国南北农时季节差异较大，不同作物收获期各不相同，请问韩部长，为什么把每年秋分设立为"中国农民丰收节"？谢谢。

韩长赋：

俗话说，"春生夏长秋收冬藏"。丰收节和农事传统密切相关。今天的新闻发布会也是撞了一个很好的日子，今天是夏至，夏至和秋分都是重要的时节，话农桑。把秋分定为中国农民丰收节，是基于这样几点考虑：

从节气上看，春种秋收，春华秋实，秋分时节硕果累累，最能体现丰收。另外，秋分作为二十四节气之一，昼夜平分，秋高气爽，既是秋收、秋耕、秋种的重要时节，也是稻谷飘香、蟹肥菊黄、踏秋赏景的大好时节。

从区域上看，我国地域辽阔、物产丰富，各地收获的时节有所不同，但多数地方都在秋季，秋收作物是大头。所以，我们兼顾南北方把秋分定为"中国农民丰收节"，是便于城乡群众、农民群众参与，也利于展示农业的丰收成果，包括科技成果和农民的创造，具有鲜明的农事特点。

从民俗上看，我们国家有十几个少数民族有庆祝丰收的传统节日，畲族的丰收节，藏族的望果节，彝族的火把节，大多都在下半年。在国家层面设立一个各民族共同参与、共庆丰收的节日，有利于促进中华民族大家庭的和睦团结和发展。

我们的先人非常智慧、非常了不起，总结的二十四节气，春雨惊春清谷天，夏满芒夏暑相连，秋处露秋寒霜降，冬雪雪冬小大寒，上半年逢六廿一，下半年逢八廿三。今年的秋分是 9 月 23 日，是星期天，而且连着中秋节，欢迎媒体朋友们、城乡居民，到乡村来望山看水忆乡愁，与农民兄弟一起共度丰收节，共享农家乐。

谢谢。

袭艳春：

韩部长对中国农民丰收节的介绍，让我们对今年的秋分和第一个节日充满了期待。下面请继续提问。

光明日报记者：

谢谢主持人。据我了解，有很多专家曾经呼吁设立农业或农民方面的节日。现在党中央、国务院批准设立这个节日，请问韩部长，您认为设立这个节日有怎样的基础和条件？谢谢。

韩长赋：

看来你一直很关心这个问题。确实如你所说，有人多次提出这个建议。2017 年全国"两会"期间，有 45 名人大代表提出设立丰收节的有关建议。所以，这个节日的设立有广泛的民意基础。农业农村部对国内外的情况进行了深入调研，也广泛邀请了农业、文化、传媒等相关领域专家学者以及基层农民代表座谈研讨。大家普遍认为设立中国农民丰收节十分必要，而且实施的基础和条件已经成熟。你刚才讲有哪些基础和条件，我想至少有这么几点。

一是农事节庆有传统。我国古代就有庆五谷丰登、盼国泰民安的传统。通过举办民俗表演、技能比赛、品尝美食等活动，大家一起分享丰收的喜悦。目前有 13 个少数民族有庆祝丰收的节日，这为设立"中国农民丰收节"积累了经验。

二是各地有探索。这些年，很多地方根据节庆特点和假日节点，举办了具有当地特色、主题鲜明、和农事有关的节庆活动，也形成了一批民俗活动、观花赏景、采摘体验、农业嘉年华等知名品牌，很多朋友肯定都参加过，这也为设立中国农民丰收节探索了路子。

三是市场有需求。现在人均GDP已经接近9 000美元，休闲观光大众化正成为常态，广大市民也有回归乡村，参与农事体验、品味农村情调的需求和田园梦想，这为设立"中国农民丰收节"提供了广阔市场空间。

四是发展有基础。改革开放以来，特别是党的十八大以来，我国农业连年丰收，农民持续增收，粮食生产能力已经连续5年稳定在12 000亿斤①水平，农业现代化在加快推进，绿色发展、农村改革、结构调整都取得了明显的成效。特别是脱贫攻坚和农民增收，可以说有巨大变化，农村社会保持长期稳定。这些都为举办中国农民丰收节奠定了坚实基础。

另外，世界上也有很多国家在农产品收获以后，会举办农事节日活动。比如波兰的丰收节、美国的感恩节，葡萄牙的农业节，俄罗斯的农田日，巴西也有这种丰收之后狂欢的节日，这也为我们设立"中国农民丰收节"提供了借鉴。

当然，我国是农业大国，农民最多、民族众多、地域辽阔，农事品类最全，所以我相信，中国农民丰收节一定会办成世界上最有特色、最有人气、最为丰富、最有影响的农民节日、丰收节日。谢谢。

中评社记者：

两个问题，今年首次庆祝"中国农民丰收节"，请问这次庆祝有没有计划组织一些新的庆祝活动？第二个问题，现在中美贸易摩擦升温，请问这对我国农产品和农业有什么影响？如何缓解这样的压力？

韩长赋：

"中国农民丰收节"是一个全国性的广大农民参与的节日。所以，这个节日一定是很隆重的、很丰富的，在全国层面也会举办一些活动，但更多的是在地方，发挥地方的创造性。各个地方有自己的农事特点，无论是农耕生产方式还是农产品品类，都有自己的

特点。所以，不会全国统一搞很多的规定动作，主要是让各个地方、让广大农民来创造。中国农民的创造力是非常强的，家庭承包、乡镇企业、进城打工等等，都是农民的创造。你问将来会组织哪些活动，农业农村部会牵头组成一个中国农民丰收节组织指导委员会，进行顶层设计，同时发挥地方创造。相信各地方的活动会各有特色、异彩纷呈。

关于你说的中美贸易摩擦，我想说两句。关于中美贸易摩擦问题，我国外交部、商务部已经明确表明了中方立场和态度。农业农村部完全赞同，我们不想打贸易战，但也不怕打贸易战。

农村工作通讯中国农村网全媒体记者：

听到设立"中国农民丰收节"的消息，我们很振奋，我想这个节日将承载亿万中国农民对新时代美好生活的众多期盼。请问韩部长，如果出现粮食歉收的情况，是否还会举办"中国农民丰收节"？谢谢。

韩长赋：

你这个问题挺有意思，因为国家大，这种情况肯定会发生，我回答几个问题了，这个问题请我部新闻发言人回答。

潘显政：

谢谢你的提问。党的十八大以来，党中央、国务院出台了一系列强农惠农富农政策，尤其是通过持续推进藏粮于地、藏粮于技战略，目前粮食综合生产能力已经稳定在12 000亿斤以上的水平，这是农业的基本面。

当然，我们国家是一个自然灾害多发的国家，在部分地区、在部分时候可能会出现减产或者歉收的情况。俗话说，东方不亮西方亮，我国幅员辽阔，局部减产并不代表全国面上的情况。如果某些地方歉收，更要激发、振奋农民的精神夺丰收，在其他方面以丰补歉。通过举办中国农民丰收节，既可以提振信心，又可以为农民增收搭建一个平台。

---

① 斤为非法定计量单位，1斤＝500克。

韩长赋：

如果有地方歉收了，那更要振奋精神，抗灾夺丰收。

新华社记者：

中国农民丰收节设在农历秋分，现在距离秋分还有三个月时间，农业农村部将如何组织筹备这个节日？谢谢。

韩长赋：

你提的这个问题也是我们现在思考的。我前面说到，这是第一个农民的节日，而且今年又是第一年举办，一定要搞好。最近，农业农村部按照党中央、国务院的要求，在研究这个问题。我们将会同有关部门，做好组织指导工作。总的考虑是，办好这个节要做到"四个坚持"。

首先，要坚持因地制宜办节日。鼓励各地从实际出发，结合当地的民俗文化、农时农事，组织开展好农民群众喜闻乐见的活动，做到天南地北、精彩纷呈。突出地方特色，不搞千篇一律。我刚才讲，不会搞全国统一的规定动作，而是让地方去创造。

二是坚持节俭热烈办节日。乡村风情不在奢华，办好"中国农民丰收节"，既要有节日的仪式感，又要避免铺张浪费，要形成上下联动、多地呼应、节俭朴素、欢庆热烈的全国性节日氛围。我相信农民办节，节俭，而且一定会很热闹。

三是坚持农民主体办节日。农民是丰收节的主体，农民广泛参与是关键，这是亿万农民的节日。所以，我们支持鼓励农民开展与生产生活生态相关的丰富多彩的活动，让农民成为节日的主角，农民的节日农民乐。

四是坚持开放搞活办节日。"中国农民丰收节"是综合性的节日，既是农民的节日，也向其他社会群体开放。所以，要用开放思维办节日，组织开展亿万农民庆丰收、成果展示晒丰收、社会各界话丰收、全民参与享丰收、电商促销助丰收等各具特色的活动，还要举办各种优秀的农耕文化活动，让全社会、全民都感受到丰收的快乐。

我们相信，在中央有关部门的指导下，在地方党委政府的指导和支持下，中国农民丰收节一定能够办成农业的嘉年华、农民的欢乐节、丰收的成果展、文化的大舞台。当然，今年是首届，要探索、要创新、要积累经验。我相信，在各方面努力下，尤其是有农民的参与和创造，"中国农民丰收节"一定会越办越好。我相信，中国农民丰收节在全中国、全世界，一定会成为一个节庆的大品牌。谢谢。

农民日报记者：

我国幅员辽阔、民族众多，很多地方和民族都有自己庆祝丰收的传统，请问举办"中国农民丰收节"，是否意味着要取消地方的这些活动？

韩长赋：

你讲全国节日和地方节日的关系，这个问题也请潘显政同志回答。

潘显政：

谢谢你的提问。在举办"中国农民丰收节"的同时，我们认为各地区、各民族庆祝丰收的这些活动，还是应该继续保留和传承。这些活动对推动农业发展和社会进步都起到了积极作用，是我们国家农耕文化的重要组成部分，不能因为办了统一的国家级节日，就把这些淡化和取消了，不是替代关系。继承和弘扬各地庆丰收的传统，有利于弘扬中华优秀传统文化，增进民族团结和区域交流，这和设立"中国农民丰收节"是一致的，各方面可以互动。概而言之，不会取消，要相得益彰。

中央人民广播电视总台央广记者：

举办中国农民丰收节的过程中，我国一些龙头企业应该发挥什么样的作用。这样的节日会不会成为龙头企业招商引资合作的舞台。谢谢。

韩长赋：

举办中国农民丰收节，是开放搞活的一

个节日。这些年来，我国农村改革的一个重大成果，就是新型经营主体大量涌现，家庭农场、农民合作社，包括你说的龙头企业，现在全国大概有 300 万家，国家级和省级龙头企业有上万家。这些企业作为农业产业的龙头，采取"公司＋农户""公司＋合作社"等多种方式，已经深度融入农业产业化、农业产业链和现代农业发展。现在讲农村一二三产业融合，电商是重点，通过电商扶贫、电商助农，既帮助农民销售农产品，增加收入，企业本身也实现了自身利益。所以，这些新型主体，包括你关注的龙头企业，他们是中国农民丰收节的重要参与者，我们欢迎并鼓励他们通过参与中国农民丰收节，与农民形成更广泛的联系，包括在庆祝丰收节的过程中，推动农产品的加工、销售，把新技术、新信息、新管理带进农村，把农产品、农村劳动力带进市场、带进城市，这都是我们支持的。我想这些农业新主体，包括其他方面的企业和有关涉农方面，我们都欢迎他们参与中国农民丰收节。谢谢。

袭艳春：

大家还有没有感兴趣的问题？如果没有的话，在结束之前，我们再请韩部长给大家讲两句。

韩长赋：

我再说两句。第一句，还是感谢媒体朋友们对"三农"的关注，感谢大家带着感情支持"三农"。第二句，党中央、国务院高度重视"三农"工作，习近平总书记提出了一系列关于"三农"工作的新理念、新思想、新论断。最近，中央对"三农"工作做出了一系列重大决策部署，包括党的十九大提出的实施乡村振兴战略，坚持农业农村优先发展，也包括今天我们在这里发布的设立"中国农民丰收节"。当然，还有一系列强农惠农政策，包括在这一轮党和国家机构改革中组建农业农村部，并且把中央农办设在农业农村部，进一步加强党对"三农"工作的集中统一领导，加强农村工作、农村发展，加强农村政策的制定和全面深化农村改革，加强农业转型升级、高质量发展，加强脱贫攻坚、农民增收，补短板、强弱项，使亿万农民尤其是还在贫困中的农民同步进入小康，等等。这些重大决策，为新时代"三农"工作指明了方向，提供了动力。农业农村部将按照党中央、国务院的部署，抓好贯彻落实，开创"三农"工作新局面，为广大农民增加更多的获得感、幸福感、安全感。感谢大家的支持，谢谢！

在全国休闲农业和乡村旅游大会上的讲话

农业农村部总农艺师　马爱国

（2018 年 10 月 31 日）

同志们：

休闲农业与乡村旅游是一种新模式，更是一个新产业新业态。过去，为保障粮食等农产品供给，农业的功能和任务都是围绕促增产保供给。现在，农业生产水平大幅提升，农产品供求形势发生根本性变化，农业的生态涵养、文化传承和休闲观光等功能得以开发，相应地以休闲农业为主的乡村旅游应运而生。这是发展的必然，也是顺势而为的结果。

今天，我们召开全国休闲农业和乡村旅游大会，主题很鲜明，就是"发展休闲农业推动乡村振兴"。主要任务是，深入学习领会习近平总书记关于"三农"工作的重要论述，践行"两山"理论，围绕实施乡村振兴战略，总结交流各地休闲农业和乡村旅游发展的做法和经验，分析面临的新形势新挑战，部署安排促进休闲农业和乡村旅游高质量发展各项工作。刚才，安徽省农委、四川省农业厅负责同志，江苏溧阳、吉林长春双阳负责同志，山西盂县王炭咀村、上海奉贤吴房村、浙江淳安下姜村、湖南花垣十八洞村负责同志做了很好的发言，讲得都很好，值得各地借鉴。下面，我讲三点意见。

一、休闲农业和乡村旅游取得了显著成绩

休闲农业和乡村旅游是依托农业生产设施、田园景观、农村生态、农耕与民俗文化、农家生活等资源，进行科学的创意开发和资源要素重组，为社会提供观光休闲度假体验等多种服务的新型产业形态。近年来，各地以农业供给性结构性改革为主线，以农村一二三产业融合发展为路径，加强规划引导，加大投入力度，因地制宜发展各具特色的休闲农业和乡村旅游，取得了积极的成效。

（一）产业规模不断扩大。适应消费结构升级的需要，各地不断拓展农业功能，积极地发展休闲观光、健康养生、教育科普和农事体验等产业，带动农业转型升级。目前，休闲农业和乡村旅游已从零星分布向集群分布转变，空间布局从城市郊区和景区周边向更多适宜发展的区域拓展，涌现一批有规模、有特色的农家乐聚集村、微景观、组团式、生态化发展的规模效应越来越凸显。各地上报汇总，2017 年全国休闲农业和乡村旅游接待人次已达 28 亿，比 2012 年增加 20 亿人次；营业收入超过 7 400 亿元，比 2012 年增加 5 000 亿元。这已成为城市居民休闲、旅游和旅居的重要目的地，也成为乡村产业的新亮点。

（二）业态类型不断增多。休闲农业和乡村旅游也是由小到大、由低到高的发展过程，逐步由最初以农民自发经营为主的"农家乐"，到以农民为主体、社会资本广泛参与的提升过程，形成了多模式推进、多产业形态打造、多要素发力的格局。大体上可以归为三类：一是以"农家乐"为主的休闲旅游，这主要集中在城市郊区，以提供食宿、游乐、采摘、购物为主，被誉为"离城不近不远、

房子不高不低、饭菜不咸不淡、文化不土不洋、生活不紧不慢"的休闲生活。二是以自然景观、特色风貌和人文环境为主的生态旅游，主要集中在"山清水秀人也秀、鸟语花香饭也香"的景区周边，利用独特的山水、气候、植被和生态等条件，发展风景旅游、农家饭菜、景观道路、宿营房屋、人情味道、农事体验和故事传说等服务。三是依托田园景观，以健康养生为主的休闲旅游，主要集中在气候宜人、资源独特、农业生产集中连片的区域，提供食宿、康养、保健等服务。此外，也形成了一些有特色、有影响的乡村休闲旅游基地和品牌。如北京的农业嘉年华、江苏高淳的国际慢城、陕西泾渭茯茶特色小镇等新业态。目前，已创建了 388 个全国休闲农业和乡村旅游示范县，已推介了 710 个中国美丽休闲乡村和 248 个中国美丽田园。

（三）产业内涵不断拓展。休闲农业和乡村旅游不仅是吃住玩乐的产业，更是文化传承、涵养生态、农业科普的重要载体，在实践中不断拓展功能和内涵。形象地比喻为"四头"，即让农业有文化说头、有休闲玩头、有景观看头、有再来念头，不但卖产品，也可以卖过程、卖观感、卖风情、卖景色，以产品聚财气、以景色聚人气。主要表现在：一是资源价值的挖掘。使休闲农业和乡村旅游不仅具备让人们品尝"土里土气土特产、原汁原味原生态、老锅老灶老味道"饭菜的功能，还具有住、行、游、购、娱等要素，更注重开发"好山好水好风光"的农业农村资源，发掘资源潜在价值。二是农耕文化的传承。弘扬农耕文化、体验农事活动，让人们享受青山绿水的视觉愉悦，领略农耕文明的博大精深，让农村"万水千山只等闲（休闲）""养眼洗肺伸懒腰"。通过拓展科普教育、农事体验的功能，让人们近距离参与农业生产，了解乡村民俗，融入农民生活。三是康养功能的开发。通过拓展养生养老、健身运动的功能，让城市居民到乡村居住，感

受田园和农耕生活，充分享受返璞归真的喜悦。

（四）农民收入不断增加。休闲农业和乡村旅游的发展，带动了餐饮住宿、农产品加工、交通运输、建筑和文化等关联产业发展，也带动了农民就地就业创业，简称为"五金农民"，即就地卖农金、挣薪金、收租金、分红金、得财金。主要是三个方面：一是经营性收入增加。一些农民把特色农产品变礼品，把特色民俗文化和工艺变商品，把特色餐饮变服务产品，再把礼品变成工艺品，实施"后备箱工程、伴手礼工程"，增加了农民经营性收入。二是财产性收入增加。主要是把民房变民宿，农家庭院变成农家乐园，利用稻田就是湿地、麦田就是绿地、油菜花就是花海、草原就是屏障、森林就是"碳汇"，把田园变"公园"、农区变"景区"、劳动变"运动"，空气变人气，增加农民财产性收入。三是工资性收入增加。主要是农民就地服务于休闲农业和乡村旅游，取得工资性收入。2017 年，全国休闲农业和乡村旅游从业人员达到 1 100 万人，带动受益农户达到 750 万户。

休闲农业和乡村旅游取得的成就是较大的，取得的经验更为宝贵。一是坚持政府引导，发挥市场的决定性作用。休闲农业和乡村旅游是适应市场需求而发展的新产业，产业的发展需要政府的引导和推动，重点是抓好规划的引导和政策的扶持。同时，加强产业的规范管理，保障其健康有序发展。作为产业的发展，市场的作用是主要的，就是要发挥市场主体的主动性，利用灵活的机制和资源的聚集能力，参与休闲农业和乡村旅游的建设和经营。二是坚持农民主体，调动各方积极性。休闲农业和乡村旅游依托农业农村资源，源于农业，根植于农村，要引导农民积极参与、融入其中，实现自身的发展。当然，休闲农业和乡村旅游需要资金等要素投入，是农民办不到的，需要引入社会资金

和工商资本，实现要素的集聚和功能的集合，提升休闲农业和乡村旅游的水平。三是坚持绿色引领，保护开发生态资源。把践行"两山"理论作为发展休闲农业和乡村旅游的主线，把优美的生态环境、清新的空气、纯净的水质、有机的食品提供给消费者，把青山变成金山、颜值变成市值、盆景变成风景、叶子变成票子，让人们看得见山，望得见水，记得住乡愁。四是坚持产业融合，延伸产业链条。休闲农业和乡村旅游与农业资源、文化艺术、特色产品服务等产业深度融合，立足一产，一产往后延；拓展二产，二产两头连；提升三产，三产走精端，"接二连三、隔二连三"，促进一二三产业融合发展。

当然，也要看到休闲农业和乡村旅游面临不少困难和问题。主要是：在布局上，多点开发、低层次无序开发；在功能上，结构单一，缺乏特色，产品雷同，同质化发展；在管理上，行业标准或规范缺乏，制度不健全、服务水平不高；在政策上，扶持和引导行业发展的财政、金融、税收、土地等政策还比较少。对这些问题，要引起高度重视，在今后的发展中逐步加以解决。

二、休闲农业和乡村旅游面临难得的机遇

休闲农业和乡村旅游是朝阳产业、绿色产业、富民产业，是高成长性、高带动性的乡村产业。目前，全国休闲农业和乡村旅游蓬勃发展，如火如荼，方兴未艾，从星星之火渐成燎原之势。更应看到，休闲农业和乡村旅游面临难得的发展机遇，将进入高质量发展的新阶段。之所以这么讲，主要基于以下几个判断。

一是消费结构快速升级的有效拉动。消费是与经济发展水平紧密相连的。过去经济发展落后，收入水平低下，有消费的意愿没有消费的能力。现在经济快速发展，居民的钱包也鼓起来了，消费的动力很强、层次升

级。由过去的吃饱穿暖转入文化旅游、健康养生。可以讲目前我国进入"小康＋健康"的"双康"时代，"有钱、有闲、有健康"成为人们生活意愿和追求，一些中产阶层从"耐用消费品时代"进入提高生活品质的"后置业时代"，到乡村"养眼洗肺、解乏去累"的需求强烈，休闲农业和乡村旅游正在变成普通百姓的必需消费。国际发展的经验表明，人均 GDP 达到 5 000 美元之后，健康性、休闲性、娱乐性消费支出将大幅增加。2017年，我国人均 GDP 超过 8 800 美元，到 2020年，人均 GDP 有望突破 1 万美元，届时消费结构将加速升级，大众化、多元化、品质化的消费特征会更加显现。休闲旅游的本质是追求差异化，是人民对美好生活的向往与追求，可以说随着我国居民收入稳步增加，闲暇时间持续增多，健康水平不断提升，休闲农业和乡村旅游的市场必将持续扩大，产业的总体规模必将持续扩张，这是经济发展的规律，也是看得见的发展趋势。

二是乡村振兴战略实施的强力驱动。实施乡村振兴战略是中央做出的大部署，这充分反映了时代的呼唤、发展的必然、人民的期盼。这一战略的实施，农业农村将迎来发展的大好时机。特别是坚持农业农村优先发展这一战略思想，将调动各种资源要素进入农业、投入农村，基础设施和公共服务将更加便捷，有力地促进乡村振兴。目前，推动乡村产业振兴的政策体系正在构建，各种补贴支持政策正在加紧出台，休闲农业和乡村旅游发展的政策环境必将显著改善。近期，发展改革委和农业农村部等 13 部委印发了《促进乡村旅游发展提质升级行动方案（2018年—2020 年）》，提出加大对乡村旅游基础设施建设的支持。同时，休闲农业和乡村旅游是融合一二三产业的综合性产业，不仅促进农产品消费和升值，也带动更多适应市场需要的工业品开发，正在成为各地竞相发展的大热点，社会资本竞相追逐的大焦点。在实施乡村振兴战略过程中，休闲农业和乡村旅游将会继续受到各方资源的追逐和青睐，受到各地政府的支持和鼓励。

三是供给侧结构性改革的持续推动。农业供给侧结构性改革是一条主线，正在有序推进，也有力地促进了农业的高质量发展。深入推进农业供给侧结构性改革，重在优化供给结构，实现可持续发展。保障粮食等重要农产品的有效供给，这是供给侧改革必须守住的一条底线。但是供给侧改革的内涵是很丰富的，既有推进产业融合发展的任务，更有推进绿色发展的要求。但是农业地域广阔、资源丰富，发展的潜力很大，功能拓展的潜力也很大。发展休闲农业和乡村旅游，国内有着长足的需求增长空间。这些年，休闲农业和乡村旅游虽然取得长足发展，但总体上还处于供给不足的状态，特别是高品质、有创意的旅游项目和服务短缺。我国各地都有丰富的农业资源，休闲农业和乡村旅游产业链条长，适合各层次的劳动力就业创业，是大众创业、万众创新最活跃的领域之一。此外，随着中美贸易摩擦不断升级，世界贸易格局正在发生新的变化，对我国经济发展带来严峻挑战。进一步地挖掘农村市场的潜力，扩大国内消费，发展休闲农业和乡村旅游是一个有效的应对措施，也蕴含着巨大潜力。

机遇稍纵即逝，把握大势，抓住机遇，就能赢得发展的先机。我们着眼经济社会发展全局，因势而谋、应势而动、顺势而为，加大措施，加力推进，促进休闲农业和乡村旅游高质量发展。

三、聚焦重点打造休闲农业和乡村旅游升级版

休闲农业和乡村旅游是一个新兴产业，也是一个系统工程，需要统筹谋划，精准发力，有力推进，促进休闲农业和乡村旅游转型升级，为乡村振兴提供有力支撑。

我们提出，在推进思路上"一个围绕，两个紧扣，三个突出，三个着力提升"。

一个围绕。就是围绕发展现代农业。这是休闲农业和乡村旅游发展的重要目标。要立足农业资源，运用现代科技、管理要素和服务手段，改造提升传统的休闲农业和乡村旅游，逐步实现生产、经营、管理、服务的现代化。

两个紧扣。就是紧扣乡村产业振兴和农民持续增收。一个是，乡村产业振兴。乡村产业是乡村振兴的根本所在。实现产业振兴，才能让农业经营有效益、成为有奔头的产业，才能让农村留住人、成为安居乐业的美丽家园。休闲农业和乡村旅游，就是发展地域特色鲜明、乡土气息浓厚的特色产业，把资源要素、人气人脉、产业体系、利润税收留在农村、留给农民，助力乡村产业振兴。另一个是，农民持续增收。发展休闲农业和乡村旅游，让农民就地就近就业创业，把自身"小农户"融入乡村振兴的"大棋盘"，实现自身价值的提升和经营收入的增长。更重要的一点，就是通过建立健全带农富农利益联结机制，让农民足不出户就能获得稳定的收益。

三个突出，就是突出特色化、差异化、多样化。一是特色化。立足当地资源、区位和传统优势，挖掘蕴含的特色景观、农耕文化、乡风民俗等优质资源，打造特色突出、主题鲜明的休闲农业和乡村旅游产品。二是差异化。因地制宜、因时制宜、精准施策、错位竞争，发展与众不同的休闲农业和乡村旅游产品和服务，让消费者感受不一样的景观和体验，享受不一样的服务和产品，以差异化提升竞争力。三是多样化。针对不同消费群体和消费需求，设立多种产品，丰富项目类型，在品质上拉开档次，满足消费者个性化需求，实现休闲农业和乡村旅游产品异彩纷呈。

三个着力提升。就是着力提升设施水平、服务水平、管理水平。一是提升设施水平。好的服务需要好的设施，景区的交通、厕所、水电、网络等基础设施对游客的体验有着重要的影响。从人性化、便利化、快捷化的角度，加强休闲农业和乡村旅游设施建设，提升品质和品位，让消费者尽情享受、顺畅游玩。有的地方提出"外面五千年，里面五星级"就很有价值。二是提升服务水平。休闲农业和乡村旅游作为服务行业，主要为游客提供休闲、观光、体验等服务。要提升服务水平，让游客玩得放心、住得安心、花得舒心，赢得消费者的信赖与口碑。三是提升管理水平。设施和服务到位，还需要一流的管理水平。休闲农业和乡村旅游产业涉及农业、旅游、人力、财务管理等多领域，要创新管理理念，引进管理人才，实现质量和效率的同步提升。

围绕上述思路和任务，要着力抓好以下工作。

（一）以规划引领促进休闲农业和乡村旅游升级。现在各地发展休闲农业乡村旅游积极性很高，创意的产品和服务的内容也很多，多点开花，无序开发。这将影响休闲农业和乡村旅游的长期持续发展，需要加强规划的引导。要立足资源优势、产业基础和市场需求，制定好发展规划，引导资金、技术、人才等向优势区域聚集。前不久，中央印发了《乡村振兴战略规划（2018—2022 年）》，对休闲农业和乡村旅游发展也作了具体安排。各地要按照规划要求，切实抓好落实。关键要把握两点：一个是，注重因地制宜。按照当地区位特点、自然条件、乡村风貌，优化发展布局，科学编制符合当地实际的休闲农业和乡村旅游发展规划。另一个是，注重多规合一。休闲农业和乡村旅游的发展，与自然资源、城乡建设、文化旅游等部门密不可分，编制专项规划要与当地经济社会发展、城乡、土地利用、旅游规划等进行有效衔接。

（二）以打造精品促进休闲农业和乡村旅

游升级。精品体现的是品质，展现的是品牌，是信誉和承诺的凝结，打造精品景点和线路，实现转型升级。这方面应抓好三件事：一是打造美丽休闲乡村。这几年部里推介了一批美丽休闲乡村，得到了市场认可，社会反响很好。要继续抓好推介工作，以行政村镇为核心，培育一批天蓝、地绿、水净、安居、乐业的美丽休闲乡村（镇）。二是打造精品园区和农庄。以集聚区和经营主体为核心，建设一批功能齐全、布局合理、增收机制完善、示范带动力强的休闲农业精品园区和农庄。三是持续开展精品推介活动。推介农业嘉年华、休闲农业特色村镇、农事节庆、星级农（林、牧、渔）家乐等形式多样、富有特色的活动，组织美丽乡村休闲旅游行等各具特色、形式多样的主题活动，推出"春、夏、秋、冬"四季品牌活动，运用新媒体新手段新方式，让消费者知晓去哪里、玩什么、怎么玩。

（三）以规范管理促进休闲农业和乡村旅游升级。管理是生产力，更是核心竞争力。规范管理的服务，能够赢得市场，实现持续发展。这方面问题很多，需要花功夫解决。重点抓好三个方面。一是加强标准制定。对休闲农业和乡村旅游的标准进行梳理，加快修订完善，制定一系列的技术规程和服务标准，用标准创响品牌、用品牌吸引资本、用资本汇聚资源，提升产业的标准化、行业的规范化。二是加强人才培训。组织开展休闲农业和乡村旅游人才培训，重点开展经营管理、市场营销、创意设计等培训，培养一批素质强、善经营的行业发展管理和经营人才。对休闲农业和乡村旅游的从业人员就地就近开展技能培训，增强服务意识、规范服务礼仪、提高服务水平。三是加强监督检查。对休闲农业和乡村旅游的聚集区，要不定期地对设施状态、安全责任、服务水平开展督促检查，保障服务规范、运营安全。同时要发挥行业协会的自律作用，引导服务主体自我约束。

（四）以完善设施促进休闲农业和乡村旅游升级。良好的设施条件是服务水平提升的前提。现在一些地方的休闲农业和乡村旅游设施条件还比较差、功能还不全、对消费者的吸引力还不大。这方面的投入主要是两个方面。一个是，交通基础设施投入。主要靠国家、省级、市县级的交通建设规划和旅游景点的建设规划投入。农业农村部门要加强与交通和文旅部门的沟通协调，对接好规划和精品景点，加快建设一批高标准的交通基础设施。包括对一些旅游景点的厕所改造，需要与文旅部门密切配合、共同推进。另一个是，旅游景点的设施投入。主要靠经营主体自筹资金解决，国家予以适当补助。要引导经营主体利用现有的一些农业项目补助资金，更主要是撬动金融等社会资本，投入休闲农业和乡村旅游。鼓励地方财政资金支持休闲农业和乡村旅游的基础设施建设。

（五）以丰富业态促进休闲农业和乡村旅游升级。要利用技术的进步、包括信息化的技术，改造提升休闲农业和乡村旅游产业。一是提升传统业态。对"农家乐""农事体验"等一些旅游项目，要通过改造基础设施、提升服务水平、创新营销模式，实现"老树开新花"。二是培育高端业态。适应消费升级需要，引导经营主体发展高端民宿、康养基地、摄影基地、教育农园等新业态。三是创制新型业态。创造条件，因地制宜发展深度体验、新型疗养等业态，比如森林疗养、音乐康养等服务。

最后我再强调一下休闲农业和乡村旅游发展的政策措施。按照国务院统一部署，部里正在制定乡村产业振兴的指导意见，对包括休闲农业和乡村旅游在内的产业发展提出支持政策。目前已有一些政策，要用活、用足。一个是，土地政策。《国土资源部、国家发展改革委关于深入推进农业供给侧结构性改革做好农村产业融合发展用地保障的通知》（国土资规〔2017〕12号）、《乡村振兴战略规划（2018—2022 年）》《促进乡村旅游发展提质升级行动方案（2018 年—2020 年）》指出，各地区在编制和实施土地利用总体规划中，新增建设用地计划指标，要确定一定比例用于支持农村新产业新业态发展优先安排农村基础设施和公共服务用地，乡（镇）土地利用总体规划可以预留少量（不超过5％）规划建设用地指标，用于零星分散的单独选址农业设施、乡村旅游设施等建设。同时，发展休闲农业和乡村旅游，不能突破底线、红线，比如违规"大棚房"，要坚决清理整顿。另一个是，财政金融政策。《农业农村部 财政部关于深入推进农村一二三产业融合发展开展产业兴村强县示范行动的通知》（农财发〔2018〕18 号），休闲农业和乡村旅游业是其中的一项重要内容，中央财政通过以奖代补方式予以支持。《促进乡村旅游发展提质升级行动方案（2018 年—2020 年）》中要求，加大对乡村旅游公路建设的支持力度，支持乡村旅游停车设施改造提升，加大对乡村旅游债券融资、产业投资基金、贷款等方面的支持力度。更重要的是，地方政府需要不断创设政策，加大投入。

同志们！休闲农业和乡村旅游迎来大发展的时机。让我们紧密团结在以习近平同志为核心的党中央周围，开拓创新、拼搏进取，着力打造休闲农业和乡村旅游的升级版，为实现乡村振兴和全面建成小康社会做出新的贡献。

实施乡村振兴战略　努力推动休闲农业和乡村旅游高质量发展

农业农村部农产品加工局局长宗锦耀
在 2018 中国美丽乡村休闲旅游行（春季）
推介活动上的讲话
（2018 年 4 月）

同志们：

值此草长莺飞、春意盎然的美好季节，我们来到重庆南川举办 2018 中国美丽乡村休闲旅游行（春季）推介活动。这是贯彻落实党的十九大和中央 1 号文件精神，积极推动休闲农业和乡村旅游发展，大力促进农村一二三产业融合发展，加快培育农业农村发展新动能，助推乡村振兴战略实施的具体行动。首先，我代表农业农村部农产品加工局向出席今天发布活动的各位来宾表示诚挚的欢迎，向获得荣誉的 60 个全国休闲农业和乡村旅游示范县表示热烈的祝贺！

近几年，重庆市南川区依托优异的资源禀赋、良好的区位优势、独特的农业特色和悠久的民俗文化，采取有力的政策措施，勇于探索实践，大力推进休闲农业和乡村旅游产业发展，取得了显著成效，成为全国的典型代表。下午我们还要实地进行考察，相信大家还会有更直观的感受、更深入的理解。刚才，江西省、湖北省，山西省长治市、重庆市南川区以及山东省郓城县后彭庄村、广西壮族自治区南丹县巴平村 6 位代表作了交流发言，特色鲜明、亮点纷呈，发展模式和机制探索值得我们学习借鉴。下面，我讲三点意见。

一、深化认识，准确理解新时代实施乡村振兴战略对休闲农业和乡村旅游发展提出的新要求

党的十九大报告提出，中国特色社会主义进入新时代，我国社会主要矛盾已经转化为人民日益增长的美好生活需要和不平衡不充分的发展之间的矛盾。要实施乡村振兴战略，坚持农业农村优先发展。这是党中央从全局和战略高度，着眼"两个一百年"奋斗目标导向和农业农村短腿短板问题导向做出的重大决策部署，是解决城乡发展不平衡、农村发展不充分问题的战略决断。在中央农村工作会议上，习近平总书记从政治和战略的高度深刻阐释了乡村振兴的重大意义、大政方针和七条乡村振兴之路。"两会"期间，习近平总书记在山东代表团参加审议时强调，实施乡村振兴战略事关全面建成小康社会的成色，事关建设社会主义现代化强国的质量，并明确提出了"五个振兴"的科学论断。中央1号文件专门对实施乡村振兴战略做出部署安排，明确提出要实施休闲农业和乡村旅游精品工程。这为我们做好新时代乡村休闲旅游工作指明了方向，提出了新任务新要求。对此，我们必须有清醒的认识。

（一）深刻理解产业兴旺对休闲农业和乡村旅游发展的新要求。产业兴旺是乡村振兴的经济基础。没有产业的支撑，乡村振兴就是空中楼阁。在一些地方出现产业空心化趋势，农村资源优势没有很好地转化为经济优势的情况下，只有优先发展具有持续增长力、综合带动力、城乡协同性和广泛包容性的新产业新业态新模式，才能找到推进乡村产业振兴的突破口，才能永葆产业兴旺的新动能。休闲农业和乡村旅游具有连接城乡要素资源、贯穿农村一二三产业融合发展的天然属性，是新时代推进乡村产业兴旺的必然选择。这就要求我们要紧紧抓住历史机遇，积极拓展农业多功能，创新业态类型，完善体验功能，优化产业布局，引导和推动更多的资本、技术、人才等要素投向休闲农业和乡村旅游，推动形成产业兴旺的新型产业体系，为乡村振兴提供有力支撑。

（二）深刻理解生态宜居对休闲农业和乡村旅游发展的新要求。生态宜居是乡村振兴的重要目标。建设美丽中国的重点难点是建设美丽乡村。在农村基础设施建设滞后、农村生态环境亟待改善的情况下，只有因地制宜改造基础设施条件，完善公共服务体系，才能保护好乡村的绿水青山和清新清净的田园风光，才能保留住独特的乡土味道和乡村风貌。这既是休闲农业和乡村旅游发展的前提条件，也是休闲农业和乡村旅游发展的重要遵循。这就要求我们要牢固树立和践行绿水青山就是金山银山的理念，推行绿色发展方式和生活方式，大力发展绿色生态农业，

保护乡村优美生态环境、美化山水林田湖草，构建天人共美、相生共荣的生态共同体，让生态美起来、环境靓起来，再现山清水秀、天蓝地绿、村美人和的美丽画卷，打造老少咸宜、主客共享、生态宜居的美丽乡村。

（三）深刻理解乡风文明对休闲农业和乡村旅游发展的新要求。乡风文明是乡村振兴的重要标志。乡村是中华文明的基本载体，农耕文化是中华传统文化的源头，乡村振兴不仅不能丢了乡土文化和农耕文明这个魂，而且要不断发扬光大。休闲农业和乡村旅游作为农耕文化的重要传播阵地，在讲好乡村故事、推动乡风文明发展方面，具有十分独特的作用。当前，在城市文化向乡村文化快速渗透、乡风文明面临巨大挑战的情况下，要求我们在休闲农业和乡村旅游发展过程中，高度重视乡村文化的创造性转化和创新性发展，大力推动传统文化和现代文明的有机融合，在传承弘扬传统农耕文化中植好乡村文化的根，在利用创新现代文明中理好乡村文化的脉，满足人民群众对文化的需求，推动乡村文化的复兴和乡风文明的繁荣。

（四）深刻理解治理有效对休闲农业和乡村旅游发展的新要求。治理有效是推进基层治理体系和治理能力现代化的重要保障。基层组织的治理水平，事关乡村集体经济实力的壮大、事关农民利益的保护、事关现代农业产业体系、生产体系、经营体系的培育。休闲农业和乡村旅游以农业为基础，农民为主体，农村为场所，既有小农户和基层组织的自主经营，又有工商资本的参与带动，在发展过程中与乡村群众、基层组织存在着千丝万缕的合作关系。这就要求我们在发展休闲农业和乡村旅游过程中，将先进的管理模式、管理理念源源不断引入农村，潜移默化影响基层组织管理方式的同时，按照健全自治、法治、德治"三治"相结合的乡村治理体系的要求，依法签订土地租赁、劳务聘用、

庭院出租等事宜，与乡村基层组织一起民主决策，激发基层组织自我组织、自我激励、自我调整、自我改进、自我创新的活力，实现小农户和现代农业发展有机衔接。

（五）深刻理解生活富裕对休闲农业和乡村旅游发展的新要求。生活富裕是实现乡村振兴的基本要求。要让农民的钱袋子进一步鼓起来，日子过得更加体面，这就需要不断拓宽农民就业增收渠道，提高农民就业质量，让农民有持续稳定的收入来源，使农民衣食住行无忧。休闲农业和乡村旅游，能够极大提升农产品附加值，增加农民收入，延长农业产业链条，扩大就业容量，有效提升农村产业的劳动生产率、土地产出率、资源利用率，让农业"有干头、有赚头、有奔头、有念头"。我们要始终以增加农民就业收入为目标，鼓励农民创业或入股经营休闲农业和乡村旅游，使休闲农业和乡村旅游成为农民就地就业的重要渠道；要积极探索建立多方参与、互惠共赢的机制，让农民利益最大化。

二、把握机遇，进一步明确新时代休闲农业和乡村旅游发展的新思路

党的十八大以来，休闲农业和乡村旅游呈现爆发式增长态势，产业规模稳步扩大、发展主体类型多元、产业布局不断优化、发展机制不断创新。据统计，2017 年全年接待游客超过 22 亿人次，营业收入超 6 200 亿元，从业人员达到 900 万人，带动 700 万户农民受益。休闲农业和乡村旅游带动农业强、农村美、农民富的作用越来越大，产业发展受到社会各界持续高度关注。但是，我们也必须看到，由于产业发展时间不长，休闲农业和乡村旅游总体发展仍然不平衡不充分，中高端乡村休闲旅游产品和服务供给不足，发展模式功能单一，经营项目同质化严重、管理服务规范性不足，硬件设施建设滞后，从业人员总体素质不高，文化深入挖掘和传承开发不够等问题仍不同程度存在。

面对新时代新要求，我们要全面贯彻习近平新时代中国特色社会主义思想和党的十九大精神，深入贯彻新发展理念，紧紧围绕实施乡村振兴战略，以农业增效、农民增收、农村增绿为目标，以改革创新为动力，以深化农业供给侧结构性改革为主线，抓住历史发展机遇，求真务实、奋力开拓，以"五个五"的新思路，努力推动休闲农业和乡村旅游高质量发展。

在指导原则上，牢牢把握"五个坚持"。要坚持以人民为中心的发展思想，把满足人们对美好生活的追求始终放在首位，让人民有获得感、幸福感、安全感；要坚持以农业为基础的发展定位，积极拓展农业多种功能，因地制宜发展特色优势产业，带动传统种养产业转型升级，把农业培育成令人向往的产业；要坚持以绿色为导向的发展方式，遵循乡村自身发展规律，保护好绿水青山和清新清净的田园风光，保留住独特的乡土味道和乡村风貌；要坚持以创新为动力的发展路径，加大创意设计，创作一批充满艺术创造力、想象力和感染力的创意精品；要坚持以文化为灵魂的发展特色，展现农耕文明魅力，塑造乡村文化特色，构建乡村文化民族特色，增强乡村文化的影响力。

在目标要求上，要以人民对美好生活的向往为奋斗目标，推动"五养"，即养眼、养胃、养肺、养心、养脑，致力于打造望山看水忆乡愁的好去处，让城乡居民欣赏美好田园风光、品尝乡村绿色美食、呼吸清新洁净空气、休闲康养放松身心、体验学习农业知识。要注重保护原汁原味原生态，开发土生土长土特产，传承老锅老灶老味道，打造主客咸怡好空间，开发出既符合乡村独有特色，又符合现代消费需求的高质量产品，着力增加乡村生态产品和服务供给，让人们走进自然、认识农业、体验农趣、休闲娱乐、陶冶情操，乘兴而来，满意而归，更好地满足城乡居民日益增长的对物质、文化、生态等全面多元的美好生活需要。

在方法路径上，要着力推动"五变"。要推动农区变景区，在保证农业功能不变的前提下，完善设施、净化美化、创意布局，促进农业资源景区化，让农民生活在景区，在景区里致富；要推动田园变公园，充分挖掘田园风光，将田园景致按照园林艺术原理组织起来，突出不同的特点和风格，供游人休闲、观赏、娱乐，让农民实现没有收获就有收益的格局；要推动民房变客房，让农民自主创业，或以入股的形式创办"农家乐"，让闲置的房屋充分利用起来，挖掘乡间尘封的遗存，唤醒乡村沉睡的资源，让闲置废弃资源迸发新活力；要推动劳动变运动，不断开发符合农业生产规律和游客消费需求的体验式农业，让枯燥的农业劳动变成市民体验农业生产过程的新方式；要推动产品变商品，通过分级、包装和文化挖掘，开发地域和文化特色鲜明的伴手礼，让披头散发、没名没姓、土里土气的农产品脱胎换骨，注入新内涵、产生新价值。

在基础支撑上，要坚持"五以"，即以农耕文化为魂，以美丽田园为韵，以生态农业为基，以创新创意为径，以古朴村落为形。尊重自然、顺应自然、保护自然，崇尚文化、爱护文化、发展文化，匠心创意、化人易物，在保护完善中开发利用，推动乡村自然和历史文化资本加快增值，让闲置的土地利用起来，让闲暇的农民充实起来，让富裕的劳动力流动起来，让传统优势产业焕发新生机，促进农村一二三产业融合，延长产业链、提升价值链、完善利益链，走城乡融合发展之路、乡村绿色发展之路、乡村文化兴盛之路，实现生产发展、生态良好和生活富裕的有机统一。

在发展趋向上，坚持推进休闲农业和乡村旅游实现"五化"。要推进业态功能多样化，按照供给侧结构性改革的思路，从拓展功能、满足需求入手，大力发展农家乐、渔家乐、牧家乐、草原游、森林康养等多样化模式；要推进产业发展集聚化，因地制宜、科学规划、优化布局，明确发展方向、构筑产业特色，打造休闲农业产业带和产业群；要推进经营主体多元化，在坚持以农为本、农民主体的原则下，鼓励工商企业和其他社会主体参与发展，引导更多的现代要素流向休闲农业和乡村旅游，推动更快更好发展；要推进基础服务设施现代化，发挥财政资金的引领作用，撬动金融资金、带动社会资金，让基础公共和配套服务设施有人投、管得好、能常用；要推进经营服务规范化，加强引导规范和教育培训，推动休闲农业和乡村旅游管理规范化和服务标准化，促进产业提档升级，为农业全面升级、农村全面进步、农民全面发展，实现农业强起来、农村美起来、农民富起来贡献力量。

三、开拓进取，努力推动新时代休闲农业和乡村旅游发展取得新成效

今年中央1号文件明确提出，要实施休闲农业和乡村旅游精品工程，建设一批设施完备、功能多样的休闲观光园区。我部1号文件强调要大力发展休闲农业，推进农业与旅游、文化、教育、康养、体育等深度融合。我们要以新时代新气象新作为的精神状态，践行"绿水青山就是金山银山"理念，紧紧围绕落实1号文件精神，立足休闲农业和乡村旅游精品工程，实施休闲农业和乡村旅游升级行动，坚持多业态打造、多要素发力、多主体培育、多利益联结、多措施并举，大力弘扬创造精神、奋斗精神、团结精神、梦想精神，推动休闲农业和乡村旅游发展不断取得新成效，让农业成为令人追求的幸福产业，让农民成为令人羡慕的体面职业，让农村成为令人向往的美丽家园，为推动实施乡村振兴战略提供重要支撑。

第一，推动政策措施细化落实。近年来，党中央、国务院及多部门联合出台了一系列

促进休闲农业和乡村旅游发展的政策文件，形成了休闲农业和乡村旅游政策体系框架。目前，据初步统计已有 20 个省出台了符合本地实际的具体实施意见。今年，要持续推动休闲农业和乡村旅游系列政策措施贯彻落实，同时要积极推动 14 部门联合印发的《大力发展休闲农业的指导意见》落实落细，还没有实施意见的省份要抓紧研究制定有针对性、可操作性的具体政策措施，加强协调沟通，层层推动落实、层层落实责任。在用地政策上，要落实城乡建设用地增减挂钩试点，农村集体经济建设用地自办、入股等方式经营休闲农业的政策，争取将休闲农业和乡村旅游项目建设用地纳入土地利用总体规划和年度计划合理安排。在财政政策上，要加大整合力度，将有关乡村建设资金向休闲农业集聚区倾斜。在金融政策上，要创新担保方式，搭建银企对接平台，加大信贷支持。在公共服务上，要积极推进"多规合一"，将休闲农业和乡村旅游开发纳入城乡发展大系统中，打造产业带和产业群。要通过多方发力、多措并举，给予休闲农业和乡村旅游更多的扶持措施，让政策落地生根、开花结果。

第二，加强品牌培育和宣传推介。要以推动实施休闲农业和乡村旅游精品工程、办好第二届全国休闲农业和乡村旅游大会为重点，发布一系列休闲农业和乡村旅游精品景点线路，推介一批功能完备、特色突出、服务优良、示范带动力强的美丽休闲乡村、休闲农庄（园）、农家乐等精品，打造一批休闲农业和乡村旅游发展精品样板，树立和推介一批休闲农业和乡村旅游精品品牌。鼓励因地制宜开展农业嘉年华、休闲农业特色村镇、农事节庆等形式多样的品牌创建和推介活动。

第三，推进农耕文化传承保护。注重农村文化资源挖掘，强化休闲农业经营场所的创意设计，提升休闲农业的文化软实力和持续竞争力。在发掘中保护、在利用中传承，继续做好中国重要农业文化遗产发掘保护认定，加强对已认定中国重要农业文化遗产的保护开发利用，举办主题展览，加强宣传宣教，提高地方政府及社会各界对农业文化遗产保护工作的认识。

第四，提升公共设施和人员素质。充分利用政府、社会和金融机构等不同渠道资金，积极争取协调，建设完善休闲农业和乡村旅游公共服务设施。开展休闲农业和乡村旅游人才培训行动，提升行政指导、经营管理、服务接待等各层面人员管理和服务能力，培育一批积极性高、素质强、善经营的管理、经营和服务人员。

第五，强化行业标准和统计监测。要因地制宜制定相关标准和规范，加大宣贯力度。今年，要加大行业统计监测工作力度，建立健全统计监测体系，在经过认定的全国休闲农业和乡村旅游示范县、示范点、中国美丽休闲乡村中，我们将挑选出部分典型，建立数据上报体系，开展动态监测分析试点，逐渐为产业发展建立一套科学的决策依据，希望大家高度重视，确定合适人选，做好上下衔接，认真采集数据，及时填写上报，积极配合做好这项工作，打牢指导规范行业发展的基础。

同志们！发展休闲农业和乡村旅游是推进实施乡村振兴战略的重要途径，是发展现代农业、增加农民收入、建设美丽乡村的重要举措，是促进城乡居民消费升级、发展新经济、培育新动能的必然选择。做好新时代休闲农业和乡村旅游工作责任重大、使命光荣、任务艰巨。党的十九大明确指出，中国共产党人的初心和使命就是为人民谋幸福、为民族谋复兴。习近平总书记多次强调"一分部署，九分落实""幸福是奋斗出来的"。李克强总理指出"讲一尺不如干一寸"。今天我们在这里启动 2018 中国美丽乡村休闲旅游行，推介一批休闲农业和乡村旅游精品，如日方升、开个好头。希望各级休闲农业管理部门要以本次活动为契机，以时不我待的责任和担当，发扬钉钉子精神，不断增强使命感、责任感和紧迫感，加强组织领导、强化协调配合、完善政策措施、强化公共服务、加大工作力度，奋发有为、锐意进取、苦干实干，努力推进我国休闲农业和乡村旅游持续健康发展，为实施乡村振兴战略，促进农业农村现代化，决胜全面建成小康社会，建设富强、民主、文明、和谐、美丽的社会主义现代化强国作出新的更大的贡献！

法律法规与规范性文件

国务院关于同意设立"中国农民丰收节"的批复

关于印发《促进乡村旅游发展提质升级行动方案（2018 年—2020 年）》的通知

农业农村部关于开展休闲农业和乡村旅游升级行动的通知

农业农村部办公厅关于开展休闲农业和乡村旅游精品推介工作的通知

农业农村部办公厅关于开展第五批中国重要农业文化遗产发掘工作的通知

农业农村部办公厅关于公布 2018 年中国美丽休闲乡村的通知

文化和旅游部等 17 部门关于印发《关于促进乡村旅游可持续发展的指导意见》的通知

国务院关于同意设立"中国农民丰收节"的批复

国函〔2018〕80 号

农业农村部：

关于申请设立"中国农民丰收节"的请示收悉。同意自 2018 年起，将每年农历秋分设立为"中国农民丰收节"。具体工作由你部商有关部门组织实施。

国务院

2018 年 6 月 7 日

关于印发《促进乡村旅游发展提质升级行动方案（2018 年—2020 年）》的通知

发改综合〔2018〕1465 号

各省、自治区、直辖市及计划单列市、新疆生产建设兵团发展改革委、财政厅（局）、人力资源社会保障厅（局）、自然资源主管部门、环境保护厅（局）、住房城乡建设厅（规划国土委、规划局、规划国土局）、交通运输厅（局、委）、农业（农牧、农村经济）厅（局、委、办）、旅游局（旅发委）、卫生计生委、人民银行上海总部、各分行营业管理部、各省会（首府）城市中心支行、各副省级城市中心支行、市场监督管理部门、银监局：

为进一步促进乡村旅游发展提质扩容，发挥乡村旅游对促进消费、改善民生、推动高质量发展的重要带动作用，国家发展改革委会同有关部门共同研究制定了《促进乡村旅游发展提质升级行动方案（2018 年—2020 年）》。现印发你们，请认真贯彻实施。

附件：促进乡村旅游发展提质升级行动方案（2018 年—2020 年）

国家发展改革委　财政部
人力资源社会保障部　自然资源部
生态环境部　住房城乡建设部
交通运输部　农业农村部
文化和旅游部　国家卫生健康委
人民银行　市场监管总局
银保监会
2018 年 10 月 10 日

附件：

促进乡村旅游发展提质升级行动方案（2018 年—2020 年）

乡村旅游市场需求旺盛、富民效果突出、发展潜力巨大，是新时代促进居民消费扩大升级、实施乡村振兴战略、推动高质量发展的重要途径。近年来，我国在扩大乡村旅游规模、提升乡村旅游品质等方面取得了显著成效，但持续推动乡村旅游发展仍面临较多制约，突出表现在部分地区乡村旅游外部连接景区道路、停车场等基础设施建设滞后，垃圾和污水等农村人居环境整治历史欠账多，乡村民宿、农家乐等产品和服务标准不完善，社会资本参与乡村旅游建设意愿不强、融资难度较大。为贯彻落实党的十九大和十九届二中、三中全会精神，加快推进乡村旅游提质扩容，进一步发挥乡村旅游对促进消费、改善民生、推动高质量发展的重要带动作用，特制订如下行动方案。

一、补齐乡村旅游道路和停车设施建设短板

（一）推进全国乡村旅游道路建设。结合"四好农村路"建设，统筹考虑全国乡村旅游道路发展，完善农村公路网络布局，加快乡镇、建制村硬化路"畅返不畅"整治，优化通建制村硬化路路线走向，尽可能串联带通更多自然村，推进较大自然村通硬化路建设，加快提升改造低等级农村公路。（地方有关部门，发展改革委、交通运输部、住房城乡建设部、自然资源部按职责分工负责）加大对乡村旅游公路建设的支持力度。对符合条件的贫困地区乡村公路建设列入中央预算内投资计划予以支持。贫困县可按要求统筹整合使用财政涉农资金，加大对符合条件的乡村旅游道路建设的支持力度。（地方有关部门，发展改革委、交通运输部、财政部按职责分工负责）

（二）支持乡村旅游停车设施改造提升。修订《城市停车场建设专项债券发行指引》，将专项债券适用范围扩大至乡村旅游停车设施。（地方有关部门，发展改革委）以县域为单元统筹布局县城、乡镇、景区及特色保护类村庄内停车设施。鼓励在有条件的农村公路周边设置交通驿站等服务设施，综合考虑停车等方面需求。以集约复合利用为主要导向，充分利用地下空间建设停车设施，加强乡村旅游高峰期停车管理，加大车位智慧停车引导服务。（地方有关部门，发展改革委、交通运输部、住房城乡建设部、自然资源部、文化和旅游部按职责分工负责）

（三）加大对乡村旅游基础设施建设的用地支持。各地区在编制和实施土地利用总体规划中，乡（镇）土地利用总体规划可以预留少量（不超过5%）规划建设用地指标，用于零星分散的单独选址乡村旅游设施等建设。（地方有关部门，自然资源部、交通运输部、农业农村部按职责分工负责）农村集体经济组织可以依法使用自有建设用地自办或以土地使用权入股、联营等方式与其他单位和个人共同参与乡村旅游基础设施建设。（地方有关部门，自然资源部、农业农村部按职责分工负责）对使用"四荒地"及石漠化、边远海岛建设的乡村旅游项目，优先安排新增建设用地计划指标，出让底价可按不低于土地取得成本、土地前期开发成本和按规定应收取相关费用之和的原则确定。（地方有关部门，自然资源部、农业农村部按职责分工

负责）经市县发展改革、住房城乡建设、农业农村、文化和旅游等主管部门认定为仅在年度内特定旅游季节使用土地的乡村旅游停车设施，自然资源主管部门在相关设施不使用永久基本农田、不破坏生态与景观环境、不影响地质安全、不影响农业种植、不硬化地面、不建设永久设施的前提下，可不征收（收回）、不转用，按现用途管理。超出特定旅游季节未恢复原状的，由市县发展改革、住房城乡建设、农业农村、文化和旅游等主管部门责令恢复原状。（地方有关部门，自然资源部、发展改革委、住房城乡建设部、农业农村部、文化和旅游部按职责分工负责）

（四）加大对贫困地区旅游基础设施建设项目推进力度。实施"三区三州"等深度贫困地区旅游基础设施改造升级行动计划，在"十三五"文化旅游提升工程中增补一批旅游基建投资项目，专项用于支持"三区三州"等深度贫困地区旅游基础设施和公共服务设施建设。（地方有关部门，发展改革委、财政部、交通运输部、文化和旅游部按职责分工负责）

二、推进垃圾和污水治理等农村人居环境整治

（五）建立垃圾和污水处理农户付费制度。在已实行垃圾和污水集中处理的农村地区，探索建立农户付费制度，综合考虑当地经济发展水平、农户承受能力、垃圾和污水处理成本等因素，合理确定收费标准，促进乡村环境改善。（地方有关部门，发展改革委、住房城乡建设部、农业农村部、财政部、生态环境部按职责分工负责）

（六）大力推进乡村旅游垃圾资源化利用与无害化处理。探索乡村旅游垃圾减量化和资源化处理"分类收集、定点投放、分拣清运、回收利用、分类处理"模式。完善垃圾收运体系，全面推行垃圾就地减量化与分类收集，对乡村旅游建设、经营中产生的易腐

垃圾、煤渣灰土、建筑垃圾等分类处理并就地消纳，重点建设垃圾收集站、中转站等收转运基础设施。加大农村地区存量垃圾治理力度，开展非正规垃圾堆放点整治，坚决遏止出租、承租土地填埋垃圾牟利等行为，优先开展乡村旅游景区、水源地、城乡结合部等重点区域的治理工作。（地方有关部门，住房城乡建设部、农业农村部、发展改革委、生态环境部按职责分工负责）

（七）梯次推进农村生活污水处理。根据农村不同区位条件、村庄人口聚集程度、污水产生规模，采用污染治理与资源利用相结合、工程措施与生态措施相结合、集中与分散相结合的建设模式和处理工艺。推动有条件的城镇污水管网向周边村庄延伸覆盖。积极推广低成本、低能耗、易维护、高效率的污水处理技术，鼓励采用生态处理工艺。加强生活污水源头减量和尾水回收利用。（地方有关部门，生态环境部、农业农村部、住房城乡建设部、发展改革委按职责分工负责）

（八）持续推进厕所革命。合理选择改厕模式，加快推进户用卫生厕所建设和改造，同步开展厕所粪污治理。引导人口规模较大、乡村旅游发展较快的村庄，配套建设无害化公共厕所。大力推进农村公共厕所建设，提升规范化服务管理能力，积极实施公厕生态化改造。研究修订卫生厕所技术标准和相关规范，鼓励各地区研发推广适合不同地区、不同条件的改厕技术和无害化处理模式。探索建立运营管护体系，妥善解决改厕后管护维修、粪污处理等问题。鼓励各地结合实际将厕所粪污、畜禽养殖废弃物一并处理和资源化利用。（地方有关部门，文化和旅游部、住房城乡建设部、农业农村部、发展改革委、卫生健康委按职责分工负责）

三、建立健全住宿餐饮等乡村旅游产品和服务标准

（九）规范民宿、农家乐等乡村旅游服务标准。推动落实农家乐（民宿）建筑防火导则，提升消防安全管理水平。鼓励地方针对民宿、农家乐的实际情况制定针对性强、操作性强、保障安全的技术规范标准。（地方有关部门，住房城乡建设部、文化和旅游部、农业农村部按职责分工负责）

（十）完善乡村旅游基础设施的服务配套标准。出台适宜乡村旅游公路和停车设施的建设规范和运营管理标准。完善标识标牌、交通旅游驿站、公厕等基础设施和公共服务配套，提升旅游承载能力。（地方有关部门，文化和旅游部、发展改革委、交通运输部、住房城乡建设部、财政部按职责分工负责）

（十一）健全标准强化乡村旅游市场监管。加快乡村旅游行业信用体系建设，建立乡村旅游主体信用档案，将相关信用信息纳入全国信用信息共享平台，并将涉市场主体行政许可、行政处罚等信息通过"信用中国"网站、国家企业信用信息公示系统予以公示，动态梳理乡村旅游红黑名单，建立联合激励和惩戒机制，并对乡村旅游经营主体进行公共信用综合评价。推进乡村旅游标准化试点工作，推动建设乡村旅游相关服务标准，提升乡村旅游的管理和服务水平。（地方有关部门，发展改革委、文化和旅游部、农业农村部、市场监管总局按职责分工负责）

四、鼓励引导社会资本参与乡村旅游发展建设

（十二）创新社会资本参与方式。鼓励和引导民间投资通过PPP、公建民营等方式参与有一定收益的乡村基础设施建设和运营。引导金融机构依法合规创新金融产品和服务模式，扩展乡村旅游经营主体融资渠道，在防范风险的前提下降低融资条件和门槛，服务乡村旅游发展。（地方有关部门，发展改革委、财政部、文化和旅游部、人民银行、银保监会按职责分工负责）

（十三）规范农户、村集体等参与乡村旅

游服务设施建设。扶持有条件的农户修缮、改造自有住房发展民宿。鼓励城镇有意愿的组织和个人通过租赁民房开办民宿。支持农村集体经济组织以出租、合作等方式盘活利用空闲农房及宅基地，改造建设乡村旅游活动场所。（地方有关部门，农业农村部、自然资源部、住房城乡建设部、文化和旅游部按职责分工负责）

五、加大对乡村旅游发展的配套政策支持

（十四）因地制宜推进乡村旅游特色发展。根据区域特点和资源禀赋，以市场为导向，科学规划，积极开发特色化、差异化、多样化的乡村旅游产品，防止大拆大建、千村一面和城市化翻版、简单化复制，避免低水平同质化竞争。加强乡村传统文化的传承、保护与利用。（地方有关部门，文化和旅游部、发展改革委按职责分工负责）

（十五）加大对乡村旅游债券融资支持力度。支持乡村旅游企业依法合规发行旅游产业专项债券、短期融资券和中期票据等非金融企业债券融资工具，进行直接融资，在坚决遏制隐性债务增量的前提下，支持乡村旅游产业发展，满足乡村旅游多样化资金需求。（地方有关部门，发展改革委、人民银行按职责分工负责）

（十六）探索建立乡村旅游产业投资基金。充分发挥政府资金引导作用，有条件的地方可结合实际情况设立以社会资本为主体、市场化运作的社会领域相关产业投资基金，以市场化运作方式投资乡村旅游精品建设。（地方有关部门，发展改革委）

（十七）加大对乡村旅游贷款支持力度。引导金融机构对乡村旅游企业发放中长期贷款。拓宽抵押担保物范围，依法合规探索开展景区企业经营权和门票收费权质押贷款业务，鼓励开展林业经营主体的林权抵押贷款业务。（地方有关部门，人民银行、银保监会

按职责分工负责）

（十八）加强乡村旅游人才培养引进力度。加大本地乡村旅游带头人培养力度，建立健全对口帮扶制度，探索通过政府购买服务等方式对本地乡村旅游从业人员定期开展服务技能、市场营销等培训。重点吸引大学生村官、乡村旅游管理和专业人才、旅游职业经理人等群体回乡创业，以及规划建筑等设计人员下乡，在人才待遇、发展机会等方面给予支持。（地方有关部门，文化和旅游部、人力资源社会保障部、发展改革委、农业农村部、住房城乡建设部按职责分工负责）各地区、各部门要充分认识发展乡村旅游提质扩容对推动实现高质量发展、更好满足人民日益增长的美好生活需要具有重要作用，形成促进乡村旅游发展提质扩容的合力，2018年底前各项任务取得积极进展。各地有关部门要在地方政府统一领导下，因地制宜，制定乡村旅游提质扩容具体实施方案，明确时间表、路线图和责任主体，推进各项行动任务早落实、早见效，实现本地区乡村旅游发展提质升级。各相关部门要按照职责分工，密切配合、重点突破，加强对地方的工作指导，着力营造乡村旅游良好发展环境。

农业农村部关于开展休闲农业和乡村旅游升级行动的通知

农加发〔2018〕3 号

各省、自治区、直辖市及计划单列市农业（农牧、农村经济）厅（局、委），新疆生产建设兵团农业局：

为深入贯彻党的十九大精神，认真落实《中共中央、国务院关于实施乡村振兴战略的意见》关于"实施休闲农业和乡村旅游精品工程"的决策部署，促进农业高质量发展，加快培育乡村发展新动能，农业农村部决定

开展休闲农业和乡村旅游升级行动。现将有关事项通知如下。

一、深刻认识重要意义

休闲农业和乡村旅游是农业旅游文化"三位一体"、生产生活生态同步改善、农村一产二产三产深度融合的新产业新业态新模式。党的十八大以来，休闲农业和乡村旅游呈现持续较快增长态势，为农业农村经济发展和农民就业增收发挥着越来越重要的作用。但产业总体发展仍然不平衡不充分，中高端乡村休闲旅游产品和服务供给不足，发展模式功能单一，经营项目同质化严重，管理服务规范性不足，硬件设施建设滞后，从业人员总体素质不高，文化深入挖掘和传承开发不够等问题仍不同程度存在。开展升级行动，有利于推进农业供给侧结构性改革，促进农业转型升级；有利于发展农村新产业新业态新模式，加快培育农业农村发展新动能；有利于农民就近就地创业，促进农民就业增收；有利于改善农村人居环境，为城乡居民提供看山望水忆乡愁的好去处，满足人民日益增长的美好生活需要。实施升级行动对于推进休闲农业和乡村旅游高质量发展，实施乡村振兴战略，加快农业农村现代化，实现农业强、农村美、农民富，建设美丽中国健康中国都具有十分重要的意义。

二、准确把握总体要求

开展休闲农业和乡村旅游升级行动要以习近平新时代中国特色社会主义思想为指导，践行"绿水青山就是金山银山"重要理念，贯彻落实中央1号文件精神，紧紧围绕实施乡村振兴战略，以深化农业供给侧结构性改革为主线，以建设美丽乡村、促进农民就业增收、满足居民休闲消费为目标，推进业态升级、设施升级、服务升级、文化升级、管理升级，推动乡村休闲旅游高质量发展，为加快推动农业农村现代化提供有力支撑。

开展升级行动，要坚持以人民为中心的发展思想，紧紧围绕农民就业增收和市民休闲旅游需求，不断增强城乡居民的获得感、幸福感、安全感；坚持以农业为基础的发展定位，积极拓展农业多种功能，因地制宜发展休闲观光、体验娱乐、科普教育、健体康养、民俗民宿等特色产业；坚持以绿色为导向的发展方式，遵循乡村自身发展规律，美化乡村生态环境，提供绿色优质产品和服务；坚持以创新为动力的发展路径，积极发展创意农业，创作一批充满艺术创造力、想象力和感染力的创意精品；坚持以文化为灵魂的发展特色，立足本地农耕文明，发掘民俗文化，拯救村落文化，弘扬乡贤文化，讲好乡村故事。

三、进一步明确目标任务

到2020年，休闲农业和乡村旅游产业规模进一步扩大，营业收入持续增长，力争超万亿元，实现业态功能多样化、产业发展集聚化、经营主体多元化、服务设施现代化、经营服务规范化，打造一批生态优、环境美、产业强、机制好、农民富的休闲农业和乡村旅游精品，支撑农业现代化、带动农民增收、促进美丽乡村建设的作用更加突出，满足城乡居民美好生活需要的能力进一步增强。

（一）培育精品品牌促升级。创新推动休闲农业和乡村旅游品牌体系建设，以行政村镇为核心，建设一批天蓝、地绿、水净、安居、乐业的美丽休闲乡村（镇）；以集聚区为核心，建设一批功能齐全、布局合理的现代休闲农业园区；以经营主体为核心，建设一批增收机制完善、示范带动力强的现代休闲农庄。全国上下联动、精心组织休闲农业和乡村旅游大会、美丽乡村休闲旅游行等主题活动，分时分类向社会发布推介精品景点线路。鼓励各地因地制宜培育农业嘉年华、休闲农业特色村镇、农事节庆、星级农（林、牧、渔）家乐等形式多样、富有特色的品牌。

（二）完善公共设施促升级。充分利用政府、社会和金融机构等不同渠道资金，加大对休闲农业和乡村旅游公共服务设施建设的支持力度，改造提升一批休闲农业村庄道路、供水、停车场、厕所、垃圾污水处理等设施，扶持建设一批设施齐全、功能完备、特色突出的美丽休闲乡村（镇）、休闲农业园区和休闲农庄。鼓励因地制宜兴建特色餐饮、特色民宿、购物、娱乐等配套服务设施，满足消费者多样化的需求。

（三）提升服务水平促升级。组织开展休闲农业和乡村旅游人才培训行动，加强行政指导、经营管理、市场营销等培训，培育一批积极性高、素质强、善经营的行业发展管理和经营人才。鼓励从业人员就近就地参加住宿、餐饮、服务等各种培训，增强服务意识、规范服务礼仪、提高服务技能，提升服务规范化和标准化水平。组织编制休闲农业精品丛书，加强对休闲农业设计、管理、营销、服务的指导。鼓励实行学历教育、技能培训、实践锻炼等多种教育培训方式提高从业者素质能力。

（四）传承农耕文化促升级。结合资源禀赋、人文历史和产业特色，挖掘农村文化，讲好自然和人文故事，建设有温度的美丽乡村，书写记得住的动人乡愁，提升休闲农业和乡村旅游的文化软实力和持续竞争力。按照在发掘中保护、在利用中传承的思路，做好第五批中国重要农业文化遗产发掘保护认定，加大对已认定遗产保护和合理适度利用。举办中国重要农业文化遗产主题展，提高全社会对农业文化遗产保护工作的认识。

（五）注重规范管理促升级。梳理、修订和完善现有休闲农业和乡村旅游标准，加大宣传和贯彻力度，提升产业标准化、规范化发展水平。注重发挥休闲农业和乡村旅游协会、产业联盟和社会组织的桥梁纽带作用，形成经营主体自我管理、自我监督、自我服务的管理服务体系。加强对从业人员的诚信教育和服务考核，规范竞争行为，营造公平环境。加强安全宣传教育，强化安全意识，完善预警机制，提升应急能力。

四、切实强化保障措施

（一）强化组织领导。各地农业农村管理部门要从战略和全局的高度深化认识，把开展升级行动作为推动乡村振兴的重要举措，认真履行规划指导、监督管理、协调服务的职责，充实工作力量，建立高效的管理体系。要尽快组织制定发展战略、政策、规划、计划并指导实施，进一步明确目标任务和主要内容，大力推动休闲农业和乡村旅游高质量发展。

（二）强化政策落实。要结合实际认真贯彻落实中央 1 号文件，农业部、财政部等 11 部门印发的《关于积极开发农业多种功能大力促进休闲农业发展的通知》（农加发〔2015〕5 号）和农业部、国家发展改革委等 14 部门印发的《关于大力发展休闲农业的指导意见》（农加发〔2016〕3 号）等系列政策措施，制定完善具体实施意见，协调各部门在用地、财政、税收等方面落实扶持措施，推动政策落地生效。

（三）强化宣传引导。充分利用报刊、电视、网络、微博、微信等各类媒体，大力宣传休闲农业和乡村旅游政策措施，及时总结宣传新进展新成效、好做法好经验。要创新形式，举办各具特色、形式多样的发布推介活动，加强对各类精品品牌、先进主体、优秀人物宣传，发挥好典型示范的引领带动作用，传播好声音、好故事，营造产业发展良好氛围。

（四）强化公共服务。要加大监测统计力度，建立健全监测统计制度，开展动态监测分析，为产业发展提供数据支撑。加强对已认定全国休闲农业和乡村旅游示范县等品牌的动态管理考核，研究设立考核标准和退出机制。鼓励引导社会资本参与信息服务平台建设，完善休闲农业和乡村旅游网有关功能，提升信息化服务水平。充分发挥休闲农业专家委员会、农业文化遗产专家委员会、休闲农业重点实验室、研究所、创意中心、职业院校的人才优势，为产业发展提供智力支撑。

农业农村部

2018 年 4 月 13 日

农业农村部办公厅关于开展休闲农业和乡村旅游精品推介工作的通知

农办加（2018）9 号

各省、自治区、直辖市及计划单列市农业（农牧、农村经济）厅（局、委），新疆生产建设兵团农业局、黑龙江省农垦总局、广东省农垦总局：

为落实今年中央 1 号文件和中共中央、国务院印发的《乡村振兴战略规划（2018—2022）》关于实施休闲农业和乡村旅游精品工程的决策部署和有关要求，农业农村部决定向社会推介一批中国美丽休闲乡村和全国休闲农业精品园区（农庄）。现将有关事项通知如下。

一、目标要求

全面贯彻落实党的十九大精神，以习近平总书记"三农"思想为指导，牢固树立创新、协调、绿色、开放、共享发展理念，按照"政府引导、市场主导，以农为本、联农带农，城乡互动、融合发展"的原则，以促进农民就业增收、满足人民美好生活需要、建设美丽宜居乡村为目标，培育推介一批天蓝、地绿、水净、安居、乐业的中国美丽休闲乡村和功能科学、布局合理、设施完善、机制健全、带动力强的全国休闲农业精品园区（农庄），加大宣传推介，树立服务质量和市场反响良好，经济、社会、文化、生态效益显著的行业样板，不断挖掘农业特色、传承农耕文明、展示民俗文化、带动农民增收，提升休闲农业和乡村旅游中高端产品供应能力，提高知名度、美誉度和影响力，促进休闲农业和乡村旅游精品工程实施。

二、基本条件

（一）中国美丽休闲乡村。推介主体为行政村，有产业发展特色的乡镇也可参加。推介主体要以休闲农业和乡村旅游为主要产业。（具体推荐条件见附件 1）

（二）全国休闲农业精品园区（农庄）。推介主体为具备独立法人资格的休闲农业和乡村旅游企业或农民合作组织，各项经营证照齐全。（具体推荐条件见附件 3）

三、推介程序

此次推介不收取任何费用。采取自下而上方式，由各地休闲农业主管部门推荐，农业农村部汇总后，遴选确定最终推介名单。

（一）主体申请。申请主体对照具体推荐条件，在进行自我评估的基础上，填写《中国美丽休闲乡村申请表》（见附件 2）或《全国休闲农业精品园区（农庄）申请表》（见附件 4），并附相关证明材料，提交至县级农业农村主管部门。

（二）县级审核。县级农业农村主管部门负责对本县申请主体进行审核，符合条件的向省级农业农村主管部门推荐。

（三）省级推荐。省级农业农村主管部门审核后择优向农业农村部农产品加工局推荐拟列入推介的乡村和休闲农业园区（农庄）。每省（自治区、直辖市）可推荐 6 个美丽休闲乡村和 6 个休闲农业精品园区（农庄），新疆生产建设兵团可分别推荐 3 个，计划单列市可分别推荐 3 个，黑龙江省农垦总局和广东省农垦总局可分别推荐 2 个。请省级农业农村主管部门将确定推荐名单排序后，报送农产品加工局（包括纸质推荐材料和电子版推荐材料）。

（四）截止时间。2018 年度各地向农业农村部推荐名单的截止时间为 2018 年 8 月 10 日。

四、推介管理

（一）专家审核。我部将各地提交的推荐材料送休闲农业专家委员会进行审核，遴选确定一批拟推介的中国美丽休闲乡村和全国休闲农业精品园区（农庄）。

（二）网上公示。经我部复核后，对拟推介的中国美丽休闲乡村和全国休闲农业精品园区（农庄）在农业农村部官网上公示 5 个工作日。

（三）正式推介。公示无异议后，形成名录，农业农村部将利用各种媒体公开向社会宣传推介。

（四）动态管理。农业农村部对推介的中国美丽休闲乡村和全国休闲农业精品园区（农庄）实行动态管理。各项工作进展良好的经营主体拟推荐为全国休闲农业和乡村旅游发展评价体系成员单位；对违反国家法律法规、侵害消费者权益、危害农民利益、发生重大安全事故且不按时整改的，将给予警告直至取消推介。

五、保障措施

各级休闲农业主管部门要精心组织安排，创新机制，按照条件优中选优，从严控制数量，确保推荐的单位具有良好的示范带动作用。要以此次精品推介工作为契机，增强服务意识，完善服务体系，拓展服务领域，加大奖补力度，明确扶持措施，有效推动休闲农业和乡村旅游高质量发展，培育建设一批休闲农业和乡村旅游精品。要加大宣传力度，通过精品推介工作，树立一批典型，探索一批模式，推动一方发展，营造休闲农业和乡村旅游升级发展的良好舆论和社会氛围。

六、联系方式

农业农村部农产品加工局（乡镇企业局）休闲农业处

联系人：辛欣　易能

电　　话：010—59192271，59193256

电子邮箱：xqjxxc@agri.gov.cn

通讯地址：北京市朝阳区农展南里 11 号

邮　　编：100125

附件：1. 中国美丽休闲乡村推荐条件（略）

　　　2. 中国美丽休闲乡村申请表（略）

　　　3. 全国休闲农业精品园区（农庄）推荐条件（略）

　　　4. 全国休闲农业精品园区（农庄）申请表（略）

农业农村部办公厅

2018 年 7 月 12 日

农业农村部办公厅关于开展第五批中国重要农业文化遗产发掘工作的通知

农办加〔2018〕10 号

为深入贯彻落实习近平新时代中国特色社会主义思想和党的十九大精神，按照 2018 年中央 1 号文件要求，根据《重要农业文化遗产管理办法》（农业部公告第 2283 号）规定，农业农村部决定开展第五批中国重要农业文化遗产发掘认定工作，现就有关事项通知如下。

一、目标要求

按照在发掘中保护、在利用中传承的思路，以弘扬中华优秀传统农耕文化为目标，以挖掘、保护、传承和利用为重点，以农业生产系统为主体，筛选认定一批中国重要农业文化遗产。不断发掘重要农业文化遗产的历史价值、文化和社会功能，在有效保护的基础上，探索开拓动态传承的途径和方法，努力实现遗产地生态、文化、社会和经济效益的统一，逐步形成中国重要农业文化遗产动态保护机制，传承发展提升农村优秀传统文化，切实保护好农业文化遗产，让优秀传统文化真正实现活起来、传下去，为推动乡村振兴战略实施做出积极贡献。

二、申报要求

中国重要农业文化遗产应在活态性、适应性、复合性、战略性、多功能性和濒危性方面有显著特征，具有悠久的历史渊源、独特的农业产品，丰富的生物资源，完善的知识技术体系，较高的美学和文化价值。一是历史传承至今仍具有较强的生产功能，为当地农业生产、居民收入和社会福祉提供保障；二是蕴涵资源利用、农业生产或水土保持等方面的传统知识和技术，具有多种生态功能与景观价值；三是体现人与自然和谐发展的理念，蕴含劳动人民智慧，具有较高的文化传承价值；四是面临自然灾害、气候变化、生物入侵等自然因素和城镇化、农业新技术、外来文化等人文因素的负面影响，存在着消亡风险。具体要求见附件 1。

三、申报程序

采取自下而上的方式，由各省级农业农村行政管理部门筛选推荐，农业农村部汇总后遴选确定。

（一）县级申报。地方人民政府按照要求编制申报书（格式见附件 2）、保护规划及管理办法，有关材料报送至各省、自治区、直辖市及计划单列市、新疆生产建设兵团农业农村行政管理部门。

（二）省级推荐。各省级农业农村行政管理部门严格按照认定标准，优中选优，组织筛选审核，各省、自治区、直辖市及计划单列市、新疆生产建设兵团上报的候选项目原则上不超过 3 个。

（三）材料报送。请各省级农业农村行政管理部门于 2019 年 4 月 1 日前，将所有纸质版申报材料和电子版申报材料（一式二份）报送至农业农村部农产品加工局休闲农业处。

遗产申报书、遗产保护与发展规划编写导则请见《农业部办公厅关于印发〈中国重要农业文化遗产申报书编写导则〉和〈农业文化遗产保护与发展规划编写导则〉的通知》（农办企〔2013〕25 号）。

四、工作要求

（一）加强组织领导。各级农业农村行政管理部门要高度重视发掘和推荐工作，按照本通知要求制定工作方案，完善工作措施，落实工作责任，切实加大工作力度。

（二）强化政策扶持。各级农业农村行政管理部门要结合工作实际，研究探索对中国重要农业文化遗产的扶持政策，拓展工作思路，加强服务手段，创新工作方法，努力形成促进重要农业文化遗产保护与传承的良性机制。

（三）搞好总结宣传。要及时了解发掘和推荐工作的进展情况，不断总结推广好经验、好做法，加强典型宣传，营造良好氛围。

五、联系方式

农业农村部农产品加工局（乡镇企业局）休闲农业处

电　　话：010-59192271，010-59193256

电子邮箱：xqjxxc@agri.gov.cn

通讯地址：北京市朝阳区农展南里 11 号

邮　　编：100125

附件：1. 中国重要农业文化遗产申报条件

　　　2. 中国重要农业文化遗产申报书模板

农业农村部办公厅

2018 年 7 月 30 日

附件1：

中国重要农业文化遗产申报条件

一、概念与特点

中国重要农业文化遗产是指人类与其所处环境长期协同发展中，创造并传承至今的独特的农业生产系统，这些系统具有丰富的农业生物多样性、传统知识与技术体系和独特的生态与文化景观等，对我国农业文化传承、农业可持续发展和农业功能拓展具有重要的科学价值和实践意义。具体体现出以下6个特点：

一是活态性：这些系统历史悠久，至今仍然具有较强的生产与生态功能，是农民生计保障和乡村和谐发展的重要基础。

二是适应性：这些系统随着自然条件变化、社会经济发展与技术进步，为了满足人类不断增长的生存与发展需要，在系统稳定基础上因地、因时地进行结构与功能的调整，充分体现出人与自然和谐发展的生存智慧。

三是复合性：这些系统不仅包括一般意义上的传统农业知识和技术，还包括那些历史悠久、结构合理的传统农业景观，以及独特的农业生物资源与丰富的生物多样性。

四是战略性：这些系统对于应对经济全球化和全球气候变化，保护生物多样性、生态安全、粮食安全，解决贫困等重大问题以及促进农业可持续发展和农村生态文明建设具有重要的战略意义。

五是多功能性：这些系统或兼具食品保障、原料供给、就业增收、生态保护、观光休闲、文化传承、科学研究等多种功能。

六是濒危性：由于政策与技术原因和社会经济发展的阶段性造成这些系统的变化具有不可逆性，会产生农业生物多样性减少、传统农业技术知识丧失以及农业生态环境退化等方面的风险。

二、基本条件

（一）历史性

1. 历史起源：指系统所在地是有据可考的主要物种的原产地和相关技术的创造地，或者该系统的主要物种和相关技术在中国有过重大改进。

2. 历史长度：指该系统以及所包含的物种、知识、技术、景观等在中国使用的时间至少有100年历史。

（二）系统性

1. 物质与产品：指该系统的直接产品及其对于当地居民的食物安全、生计安全、原料供给、人类福祉方面的保障能力。基本要求：具有独具特色和显著地理特征的产品。

2. 生态系统服务：指该系统在遗传资源与生物多样性保护、水土保持、水源涵养、气候调节与适应、病虫草害控制、养分循环等方面的价值。基本要求：至少具备上述两项功能且作用明显。

3. 知识与技术体系：指在生物资源利用、种植、养殖、水土管理、景观保持、产品加工、病虫草害防治、规避自然灾害等方面具有的知识与技术，并对生态农业和循环农业发展以及科学研究具有重要价值。基本要求：知识与技术系统较完善，具有一定的科学价值和实践意义。

4. 景观与美学：指能体现人与自然和谐演进的生存智慧，具有美轮美奂的视觉冲击力的景观生态特征，在发展休闲农业和乡村旅游方面有较高价值。基本要求：有较高的美学价值和一定的休闲农业发展潜力。

5. 精神与文化：指该系统拥有文化多样性，在社会组织、精神、宗教信仰、哲学、生活和艺术等方面发挥重要作用，在文化传承与和谐社会建设方面具有较高价值。基本要求：具有较为丰富的文化多样性。

（三）持续性

1. 自然适应：指该系统通过自身调节

机制所表现出的对气候变化和自然灾害影响的恢复能力。基本要求：具有一定的恢复能力。

2. 人文发展：指该系统通过其多功能特性表现出的在食物、就业、增收等方面满足人们日益增长的需求的能力。基本要求：能够保障区域内基本生计安全。

（四）濒危性

1. 变化趋势：指该系统过去 50 年来的变化情况与未来趋势，包括物种丰富程度、传统技术使用程度、景观稳定性以及文化表现形式的丰富程度。基本要求：丰富程度处于下降趋势。

2. 胁迫因素：指影响该系统健康维持的主要因素（如气候变化、自然灾害、生物入侵等自然因素和城市化、工业化、农业新技术、外来文化等人文因素）的多少和强度。基本要求：受到多种因素的负面影响。

三、辅助条件

（一）示范性

1. 参与情况：指系统内居民的认可与参与程度，需要有公示及反馈信息。基本要求：50％以上的居民支持作为农业文化遗产保护。

2. 可进入性：指进入该系统的方便程度与交通条件。基本要求：进入困难较少。

3. 可推广性：指该系统及其技术与知识对于其他地区的推广应用价值。基本要求：有一定的推广价值。

（二）保障性

1. 组织建设：指农业文化遗产保护与发展领导机构与管理机构。基本要求：有明确的管理部门和人员。

2. 制度建设：指针对农业文化遗产所制定的《保护与发展管理办法》完成情况，要求包括明确的政策措施、监督和奖惩手段等。基本要求：基本完成《保护与发展管理办法》制定工作。

3. 规划编制：指针对农业文化遗产所编

制的《保护与发展规划》完成情况，要求包括对农业文化遗产的变化、现状与价值的系统分析，提出明确的保护目标、相应的行动计划和保障措施等。基本要求：编制完成并通过专家评审。

附件 2：

中国重要农业文化遗产
申报书模板

一、概要

农业文化遗产名称

范围

主要特点价值（系统基本结构特征与保护意义）

申请者（县级地方政府）

责任者（主要责任部门，主要合作单位与技术支持单位）

二、遗产地概况

区域范围（指出明确的地理坐标和涉及的行政区域）

自然条件（气候、土壤、生态环境）

社会经济状况（经济结构与发展水平、人口与民族）

三、遗产特征

起源与演变历史

农业特征（种养殖情况，品种类型）

生态特征（农业生物多样性，相关生物多样性，主要生态环境问题）

景观特征

技术体系（农作技术，水土资源管理技术，灾害防控技术）

知识体系（生物多样性保护与利用传统知识，水土资源合理利用的传统知识，相关的乡规民约）

文化特征（地方特色农耕文化，节庆、习俗，饮食、服饰、建筑文化及其与农业文

化遗产的关系)

创造性(人与自然和谐、资源持续利用情况)

独特性(国内同类型比较说明)

四、遗产功能与重要性评估

物质与产品生产(主要农产品及其特色,在保障当地居民的食物安全和生计安全、原料供给、人类福祉方面的价值)

生态系统服务(遗传资源与生物多样性保护、水土保持、水源涵养、气候调节与适应、病虫草害控制、养分循环等方面的功能及其重要性)

文化传承(在社会组织、精神、宗教信仰、生活和艺术以及和谐社会建设方面的价值)

多功能农业发展(在就业增收、发展休闲农业、生态安全、科学研究等方面的功能与价值)

在生态文明建设、社会主义新农村建设、农业可持续发展方面的重要性

五、机遇与挑战

主要问题

主要机遇

发展前景

六、保护与发展措施

已采取的措施

拟采取的措施

七、附件材料

图件与照片

音像资料

其他证明材料(获奖、认证与科学研究证明)

保护与发展规划

八、承诺函

具体格式内容如下例:

承诺函

我们郑重承诺保护农业文化遗产XXXXXX及其相关的生产方式、生物多样性、知识体系、文化多样性以及农业景观。我们将制定长期保护与发展规划,采用动态保护、适应性管理与可持续利用途径,保护此项农业文化遗产,并在此基础上提高遗产地人民的生活水平。

承诺人:

(地方县级人民政府主要领导签字)

(地方县级人民政府盖章)

年 月 日

农业农村部办公厅关于公布2018年中国美丽休闲乡村的通知

农办产〔2018〕6号

各省、自治区、直辖市及计划单列市农业(农业农村、农牧、农村经济)厅(局、委),新疆生产建设兵团农业局:

为贯彻落实2018年中央1号文件关于"实施休闲农业和乡村旅游精品工程"的要求,我部组织开展了中国美丽休闲乡村推介工作。经地方推荐、专家审核和网上公示等程序,推介北京市房山区东村村等150个村为2018年中国美丽休闲乡村,现予以公布。

希望获得推介的乡村珍惜荣誉,持续拓展农业功能,加强生态环境保护,大力开发特色产品,努力提升服务质量,打造休闲农业和乡村旅游精品,促进农民持续增收和现代农业发展。

各级农业农村管理部门要加强指导服务,

加大政策扶持，强化宣传推介，让中国美丽休闲乡村保持天蓝、地绿、水净，安居、乐业、增收的良好态势，成为市民观光旅游、休闲度假、养生养老、回忆乡愁的好去处，为实现乡村振兴、全面建成小康社会做出新的贡献。

农业农村部办公厅

2018 年 10 月 24 日

2018 年中国美丽休闲乡村名单

北京市房山区东村村

北京市顺义区北郎中村

北京市密云区金叵罗村

北京市门头沟区赵家台村

北京市怀柔区对角沟门村

天津市蓟州区程家庄村

天津市武清区马神庙村

河北省遵化市何家峪村

河北省晋州市周家庄乡

河北省内丘县小辛旺村

河北省邯山区小堤村

河北省围场县御道口村

河北省昌黎县葡萄小镇

山西省永和县东征村

山西省介休市张壁村

山西省阳曲县上安村

山西省盂县王炭咀村

山西省壶关县常平村

内蒙古自治区额尔古纳市奇乾村

内蒙古自治区奈曼旗孟家段村

内蒙古自治区喀喇沁旗雷营子村

内蒙古自治区伊金霍洛旗查干柴达木村

辽宁省鞍山市千山区对桩石村

辽宁省丹东市振安区窑沟村

辽宁省盘锦市大洼区杨家村

辽宁省建平县小平房村

吉林省舒兰市马鞍岭村

吉林省长春市双阳区黑鱼村

吉林省磐石市古城村

吉林省白城市洮北区黎明村

黑龙江省大海林双峰林场（雪乡）

黑龙江省宁安市小朱家村

黑龙江省牡丹江市爱民区丰收村

黑龙江省黑河市爱辉区外四道沟村

上海市崇明区仙桥村

上海市奉贤区吴房村

上海市金山区新义村

上海市金山区南星村

江苏省徐州市贾汪区马庄村

江苏省无锡市锡山区斗山村

江苏省苏州市吴中区灵湖村

江苏省溧阳市李家园村

江苏省常州市新北区梅林村

江苏省盐城市大丰区全心村

浙江省淳安县下姜村

浙江省湖州市南浔区石淙村

浙江省乐清市下山头村

浙江省天台县张思村

浙江省缙云县笕川村

浙江省绍兴市上虞区东澄村

安徽省宣城市宣州区祁梅村

安徽省巢湖市经济开发区汤山村

安徽省宁国市双溪村

安徽省广德县高峰村

安徽省亳州市谯城区大周村

安徽省太湖县寺前镇

福建省龙岩市新罗区培斜村

福建省泉州市泉港区惠屿村

福建省大田县元沙村

福建省福清市南宵村

福建省云霄县桉树村

江西省安义县罗田村

江西省新余市仙女湖区彩色村

江西省九江市柴桑区毛桥村

江西省芦溪县东阳村

江西省大余县元龙畲族村

山东省东营市垦利区小张村

山东省德州市陵城区薛庄

山东省曲阜市郑庄

山东省东平县南堂子村

河南省孟州市源沟村

河南省渑池县柳庄村

河南省西峡县简村

河南省光山县帅洼村

河南省郏县姚庄回族乡

湖北省宣恩县伍家台村

湖北省松滋市樟木溪村

湖北省钟祥市南庄村

湖北省宜都市全心畈村

湖北省建始县村坊村

湖南省花垣县十八洞村

湖南省长沙市岳麓区桐木村

湖南省汨罗市西长村

湖南省新化县土坪村

湖南省麻阳县楠木桥村

广东省南雄市灵潭村

广东省兴宁市东升村

广东省普宁市善德村

广西壮族自治区马山县乔老村

广西壮族自治区苍梧县沙地村

广西壮族自治区三江县布央村

广西壮族自治区田东县林驮村

海南省琼海市沙美村

海南省陵水县什坡村

重庆市长寿区邻封村

重庆市万州区楠桥村

重庆市江津区黄庄村

重庆市綦江区万隆村

重庆市石柱县八龙村

四川省成都市郫都区战旗村

四川省德阳市罗江区星光村

四川省开江县竹溪村

四川省雅安市雨城区塘坝村

四川省平昌县石龙村

四川省西昌市丘陵村

贵州省贵定县星溪村

贵州省安顺市西秀区大坝村

贵州省从江县岜沙村

贵州省兴义市联丰村

贵州省独山县翁奇村

云南省玉溪市红塔区大营街社区

云南省罗平县金鸡村

云南省盐津县豆沙关镇

云南省沧源县翁丁村

云南省腾冲市和睦茶花村

西藏自治区尼木县卡如乡

西藏自治区林周县联巴村

西藏自治区拉萨市城关区白定村

西藏自治区亚东县三岗新村

陕西省商南县太子坪村

陕西省礼泉县白村

陕西省渭南市临渭区天刘村

陕西省延安市宝塔区康坪村

甘肃省白银市白银区顾家善村

甘肃省敦煌市月牙泉村

甘肃省景泰县西和村

甘肃省天水市秦州区李官湾村

甘肃省兰州市西固区河口村

青海省尖扎县德吉村

青海省大通县边麻沟村

青海省共和县龙羊新村

青海省贵德县二连村

宁夏回族自治区贺兰县四十里店村

宁夏回族自治区贺兰县新平村

宁夏回族自治区泾源县冶家村

宁夏回族自治区石嘴山市大武口区龙泉村

新疆维吾尔自治区英吉沙县恰克日库依村

新疆维吾尔自治区木垒哈萨克自治县月亮地村

新疆维吾尔自治区沙湾县乌兰乌苏镇

新疆维吾尔自治区布尔津县也拉曼村

大连市金普新区土门子村

大连市金普新区袁屯社区

青岛市城阳区青峰社区

青岛市胶州市玉皇庙村

宁波市江北区毛岙村

宁波市余姚市大山村

厦门市翔安区马塘村

厦门市同安区白交祠村

新疆生产建设兵团第四师 71 团 7 连

新疆生产建设兵团第四师 73 团 8 连

文化和旅游部等 17 部门关于印发《关于促进乡村旅游可持续发展的指导意见》的通知

文旅资源发〔2018〕98 号

为深入贯彻落实《中共中央国务院关于实施乡村振兴战略的意见》（中发〔2018〕1 号）和《乡村振兴战略规划（2018—2022 年）》文件精神，实施乡村旅游精品工程，培育农村发展新动能，促进乡村旅游可持续发展，文化和旅游部会同有关部门共同研究制定了《关于促进乡村旅游可持续发展的指导意见》，现印发给你们，请认真贯彻实施。

文化和旅游部　国家发展改革委
工业和信息化部　财政部
人力资源社会保障部　自然资源部
生态环境部　住房城乡建设部
交通运输部　农业农村部
国家卫生健康委　中国人民银行
国家体育总局　中国银行保险监督管理委员会
国家林业和草原局　国家文物局
国务院扶贫办
2018 年 11 月 15 日

关于促进乡村旅游可持续发展的指导意见

乡村旅游是旅游业的重要组成部分，是实施乡村振兴战略的重要力量，在加快推进农业农村现代化、城乡融合发展、贫困地区脱贫攻坚等方面发挥着重要作用。为深入贯彻落实《中共中央国务院关于实施乡村振兴战略的意见》（中发〔2018〕1 号）和《乡村振兴战略规划（2018－2022 年）》，推动乡村旅游提质增效，促进乡村旅游可持续发展，加快形成农业农村发展新动能，现提出以下意见：

一、总体要求

（一）指导思想

全面贯彻党的十九大和十九届二中、三中全会精神，以习近平新时代中国特色社会主义思想为指导，牢固树立新发展理念，落实高质量发展要求，紧紧围绕统筹推进"五位一体"总体布局和协调推进"四个全面"战略布局，按照产业兴旺、生态宜居、乡风文明、治理有效、生活富裕的总要求，从农村实际和旅游市场需求出发，强化规划引领，完善乡村基础设施建设，优化乡村旅游环境，丰富乡村旅游产品，促进乡村旅游向市场化、产业化方向发展，全面提升乡村旅游的发展质量和综合效益，为实现我国乡村全面振兴作出重要贡献。

（二）基本原则

——生态优先，绿色发展。践行绿水青山就是金山银山的理念，注重开发与保护并举，统筹考虑资源环境承载能力和发展潜力，加强对乡村生态环境和乡村特色风貌的保护，强化有序开发、合理布局，避免急功近利、盲目发展。

——因地制宜，特色发展。根据区域特点和资源禀赋，以市场为导向，因地制宜，科学规划，积极开发特色化、差异化、多样化的乡村旅游产品，防止大拆大建、千村一面和城市化翻版、简单化复制，避免低水平同质化竞争。

——以农为本，多元发展。坚持以农民

为受益主体，以农业农村为基本依托，尊重农民意愿，注重农民的全过程参与，调动农民积极性与创造性，加大政府的支持和引导力度，吸引更多的社会资本和经营主体投入乡村旅游的发展，释放乡村旅游发展活力。

——丰富内涵，品质发展。挖掘乡村传统文化和乡俗风情，加强乡村文物保护利用和文化遗产保护传承，吸收现代文明优秀成果，在保护传承基础上创造性转化、创新性发展，提升农村农民精神面貌，丰富乡村旅游的人文内涵，推动乡村旅游精品化、品牌化发展。

——共建共享，融合发展。整合资源，部门联动，统筹推进，加快乡村旅游与农业、教育、科技、体育、健康、养老、文化创意、文物保护等领域深度融合，培育乡村旅游新产品新业态新模式，推进农村一二三产业融合发展，实现农业增效、农民增收、农村增美。

（三）主要目标

到 2022 年，旅游基础设施和公共服务设施进一步完善，乡村旅游服务质量和水平全面提升，富农惠农作用更加凸显，基本形成布局合理、类型多样、功能完善、特色突出的乡村旅游发展格局。

二、加强规划引领，优化区域布局

（四）优化乡村旅游区域整体布局

推动旅游产品和市场相对成熟的区域、交通干线和 A 级景区周边的地区深化开展乡村旅游，支持具备条件的地区打造乡村旅游目的地，促进乡村旅游规模化、集群化发展。鼓励东部地区围绕服务中心城市，重点推进环都市乡村旅游度假带建设，提升乡村旅游产品品质，推动乡村旅游目的地建设；鼓励中西部地区围绕脱贫攻坚，重点推动乡村旅游与新型城镇化有机结合，合理利用古村古镇、民族村寨、文化村镇，打造"三区三州"深度贫困地区旅游大环线，培育一批乡村旅

游精品线路；鼓励东北地区依托农业、林业、避暑、冰雪等优势，重点推进避暑旅游、冰雪旅游、森林旅游、康养旅游、民俗旅游等，探索开展乡村旅游边境跨境交流，打造乡村旅游新高地。（文化和旅游部、发展改革委、农业农村部、自然资源部、体育总局、林草局按职责分工负责）

（五）促进乡村旅游区域协同发展

加强东、中西部旅游协作，促进旅游者和市场要素流动，形成互为客源、互为市场、互动发展的良好局面。加强乡村旅游产品与城市居民休闲需求的对接，统筹城乡基础设施和公共服务，加大城市人才、智力资源对乡村旅游的支持，促进城乡间人员往来、信息沟通、资本流动，加快城乡一体化发展进程。注重旅游资源开发的整体性，鼓励相邻地区打破行政壁垒，统筹规划，协同发展。依托风景名胜区、历史文化名城名镇名村、特色景观旅游名镇、传统村落，探索名胜名城名镇名村"四名一体"全域旅游发展模式。（文化和旅游部、发展改革委、农业农村部、自然资源部、住房城乡建设部、人力资源社会保障部按职责分工负责）

（六）制定乡村旅游发展规划

各地区要将乡村旅游发展作为重要内容纳入经济社会发展规划、国土空间规划以及基础设施建设、生态环境保护等专项规划，在规划中充分体现乡村旅游的发展要求。支持有条件的地区组织开展乡村旅游资源普查和发展状况调查，编制乡村旅游发展规划，鼓励突破行政区域限制，跨区域整合旅游资源，制定区域性乡村旅游发展规划。乡村旅游发展规划要符合当地实际，强化乡土风情、乡居风貌和文化传承，尊重村民发展意愿，落实国土空间规划有关要求，注重规划衔接与落地实施。严格保护耕地，落实永久基本农田控制线并实行特殊保护。独立编制的乡村旅游发展规划应符合镇规划、乡规划和村庄规划的有关要求。（文化和旅游部、发

展改委、生态环境部、自然资源部、住房城乡建设部、农业农村部、文物局按职责分工负责）

三、完善基础设施，提升公共服务

（七）提升乡村旅游基础设施

结合美丽乡村建设、新型城镇化建设、移民搬迁等工作，实施乡村绿化、美化、亮化工程，提升乡村景观，改善乡村旅游环境。加快交通干道、重点旅游景区到乡村旅游地的道路交通建设，提升乡村旅游的可进入性。鼓励有条件的旅游城市与游客相对聚集乡村旅游区间开通乡村旅游公交专线、乡村旅游直通车，方便城市居民和游客到乡村旅游消费。完善农村公路网络布局，加快乡镇、建制村硬化路"畅返不畅"整治，提高农村公路等级标准，鼓励因地制宜发展旅游步道、登山步道、自行车道等慢行系统。引导自驾车房车营地、交通驿站建设向特色村镇、风景廊道等重要节点延伸布点，定期发布乡村旅游自驾游精品线路产品。加强乡村旅游供水供电、垃圾污水处理以及停车、环卫、通讯等配套设施建设，提升乡村旅游发展保障能力。（文化和旅游部、发展改革委、农业农村部、交通运输部、财政部按职责分工负责）

（八）完善乡村旅游公共服务体系

实施"厕所革命"新三年计划，引进推广厕所先进技术。结合乡村实际因地制宜进行厕所建设、改造和设计，注重与周边和整体环境布局协调，尽量体现地域文化特色，配套设施始终坚持卫生实用，反对搞形式主义、奢华浪费。积极组织开展厕所革命公益宣传活动，深入开展游客、群众文明如厕教育。推动建立乡村旅游咨询服务体系，在有条件、游客数量较大的乡村旅游区建设游客咨询服务中心，进一步完善乡村旅游标识标牌建设，强化解说、信息咨询、安全救援等服务体系建设，完善餐饮住宿、休闲娱乐、户外运动、商品购物、文化展演、民俗体验等配套服务，促进乡村旅游便利化。加快推动乡村旅游信息平台建设，完善网上预订、支付、交流等功能，推动乡村旅游智慧化。（文化和旅游部、发展改革委、农业农村部、住房城乡建设部、自然资源部、财政部、工业和信息化部、卫生健康委按职责分工负责）

四、丰富文化内涵，提升产品品质

（九）突出乡村旅游文化特色

在保护的基础上，有效利用文物古迹、传统村落、民族村寨、传统建筑、农业遗迹、灌溉工程遗产、农业文化遗产、非物质文化遗产等，融入乡村旅游产品开发。促进文物资源与乡村旅游融合发展，支持在文物保护区域因地制宜适度发展服务业和休闲农业，推介文物领域研学旅行、体验旅游、休闲旅游项目和精品旅游线路，发挥文物资源对提高国民素质和社会文明程度、推动经济社会发展的重要作用。支持农村地区地域特色文化、民族民间文化、优秀农耕文化、传统手工艺、优秀戏曲曲艺等传承发展，创新表现形式，开发一批乡村文化旅游产品。依托乡村旅游创客基地，推动传统工艺品的生产、设计等和发展乡村旅游有机结合。鼓励乡村与专业艺术院团合作，打造特色鲜明、体现地方人文的文化旅游精品。大力发展乡村特色文化产业。支持在乡村地区开展红色旅游、研学旅游。（文化和旅游部、发展改革委、住房城乡建设部、生态环境部、农业农村部、文物局按职责分工负责）

（十）丰富乡村旅游产品类型

对接旅游者观光、休闲、度假、康养、科普、文化体验等多样化需求，促进传统乡村旅游产品升级，加快开发新型乡村旅游产品。结合现代农业发展，建设一批休闲农业精品园区、农业公园、农村产业融合发展示范园、田园综合体、农业庄园，探索发展休闲农业和乡村旅游新业态。结合乡村山地资源、森林资源、水域资源、地热冰雪资源等，发展森林观光、山地度假、水域休闲、冰雪娱乐、温泉养生等旅游产品。鼓励有条件地区，推进乡村旅游和中医药相结合，开发康养旅游产品。充分利用农村土地、闲置宅基地、闲置农房等资源，开发建设乡村民宿、养老等项目。依托当地自然和文化资源禀赋发展特色民宿，在文化传承和创意设计上实现提升，完善行业标准、提高服务水平、探索精准营销，避免盲目跟风和低端复制，引进多元投资主体，促进乡村民宿多样化、个性化、专业化发展。鼓励开发具有地方特色的服饰、手工艺品、农副土特产品、旅游纪念品等旅游商品。（文化和旅游部、发展改革委、农业农村部、生态环境部、自然资源部、体育总局、林草局按职责分工负责）

（十一）提高乡村旅游服务管理水平

制定完善乡村旅游各领域、各环节服务规范和标准，加强经营者、管理者、当地居民等技能培训，提升乡村旅游服务品质。提升当地居民旅游观念和服务意识，提升文明习惯、掌握经营管理技巧。鼓励先进文化、科技手段在乡村旅游产品体验和服务、管理中的运用，增加乡村旅游发展的知识含量。大力开展专业志愿者支援乡村行动，鼓励专业人士参与乡村景观设计、乡村旅游策划等活动。探索运用连锁式、托管式、共享式、会员制、分时制、职业经理制等现代经营管理模式，提升乡村旅游的运营能力和管理水平。（文化和旅游部、农业农村部、人力资源社会保障部按职责分工负责）

五、创建旅游品牌，加大市场营销

（十二）培育构建乡村旅游品牌体系

树立乡村旅游品牌意识，提升品牌形象，增强乡村旅游品牌的影响力和竞争力。鼓励各地整合乡村旅游优质资源，推出一批特色鲜明、优势突出的乡村旅游品牌，构建全方位、多层次的乡村旅游品牌体系。建立全国乡村旅游重点村名录，开展乡村旅游精品工程，培育一批全国乡村旅游精品村、精品单位。鼓励具备条件的地区集群发展乡村旅游，积极打造有影响力的乡村旅游目的地。支持资源禀赋好、基础设施完善、公共服务体系健全的乡村旅游点申报创建 A 级景区、旅游度假区、特色小镇等品牌。（文化和旅游部、发展改革委、农业农村部、生态环境部按职责分工负责）

（十三）创新乡村旅游营销模式

发挥政府积极作用，鼓励社会力量参与乡村旅游宣传推广和中介服务，鼓励各地开展乡村旅游宣传活动，拓宽乡村旅游客源市场。依托电视、电台、报纸等传统媒体资源，利用旅游推介会、博览会、节事活动等平台，扩大乡村旅游宣传。充分利用新媒体自媒体，支持电商平台开设乡村旅游频道，开展在线宣传推广和产品销售等。（文化和旅游部、发展改革委、农业农村部按职责分工负责）

六、注重农民受益，助力脱贫攻坚

（十四）探索推广发展模式

支持旅行社利用客源优势，最大限度宣传推介旅游资源并组织游客前来旅游，并通过联合营销等方式共同开发市场的"旅行社带村"模式。积极推进景区辐射带动周边发展乡村旅游，形成乡村与景区共生共荣、共建共享的"景区带村"模式。大力支持懂经营、善管理的本地及返乡能人投资旅游，以吸纳就业、带动创业的方式带动农民增收致富的"能人带户"模式。不断壮大企业主导乡村旅游经营，吸纳当地村民参与经营或管理的"公司＋农户"模式。引导规范专业化服务与规模化经营相结合的"合作社＋农户"模式。鼓励各地从实际出发，积极探索推广多方参与、机制完善、互利共赢的新模式新做法，建立定性定量分析的工作台账，总结推广旅游扶贫工作。（文化和旅游部、农业农村部、国务院扶贫办按职责分工负责）

（十五）完善利益联结机制

突出重点，做好深度贫困地区旅游扶贫工作。建立健全多元的利益联结机制，让农民更好分享旅游发展红利，提高农民参与性和获得感。探索资源变资产、资金变股金、农民变股东的途径，引导村集体和村民利用资金、技术、土地、林地、房屋以及农村集体资产等入股乡村旅游合作社、旅游企业等获得收益，鼓励企业实行保底分红。支持在贫困地区实施一批以乡村民宿改造提升为重点的旅游扶贫项目，引导贫困群众对闲置农房升级改造，指导各地在明晰产权的基础上，建立有效的带贫减贫机制，增加贫困群众收益。支持当地村民和回乡人员创业，参与乡村旅游经营和服务。鼓励乡村旅游企业优先吸纳当地村民就业。（文化和旅游部、农业农村部、自然资源部、林草局、国务院扶贫办按职责分工负责）

七、整合资金资源，强化要素保障

（十六）完善财政投入机制

加大对乡村旅游项目的资金支持力度。鼓励有条件、有需求的地方统筹利用现有资金渠道，积极支持提升村容村貌，改善乡村旅游重点村道路、停车场、厕所、垃圾污水处理等基础服务设施。按规定统筹的相关涉农资金可以用于培育发展休闲农业和乡村旅游。（财政部、发展改革委、农业农村部按职责分工负责）

（十七）加强用地保障

各地应将乡村旅游项目建设用地纳入国土空间规划和年度土地利用计划统筹安排。在符合生态环境保护要求和相关规划的前提下，鼓励各地按照相关规定，盘活农村闲置建设用地资源，开展城乡建设用地增减挂钩，优化建设用地结构和布局，促进休闲农业和乡村旅游发展，提高土地节约集约利用水平。鼓励通过流转等方式取得属于文物建筑的农民房屋及宅基地使用权，统一保护开发利用。在充分保障农民宅基地用益物权的前提下，探索农村集体经济组织以出租、入股、合作等方式盘活利用闲置宅基地和农房，按照规划要求和用地标准，改造建设乡村旅游接待和活动场所。支持历史遗留工矿废弃地再利用、荒滩等未利用土地开发乡村旅游。（自然资源部、住房城乡建设部、生态环境部、农业农村部、林草局按职责分工负责）

（十八）加强金融支持

鼓励金融机构为乡村旅游发展提供信贷支持，创新金融产品，降低贷款门槛，简化贷款手续，加大信贷投放力度，扶持乡村旅游龙头企业发展。依法合规推进农村承包土地的经营权、农民住房财产权抵押贷款业务，积极推进集体林权抵押贷款、旅游门票收益权质押贷款业务，扩大乡村旅游融资规模，鼓励乡村旅游经营户通过小额贷款、保证保险实现融资。鼓励保险业向乡村旅游延伸，探索支持乡村旅游的保险产品。（财政部、自然资源部、人民银行、银保监会按职责分工负责）

（十九）加强人才队伍建设

将乡村旅游纳入各级乡村振兴干部培训计划，加强对县、乡镇党政领导发展乡村旅游的专题培训。通过专题培训、送教上门、结对帮扶等方式，开展多层次、多渠道的乡村旅游培训。各级人社、农业农村、文化和旅游、扶贫等部门要将乡村旅游人才培育纳入培训计划，加大对乡村旅游的管理人员、服务人员的技能培训，培养结构合理、素质较高的乡村旅游从业人员队伍。开展乡村旅游创客行动，组织引导大学生、文化艺术人才、专业技术人员、青年创业团队等各类

"创客"投身乡村旅游发展，促进人才向乡村流动，改善乡村旅游人才结构。（文化和旅游部、人力资源社会保障部、农业农村部、国务院扶贫办按职责分工负责）

各地各部门要把乡村旅游可持续、高质量发展作为实施乡村振兴战略的重要举措，统筹乡村旅游发展工作，结合实际出台落实意见或实施方案，明确部门工作职责，建立督导机制，形成推动乡村旅游发展的强大合力，推动各项任务贯彻落实。

中国美丽休闲乡村

北京市门头沟区赵家台村　　湖南省长沙市岳麓区桐木村
北京市顺义区北郎中村　　　广东省南雄市灵潭村
天津市蓟州区程家庄村　　　广东省兴宁市东升村
天津市武清区马神庙村　　　广西壮族自治区苍梧县沙地村
辽宁省盘锦市大洼区杨家村　广西壮族自治区马山县乔老村
吉林省舒兰市马鞍岭村　　　海南省陵水县什坡村
吉林省长春市双阳区黑鱼村　海南省琼海市沙美村
黑龙江省宁安市小朱家村　　重庆市万州区楠桥村
黑龙江省大海林双峰林场（雪乡）　重庆市长寿区邻封村
江苏省苏州市吴中区灵湖村　四川省开江县竹溪村
江苏省徐州市贾汪区马庄村　四川省西昌市丘陵村
浙江省淳安县下姜村　　　　贵州省安顺市西秀区大坝村
浙江省缙云县笕川村　　　　贵州省独山县翁奇村
安徽省巢湖经济开发区汤山村　云南省腾冲市和睦茶花村
安徽省宣城市宣州区祁梅村　云南省玉溪市红塔区大营街社区
江西省大余县元龙畲族村　　西藏自治区省尼木县卡如乡
江西省新余市仙女湖区彩色村（孝头村）　陕西省商南县太子坪村
山东省德州市陵城区薛庄村　陕西省礼泉县白村
山东省东营市垦利区小张村　辽宁省金州县土门子村
河南省郏县姚庄回族乡　　　浙江省宁波市江北区毛岙村
河南省光山县帅洼村　　　　山东省青岛市城阳区青峰社区
湖北省建始县村坊村　　　　山东省胶州市玉皇庙村
湖北省宜都市全心畈村　　　新疆生产建设兵团第四师71团7连
湖南省花垣县十八洞村　　　新疆生产建设兵团第四师73团8连

北京市门头沟区赵家台村

【最佳休闲时间】 四季
【主导产业】 休闲旅游产业
【特色产品】 农副产品
【体验项目或活动】 采摘
【情况介绍】

赵家台村在北京市门头沟区潭柘寺镇辖区内,位于潭柘寺镇中心区,目前赵家台村共 146 个自然户,406 人,全村分为新村、老村两个区域。

赵家台村生态环境优美。村内设置主街道花池,花池内种植爬山虎、月季等植物。村委坚持"因地制宜、注重特色、分类实施"的原则,全面改善村内环境卫生。按照"干净整洁、优美环境、便捷有序"的要求,做到村内生活垃圾由专职人员定点运输,安排专人负责清洁工作,以治脏、治乱、治差为重点。对于基础设施的建设,赵家台村提倡绿色发展,安装太阳能路灯,村口设置了一处岗亭出入杆,大街小巷安装电子摄像头,安排安保专人 24 小时上岗;村集体免费为村民供水,为鼓励节约用水统一安装智能水表,并制定节水奖励长效机制,修建水房一座,购买净水消毒设施,保证用水安全,村容村貌及村民生活有了极大改善。

绿色产业引领发展。赵家台村创新思路,依托建设美丽乡村契机,走村民致富、经济发展的绿色产业道路。利用老村山区的优美环境与周边旅游资源相结合,满足都市人们回归自然、休闲观光的需求,壮大老村观光园区建设,种植核桃、梨、李子等经济作物,并通过增加各种基础服务措施,开展各种娱乐活动,将老村开发成一个集采摘休闲、农业观光与住宿为一体的特色园区。赵家台新村的二层小楼作为民俗接待户,中式楼顶、西式结构,形成兼具东、西方建筑的独特风格,为了更好地服务游客,村民自发成立了民俗旅游接待协会和游客服务中心,大力发展农民经济合作组织,为农民就业增收打开了新空间。如今,民俗接待业已成为赵家台村主导产业,现赵家台村共有 90 户民俗户,其中 74 户民俗户已被评为星级民俗户。

发挥村民的主体作用。一方面,在全村广泛开展宣传工作,创造"人人知创建"的良好氛围,提高村民思想觉悟和文明素质。通过广泛宣传教育,积极营造良好的环境氛围,让村民在耳濡目染中自觉养成文明健康的生活习惯。同时注重提升村民科教素养,培养村民道德风尚,实现村民增智,引导家庭、邻里和睦,促进乡风文明。另一方面,建立村集体、村民等各方共谋、共建、共管、共评、共享机制,动员村民投身美丽家园建设,充分运用"一事一议"民主决策机制。村内设立了社区服务站、慈善超市、医务室、农民书屋、活动娱乐室、电影厅、电脑学习室等便民设施,此外,还建立了物业化管理的长效机制,更好地打造赵家台村"美丽乡村"形象,加快赵家台村社区化建设的步伐,保证本村公共环境美化、公共设施完好、推进社会建设及提升村民精神文明水平。

如今的赵家台村,家家户户房前屋后"瓜果梨桃、鸟语花香",村民收入得到明显增加,村民的生活水平得到明显提高,总体生活质量有质的飞跃,村民综合幸福指数得到明显提升,为广大农民建设幸福美好家园打牢基础。

北京市顺义区北郎中村

【最佳休闲时间】 1～5 月,10～12 月
【主导产业】 花卉
【特色产品】 鲜切菊
【体验项目或活动】 插花、农耕体验、户外运动
【情况介绍】

北郎中村位于北京市顺义区赵全营镇镇

域中心，距北京 35 千米，紧临京承高速、六环路、昌金路等主干道，依据自身区域位置和条件，确立了"发展绿色经济、营造绿色环境、奉献绿色产品、共享绿色生活"的发展定向，和"生产、生态、生活、示范"四位一体的发展定位。随着产业结构调整不断深入，优化升级，形成了以花卉、籽种、农产品加工和观光休闲农业为主的产业结构，实现了一二三产有机融合，相互促进，协调发展，成为具有自身鲜明特色的现代农业产业。

随着北京农业结构调整，北郎中村把发展休闲观光农业作为发展重点。结合本村"美丽乡村"建设工作和疏、整、促工作相结合，对村属企业发展规划向休闲农业方向调整，整治路面 3 万多平方米，更新绿化面积 5 万多平方米，新建各种旅游服务设施 2 000多平方米，增加了休闲农业项目 6 个，完善购物及住宿餐饮等设施，形成了功能完善、内容丰富、具有一定市场知名度的观光休闲农业园区。

1. 加强生态环境改造

一是在原有绿化美化基础上进行升级改造，体现自然生态美，并与村庄文化、环境相融合，突出局部精致节点，为发展观光休闲农业奠定基础，种植绿化苗木及进行平原造林 2 500 多亩，改善了村庄的生态环境。二是对全村坑塘水系进行修整、完善，全部贯通，并保持常年有干净的活水。三是按照"景点式"标准要求，改造垃圾池，更换垃圾桶和配电箱。四是对环村路周围的片林进行整理，配套休闲健身设施，方便村民茶余饭后户外活动。五是对散水、坡地和闲散地块等进行整治，建设村内停车场。北郎中村庄环境的改造，成为发展乡村旅游重要的有形资源。

2. 加强旅游产品开发

北郎中村把大部分农产品按照旅游商品的要求，聘请专业人员进行开发与设计，推出了几个系列、20 多个品种的旅游商品进行

销售，由过去"质优价低"变为"质高价优"，大大提高了农产品的价值，特别是彩色玉米、黑小麦全粉、香油、特色猪肉等 10 多个产品，深受消费者欢迎，选购北郎中特色的农产品已成为游客来园区旅游的一项重要内容。

3. 促进花卉产业向发展休闲观光农业方向发展

村集体下属的花卉基地借助休闲农业的发展，由生产型向休闲观光型转变，启动了以花卉为主题的观光园。目前，建成了道路、外部景观、外部绿化和菊花培育中心、菊文化体验园等设施；增加了花卉新品种 60 多个，新建花卉观光展示厅 1 万多平方米，先后举办了多次大型不同主题的观光休闲活动，形成了市民可以全年参与的休闲好景点。

4. 引导果蔬基地大力发展以农事体验为主的休闲农业

引导果蔬生产基地在不断提高果蔬产品品质的同时，开展各种形式的、市民参与性强的农业休闲活动游，如农事体验活动、水果蔬菜采摘、土地认领、多种家庭亲子活动、消夏纳凉活动等。另外，在顺义区政府的领导下，清退了生态养殖园，淘汰了一批小低散产业，为今后发展休闲农业提供新的空间。

5. 发展美丽乡村建设，为提升乡村旅游提供更好的发展机遇

根据顺义区赵全营镇党委、镇政府的安排部署，北郎中村"美丽乡村"建设遵循"以人为本、科学规划、环境生态、民族文化"规划理念，从村庄文化、市政配套、绿化美化等方面进行整体规划，采取"不大拆大建"，按照"街道改造景观化、基础设施城市化、配套设施现代化、景观打造生态化、土地利用集约化"和"看得见山，望得见水，记得住乡愁"的总体思路进行规划设计。通过"美丽乡村"建设，提升人居环境品质，让村民享受城市化的社会服务，打造"中国有个北郎中"品牌，以适应"民生和环境持

续改善"的新常态,助推产业转型升级。

6. 科学规划,挖掘村庄文化内涵

以整合视觉要素、突出重要节点、连贯视觉感受、兼容自然环境、提升品牌力量、传达村庄魅力为方案设计要点,对村内街道、昌金路两侧,统一进行整理、包装,深度挖掘村庄历史文化,建设文化底蕴深厚的魅力村庄。已完成具有文化典故的"四眼井"维护翻新、村门头翻建、村内导视系统建立、文化标识摆放、文化街改造等工程,大幅提升了村域文化品位,北郎中文化成为发展乡村旅游重要的无形资源。

7. 完善村庄市政配套基础设施建设

包括道路、给排水、燃气、电力、公共设施改造等12项工程,目前各项工程建设已完工,大幅提升村庄生态宜居品质,为村内产业转型升级发展休闲观光农业及民宿旅游打好基础。

北郎中村休闲观光农业的发展带动了餐饮业、住宿业的发展,新增餐厅6个、集住宿与培训功能的庄园1个,安排120多名村民就业,年接待游客10多万人次。先后获得了首都绿化美化花园式单位、全国生态文化村、首批北京最美丽乡村等称号,并获得了北京市休闲农业五星级园区。

天津市蓟州区程家庄村

【最佳休闲时间】 每年7~10月
【主导产业】 乡村旅游
【特色产品】 油蟠桃、"艳特红"甜脆桃、葡萄、有机花生、有机红薯
【体验项目或活动】 柳溪暨燕子李三纪念馆、"不忘初心,牢记使命"——党史教育基地、自然观赏园、果品采摘农耕园、水上游乐园、大型游乐设备区、丛林木屋特色住宿等
【情况介绍】

程家庄村位于蓟州母亲河——州河西岸,东有京秦高速、津蓟铁路、津围公路,西有津蓟高速贯穿南北,南邻仓桑公路,交通条件便捷,处在京津唐1小时经济圈中心区域。全村共有465户、1 485人,全村土地总面积2 570亩,其中耕地面积1 180亩。近年来,程家庄村党支部认真学习领会习近平总书记新思想、新理念,围绕强村富民目标,坚持以党建为引领,破除思想坚冰,深挖底蕴,敢闯敢突,大力发展平原特色旅游,带领全村群众端上旅游"金饭碗",进入了小康建设的快车道。

一是抓支部建设,用党风正气凝聚群众。打铁必须自身硬。为保持党支部这个"火车头"的持久动力,切实建好红色堡垒,程家庄村支部从思想教育入手,坚持学习不放松,思想不松扣,认真落实镇党委部署要求,班子成员带头深学深悟党的十九大精神,用习近平总书记新思想、新理论武装头脑,不断更新理念,增强自身本领。同时,从建制度、定规矩入手,建立完善民主决策、民主管理等制度,全面落实农村党员户挂牌承诺,用"六做六不做"行为规范激励引导党员,用制度管理人、约束人,村里大事小情,全部实行"六步三要"民主决策,该走的程序一项不落。近年来,全村工程项目比较多,涉及资金上亿元,程家庄全部实行公开招投标,村里也形成一条不成文的规矩,就是班子成员及亲属不能承包或插手村内工程,至今从来没有发生一起信访问题。

二是抓旅游开发,用富民产业引领群众。2016年程家庄村以"展上仓人文积淀之精华,开蓟州平原旅游之先河"为切入点,投资4 000万元着手创建"北方江南旅游景区"。2017年景区接待游客近12万人次,旅游收入760万元,被评为3A级景区,成为蓟州区全域旅游发展代表。2018年又先后投资1 100万元,新建"不忘初心,牢记使命"——党史教育基地,是涵盖中国共产党各阶段发展史,改革开放40年成就,抗日战争及上仓惨案和英雄人物,农民生活习俗、

民间手工艺,实景复原,农耕体验等内容的大型展馆,使之成为传承红色文化,发扬红色传统的教育基地。投资 1 300 万元新建大型水上游乐项目,项目占地 15 000 平方米,建有造浪池、大型水寨、高速滑梯、环流河以及多种戏水小品等水上项目。下一步,程家庄村将精心打造平原模式田园综合体品牌,开发农业观光、农耕体验、特色民宿、养生养老、休闲娱乐等项目,丰富旅游业态和产品,创建特色生态旅游示范村和精品线路,打造主题鲜明的乡村旅游精品,使程家庄成为平原模式田园综合体的一张名片。

三是抓村风文明,用先进文化教育群众。结合"维护核心、铸就忠诚、担当作为、抓实支部"主题教育实践活动,程家庄坚持用文化统领全村党员、群众的思想和行动,着力下好"两手棋",一是以党风促民风,每名党员年内力所能及为群众办两三件好事;组建了党群志愿先锋队,每季度结合"党性锻炼活动周"至少开展一次活动。二是倡导树立文明新风尚,以家风带民风,深挖村庄文化内涵,制作"二十四孝"文化彩绘墙和"道义"千米文化长廊,以图文并茂的形式传颂着程家庄村的"孝道"文化。同时制定了村规民约,组建了秧歌队,组织开展好婆婆好媳妇评选、尊老敬老等活动。通过长期的传统文化教育和熏陶,全村形成了邻里和睦、互敬互爱的良好社会风气。

天津市武清区马神庙村

【最佳休闲时间】 5~10 月

【主导产业】 现代农业、通臂拳文化产业、民宿旅游

【特色产品】 蔬菜、肉牛、肉羊、肉驴、柴鸡蛋、传统豆丝制作、羊杂制作、通臂拳酒、景泰蓝掐丝

【体验项目或活动】 蔬菜采摘、农事体验、通臂拳表演交流学习

【情况介绍】

马神庙村位于天津市武清城区北 30 千米,河北省香河县城南 20 千米,下伍旗镇区北 2.5 千米,北傍青龙湾河,西靠千年京杭大运河。清朝顺治年间(1644—1661 年)成村,因为村内在早先建有一座马神庙,于是就以庙名为村名。值得一提的是,马神庙村有着深厚的武术传统,是五行通臂拳宗师张策和张喆的故乡,具有悠久的武术历史和深厚的文化底蕴。

创建美丽村庄,多效并举转变人居环境。全村现有 216 户,660 口人,党员 36 人,"两委"班子成员 5 人,耕地 1 132 亩。针对村民实际需求,以建设社会主义新农村为契机,以村容整治和改善居住环境为重点,稳步推进基础设施建设。近年来开展了一系列的村庄道路、里巷硬化,安装路灯,垃圾分类处理,栽种景观花卉等工程。

坚持文化引领,弘扬农村文明新风尚。五行通臂拳在中国武坛上久负盛名,马神庙村作为其发源地,近年来开展了一系列传承工作。2013 年"'臂圣张策'五行通臂拳"被认定为天津市非物质文化遗产,2017 起组织通臂拳传人参加市、区各项活动多次。随着生产发展、生活改善和新农村建设的不断深入,马神庙村农民精神文化生活需求明显的提高,在农闲和传统节日期间,群众自编自演,自娱自乐,老少同台,马神庙村"小车会"曾代表下伍旗镇参加武清区文化汇演。通过各种健康向上、丰富多彩的文化活动,把浓郁的乡土气息和强烈的时代精神有机地结合起来。马神庙村获天津市 2015—2017 年度"文明村庄"称号。

致力产业培育,增加农民收入。发展产业、富裕农民,让全村群众过上更加美好的生活,是农村精神文明建设的题中之义。一是因地制宜兴产业。目前初步确定了"特色蔬菜种植＋通臂拳武术传承",集生态种植、文化传承、生态旅游、休闲娱乐为一体的特

色发展之路。二是因势利导促创业。着眼转型创新发展，吸引村内能人回乡创业带动农民致富，目前已有两个手工加工企业在村内开展业务，安置本村 40 余名困难群众就业。建设天津市运河东畔现代农业产业园项目。在土地集约化管理基础上，流转马神庙村和柴庄土地 317 亩，使土地得以连片集约、规模经营，推动下伍旗镇农产品基地和示范园区的建设，预计每年能给村集体带来 30 万元以上的收入。三是因需施策强家业。结合运河东畔现代农业产业园，逐步形成集生态种植、文化传承、生态旅游、休闲娱乐为一体的特色发展之路。借助于周边青龙湾河、津北森林公园等景点，通过采取改造农家院、废弃坑塘改建养鱼池、美化村庄环境等措施发展乡村旅游业，借助"党支部＋合作社＋贫困户"等多种帮扶模式，不断增强经济实力，实现全面小康的目标。

辽宁省盘锦市大洼区杨家村

【最佳休闲时间】 6～10 月
【主导产业】 认养农业、乡村旅游
【特色产品】 认养小二大米、认养小二白酒、认养小二米醋、认养小二蔬菜
【体验项目或活动】 无动力游乐设施多功能综合性游乐园、研学游、农事体验、乡村骑行
【情况介绍】

（一）简介

新立镇杨家村总面积 8.45 平方千米，全村有 5 个自然屯、4 个村民组，共 520 户，总人口 1 783 人，人均收入 16 800 元，现有退休老人 538 人。杨家村党支部有 4 个党小组，党员人数 41 人，村"两委"班子成员 7 人。杨家村全村社会总产值 2 995 万元，农作物种植主要以水稻、玉米和棚菜为主，其中水稻种植面积为 6 786 亩，玉米种植面积为 347 亩，蔬菜大棚面积 9.8 亩；养殖业比

较发达，其中淡水鱼养殖面积 298 亩，河蟹养殖面积 120 亩，另有部分村民家庭型养殖鸡和羊。

（二）产业优势明显

2015 年年初，新立镇杨家村在全国首创了"互联网＋认养农业"模式，建立米蔬认养基地，成立认养农业公司，创立"认养小二"品牌，绿色健康的农产品实现了从田间到餐桌的零环节直供，不施农药、化肥改良了耕地土质，土地流转后，让农民从土地耕作中解放出来，进行三产活动，外出务工，增加农民收入。达到了农业效益、农民收入、农产品质量"三提升"。2015 年实现认养水稻 1 700 亩，菜地 400 份；2016 年，积极推进农业供给侧结构性改革，以打造盘锦大米的"无印良品"为目标，全力推进认养农业发展，实现认养水稻 10 000 亩（杨家村的稻田全部实现认养，还带动周边村屯实现认养），菜地 440 份，涉及农户 900 余户，带动农民就业 4 000 余人；2017 年、2018 年认养面积扩大到 12 000 亩。大力推进农村产业融合。一是与旅游产业深度融合。认养农业是乡村体验游的重要载体，充分释放出了美丽村、特色村的资源优势，已经成为生态游、观光游、乡村游、休闲游的最佳目的地。二是与加工物流业深度融合。认养公司拥有先进的加工设备和仓储基地，并与德邦、邮政、顺丰等 20 多家物流企业建立了战略合作关系。三是与金融产业深度融合。通过互联网金融平台，探索"P2P＋众筹"模式，改变了传统农业单一融资模式，吸引了社会资本投资认养农业。四是与其他产业深度融合。认养公司正在积极与多家上市公司洽谈合作。探索"认养农业＋饮食""认养农业＋养老""认养农业＋电商""认养农业＋文化"模式。

（三）独特的村容景致

杨家村有农耕文化、柳编文化、排苫文

化、知青文化等丰富的传统文化，为了挖掘整理本地文化内涵、保存历史记忆、彰显乡愁特色，杨家村建设了6栋主体框架为木质结构，屋顶为东北特色的排苫记忆的精品民宿——谷仓民宿，立业、立德、立富3处幸福民居和百姓宿家民宿，还在村子入口处建立了两座排苫技艺的大门，未来将把整个村的房屋改造为排苫技艺的屋顶。

杨家村还依托有机稻米、优质温泉资源及自然风光，建成了认养小二白酒舍、水上亲子乐园、稻香咖啡屋、猫耳影院、千穗温泉及百年古柳旅游项目，在发展认养农业支柱产业的同时融合发展了乡村旅游业，形成了独具特色的稻田温泉风光。

（四）生态环境优美

空气质量达到 GB 3095—2012 标准。噪音质量达到国际0类标准。地表水质达到 GB 5749—2006 的规定要求。绿化与美化：①绿化与美化措施多样，以园内乡土树木和花卉为主，并适当引进高档植物。②园内花草大多为人工种植，并及时修剪。

千穗温泉景区绿化覆盖率为95%。景区内无破坏环境和游览气氛设施、设备和材料，无产生高噪音有毒有害物质的车辆、船只。

（五）文化生活丰富多彩，精神文明不断升华

物质生活的日益富足，不断激发广大群众对精神文化的向往和追求。村"两委"高度重视精神文明建设工作，建设了文化活动广场和图书室，先后举办了小二冰雪节、辽西速滑精英赛、盘锦市摄影爱好者大赛、百姓春节晚会、认养小二插秧节、辽宁省非物质文化遗产项目展示等活动，通过这些活动的举办，传播弘扬了优秀的传统文化，丰富了居民的精神生活。

注重强化校企合作、产研融合、产教融合，盘锦市社会科学普及基地、东北大学教育基地、辽宁省认养协会等组织先后落户杨家村，不但提升了本村群众的素质，还培育了认养农业特色产业发展所需各类人才。

（六）经济基础坚实

杨家村认养农业已成功引进以盘锦康禾生态农业有限公司、盘锦米域乡舍旅游发展有限公司、盘锦科尧农业科技发展有限公司为代表的农业企业5家，组建农民专业合作社4家。目前已经重点建设了稻米认养文化体验中心、米仓民宿、稻香咖啡屋、农夫集市、幸福民居等重点建设项目，已经发展认养基地近3 000亩，辐射周边区域近万亩，完善了全产业链生产体系，改扩建恒温仓储库、水稻晾晒场等基建设施。与中国农垦、振兴物业集团等部门和企业达成了合作共识，未来认养农业模式将在全国推广，发展更多农产品品类，使更多的农民、消费者受益。

（七）乡风民俗良好

以辽宁东北特色文化为灵魂。浓缩、传承地方传统文化，结合产业特征，弘扬文化发展理念。主要从以下方面展开：①挖掘当地文化如农耕文化、排苫文化等，利用现代化技术手段，将文化视觉化、实体化、具象化展示，发展现代农业创意文化；②以"认养小二"的品牌建设为根本出发点，弘扬健康养生文化，提升品牌文化；③收集地方传统文化，集中展示集市等华夏文化，弘扬地方特色民俗文化风情等。

（八）品牌效应突出

杨家村景区实体完整，各景观设置合理，保持景区的生态完美统一，四季景象各有不同，缤纷多彩，一派世外桃源的景象。杨家村景区自创建以来，声誉极好。得到各级领导、单位及广大游客一致赞美和肯定，先后成为盘锦市农旅双链示范基地、东北大学马克思社会主义理论实践基地、沈阳农业大学

实习基地。景区面积大，环境优美，独创性强。景区生态主题鲜明，认养小二大米已成为首批中国农垦荣誉背书企业，"1957 农场" App 正式上线，参加了第十五届中国国际农产品交易会荣获优质农产品金奖。无人问津的小乡村也随着稻香咖啡屋、米仓民宿、花痴野趣园等项目的成功运营成为日游客接待量超万人的乡村旅游名镇。

吉林省舒兰市马鞍岭村

【最佳休闲时间】 每年 12 月至次年 3 月
【主导产业】 甜黏玉米、畜牧养殖和乡村旅游
【特色产品】 二合雪乡旅游特色小镇、田园综合体
【体验项目或活动】 滑雪景区、野生动物景区、花海景区、小型演艺厅、林海雪地狩猎、农事体验馆
【情况介绍】

马鞍岭村位于吉林省舒兰市南部，东经 127 度北纬 44 度，北距市区 55 千米，面积 76 平方千米，森林覆盖率 75.9%。省级榆江公路穿村而过，南距珲乌高速新站出口 12 千米，交通便利。

全村 6 个自然屯，总户数 631 户、总人口 2 130 人。村主导产业为甜黏玉米、畜牧养殖和乡村旅游，2017 年村民人均可支配收入 12 750 元，高于舒兰市农民人均可支配收入 10 312 元的 23.6%。

近三年来，全村结合美丽乡村创建工作，围绕"吉林雪乡·舒兰二合"的建设开发工作取得显著成果。

（1）按照区位功能和优势特点，重点实施生态宜居建设工作。农户卫生厕所普及率、垃圾污水处理率均超过了 80%。

（2）以"吉林雪乡·舒兰二合"特色小镇建设为突破，对马鞍岭村实施全面、立体、直观、多点呈现的打造策略。

马鞍岭村二合屯民风淳朴，建村以来没有刑事案件；这里路不拾遗、夜不闭户，父慈子孝、尊师重教，是闻名乡里的平安村，忠孝村，文化村，其中 85% 的人家都有大学生。

从 2015 年秋季开始，舒兰市委市政府开始着手打造"吉林雪乡·舒兰二合"。先后成立了舒兰二合雪乡旅游开发有限公司二合雪乡建设指挥部、舒兰市旅游文化产业投资开发有限公司全力建设二合雪乡。

2016 年以来，先后投资 2 000 多万元，先后完成了雪乡道路、上下水管线和厕所、生物污水处理厂、停车场、宽带、垃圾箱、景区大门、便民服务中心、碳化木栅栏、雪松栈道、冰川绿篱、大型观景台、景区警示标识、导览图、指引图、民宿标准化改造等 36 项基础设施建设工作。初步实现了"地下现代化、地上生态化"的村屯改造。

滑雪场是舒兰市最大的滑雪场，雪场占地面积约 12 公顷，拥有吉林省最宽的初学者雪道，雪道宽 100 米，滑行长度 500 米，空间大、不碰撞、更安全、更自由，2017 年雪季接待游客量十余万人。

现已开发滑冰滑雪、雪地摩托、皇族狩猎等十余项原汁原味的冬季旅游项目，日接待就餐可达 4 000 人以上，接待住宿 800～1 000 人。2017 年"吉林雪乡·舒兰二合"农民实现旅游收入 1 000 万元。

（3）央视的《生财有道》《美丽中国》《朝闻天下》等栏目都对"二合雪乡"的发展相继进行了报道。得到了《人民日报》《光明日报》、新华社、吉网、吉刻 App 等多方关注和报道。

小沈阳编导、主演的电影《猛虫过江》东北大部分取景选址在二合；中宣部重点项目电影《大国重器·黄大年》也选址二合。二合雪乡在吉林旅游"必去"排行投票中，以 1 323 票领先，居吉林旅游"必去"排行榜首。

吉林省长春市双阳区黑鱼村

【最佳休闲时间】 葡萄采摘节（8 月 27 日～10 月 10 日）稻米品鉴会（10 月 10 日～12 月 31 日）乡情过大年（1 月 1 日～春节）

【主导产业】 水稻、葡萄、蔬菜

【特色产品】 葡萄、蔬菜（黄瓜、西红柿）、有机大米（绿色）

【体验项目或活动】 葡萄采摘节、稻米品鉴会、乡情过大年

【情况介绍】

黑鱼村位于吉林省长春市双阳区平湖街道办事处最北部，距离城区 15 千米处，北至奢岭街道五星村，东至齐家镇长泡村，西至双营乡尹家村，面积 18 平方千米，交通便利，水利畅通。全村 950 户，3 586 人，12 个村民小组；耕地面积 1 115 公顷，其中水田 500 公顷，旱田 615 公顷（玉米 505 公顷，经济作物葡萄、蔬菜、西瓜 110 公顷）。葡萄酒庄、米业公司各 1 个，农民合作社 11 个，家庭农场 8 个，旅游公司 1 个，农家乐饭庄 2 个。

2017 年农民人均收入 18 972 元，村内基础设施及环境较好，特色优势明显，村"两委"班子健全、团结、战斗力强，干群关系密切，群众参与美丽乡村建设积极性空前高涨。

黑鱼村地理位置优越，地处双阳河沿岸，土地肥沃，村庄以主产绿色优质水稻为主，种植经济作物葡萄、蔬菜、西瓜，面积 110 公顷，为壮大村集体经济，村投资 233 万元建设葡萄酒庄，主要收购、生产、加工销售特色葡萄酒；葡萄采摘园 15 户，供游客自行进园采摘。

黑鱼村有优良的葡萄种植特色优势，为了加快美丽乡村建设步伐，该村 2017 年申请财政投入 630 万元修建了水泥路，拓宽 3.6 千米，边沟硬化 5 200 米，太阳能路灯 147

盏，绿化树 2 900 棵。每年 8 月 27 日举办葡萄采摘节，参会人数每次达 500 人以上，吸引游客达 3 万人次，年销售额每年 200 万元左右，年平均每户增收 7 万元。每年 10 月 1 日举办稻米品鉴会，主推黑鱼村绿色优质大米，到会人数 800 人以上，村内金禾米业有限公司"云山牌"绿色大米参展，并与农户签绿色大米回收订单 70 公顷，金禾米业年销售大米 500 吨，订单水稻每千克比市场价格高 0.4 元，大大增加了农民收入。每年春节前举办乡情过大年活动，节日期间，村民踊跃报名参展，有包农家豆包、杀年猪、农村特色干菜、贴窗花、写对联等活动，让游客真正体验乡村风情，品尝农村特色菜，购买土特产，体验民俗屋，既提高了黑鱼村的知名度又增加了农民收入。

每年节日活动增加收入 500 万元以上。黑鱼村在 2015 年被评为乡村旅游示范村；2017 年被农业部评为"一村一品"示范村，被吉林省评为旅游人气奖。

黑龙江省宁安市小朱家村

【最佳休闲时间】 全年

【主导产业】 石板大米

【特色产品】 石板大米，铁锅炖大鱼，沙地地瓜、花生、江鸭蛋

【体验项目或活动】 大米加工厂观光、田园悠游（地瓜、花生采摘）、精品大棚采摘（樱桃、蓝莓、草莓、桃子、葡萄采摘）、火山熔岩台地稻田观光体验、竹排漂流、丛林穿越旅游线、渔猎文化节和稻田音乐节、精品民宿体验、稻田研学旅行

【情况介绍】

黑龙江省牡丹江市宁安市渤海镇小朱家村，地处北纬 44.04 度，东经 129.05 度，海拔 289 米，三面环水，西邻万年火山喷发后岩浆凝固形成的火山熔岩台地，距 5A 级风景名胜区镜泊湖 6 千米，距火山口国家森林

公园 20 千米，邻唐渤海国上京龙泉府遗址。

全村 147 户、450 口人，耕地面积 300 公顷，其中水田 230 公顷。

该村生态宜人、风景秀美，牡丹江水自镜泊湖倾泻而下，从村前缓缓流过，垂柳环抱，民居掩映其中，形成了小朱家村宜农宜居的生态环境。到过这里的人们都用"人间仙境、世外桃源、鱼米之乡"等诸多词汇来描绘小朱家村。该村先后被评为全国文明村、新农村省级重点示范村、省级文明村等，先后承办全国计划生育现场会等会议活动。

小朱家村有着较为悠久的历史，几千年前曾有原始人在此活动。清朝初期，原明朝朱元璋十六子宁献王朱权十世孙朱议翁率部降清后，奉旨迁徙宁古塔，居于牡丹江边以渔猎为生。为了寻找更好的生存之地，有几户朱家人来到今天的小朱家村附近，见此鱼肥水美，便在岸边建造房屋，在牡丹江中打渔为生，至今仍有朱氏后人在村中居住，村内仍可见龙王庙、河神庙及老码头等历史遗迹。到了民国年间，此处人口聚集，逐渐成屯，便以朱家姓氏为村取名"朱家屯"。

近年来，小朱家村找到了符合自身发展的特色之路。一是加快发展现代农业，促进农民增收。成立全市首家大米专业合作社，改变传统的大米销售模式，提档升级走出"石板大米"精品之路；打造精品农家乐，建设集吃、住、玩、娱、购为一体的旅游度假村，每年接待游客 20 万多人次；积极发展特色种植和养殖，建立 100 栋大棚、6 栋温室大棚，打井 80 多眼，促进地瓜、花生等特色农作物生产，组建养鸭协会，江鸭年收入 120 多万元。二是全力改造宜居环境，打造美丽乡村。积极申请建设资金，以"三改三清四通五化"为建设核心，发动全村居民积极打造生态型农村新环境；在沿江堤、主路两侧栽植云杉、紫丁香等名贵树木 4 500 株，新修村内道路 1.7 千米，建设 600 延长米景观边沟、3 000 平方米生态化停车场，绘制

1 200平方米的民俗文化墙，推广使用浅层地热供暖技术，家家户户都安装太阳能热水器。三是利用独特环境，加快产业融合。加快推进一二三产业融合发展，推动农业与休闲旅游、饮食民俗、文化传承、教育体验、健康养生等产业的嫁接融合，带动以"石板大米"为主的产业链前延后伸，做优做绿第一产业，做实做强第二产业，做精做活第三产业。积极探索"互联网＋农村农业农民"新路径，将小朱家村的美丽风光和特色农产品搬上互联网，与阿里巴巴农村淘宝淘香甜和京东自营等知名电商平台建立战略合作关系，逐渐提升了以"石板大米"为代表的小朱家特色农产品的质量和竞争力，实现了由传统农业向现代农业的完美转型。四是健全文化阵地，提升群众生活质量。创办"渔猎文化节"，展示传统渔猎文化；建有村史馆、图书阅览室、文化活动室、文化休闲广场，设有群众表演台、绿茵长廊和群众健身器材；村有文艺表演队、篮球队、渔船队等，年均开展各类文体活动、民间文化活动、民俗文化活动 10 场次以上；每年评选"十星好家庭"，有村规民约，组建有道德评议会、村民议事会、禁赌禁毒会、红白喜事会，民风淳朴、夜不闭户，被评为全国文明村。

伴随着农村区域政治、经济、文化、社会和生态文明协调发展的历史机遇，小朱家村已进入黑龙江省重点示范村建设发展的快车道，已成为带动宁安市农村区域发展的中心区和先行区。

黑龙江省大海林双峰林场（雪乡）

【最佳休闲时间】 11 月至次年 4 月
【主导产业】 旅游
【特色产品】 雪乡特色旅游纪念品
【体验项目或活动】 十大免费体验项目
【情况介绍】

"中国冰雪在龙江，龙江圣雪在雪乡"，

雪乡旅游风景区原名双峰林场，坐落于长白山脉张广才岭与老爷岭交汇处，是黑龙江省森林工业总局大海林重点国有林管理局发展旅游产业的核心景区。景区占地面积 17 916 公顷，其中核心景区 500 公顷，平均海拔 1 100 米，因受老秃顶子山、大秃顶子山、平顶山三座海拔 1 600 米以上的高山阻隔，北上的日本海暖湿气流与南下的贝加尔湖冷空气在此频繁交汇，造就了雪乡"夏无三日晴，冬雪漫林间"的奇特气候。每年 10 月开始降雪至次年 4 月，雪期长达 7 个月，积雪厚度可达 2 米。雪乡的雪量大、雪质黏、雪期长，在风力和气旋的作用下，积雪随物具形，千姿百态，仿佛一个童话般的世界，是世界独一无二、不可复制的旅游景区，每年都吸引了无数海内外游客到此旅游观光。

经过多年的发展，雪乡现已建成雪乡接待中心、游客服务中心、民俗旅馆、大北岔食堂、食品配送中心、黑森绿色食品旗舰店、雪乡主题邮局、自助银行、停车场、旅游厕所等设施，完善了景区供电、通信、亮化、给排水、集中供热、监控等系统，成立了旅游纪念品研发部，开发了雪乡实景系列、东北花布系列、雪乡林下产品系列等独具雪乡文化特色的近 400 种旅游商品。对各林场（所）实行计划式安排，订单式生产，并为各林场（所）在雪乡景区划分了摊位，积极引导旅游产业与林下经济、康养、影视、体育、食品等产业融合发展。截止到 2018 年，雪乡拥有经营主体 201 家，安排职工就业 1 040 人，从业人员达 5 577 人，日可接待人数由 2011 年的 5 000 人次增加到 20 000 人次，旅游设施和产品不断完善。以雪乡景区为核心的旅游产业已成为大海林林区经济转型发展的龙头产业，不仅带动了二浪河、永安、太平沟等周边区域的发展，为林区木材停伐后职工转岗分流、扩大就业拓展了平台，还拉动了种植、养殖和森林食品等行业的发展，实现了企业增收、职工致富。2010 年雪乡景

区被评为国家 4A 级旅游风景区，并先后荣获全国文明村、中国十大最美乡村、"美丽中国"十佳景区、国家级旅游服务标准化单位、最具影响力国家森林公园、中国优秀国际乡村旅游目的地等殊荣。《地理中国》《舌尖上的中国》《爸爸去哪儿》《闯关东》《智取威虎山》等影视栏目在雪乡拍摄，央视春节系列节目连续多年在雪乡录制播出。雪乡入选发行的《美丽中国（二）》普通邮票被确定为中国和马尔代夫两国建交 45 周年文化交流邮票，真正体现了"中国雪乡，世界共享"。

江苏省苏州市吴中区灵湖村

【最佳休闲时间】 3~11 月
【主导产业】 农业（稻米及深加工产品）、工业（苏式糕点观光工厂）、乡村文化旅游业（匠心学社、民宿、咖啡、农家乐、茶吧等）
【特色产品】 太湖湖鲜、水稻龙虾、酒糟猪、糙米、太湖羊、鸡头米、苏式糕点、渡村烧酒、水洗面筋
【体验项目或活动】 农事体验、森林探险、民俗旅居、咖啡茶语、休闲垂钓、亲子活动、科普教学、拓展游乐
【情况介绍】

苏州市吴中区临湖镇灵湖村位于西太湖之畔，东至镇区约 2 千米，南至前塘村火烧浜，北至园博园东入口，西临太湖园博会苏州园。西侧有太湖大堤湖滨路，中部有腾飞路，南部有环镇支路分别联通镇区主要道路，另有生态观光菱湖渚路由东向西贯通全线。全村总面积 4.3 平方千米，耕地面积 2 880 多亩，绿化面积 1 200 多亩。现有 9 个自然村，共 25 个村民小组。总户数 897 户，户籍人口 3 550 人。2017 年村级收入达到 870 万元，人均可支配收入达到 3.6 万元，成为太湖之滨有名的富裕村。灵湖村先后被评为江苏省生态村、江苏省四星级乡村旅游区、苏

州市村民自治示范村、吴中区文明村等。

全村"两委"班子成员 6 人，共有党员 151 名，有 3 个党支部（塘桥支部、吴舍支部、老年支部），25 个党小组，9 个村民议事组。

（一）组织领导坚强，推进美丽休闲乡村建设

灵湖村 80％的辖区面积在沿太湖 1 千米生态保护区内，多年来，坚持贯彻"绿水青山就是金山银山"的发展理念，积极探索生态环境下的乡村绿色发展之路。按照"以生态资源为基础，休闲农业为支撑，乡村旅游为主线，乡村文化为导向"的总体思路，将农业产业、乡村文化、村落建筑、民俗风情、生态资源、人居环境相互融合，打造人与自然和谐共存的美丽休闲乡村。

为进一步推进美丽休闲乡村建设，灵湖村成立了以党委书记为组长，村委会主任为副组长，"两委"人员为小组成员的灵湖村创建工作领导小组。在村党委的坚强领导下，切实发扬好战斗堡垒作用，带领全村干群投入到实施乡村振兴战略中去，抓好乡村治理、带领村民发展致富、精细统筹谋划、精准聚集发力，走出一条新时代乡村振兴之路。

（二）产业优势明显，深化一二三产融合发展

灵湖村由于地处沿太湖 1 千米生态保护区内，这是生态禀赋带来的先天优势。灵湖村坚持发展绿色生态产业，利用稻米制作白酒，用酿酒的酒糟饲养生猪，用猪粪养殖蚯蚓，再用蚯蚓喂养龙虾，还利用稻田养虾、虾养稻，通过生态循环发展农业，形成了一个良性的绿色生态产业。

灵湖村的地产糙米，与精致大米相比，虽口感较粗、质地紧密，煮起来比较费时，但糙米含有丰富的维生素、矿物质与膳食纤维，被视为一种绿色的健康食品。为了让更多的人了解糙米的价值，灵湖村众村集团开发了一系列"好物事"糙米产品：糙米、糙米茶、糙米酒、糙米粉等，并获得苏州生态绿色原产地大米认证。

2016 年 4 月 18 日江苏省第九届园艺博览会在临湖镇建成开园，为临湖的旅游提供了发展的平台。灵湖村辖区与园博园一墙之隔，南入口、主题园入口（菱湖渚）、东南入口都在灵湖村，发展文化旅游条件比较优越。灵湖村以园博园为依托，进行文化旅游产业的导入。以文化为引领，积极发掘本地的历史文化积淀，积极挖掘名人文化，传承黄墅"五匠"的工匠精神，将具有文化价值的"屯垦文化""水东'五将'文化"等沿太湖旅游资源结合起来。以旅游为产出，在发展集体经济上走上了一条新路，入选第四批江苏省特色景观旅游示范名村。为把文化旅游产业做大做强，灵湖村成立了苏州众垚文化旅游发展有限公司，这是以集体经济组织成立的集体所有制旅游公司。

（三）经济基础坚实，助推村级经济有序发展

党的十八大以来，灵湖村党委认真学习贯彻习近平总书记关于农村工作的重要指示和讲话精神，用习近平新时代中国特色社会主义思想指导工作，认真抓好党组织建设，壮大集体经济。录湖村通过三个村的抱团、三个党组织的抱团、三个村书记的抱团，与采莲村、前塘村共同组建成立了众村集团。通过集团旗下 8 个子公司的运营，三年来，收购工业厂房 38 000 平方米，承接物业管理 72 万平方米，投资建设旅游项目两个，每年收益为 1 290 万元。每个村可以增加稳定收入 430 万元。通过发挥基层党组织的战斗堡垒作用，党员的先锋模范作用，从思想上先与村民抱团，在项目上与村民利益抱团，和村民建立起利益共同体。通过村物业专业合作社，把农民闲着的资产整合起来。按照主房每年 150 元/平方米、附房 120 元/平方米

租赁到合作社，由合作社对外招商开发项目。农民每年每户平均能拿到 5 万元左右。这是农民增收的最大来源。灵湖村在做一些资产的收购、项目的建设开发时，让出部分股份给村民入股，保底分红 8%，一户最低 1 万元，最高不能超过 10 万元，目的是让大家都来参与增加分红收入，灵湖村平均每户村民可以分到 2 500 元。2017 年，村民可支配收入达 3.6 万元。

（四）生态环境优美，建设宜居乐和美丽家园

近年来，灵湖村把新农村建设、村庄整治和人防疏散基地建设有机结合，实施了河道整治，污水管网铺设，路灯安装，村庄民居立面见新，新建停车场、健身场、公厕、小游园等工程。基本实现了村庄绿化、道路硬化、路灯亮化、河道洁化、家园美化、环境优化的目标，村庄面貌焕然一新。通过综合整治，黄墅自然村达到了"三星级康居村"的标准。为了改善生态环境，灵湖村注重绿化建设，在道路、河流水系两侧，宅间空地和村口公共活动场所布置块状绿化，新增环村林带、风景林、休闲林等片林。从而达到自然、质朴、清新、灵动的江南水乡村庄特色。

"绿水青山就是金山银山"，灵湖村沿太湖的生态资源就是金山银山。保护生态环境，发展生态经济，一直是灵湖村发展的亮点。整合树林、村庄和农田，以太湖生态防护林为绿色发展的名片，以太湖原乡村落为乡村振兴的起点，以太湖无公害农田为农业发展的根基。生态资源促进农村发展的优势将越来越凸显，保护和开发生态资源将是沿太湖地区贫困村脱贫的最好方法。

（五）产业业态丰富，推动乡村休闲旅游发展

灵湖村乡村旅游区是在灵湖文化旅游村以及美丽乡村的基础上，结合园博特色亮点，整合灵湖村乡村旅游资源，以文化休闲旅游为起点，涵盖度假休闲、户外运动、乡村体验、文化交流等产品，形成的太湖文化休闲型现代新村落。近年来，灵湖村依托森林资源，先后开发了集休闲森林娱乐、农耕文化体验、江南民居观赏、黄墅特色田园观光、水乡特色民宿、太湖生态美食等富民项目，并对几个项目实行联动，形成"美丽经济"产业链，让前来灵湖村的游客游一游园博园、住一住民宿村、泡一泡温泉澡、尝一尝太湖湖鲜、走一走森林步道、吸一吸新鲜空气、听一听林中鸟鸣……通过项目联动，吸引了络绎不绝的游客前来村里旅游观光，使项目在联动中互动出彩。2017 年 8 月底灵湖村黄墅自然村成功入选江苏省首批特色田园乡村试点村。12 月 4 日，呼吸森林咖啡馆凭借独特的地理优势，优雅的空间布局，传统的建筑风格成功获评苏州市村镇建设优秀示范项目。12 月 28 日，灵湖又凭借特色的自然生态、秀美的田园观光、江南水乡特色民宿获评江苏省四星级乡村旅游区。通过项目联动形成相互促进作用，达到互惠互利的目的，使乡村发展的能量越聚越大。

村里开发旅游项目，盘活部分村民的闲置房屋资产，以集体租赁的形式，鼓励群众投资开发江南民宿、生态美食、咖吧茶吧、乡村餐厅、共享集市、创客之家、设计工作室等乡村旅游配套项目。通过逐年建设，不断提升了灵湖村的生态和人居环境档次，打造成为集品质人居、乡村度假、生态观光、休闲体验于一体的美丽休闲乡村。

（六）服务设施完善，推动产业经济有序发展

2015 年，灵湖村联合抱团的采莲村、前塘村，成立了苏州众垚文化旅游发展有限公司。依托黄墅村庄西傍太湖、北依园博园的地理条件和自然风光的优势，对其进行特色田园乡村建设，打造森林的秘密、呼吸森林、

野外露营·自然、森林探险·远足、村落风貌·匠人文化5大特色片区。以传统夯土结构房屋为基础，配以木屋、木平台、木栈道、绿化景观等设施，融入周边生态林内，建设了咖啡西餐区、森林畅想区、宠物亲近区、儿童游乐区4个片区的呼吸森林创意咖啡馆。旅游区的基础设施功能齐全，配置合理。游客中心、服务中心制度完善，为游客提供一站式服务。

（七）乡风民俗良好，推进和谐社会建设

灵湖村以群众精神文明建设为载体，制定村规民约，以优秀的文化陶冶人心，以感人的事迹鼓舞人心，创建成为苏州市村民自治示范村、吴中区文明村。定期开展群众喜闻乐见的活动，如文体活动、道德讲堂等，积极开展村内好人好事、拾金不昧等宣传活动。积极开展村内"好党员""好婆婆、好媳妇""文明家庭"等评选活动。灵湖村的村民尊老爱幼、邻里和睦、热情好客、诚实守信。

几年里，灵湖村庄建设、文教卫生、养老服务等民生支出达2 200多万元。截至2018年，全村3 500名村民都办理了新型农村合作医疗保险，1 986名村民办理了农村养老保险，村里男60周岁及以上、女50周岁及以上老人都享受每月1 500元的退休金补贴，70岁以上的老人还能拿到不同数额的敬老金。村民的收入大大增加，日子也越来越好，幸福指数越来越高，满足感、获得感越来越强。

（八）品牌效应突出，彰显灵湖村庄丰富内涵

在灵湖村"两委"引领的生态旅游、文化旅游互为一体的战略布局下，产业富了百姓，旅游美了家园。灵湖村党委将始终把党和人民的利益放在最高位置，以党建为引领，以美丽乡村建设为契机，以乡村振兴为目标，秉承"绿水青山就是金山银山"的发展理念，

不断探索乡村休闲旅游发展新思路，获得了江苏省生态村、江苏省四星级乡村旅游区、苏州市村民自治示范村、吴中区文明村等荣誉称号。灵湖村休闲农业和乡村旅游的蓬勃发展带动了周边地区的发展，通过"姑苏水东"微信公众号的发布，在当地和业内也有了较高的知名度、美誉度。

江苏省徐州市贾汪区马庄村

【最佳休闲时间】 全年
【主导产业】 马庄香包
【特色产品】 马庄中药香包、虎头鞋、剪纸、面灯、樱桃、雪桃等
【体验项目或活动】 香包制作体验、面灯蒸制体验、参观马庄景点、农家乐、民宿
【情况介绍】

马庄村隶属徐州市贾汪区潘安湖街道，位于潘安湖国家湿地公园西侧，下辖5个自然村、7个党支部，有村民2 743人，耕地3 100亩，党员115名。近来年，贾汪区旅游事业蒸蒸日上，马庄村也依托潘安湖国家湿地公园旅游发展的大好形势，开展特色节庆活动，如啤酒狂欢节、香包文化节、沙雕狂欢节等吸引外地游客，宣传马庄文化，扩大马庄村影响力，带动村民增收，打造品牌旅游乡村。

马庄村致力于打造文化品牌。村党委村委会组织编排节目，组织丰富多彩的节庆活动。马庄乐团成员设计编排一系列有关潘安湖旅游、马庄民俗文化展示等方面的节目，计划定期常态化商业演出，以配合农家乐接待村一日游工程计划；对各类节庆活动提前做好策划宣传、设施准备等各项准备工作，确保每次节庆活动顺利圆满完成，打造游客心中喜爱的民俗文化品牌。马庄村的中药香包被列为非物质文化遗产，村民王秀英为非物质文化遗产传承人。为了进一步打造马庄村民俗文化品牌，发展壮大马庄村中药香包

的产业化道路，马庄村着力建设"民俗香包特色村"，打造全国香包产业基地，现已初现规模。马庄村积极发展旅游行业。依托潘安湖景区蓬勃发展的势头，组织民俗表演、发展香包产业。在富民方面，一是利用农民乐团巡回演出的方式推广"马庄文化"，增加乐团演出场次，获得经济收益；二是对现有的民俗手工艺品制作技术，加以创新，形成产业，聘请本村非物质文化遗产传承人对村民进行培训，提高生产力和产品质量。三是积极发展农家乐，扩大农家乐接待能力，从而拉动马庄村的整体经济。这样一方面可以增加整个区域的民俗氛围、体现地区特色。另一方面还可以增加就业，提高村民收入水平。目前，村年接待游客 60 000 余人次，在全村范围内开展农家乐 20 余家，实现收入 600 余万元，村民人均年收入 20 000 元。马庄村农民乐团解决 20 余名村民的就业问题，党员徐刚创建的婚礼小镇解决 50 余名村民的就业问题，马庄中药香包产业解决了 300 余名村民的就业问题。

2017 年 12 月 12 日，习近平总书记走进马庄村，肯定了马庄村环境治理、生态文明、精神文明建设等多方面工作。

浙江省淳安县下姜村

【最佳休闲时间】 全年
【主导产业】 乡村旅游、民居民宿、教育培训、观光采摘农业
【特色产品】 乡村旅游、民居民宿、现代农业、民俗体验、教育培训基地等
【体验项目或活动】 民俗体验有：打麻糍、包粽子等；水上娱乐有：游乐船、水上实景演出等；特色体验有：水上舞狮、鲜竹酒坊等；手工艺体验点有：石头画社、篾匠、打铁铺；节庆活动：下姜民俗文化旅游节、葡萄采摘节、白马地瓜干节等；五狼坞登山露营；民居民宿

【情况介绍】

下姜村位于淳安县西南部，距离县城 42 千米。全村辖 4 个自然村、8 个村民小组，共有 231 户 768 人，其中党员 40 名。2012 年 6 月下姜村党总支被授予全国创先争优先进基层党组织称号。下姜村 2013 年 9 月获得浙江省"美丽乡村"称号，2015 年顺利通过国家 3A 级景区验收。2016 年挂牌成为浙江省委党校现场教学示范基地，2017 年挂牌成为杭州市"红绿蓝"三色现场教学基地、浙江省休闲旅游示范村。

村庄在休闲乡村建设之初就通盘考虑"慢生活"理念，将"慢行"植入标识系统，并邀请腾讯公司制作开发乡村旅游二维码，方便为游客提供食、住、行、游、购、娱等方面的服务。作为浙江省五任省委书记的基层工作联系点，下姜村在村庄发展、经济建设等历程中，政治特色尤为明显，红色文化底蕴浓厚，乡村旅游产品丰富。2017 年全村经济总收入 5 786 万元，农民人均可支配收入 27 045 元，村集体经济收入 1 142 万元，分别是 2001 年的 18.2 倍、12.5 倍、117 倍。

（一）优化人居环境，建设美丽宜居下姜

高标准编制下姜村庄总体规划及基础设施、村庄整治、景观营造等专项规划，加强生态环境综合整治，让下姜村的水更绿、山更青、村更美。一是恢复一流生态。树立"生态就是生产力"理念，大力实施退耕还林、封山育林、林相改造等工程，下姜村森林覆盖率从最低 17% 左右提高到 97%。开展村庄截污纳管，实现每家每户污水 100% 收集处理和达标排放。开展河道综合整治，建立"河长制"对溪流进行常态化巡查监管，实施小水电生态流量下泄机制，经村而过的枫林港获评浙江省"最美家乡河"。推进沼气生态示范村建设和屋顶光伏太阳能并网发电试点，推广使用液化煤气，下姜村生态资源得到有效保护。二是打造整洁环境。积极开

展"清洁乡村""美丽庭院"等工程，村内垃圾实现智能化分类收集和资源利用，并打造形成一批中草药、蔬菜、瓜果等主题各异的美丽庭院。以景区景点的理念推进村庄环境综合整治，先后完成240幢46 391平方米的房屋立面整治和墙体美化，完成游径线及村内小道铺装7 000平方米、人行道铺装1 000余平方米，建成围水堰坝4座、停车场5处。落地"二十四节气"景观小品和"下姜村，梦开始的地方"红色文化，完成隧道口景观改造；加大古建筑、古村道、古树名木保护力度；建成景观式公厕2处，智慧垃圾点2处，全村污水处理率达到100%。2013年下姜村被评为浙江省美丽乡村。三是弘扬优秀文化。将传承600余年的《姜氏宗谱》祖训与社会主义核心价值观深度融合，形成《村规民约》10条，刻在村里祖训墙上，并开展"学祖训、记古言、辩荣辱"等活动，引导村民自觉传承践行中华传统美德。推进文化礼堂建设，展示社会主义核心价值观以及以"心怀感恩、自力更生"为重点的"下姜精神"；开展村级晚会、文化下乡、九九重阳节、民俗文化旅游节等多种民俗活动，有效丰富农民精神文化生活。2017年下姜村入选第五届全国文明村。

（二）发展乡村旅游产业，建设兴旺富裕下姜

依托丰富的生态资源和红色文化优势，发挥市场和科技力量，提升组织化程度，聚力发展现代农业、乡村旅游、教育培训三大绿色支柱产业，带动老百姓过上富裕生活，使绿水青山成为金山银山。一是突出品质高效，发展现代农业。坚持特色化、园区化、集聚化方向，推进土地适度规模经营，引入市场力量成立下姜村农业开发有限公司，流转土地430亩建成葡萄、草莓、桃子三大现代农业园区，同时依托互联网销售服务平台，实行统一品牌、统一包装、统一标准、统一

价格"四统一"营销，2017年销售额突破350万元，带动村集体年均增收50万元、村民户均增收1万元以上。二是坚持三产融合，壮大乡村旅游。先后引进工商资本3 000余万元，开发水上游乐、房车营地、蚕文化博览园、农业观光园、民俗体验等旅游项目，推动山水、乡村、产业资源向旅游、休闲、体验方式转变，2015年成功创建国家3A级旅游景区。由村集体经济合作社出资，成立下姜景区管理公司，按照"公司＋农户"的形式，实行规划、管理、营销、分客、结算"五统一"运作模式，带动乡村旅游向高质化、创意化、电商化发展，目前全村民宿达到23家，其中有2家装修投入上百万元的精品民宿。2018年，已有17户农户报名开展民宿改造，全村新增床位100余个；农家乐4户，特色餐厅1家，带动就业500余人。制定民宿发展、返乡创业等优惠奖励政策，不断吸引当地村民和外出能人投资民宿、民俗体验、手工艺等旅游项目，形成特色农产品展销一条街和沿溪民宿集聚区。2017年游客接待量突破38万人次，实现旅游经济收入1 142万元。三是挖掘红色文化，培育培训产业。依托北上抗日先遣队遗迹、省委书记基层联系点、白马红军墙等红色文化资源，开发领导访问点红色院落、新农村建设展示馆等项目，开设"听老书记讲习总书记在下姜的小故事""同吃同住同劳动"等主题课程，开展爱国主义和群众观教育，开发"红色笔记本"等培训延伸产业，成为浙江省党员干部培训教育基地，成功创建浙江省"红绿蓝"三色现场教学基地。自2015年建成以来，已累计培训学员290期18 000人，辐射带动下姜及周边8个村1 800农户参与接待，带动下姜村民每年人均增收1 000元。

（三）锻造坚强团队，建设和谐幸福下姜

按照习近平总书记提出的"四个人"要

求，不断推进服务型基层党组织建设，积极为群众排忧解难，党员干部满意度和村民幸福感不断提升。

浙江省缙云县笕川村

【最佳休闲时间】 3～11 月

【主导产业】 旅游业，农业：茭白、香菇、毛芋

【特色产品】 烧饼、土爽面、溪鱼、梅干菜、土蜂蜜、米仁

【体验项目或活动】 水上乐园、环海复古小火车、电玩城、婚纱摄影、草坪婚礼、青蛙跳、摩天轮、碰碰车、旋转木马、摇头飞椅、传统剪纸、手工织布

【情况介绍】

笕川村位于缙云县城西边 20 千米处，金丽温高速缙云出口和金丽温高铁到该村只需 10 分钟路程。笕川村地势平坦、依山傍水、村域广阔，耕地面积 2 139 亩、园地 2 523 亩、山地面积 4 774 亩；拥有农户 1 950 户，户籍人口 4 996 人，是缙云县著名西乡地，至今已有 1 400 多年历史，是全国第三批历史文化古村落、国家 3A 级景区、省级休闲农业与乡村旅游示范点、省级美丽宜居示范村优秀村庄。

近年来，笕川村始终坚守"绿水青山就是金山银山"的发展理念，对接市场、对接社会经济，流转 500 多亩土地开发连片创意花海，在全国首创"花海＋小火车＋X"模式，着力打造集农事体验、休闲观光、餐饮食宿、科技示范于一体的美丽休闲乡村新样式，让村民在家门口就能领工资、做股东，成为美丽党建、美丽环境、美丽经济、美好生活融合发展的乡村典范，走出了乡村振兴的笕川之路，实现了"两山"理论在村一级的落地生根。自 2016 年 5 月以来，笕川村以花海为依托，陆续推出"花海＋小火车""花海＋灯海""花海＋迎春灯会"等生态旅游活动项目，累计接待游客 100 多万人次，实现门票收入 1 860 多万元；2017 年的集体收入是 2015 年 5 倍，以旅游带动的住宿餐饮及农产品销售额（含电商）同比增长 40 倍，第三产业收入占全村经济总收入的 60％以上；惠及全村 80％以上的村民，其中，直接参与花海经济的人数达 262 人。笕川村的村级组织工作、治水工作和美村富民工作先后得到了中央政治局委员、北京市委书记蔡奇、全国政协及省委多位领导的高度肯定。

笕川村的美丽休闲乡村发展之路可以简单概括为"五个一"：

一个有战斗力的先锋队。党组织的核心领导和基层党组织的建设，在美丽休闲乡村建设中发挥了关键作用，融洽的党群关系为笕川村打下了民主和谐的基础。党支部班子与时俱进谋发展，毅然让过去低小散、脏乱差和对水环境造成污染的传统养殖业和种植业，向现代生态产业转型，并取得很好的经济效益和民生效益。党员干部关泛联系群众，按照"联系不漏户、党群心贴心"的要求，创建"党员三联系法"，建立"在家党员联系在家群众""在家党员联系外出党员""外出党员联系外出群众"的工作方法，织出党建大网，统一村民思想认识。特别是在"五水共治""三改一拆""六边三化三美"等行动中，笕川村的平稳、有序和百姓参与度之高均走在前列。

一张好蓝图。全村坚持规划先行，谋定而后动。以"让村民望得见山、看得见水、记得住乡愁"的发展理念，委托中国美院风景建筑设计院、浙江城建园林设计院、浙江理工大学等单位，编制村庄建筑整治规划和景观规划，打造水美典范和美丽乡村建设升级版。

一场全民的治污战役。县、镇、村干部群众上下同心、攻坚治水，以"小河清清大河净"为目标，实施新建溪笕川段河道综合整治，集中开展全面消除"黑河、臭河、垃

坝河"专项行动，全力推进河岸河床综合整治、活水进村项目。同时严格执行河长工作责任制、河道日常保洁机制、农村垃圾收集处置等长效保障机制，将"五水共治"、卫生保洁、环境保护等内容写入村规民约，通过广播、宣传标语、黑板报等形式，大力宣传绿色理念，营造环境治理的舆论氛围。笕川村农户卫生厕所普及率、垃圾污水处理率均超过95％。

一套环境整治组合拳。环境是美丽乡村建设的基础。通过持续几年的"三改一拆""四边区域洁净专项行动""五水共治""六边三化三美"等"3456"环境综合整治组合拳，累计投入4 000多万元实施污水处理、六线入地、公路美化、活水进村、文化礼堂设施增设、公厕改造、光伏发电等工程，重塑了江南水乡新风貌，倒逼了农村生产生活方式的转型升级。

一次乡村经济发展新尝试。始终遵循通过发展集体经济"使村民和集体都增收"的原则，通过村民代表大会民主讨论形成决策，成立村集体全资拥有的发展有限公司。在花海项目大获成功之后，推出认股众筹模式，即采用股份制，村民购买股份，其中村集体占53％、村民占47％，成立缙云笕川花海产业有限公司进行管理，让全村村民共建共享。在众筹模式推出仅3天时间，股份被村民认购一空，全村2 000户村农民中的1 173户"泥腿子"成为股东。此外，在认股众筹的同时，笕川村"筑巢引凤"吸引社会资本，投资数千万元建设婚纱摄影基地、灯光小镇、儿童乐园、水上乐园等项目，在春节、元宵和七夕节期间，还有灯光秀……多样化发展，不仅填补了花海休眠期的空白，也使花海向可持续方向发展。2017年，笕川花海被评为国家3A级景区，开园营业以来赢得业内极高的美誉度，游客满意率达到99％。

在4年多的发展历程中，笕川村形成了以"四个'＋'解决四大问题"的发展经验：

"村集体＋众筹"解决资金问题。创新"众筹"模式，降低"众筹"门槛，鼓励村民通过土地、资金、劳动力等入股参与项目建设。笕川花海项目，一期由村集体投资，二期启用"众筹"，共吸引笕川村1 173户村民"认筹"，仅仅3天时间就筹集资金3 000万元，其中村民"认筹"1 400万元，村集体"认筹"1 600万元。

"环境整治＋土地流转"解决空间问题。环境整治夯实发展基础，加大农村环境整治，打造"远看像景点，近看像花园"的美丽风景线。笕川村开展治水治污，实现污水治理率98％以上、垃圾日产日清，并对原来古街道、古建筑进行改造修缮，率先实施"六线入地"工程，实现道路亮化全覆盖。土地流转留出发展空间，成立县乡两级土地流转指导中心，加大对土地流转特别是集中连片土地长期流转的扶持，调动农户、农业经营主体和服务组织三方积极性。笕川村通过土地流转获得土地600亩，成功打造"笕川花海"。

"公司管理＋集体决议"解决管理问题。群策群力红利共享，围绕壮大村集体经济和实现富民的目标，在征得村民同意的基础上，通过村民代表大会民主讨论形成决策，依托村集体全资公司，形成"村里投资、村里经营管理"模式。专业建设，规范管理，按照现代产业经营模式，成立村集体全资拥有的发展有限公司具体负责项目策划建设、市场营销、后续管理，使村民既是股东又是从业者。笕川花海建设期间，村民摇身为负责田间播种、插苗、养护的"花匠"；营业后又变身为售票员、交通指挥员、巡查员等，成为领取固定工资的"工薪阶层"。

"产业链＋辐射带动"解决增收问题。延伸完善产业链，针对"赏花经济"季节性强、花期限制的天然缺陷，及观赏景色单一的尴尬，创新思路，对"花海"进行立体化发展。笕川村投资80万元，打造笕川灯海，形成白天赏花夜间观灯的模式。辐射带动全面发展，借力"花海＋"项目建设，辐射带动周边民宿、家庭农场、农家乐发展及农产品销售。笕川村村民丁君福关闭自家鸭厂，投资 100 万元在村口建起古色古香的民宿建筑；附近老翁农场、双峰绿园等家庭农场客源增加，产品销售额增长 20%～30%。目前，该村已有股份公司 1 家（村民参股 1 173 户）、农民专业合作社 2 家、家庭农场 5 家、种养大户 21 户、农家乐经营户 9 户，带动邻村 500 多人就业，全村规模经营比例以达 82%，2017 年度村民人均可支配收入达 23 360 万元，高于周边农民 31%。

如今的笕川村正坚定不移地走"绿水青山就是金山银山"的绿色生态发展之路，以实施乡村振兴战略为指引，以创建丽水最美门户，缙云幸福客厅为目标，努力探索美丽乡村与美丽经济融合发展的新路径。

安徽省巢湖经济开发区汤山村

【最佳休闲时间】 3～5 月，9～12 月
【主导产业】 休闲农业、文化旅游、电子商务
【特色产品】 三瓜公社玫瑰花生酥、南瓜仁酥、独头黑蒜、核桃味葵瓜子、山泉花生、渔礼礼盒、黄山烧饼、山林有杏、手工锅巴、小麻花、桃小仙黄桃罐头、觅藕、半汤烤茶、榴香石榴酒、南瓜村礼盒、天地盖礼盒、九福礼盒，手工腌制咸鸭蛋，三瓜米酒等
【体验项目或活动】 婚纱摄影基地、休闲垂钓、儿童游乐区、农业体验、牛棚广场、房车营地 、水上游乐、水上滚筒、水上自行车、水上高尔夫、VR 体验馆、动物表演区、鸟语林、拓展研学区、滑草场、真人 CS 野战、森林探险乐园、射箭等
【情况介绍】
半汤街道汤山村位于安徽巢湖经开区西北部，位于国家级旅游度假区——半汤温泉养生度假区板块核心地带，区域面积 9.9 平方千米，其中耕地面积 7 000 亩，下辖 11 个自然村，户数 585 户，人口 1 924 人。先后荣获合肥市及开发区先进基层党组织称号。

根据安徽巢湖经济开发区的整体规划和发展需要，2012 年 8 月至今，汤山村已累计征地 7 200 亩，置换 6 个村庄房屋，涉及 290 余户、面积约 6 万平方米。区域内有郁金香高地、古巢国遗址、徒步道、游步道、大风湾、甘泉湾、七星池等数十个景点。安徽省首批特色小镇、全国特色小镇 50 强的三瓜公社电商特色小镇也坐落于此，依托汤山村区位、人文、环境等优势，合力打造南瓜电商村（大奎村）、冬瓜民俗村（东洼村）和西瓜美食村（倪黄村）三大特色村庄，着力推进乡村振兴和美丽乡村建设。

2017 年年初，汤山村以合肥市农村"三变"试点为契机，成立了合肥汤山村股份经济合作社，并以该合作社为载体入股汤山旅游公司，进一步拓宽村民增收致富渠道，夯实了集体经济基础。2017 年汤山村集体经济收入达 35 万余元。

（一）基层组织建设

汤山村党支部现有党员 37 名，下设 4 个党小组。近年来，汤山村党支部忠实履行职责，认真抓好乡村治理工作，努力发展乡村经济，通过与龙头企业共建共创，以"互联网＋三农"为实施路径，积极探索一二三产融合，农旅、商旅、文旅"三旅结合"的休闲农业发展和美丽乡村建设新模式。

汤山村党支部先后荣获 2012 年度党风廉政建设一等奖、2013 年阳光村务工作一等奖、2013—2015 年度全市农村基层党建工作"五个好"村党组织、2016 年全区先进基层党组织等荣誉称号，党支部书记王怀军荣获 2017 年度"优秀党务工作者"荣誉称号。

（二）产业优势明显

1. 主导产业

汤山村下辖的南瓜村定位为"安徽电商第一镇"，主导产业是电子商务。目前已成功申报安徽省首批电商特色小镇，并入选全国特色小镇 50 强。

电商特色小镇的目标是让鸟儿回来、让年轻人回来、让民俗回来，解决中国农村的空心化、留守儿童与空巢老人两大难题，以互联网＋"三农"，互联网＋一二三产业融合为发展路径，打造"安徽电商第一镇"，2017年新增电商创业公司总数达到 70 家。

电商特色小镇以互联网电子商务为驱动器，以当地特色农产品为依托，转化形成"一壶土酒、两枣农场、三只笨鸡、四季果园、五谷农业、六六拓展、七星鱼乐、八仙户外、九逢婚庆、十全养生"的三瓜小镇的独特新意。

一是充分发挥产业集聚效应，引进傻瓜网、京东、淘宝、甲骨文、微创联盟和"东家"等多家电商总部，建设电商基地，开发当地农特产品，整合包装名优特产资源，建立统一的电商分装库和物流中心，成立半汤电商协会，走集约化农村电商发展之路。让村民足不出户，将产品销售至全国各地，解决农民销售难题，把这里打造成"安徽电商第一镇"。

二是对村庄原有的山体、农田、水系进行整治，提升农田利用率，通过区域资源综合利用，开辟出冷泉鱼、温泉鸡、茶、山泉花生等 30 多个产业基地。通过产业基地和订单式农业，使"一产"得到快速恢复和发展。围绕半汤本地特色产品和基地的建设，开发了茶、泉、农特、文化四大系列 1 000 余种半汤特色产品和旅游纪念品，所有产品按线上线下融合的方式进行销售与体验，使农村产品上行渠道更多元化。通过统一开发、设计、包装、仓储、物流，使农民融入其中，

在各个环节带动就业与创业，使半汤历史上第一次拥有了属于自己的农产品品牌，使其成为"农特产品新市镇"。

三是充分利用"互联网＋"技术应用，结合物联网、云计算和移动互联网等新兴业务的优势，全面开发汤山具有典型示范作用的互联网应用。积极培育互联网技术骨干，形成互联网产业聚集区域，建立技术研发和产业支撑体系，带动地方就业和经济增长，建成美丽乡村示范，将其打造成"互联网示范村"。

四是为了进一步培训电商人才，成立了"半汤乡学院"和"电商培训中心"，把这里打造成"电商培训"的示范基地。半汤商学院是服务特色小镇的教育培训机构，拥有 50 多位国内知名的学者、专家，构成了特色小镇电商创业者、电商企业的导师团队，并已举办多种类型的电商培训。其中，半汤商学院自 2016 年 5 月 20 日成立以来，已完成电商培训班 45 期，共培训近 5 000 人，培育企业 30 余家，直接用工 300 人，带动就业 2 000 余人。

2. 特色主题

按照绿色一产、精品二产、休闲三产的发展思路，立足休闲农业、电商农业、农旅结合的产业定位，着力发展休闲农业、文旅农业、电商农业：

（1）休闲农业产业：以互联网＋"三农"，一二三产融合为发展路径，以两枣农场、四季果园、五谷农业为主要内容，打造休闲农业产业，使青山绿水有乡愁，乡村发展有奔头。

（2）文化旅游产业：以优美的巢湖山水风光、悠久的古巢历史文化和精彩的地方民俗风情、农特产品为依托，打造"三古"之地，"三将"之乡的乡村风情文化旅游产业。

（3）电商服务产业：发挥产业集聚效应，引进傻瓜网、京东、淘宝、甲骨文、微创联盟和"东家"等多家电商总部，建设农业电

商基地，打造"安徽电商第一镇"。

3. 特色产品

适销对路，有市场竞争力的产品是创业成功的关键。以品牌运营为核心，围绕品牌进行产品开发，做品控，做溯源，为创业者提供产品支持。

目前线下运营的产品分三大类，已完成四大系列产品开发。

（三）经济基础坚实

汤山村三瓜公社电商特色小镇在探索三旅结合过程中，基于美丽乡村的基因和自然资源禀赋，以农旅作为切入点，努力实现同步增长社会效益、经济效益和生态效益。

汤山村三瓜公社消费项目以农事体验、拓展研学为主，以特色餐饮、特色民宿为辅，以农业生长周期为依托，做到不分淡旺季，常年有项目。

目前已建成和筹建的项目有农业采摘、农事体验、农业观光、亲子体验、农业科普等，同时结合自然资源优势，开发民宿养生度假旅游。目前拥有各类民宿客房 119 间，二期建成后，可达 300 间；拥有就餐餐位 1 160 位。

2017 年汤山村三瓜公社年游客接待量突破 500 万人次，全年实现营收 3.2 亿元；2018 年上半年，游客接待量达到 376 万人次，1～6 月实现营收 2.4 亿元，其中电商收入 1.58 亿元，占比 65.83%；旅游收入 0.82 亿元，占比 34.17%。

1. 合作社＋农户

为进一步促进就业和发展村级经济，带动村民致富，汤山村三瓜公社成立了花生、养殖、食用菌、瓜果 4 个农民专业合作社，打造绿色生态的农产品种植养殖区。由合作社进行原材料的种植、加工、销售，为参与的村民提供技术指导、服务及产品销售等。三瓜公社充分发挥龙头企业的示范与引领作用，以合作社为纽带，将农户种养、生产加

工和电商销售有机整合，带动周边村民大力开展订单式农业，快速实现致富。围绕农民专业合作社、农产品种植标准化、农产品加工销售等，打造农产品生产标准化基地。依托已经成立的专业农业合作社，负责规模化的农特产品种植、养殖和加工。引导农民或农产品加工企业按照标准对农产品进行初级加工。农民专业合作经济组织成员均增收 5 万元以上，村集体增收 200%。

2. 互联网＋"三农"

通过产品开发、产业基地建设、种养殖及订单式农业等带动村民就业与创业，实现农民增收致富；通过村落改造、道路交通建设、污水管线埋设及互联网覆盖等措施使村容村貌焕然一新；通过产业基地和主题休闲农业带的建设使得农业更兴旺。

3. 农旅融合

发展主题农业带、打造冬瓜民俗村、西瓜美食村，建设民俗博物馆、有巢印象，建成 60～70 处线下特色商品经营点、体验点，打造油坊、布坊、茶坊、酒坊、篾坊、陶坊、烤茶等 40 余个手工艺作坊和场景再现，建设 80 户风情民居民宿和 60 家特色农家乐，建造 10 处心动客栈酒店，以及配套的餐厅、农舍、亲子欢乐广场、露营基地等观光体验区，以吸纳大量的从业人员。

汤山村三瓜公社遵循"村庄是村里人的村庄""农民富了乡村才真美""企业和村民共同致富"的原则，在第一阶段，吸纳本地本村及周边的农民从事旅游服务业，成为公司员工，通过培训、培养，提升其服务意识和经营能力，未来，将把经营权交给农民，使每一户村民都能够成为星级旅游服务的提供者和从业者。

4. 汤山旅游发展有限公司

汤山旅游发展公司由三瓜公社、汤山村集体、村民共同持股，三瓜公社占股 60%，村集体占股 20%，村民占股 20%，实行年底分红制度。公司根据本地特点，开发特色旅

游资源。三瓜公社做出规划、运营管理、平台销售、技术培训等，提升当地农民整体素质，使其成为旅游行业的从业者、参与者、受益者。

（四）生态环境优美

汤山村地处国家级旅游度假区，域内石灰石，白云石，萤石等矿产资源丰富，自然环境优良，拥有 2 000 余亩生态林，800 余亩经济林，拥有小二型水库一座、大丰水库。拥有中国四大古温泉之一的半汤温泉（水温 45～62℃，日出水量 3 700 吨），与冷泉相伴相依（常年 20℃，日出水量近万吨，属优质偏硅酸矿泉水），自古被誉为"龙凤宝地、九福之地"。可谓青山碧水，是旅游、度假宜居之地。

为保留乡村原有的肌理，汤山村在引进三瓜公社发展休闲农业过程中自始至终坚持乡村营建的"四不原则"：不砍一棵树，不填一口井，不拆一座老房，不毁一座山，充分保留乡史、乡情、乡愁。

通过规划与设计，重塑三瓜公社的美好生活。让每一处房屋、每一条道路、每一个角落，每一棵树、每一堵墙都成为风景，成为勾起儿时故事的所在，成为故乡的记忆，成为可以回去的乡村。让乡村独具的清新空气、蓝天白云、朝霞落日、星星皓月、清风疏影、蛙鸣虫叫、鸟语花香都成为今天旅行者最向往的情景。

（五）产业业态丰富

通过绿色一产、精品二产、休闲三产有机融合，形成完整产业链，构建现代农业产业融合体系。

1.围绕绿色一产，打造高效优质种养业

以绿色农产品生产为方向，制定严格执行产地环境管理、农业投入品管理、生产过程管理的技术标准和措施，积极开展无公害、绿色、有机农产品申报、认证工作，园区无

公害产品达到 100%，绿色产品达到 50% 以上。加强农业生产过程管理，全域推广农作物生产绿色防控技术，积极应用生态种养、稻虾轮作、水肥一体化、杀虫灯、黏虫板等技术、模式和装备，实施生态、节俭生产；积极推广优良品种和先进轮作模式，认真实施"一控两减三基本"措施，加强有机肥和生物防治技术的应用，提升农产品品质和安全性，优良品种覆盖率达 100%，土壤农药、化肥使用量减少 30%，生产、生活废弃物处理率达 100%，秸秆综合利用率达 100%；加强高标准农田等基础设施建设，高标准农田占比达到 80%，新增保护、休耕和修复土地 10 000 亩，实施生态型沟、渠、路、塘配套工程，植树造林，种草造景，示范园绿化率达 50% 以上；示范推广循环种养模式，大力发展循环农业、绿色农业，有机绿色产品达 50% 以上，为二产、三产发展提供绿色、安全农产品支撑，提高一产效益。

重点建设 1 000 亩两枣农场，进行高效设施果蔬生产；建设 1 000 亩五谷农场，进行水稻、稻虾轮养等生态种养，配套轮作油菜、向日葵等；建设 700 亩冬瓜村农田，进行小麦、花生、大豆、高粱等旱田作物种植；建设 3 000 亩果蔬基地，进行四季果蔬的生产。

2.围绕精品二产，打造休闲特色产品加工业

开发源头好货，立足巢湖，辐射安徽，打造中国好产品。围绕半汤本地特色农产品和地方民间传统手工艺品，开发特色休闲食品、文化纪念品等品牌产品生产加工，做好品质控制和质量安全溯源工作，实施品牌工程，打造精品，产品品牌化比例达到 90%，成功创建 1 个全国知名的区域公共品牌，农业类驰名商标、安徽省著名商标和安徽名牌产品累计达到 5 个，重点开发两大类、四大系列产品。

第一类：文化产品。按照农旅融合发展

的思路，特色小镇开发了一系列文化产品：建设乡村影院，组织乡村电影站；打造乡村摄影基地，每年定期组织乡村摄影展；建设有巢印象、二十四节气馆等，开展传统文化教育。

第二类：旅游产品。打造乡创基地，开发木系列、瓷系列、竹系列、布系列等系列旅游纪念品。力求每个店都有自己的特色，避免重复和恶性竞争。

第三类：农特产品。分为农特系列、泉系列、茶系列产品、农闲食品等 1 000 余种。

3. 围绕休闲三产，打造农旅融合的服务产业

通过农业休闲活动，还原乡村原有的魅力，通过产业基地和各旅游景区的建设，把原有的山体、农田、水系进行合理规划与充分利用，开发一系列休闲旅游项目，包括两枣农场、山泉鸡、四季果园、五谷农业、六六拓展、七星娱乐、八仙户外、九逢婚庆、十全养生等，进行观光农业带、体验农业带、荷田、菜园等的打造，发展第三产业，充分挖掘三瓜公社独特的旅游资源。不定期举办民俗活动。依托大农业基础，结合乡村建设和体验旅游项目开发，让每一处每一点都可体验、将生活，农业与旅游业融为一体，将示范园建设成为创业者的美丽家园和游客流连忘返的乐园。

借助发展农特产品电子商务及旅游业等第三产业，使互联网成为三瓜公社展示自己的舞台，并为其插上腾飞的翅膀，从而吸引周边城市更多居民到三瓜公社吃、游、玩、住，实现三瓜公社一二三产业融合发展。

（六）服务设施完善

1. 基础设施

在三瓜公社电商小镇内已建成无线网络全覆盖，基地路网全覆盖，完成基地市政供水管网沟通主供水管网工程；完成基地市政天然气管网工程；优化基地与市区主要地方

连接的公交线路设置，即将启动温泉管道入户工程。

建设三瓜公社"智慧小镇"基础信息平台，包括合巢经开区公共站场和旅游区 wifi 覆盖建设工程、旅游公共信息服务平台等内容。

提升物流配送能力，协调联系物流企业在小镇内设点，大力发展第三方物流，鼓励有条件企业通过自建、兼并、收购、建立企业联盟等形式，同物流企业开展合作，提升小镇内电子商务的综合配送能力，降低物流成本。

2. 公共服务配套情况

三瓜公社所在的安徽巢湖经开区是合肥城市空间"1331"发展战略的重要组成部分，是合肥主城区的后花园。规划面积 61 平方千米。

三瓜公社与巢湖市接壤，依托巢湖市教育、文化、医疗、卫生资源：全市共有中小学校及幼儿园 246 所，普通中小学专任教师 6 458 人；医疗卫生机构 370 个，其中医院 23 个，乡镇卫生院 12 个，街道社区卫生服务机构 5 个。全市拥有卫生机构人员 5 606 人，其中卫生技术人员 3 607 人。

3. 服务规范

三瓜公社有完善的经营管理制度，经营、服务、安全等管理水平高。员工可以做到持证上岗，导游员（讲解员）熟悉了解情况，普通话达标，能满足游客需要。

三瓜公社在当地有很高的知名度、信誉度和影响力，产品和项目能定期监管检查，无售假或强行兜售现象，并且建立游客投诉制度，档案记录完整。

在三瓜公社园区内现有保洁 18 人、每天彻底清扫 1 次，其他时间巡检清洁。绿化管养 6 人、保安人员 16 人，实行 24 小时巡更。园区监控接入天网工程，全覆盖无死角，设置有园区监控调度室。

4. 生活设施配套情况

园区提供配套公租房及员工宿舍，设置篮球场、羽毛球场、乒乓球场、健身广场、游步道、骑行道等多种休闲健身场所，设置同时满足200多人就餐的公共食堂，提供一日三餐，24小时供应。园区内设置多家餐饮、客栈、超市等，商业服务配套齐全。

园区有公用会议室20间共计2 000余平方米；公共展厅6处共计1 000余平方米；公共演示厅10间共计1 000多平方米。

5. 对入驻企业的优惠政策

（1）办公场地政策：入驻团队及企业享受两年免租，3年减半的场地租赁政策等。

（2）食宿政策：入驻团队及企业食宿免费，三瓜提供食宿；开发区给三瓜公社配套的公租房，在巢湖学院对面的花山工业园，拎包入住。

（3）品牌服务：依托政府资源、政府支持和自身媒体资源，借力专业品牌管理机构，为有潜力的青年创业园内企业提供品牌整合推广服务等。

（4）物业政策：专业安保公司，24小时巡更，专业物业公司，入驻团队及企业免物业费、免水电费等。

（5）办公网络政策：提供智能化网络服务，免费网络覆盖等。

（6）其他政策：拥有多处生活配套区，为入驻企业职工及其子女提供商贸、医疗、就学、休闲健身等服务。

（七）乡风民俗良好

汤山村民风淳朴，村委带领村民制定了汤山村村规等，每年定期开展五好家庭、道德模范、十星级文明户等先进家庭和个人评选活动。村民尊老爱幼、邻里和睦，近年来村里没有出现一起重大纠纷；村民热情好客、诚实守信，在三瓜公社从事经营活动的村民没有出现一起欺骗顾客现象；近3年没有发生一起群体性上访和重大恶性治安案件。

汤山村所在的半汤拥有丰富的自然资源和底蕴深厚的文化积淀，是古人类的发源地、古文化的发祥地，是6 000～8 000年的巢氏文化和古巢国的核心地带，同时在汤山村周边还有三国时期曹操练兵的操兵塘、关公试刀的试刀山，以及商贾云集的宋代十里长岗。有宝通禅寺还有伍子胥过昭关的传说。另外，它周边也是近代将军诞生的地方，如李克农、张治中、冯玉祥等数十位共和国将军和抗战爱国将领。

汤山村引进三瓜公社投资近1.2亿元实施"冬瓜民俗文化村"项目。"玩在农家去冬瓜"，根据冬瓜村的特点，将其打造成为"民俗文化村"，还原江淮地区农耕文化记忆，同时，吸纳全国的民间艺人入住，为其开设工坊、工作室，传承与创新传统文化。引入著名手艺人线上平台"东家·守艺人"，不仅是线上平台的借势，更是通过引入"东家"平台，引来东家平台上聚合各个领域的大国匠，入住冬瓜民俗村，让游客感受匠人之心，体验创作的乐趣与文化的熏陶。

三瓜公社电商特色小镇继承并发扬中国传统文化，保护和传播巢湖地区6 000年的农耕文化、民俗文化、古温泉文化、半汤养生文化、地方建筑文化、美食文化。小镇内不定期举办民俗活动，丰富小镇内百姓的业余生活，手工艺人现场教学手工艺，小镇内有半汤书屋和汤山书院渲染了文化氛围。汤山村正在建设有巢印象，遵循古代有巢氏生活场景，让游客立体化体验有巢氏文化。

（八）品牌效应突出

汤山村引进淮商集团共同打造"三瓜公社"项目，成效显著。三瓜公社位于安徽巢湖经济开发区，距离省会合肥市中心约70千米，辐射半径150千米、人口近2 600万。项目地处合肥经济圈和皖江示范区中心，规划面积约 3 平方千米，建设面积约 1 平方千米，两条高速公路、4 条铁路贯穿其中，合肥、南京国际机场和芜湖、南京外贸码头近在咫尺，区位交通优势显著。

1. 南瓜电商村：特色产业引领发展迅猛，创业氛围日趋浓厚

三瓜公社全渠道电商平台及优质电商企业抱团发展，南瓜电商村已于 2017 年 3 月开村，入驻电商企业 70 余家。南瓜村主要分为：电子商务产业集聚区、农特产业基地集中区、电商休闲农业观光体验区、农特产品生产加工区等。

电子商务产业集聚区：本区域是三瓜公社电商特色小镇的核心功能区，发挥产业集聚效应，引进傻瓜网、京东、淘宝、甲骨文、微创联盟和"东家"等多家电商总部，建设电商基地，打造"安徽电商第一镇"。

农特产业基地集中区：三瓜公社电商特色小镇对村庄原有的山体、农田、水系进行整治，提升农田利用率，通过区域资源综合利用，开辟出冷泉鱼、温泉鸡、山泉花生等 30 多个产业基地。

电商休闲农业观光体验区：三瓜公社电商特色小镇以互联网＋三农，一二三产融合为发展路径，以两枣农场、四季瓜果、五谷农业为主生态农业体验观光区，与电商产业相得益彰，青山绿水有乡愁。

农特产品后加工区：作为三瓜公社电商特色小镇电商产业链的重要一环，三瓜公社兴建了 SC 厂房，标准化生产车间等，以标准化的加工流程，确保食品安全，夯实电商小镇全产业链。

2. 冬瓜民俗村：特色江淮文化得以挖掘与传承

冬瓜民俗村专业从事文化创意、文化发掘、品牌包装、活动策划、特色民俗产品及旅游纪念品开发和销售等工作，以民俗博物馆、手工艺作坊和主题农业带为载体，深入挖掘 6 000 年农耕民俗文化，恢复酒坊、油坊、布坊、茶坊、篾坊、陶坊等 40 多个手工艺作坊，让游客在体验中感受并传承民俗文化。

3. 西瓜美食村：美食、民宿，美丽宜居

西瓜美食村依托本地优良的自然地理环境，建设 60 余家风格迥异的体验式农家乐餐馆与 80 余家风情民宿客栈，将地道的江淮风味美食与返璞归真的田园生活相结合。标准统一化，菜品差异化，体验个性化。所有客栈风格各异，既有星级酒店的舒适，又可享受鸡犬相闻的农村生活。

安徽省宣城市宣州区祁梅村

【最佳休闲时间】 3～6 月、10～12 月
【主导产业】 休闲农业
【特色产品】 蜜枣、枣木梳、葡萄、樱桃、竹笋
【体验项目或活动】 打枣、割枣、森林探险、水上乐园、葡萄采摘
【情况介绍】

（一）美丽休闲乡村优势显著

祁梅村位于中国历史文化名镇、全国特色景观旅游名镇、国家级生态镇、安徽省最佳旅游乡镇——宣城市宣州区水东镇北部 3 千米处，全村现有 650 户，2 200 余人，辖 7 个自然村（上河村、下河村、板栗园、祁村、小梅村、张吴村、茅棚），村域面积 15.5 平方千米，耕地面积 1 350 亩。祁梅村有集体林场 3 100 亩，村集体经济年经营性收入 91 万元。交通条件便利，离 104 省道 3 千米，一条 8 千米的沥青主干道贯穿全村，各自然村都有村组道路连接。优美的生态环境、丰富的人文景观、蓬勃发展的休闲农业，使祁梅村获得了"安徽省生态村""安徽省卫生村""安徽省森林村庄""宣城市十大美丽乡村"等荣誉称号。近年来，祁梅村大力发展

休闲农业，以"亲心谷"五星级度假村为带动，发展农家乐、民俗和花卉苗木、青枣、樱桃采摘等休闲观光农业。

（二）美丽休闲乡村特色鲜明

生态资源得天独厚。祁梅村与郎溪、广德、宁国三县（市）以山相连，群山环抱，峰峦叠嶂，山清水秀，生态宜人。全村现有山林面积1.7万亩，森林覆盖率达69%。长达10多千米的水阳江支流兵山河及其溪流穿村而下，丁村冲水库（小二型）、碧山水库秀美无比。茂密的山林里，银杏、香榧、红豆杉、黄连木、青檀、榆榔等古树名木和何首乌、七叶一枝花、杜仲、野生白术等名贵中草药随处可见，兰草、杜鹃漫山遍野，还有一片面积达300多亩的石林景观，形成了一座绿色生态资源宝库。安徽著名旅游胜地、国家4A级景区碧山龙泉洞坐落村内。

人文景观丰富多彩。宋诗"开山鼻祖"梅尧臣的祖坟"燕子窝"位于村内茶花岭山下，梅尧臣曾多次来村祭祖，梅氏村民至今仍有不少，使祁梅村成为宣城梅氏后裔的集中地之一。村内茶花岭由于独特的地理位置，自古为兵家必争之地，山上至今有保存完好的水东古街遗址。区级文保丫山古道和茶花岭古道是徽杭古道的重要组成部分，也是祁梅村区位优势的最好见证和备受游客青睐的休闲旅游亮点。水东老街、天主教堂、水东蜜枣文化馆、皖南皮影博物馆等景区、景点紧临村边。

村庄环境优美宜居。从2006年开始，祁梅村在全区率先开展美丽乡村建设，至今已累计投入2 200多万元，完成张吴村省级美丽乡村创建和其他6个自然村的区级整治点建设。通过10多年的努力，全村紧紧围绕"生态宜居村庄美、兴业富民生活美、文明和谐乡风美"的标准，重点开展了垃圾、改厕、污水"三大革命"等村庄环境综合整治，全面完善道路、路灯等基础设施及公共服务设施，不断打造"宜居宜业宜游"美丽休闲乡村，初步形成了"村村是景点、户户有亮点"的景象。祁梅村先后被评为安徽省社会主义新农村建设"百镇千村"示范村、"宣城市十大美丽乡村"。

休闲农业与乡村旅游异军突起。近年来，祁梅村依托良好的生态环境和丰富的乡村旅游资源，借助中国历史文化名镇、全国特色景观旅游名镇的品牌优势，紧抓宣城市"全域旅游"、宣州区"水东大景区"和"皖南川藏线"建设的契机，全力发展休闲产业。调整种植业结构，优先发展花卉苗木和青枣、樱桃、葡萄休闲体验农业1 850多亩。"水东""天元"牌蜜枣为安徽省著名商标，安徽省名牌农产品"水东蜜枣"还获得国家级农产品地理标志和省级非物质文化遗产，发挥了良好的品牌带动效益。全村土地流转率达83%，家庭农场、农民合作社等农业经营主体26家，适度规模经营比例达76%。

总投资15亿元、占地5 800亩、拟申报五星级度假村的"亲心谷"休闲旅游项目已列入安徽省"861"行动计划。目前运营的君澜度假酒店客房床位298张、可接待2 000人就餐，还有健康养生床位1 000多个，森林探险、山地自行车赛场、水上乐园、电玩馆等配套设施均已建成。在"亲心谷"项目的辐射带动下，村民发展民俗、农家乐28家，年接待游客26万人次，游古道、住民宿、吃土菜、做蜜枣、看皮影、放荷灯等休闲体验活动如火如荼，2017年休闲农业与乡村旅游产值达1.3亿元，以休闲农业、乡村旅游和农村电商为代表的第三产业收入占比达52.8%。

（三）打造中国美丽休闲乡村的主要做法

立足村情，挖掘资源。依托丰富的生态、人文旅游资源、优美宜居的村庄环境和良好的村风民风，全面提升改造基础设施，深度挖掘茶花岭石林、梅氏文化、古道文化和皮影戏等传统地域文化，把整个村域打造为有文化内涵的"中国休闲美丽乡村"。

规划引领，明确思路。祁梅村紧抓宣城市"全域旅游"、宣州区建设"水东大景区"和开发"皖南川藏线"的契机，按照"中国休闲美丽乡村"的创建标准，在《祁梅张吴村省级美丽乡村中心村建设规划》的基础上，立足全村，辐射周边，突出产业，高标准编制《祁梅村创建中国休闲美丽乡村规划》。

振兴产业，带动发展。以乡村休闲产业为突破口，以"亲心谷"的龙头辐射带动为基础，全力发展休闲度假、健康养生，带动农户发展农家乐、民俗。将有限的土地资源从传统种植业、养殖业和加工业中解脱出来，大力发展采摘体验、休闲观光，为乡村振兴提供产业支撑。

文明乡风，美丽和谐。以评选"十佳清洁户""遵纪守法户""好婆媳、好邻居、好夫妻"等乡风文明创建活动为载体，利用广场舞、篮球赛等健康向上的文体活动，全面推进乡风文明建设，提升村民素质。同时开展农家乐、民俗和休闲农业及旅游产品经营管理培训活动，提高管理水平。目前全村有55％的农户从事休闲农业，2017年农民人均可支配收入 23 800 元，高于周边农民的30％。

江西省大余县元龙畲族村

【最佳休闲时间】 全年
【主导产业】 乡村旅游特色产业、村集体400千瓦光伏、莲藕、香稻、油菜等蔬菜产业
【特色产品】 畲乡脆藕、畲乡菜油、金元香稻、畲族土家红糖
【体验项目或活动】 油菜花观赏园、凤凰古寨、荷塘君子、濂溪亭、荷香栈道、蓝氏宗祠、畲韵长廊、畲乡广场、休闲垂钓、便民

小游园
【情况介绍】

大余县青龙镇元龙畲族村地处章江河畔、青龙镇东部，323国道穿村而过，交通便利，是历史上"南安九城"之一的凤凰城所在地，大余县4个少数民族村之一。被评为"全国少数民族特色村寨""江西省美丽休闲乡村"。村内房屋错落有致，民族风情鲜明，环境优美、民风淳朴，产业丰富，文化积淀深厚，是镶嵌在庾岭大地上的一颗秀美宝玉。村内蓝屋祠堂、花岗石水井有400多年历史，被列为"大余县不可移动的文物建筑"，群众自发传承建设了"舞狮队""武术队"，其中"大余客家灯彩"和"大余元龙畲族狮舞"为大余县"非物质文化遗产"，"畲族四门拳"正在申报市级"非物质文化遗产"。

全村下辖16个村民小组，584户2 546人，其中畲族村民1 228人，有10个党小组、59名党员。元龙畲族村是"十三五"省级贫困村，有贫困户93户282人。全村有耕地面积2 469.2亩、林地面积110.6亩、水面面积103.8亩，农户主要以种植水稻、花生、玉米、蔬菜为收入来源。

近年来，青龙镇积极争资争项，把乡村旅游工作与党建工作、特色村寨工作、精准扶贫工作以及中心村建设工作紧密结合起来，紧紧依托当地区位和资源优势，挖掘畲族文化内涵，结合生态优势，整合多方资金，将元龙畲族村打造成集畲族文化游、山乡观光、休闲娱乐、健康度假和互动体验于一体的多功能乡村旅游景区、休闲旅游景区。

（一）完善基础设施建设，巩固整村推进成效

元龙畲族村加大基础设施投入，新修农田水利设施15.8千米，硬化通组道路9.6千米，硬化入户道21.3千米。扩宽了5.5米的整村旅游线路水泥路，铺设沥青路面4.8千米；完成了8个村小组4 000余米的抽水灌

溉线路改造工程，解决了百姓生产用水困难的问题；完善了 6 个村小组 4 800 余米的污水网管处理系统，实现了村庄内雨污分流、沿线道路无污水横流的现象；拆除空心房 26 193 平方米、拆除猪、牛栏 6 175 平方米，完成村庄绿化 5 280 平方米，实现了村容村貌处处整洁；完善村民文化娱乐配套设施，新建凤凰广场、山哈广场 5 600 平方米，新建 3A 级旅游公厕 80 平方米，新建停车场 120 平方米；在游客服务中心增设了休息区、医疗区、休闲区等服务区域。

（二）改善乡村环境，稳步推进秀美乡村建设

元龙畲族村立足乡村旅游产业发展，按照"户分类、组收集、村清运、镇集中、县处理"的模式，结合"庭院自净、村组打扫、就地分拣、综合利用、集中处理"的理念，狠抓农村环境卫生整治。村里组建了一支由 12 名贫困户组成的村级保洁员队伍，配齐了环保服装、扫把等清运工具，在 16 个自然村村民集中居住点修建垃圾池，投放 160 个移动垃圾桶和 680 套分类垃圾桶，大力宣传引导所有村民的卫生保洁、垃圾清扫及再生利用。组织党员干部投入到景区环境绿化中，在春季开展了"荷香畲韵·魅力青龙"植树活动，在入村主干道种植了松柏、桂花等苗木，在党员活动日开展了"小区环境大整治"活动，对村庄庭院进行整理，对园区广场树木进行修剪移栽，使得景区树木成荫，昔日贫困村旧貌换新颜。

（三）开展"五大行动"，乡风文明成效明显

自全县"五大行动"开展以来，元龙畲族村迅速成立红白理事会、志愿者服务队，向每家每户普及乡风文明知识。全村在一个月时间内收缴棺木 205 具，整治畜禽养殖污染 18 处，关停养殖场 1 100 余平方米，拆除猪、牛栏 6 175 余平方米。自 3 月开始殡葬改革"零点行动"以来，全村重点整治"三沿六区"坟墓，已在元龙村建设占地约 5 亩的村级公墓，可建墓穴 1 100 余穴，待全村散穴迁至公墓后，可新增耕地近百亩，剩余墓穴可供全村 50 余年使用。目前全村已经签订坟墓搬迁协议 420 份，搬迁、拆除 286 穴，棺木回收处置率、火化率、入葬公墓率都达到 100%。

围绕蓝氏宗祠，通过精心打造村史馆、民族馆、阳明馆，新建乡村振兴村史馆、"籍月山房"文化沙龙，再现畲族优良的历史文化内涵。开展了"星级文明户""五好家庭"等创评活动，设立"红黑榜"。如今，婚事新办、丧事简办、节约操办已成为全村的新风尚，乡风文明已经深入每一位村民的心中。

（四）健全景区基本要素，打好少数民族特色牌

按照全域旅游发展新思路，元龙畲族村利用独具特色的畲族文化和优美乡村风情打造了"畲乡荷韵·千古元龙"旅游品牌。打造"一心三园十景点"立体式民族文化景区。"一心"即游客服务中心；"三园"即以莲藕基地为中心的扶贫产业园、以蓝氏宗祠为中心的畲族风情园、以村部为中心的党建示范园；"十景点"即油菜花观赏园、凤凰古寨、荷塘君子、濂溪亭、荷香栈道、蓝氏宗祠、畲韵长廊、畲乡广场、水上乐园、便民小游园等十大景点。将村寨旅游与畲族舞龙狮、武术祭祀等畲族传统文化融合起来，组建畲族舞龙队、武术班（四门拳）、舞蹈队，打造了招牌景点，直接拉动了畲族土特产超市、畲族特色农家乐、餐饮、民宿等行业快速发展。在完成 463 栋畲民房屋复古立面改造的基础上，完成了寨门楼至元龙畲族小学路段的凤凰大道提升，打造高规格绿化景观带 680 米，在新建的凤凰广场设立凤凰图腾雕塑、畲族姓氏柱；在蓝氏宗祠内设立了村史馆、民族馆、阳明馆，在蓝氏宗祠旁新建了

可供畲族文艺演出和文化展示的山哈广场，打造成为畲族文化户外展示区。4月21日（农历三月初三），元龙畲族村举办传统"三月三"乌饭节，进一步丰富少数民族文化底蕴，编排畲族竹竿舞，畲乡敬酒歌舞等表演节目，将古老的民族元素融入秀美山水田园风光，让近3万名慕名而来的游客大饱眼福。

（五）抓好产业发展，催生绿色经济

元龙畲族村在省委组织部的指导下，选准脱贫产业和项目，依靠精品蔬菜种植、乡村特色旅游、金融帮带机制等举措，大力发展扶贫产业，实现了"输血式"产业培植到"造血式"精准脱贫的转变。

主抓绿色蔬菜种植产业。抓好以莲藕、芋荷、香稻、油菜等特色农产品为主导的精品蔬菜种植产业，借力扶贫专项拉动，调整种、养殖结构，流转土地1 386.3亩，建立起了以310亩莲盛蔬菜基地、241亩油菜种植基地和380.3亩金元稻香专业合作社为龙头的蔬菜种植基地，带动周边散户适度规模种植莲藕、茄子、芋荷、油菜等农作物。

抓好乡村旅游特色产业。抓住元龙畲族村申报江西省4A级乡村旅游点的契机，加大旅游观光点的建设，打造花海参观区、民俗体验区等，丰富旅游休闲模式，打造元龙乡村旅游的独特亮点。同时加强对服务内容的创新，带动提升酸芋荷、芋包子、炸莲藕、畲族米酒、畲乡菜油等名优农产品及传统手工业发展和电商发展，促进了一二三产业融合发展、生产生活生态"三生"协调发展。

借力脱贫攻坚专项产业。建立起"蔬菜市场＋合作社（基地）＋贫困户"特色脱贫模式，贫困户在基地劳作获得每月近2 000元的劳务工资收入，其流转土地每亩每年可获得700元的土地租金，解决当前生活困境。建立起产业捆绑机制，58户贫困户从银行贴息贷款入股水龙集团，每年获得3 300元分红，25户贫困户入股标准厂房，每年获得

3 600元分红，76户贫困户安装5千瓦光伏，每年可有近5 000元收入，20户贫困户入股村级光伏产业，每年可以获得2 000元分红，另有13户贫困户自己发展种养产业，建立起长久脱贫保障；抓紧寻求手工编制业的突破，镇党委、政府积极引进市场资本，元龙畲族村跟进做好服务，建立了电子元件组装的扶贫车间，聚集周边闲散劳动力，安排30户贫困户就近就业，实现了老、弱、妇的灵活务工。

发展光伏产业，壮大村集体经济。发展光伏发电项目，不仅壮大了村集体经济，还能保证吸纳20户入股光伏发电项目的贫困户有固定收入。在省委组织部的指导下，元龙畲族村加大村级光伏电站建设规模，建设了一个400千瓦的光伏蔬菜大棚，目前正在并网，并网后每年能有近40万元经济收入，除去每年分红还本给贫困户约3万元，还能增加37万元的村集体收入。这些将为元龙畲族村更好地服务群众提供有力保障。

江西省新余市仙女湖区彩色村（孝头村）

【最佳休闲时间】 全年
【主导产业】 乡村旅游、苗木种植
【特色产品】 乡村民宿、特色餐饮、苗木花卉等
【体验项目或活动】 汉文化活动周、鲜花文化节、灯光文化节、垂钓、农产品制作、农耕、烧烤、丛林穿越、真人CS等
【情况介绍】

1. 落后山村，亟须转变

彩色村是一个曾叫孝头的贫困村，位于江西省新余市仰天岗国家森林公园北面，是一个藏在山坳里的典型贫困村，森林覆盖率90%，共有52户居民，房屋为土坯房和砖瓦房。以前没有通路，去市区需要翻一座山走十几里路。村民的主要收入来源就是靠卖时

令蔬菜和稻米。2014年年底，村民人均年收入只有3 000元左右。贫困加上交通不便，周边的姑娘都不愿嫁到村里来，很多年轻人为了养活家里、贴补家用，只有外出务工，留在村里的都是老幼妇孺。

2. 依托资源，转型升级

2012年江西凯光新天地生态农林开发有限公司依托孝头村古朴的乡村风貌和优美的生态环境，请来意大利设计大师，以生态资源保护为前提，秉承绿色低碳环保建设和生态修复的理念，以高端休闲度假为开发重点，打造都市人回归自然的心灵场所，把落后山村打造成一个集浪漫山水风光、高端服务配套为一体的度假胜地——凯光新天地旅游度假区。

整个项目建设以生态保护和突出植物多样性为特点，主要建设亚热带山林、湿地、花卉、果蔬、珍稀树种等六大主题植物园，涵盖了田园、山居、花溪、果谷、湖景等多种景致，同时结合旧村改造，将"仙女下凡、天工开物"等本土非物质文化植入其中，融合了人文、民宿、耕读、游乐、高端服务等多种业态，汇聚了科普研究、山水游览、农耕体验、文化养生、运动康体、休闲度假等多种功能。目前已建成了七彩花海、彩色村、许愿廊、采摘园、樱花谷、药用花谷、紫薇谷、玉兰花谷等特色景点，开发了陶吧、滑草场、7D影院、少儿拓展、文化长廊、水上乐园、CS野战营地、热气球营地、休闲自行车等旅游项目，完成了景区带状水系、游步道、木栈道、欢乐谷水公园等配套设施。根据规划，2018年，凯光彩色岛运动中心（含篮球场、羽毛球场、网球场、瑜伽房等数十所运动健身场馆）以及凯光溪谷温泉度假酒店等旅游设施将逐步落成。

3. 创新模式，实现赢收

一是活动带动人气，人气带动经济。凯光新天地旅游度假区以活动带动人气、以人气带动旅游经济发展，景区确保周周有精彩、月月有惊喜。200亩花海一年四季各种鲜花争相开放，每次到来都会给游客带来不同的新鲜体验。今年第一季度举办的"郁金香文化节"，吸引了大批省内外游客来参观、游玩；第二季度的"薰衣草花海"让游客置身于紫色浪漫海洋，尽情释放爱的能量；酷暑夏季景区白天游客较少，为了刺激夏日游客增长点，度假区7～9月举办大型3D动漫灯光节，每晚的7～10点开放，以弥补白天游客无法游玩的不足。度假区门票实行年卡制，100元一张的年卡不限时间不限次数游玩，在提升了游客量的同时也带动了景区酒店和餐饮等其他业态的消费，度假区每年接待各地游客数量超百万人次，彩色村餐饮会议年收入达到1 100万元，酒店住宿年收入已达到800万元。

二是教育与实践双行，提升主营业务收入。凯光新天地旅游度假区内原有野生和栽培植物684种，另引进516种，总计植物1 200多种。度假区有农林科普教育馆、花卉培育馆和热带植物、农业观光馆，栽植多类热带珍稀植物、仙人掌科、热带植物、多品类果树、稀有蔬菜、瓜果、新潮花木，并设立有园林艺术小品，结合巧妙设计，既可以接待师生参观学习，亲手栽种植物；也可配合中小学生物课、自然课、劳技课、环境保护教育等相关学科开展现场教学，感受大自然，了解大自然；同时内设山地拓展运动营，设有真人CS、平地拓展、山地迷宫等，依托6 000亩山林优势，依山而建，与自然融为一体，聘请专业教练担任教官，针对独生子女进行引导性训练，启发孩子们的想象力，培养克服困难面对挑战的能力，增强团队意识，学会关心他人，提高与人沟通的能力。凯光新天地旅游度假区是青少年校外活动基地、青少年科普教育基地、青少年科技教育基地、青少年司法教育基地、农业生态科普教育基地、森林生态科普知识教育基地、江西省文化产业示范基地、江西省优秀科普教育基地，每年接待各院校实践师生 10 万余人。

三是创新经营模式，企业农户双赢。凯光新天地旅游度假区每年可解决 300 人就业问题，同时创新"乡村旅游＋基地＋农户"的经营模式，积极发挥景观苗木繁育的示范带动效应，建立生产基地，实现土地集约化经营。景区通过长期聘用与季节用工相结合的方式，解决农村剩余劳动力就业，公司在基地建设中共安置农村劳动力临时就业 300 多名，支付农户工资 1 100 多万元。公司通过和农民专业合作社、村委会、专业户签订合同的方式，联结 300 多户农户种植绿化苗木，带动基地面积达到 1 万多亩。公司通过免费给农民提供种苗与技术，统一收购农民生产的苗木对外销售，带动农民从事农林产业化经营。年带动林农增收 2 400 余万元，人均增收 8 000 元，实现了企业与农户的双赢。

四是打造旅游综合体，提升游客体验度。为丰富产品业态，提升游客体验度，赣西地区最大的大型水上乐园凯光欢乐谷水公园于 2017 年对外开放，解决近 150 人的就业需求。凯光欢乐谷水公园是集绿色生态回归、游园嬉水、休闲度假等于一体的大型水上主题乐园，作为中部地区超大型水上主题乐园之一，园内汇集小喇叭滑道、互动水寨、鼓风造浪池、巨龙传奇滑道组合等 10 余种世界尖端水上娱乐项目，结合绚丽的水上舞台演出、夜场星光派对等多彩表演，让游客在体验刺激、享受愉悦的同时，感受独特的充满热带风情元素的丛林主题水上乐园，是目前新余乃至赣西地区环境最佳、游玩项目最丰富、最刺激、最好玩、最充满乐趣的大型水上狂欢乐园之一。根据景区规划，凯光新天地旅游度假区还将建设凯光彩色岛运动中心、凯光溪谷温泉等项目。

秀丽的山水风光，完善的乡村旅游配套，使得凯光新天地旅游度假区被誉为"新余城市后花园"，先后被评选为"江西省美丽乡村""江西省生态文明示范基地""江西省省级乡村旅游点""江西省首批森林养生基地"。

山东省德州市陵城区薛庄村

【最佳休闲时间】 3～11 月
【主导产业】 垂钓、养殖、采摘
【特色产品】 仙人湖野生鱼、莲藕、仙人湖四鲜菜
【体验项目或活动】 垂钓、龙舟、采摘、农事体验
【情况介绍】

薛庄村属于山东省德州市陵城区。区位优势明显，位于"智圣故里"陵城区的西南部，地处山东省西北部。交通优势明显，104 国道、353 省道横穿乡境，京台高速、京沪高铁、太青客运专线、德龙烟铁路穿境而过，西距京台高速（德州南）出入口 4 千米，北距京沪高铁德州东站 8 千米。

组织领导坚强。村级党组织威信高、能力强，领导坚强有力，能很好发挥战斗堡垒作用；能忠实履行职责，把党对农村工作的领导体现在抓好乡村治理、带领村民发展经济、走共同富裕道路上；能有效发挥农村党员、能人的带头作用。

产业优势明显。依托薛庄村优越的区位交通优势和丰富的湿地、地热资源，山东爱尚生态旅游有限公司投资建设"印象大薛庄"美丽乡村项目，项目估算总投资 9 亿元，项目总面积 3 936 亩，建成后，形成集两岸特色乡村旅游创意文化交汇的观光、文化旅游、休闲度假、温泉养生、商贸交易、科技创意文化交流综合体。"印象大薛庄"美丽乡村项目分三期进行建设，一期生态休闲度假区、二期生态农业旅游区、三期运动健康休闲区。新建 3 000 平方米的旅游服务中心，目前已经投入使用，湖心岛南侧民俗度假屋已建好

3栋。景区现有大型鱼塘一处，名为"梦之蓝大钓场"，占地面积80亩，从5月12号至今已举办20场大型垂钓比赛，每场次人多达300多人。估算每年收入可达2 000万元。除上述项目外，全村道路扩宽动用土方8.2万立方米，对353省道至蔬菜种植园区4 200米的道路进行拓宽，种植了国槐、白蜡等苗木。新开挖景观河，贯通马颊河与马颊岔河水系；南北长3 700米，东西宽40米，深9.5米，并进行了护坡。旅游业的发展，吸纳本村劳动力300多人从事旅游业、餐饮业等，村民增加收入达到40%以上，旅游收入每年达2 000余万元。

经济基础坚实。农村党支部、村委会等基层组织健全，带领农村增收等方面发挥作用明显，薛庄村村民人均收入均高于周围其他村庄，村民人均可支配收入3.5万元，集体经济年可支配收入达100万元。

生态环境优美。通过大力宣传并实施有效可行的环境保护措施，绿色发展、循环发展、低碳发展和节约型社会理念深入人心，生产和生活方式实现绿色化，人居环境整洁，无脏乱差现象。社区污水处理系统已建设完成，针对马颊河、马家岔河进行清河行动，实现"景美、岸绿、河畅、水清"。为了营造优美的旅游环境，几年来村里每年组织群众在居民点周围大搞绿化工程，绿化覆盖率达到了40%以上。

产业业态丰富。农业功能得以充分拓展，乡村资源、蔬菜种植和乡村旅游得以深度挖掘，吃住行游购娱等休闲旅游要素统一协调。薛庄村立足实际，借助仙人湖、马颊河、马家岔河水系大力发展水产养殖、蔬菜种植及休闲垂钓和农户体验采摘为主题的乡村旅游业，取得了良好效果，全村水产养殖面积800亩，蔬菜种植面积1 000亩，预计2018年旅游业实现收入2 000万元以上。

服务设施完善。除已建成的旅游服务中心和民俗度假屋外，薛庄小学、幼儿园卫生室等也已建设完成，为附近居民上学、医疗提供便捷式服务。

乡风民俗良好。全村现有680户，2 014人，1 980亩耕地，近年来，该村党支部、村委会一班人坚持物质文明和精神文明一齐抓，在社区建设方面一直走在全区前列，成立了旅游督察大队和群防群治组织，设有治安巡逻队，配合乡派出所建立了治安长效机制。该村为丁庄镇被评为"山东省旅游强乡镇"做出了很大贡献，起了决定性的作用；荣获2013年省级生态文明示范社区；2014年被评为"山东省旅游特色村"；民风淳朴，涌现出无数见义勇为模范，2014年，被授予山东省"见义勇为"社区。

品牌效应突出。在当地和业内知名度、美誉度较高，游客满意率较高。对当地休闲农业和乡村旅游示范带动作用强。2015年被授予"国家2A级旅游景区"。2016年被评为"山东省旅游特色村"。2017年荣获"山东省美丽休闲乡村称号"。自5月12日成功举办了"陵城区首届休闲垂钓节"以来，共举办了3期垂钓活动，每期3天，吸引了来自内蒙古、北京、天津、河北、陕西等地垂钓爱好者近3 000余人次前来观光垂钓。

山东省东营市垦利区小张村

【最佳休闲时间】 春夏秋
【主导产业】 小麦种植及小麦产品加工销售；麦田文化旅游
【特色产品】 小麦石磨面粉、面艺食品、黄河口面塑
【体验项目或活动】 农耕文化体验，面塑文化体验，万亩麦田文化旅游活动
【情况介绍】

小张村位于黄河三角洲顶点附近，垦利区胜坨镇黄河右岸，距离镇政府驻地10千米，北纬37度35分，东经118度20分，距离利津大桥13千米，胜利黄河大桥15千米，

附近还有宁海浮桥和刘家夹河浮桥，交通便利。

小张村现有村民 286 户，760 口人，村庄面积 300 亩，耕地 1 100 亩。农民经济收入以种植、养殖、劳务输出、乡村旅游为主，2017 年农民人均纯收入为 19 850 元，村集体可支配收入 80 万元。

近年来，小张村以落实乡村振兴战略、建设休闲美丽乡村为契机，按照"一村一品"的发展思路，形成了独具一格的发展模式。在建设美丽休闲乡村过程中，严格贯彻落实保护环境的要求，制定行之有效的环境保护措施，自觉推动绿色发展、循环发展和低碳发展，形成水田粮林有机生命综合体协调发展、资源节约型新格局，从而使全村农业功能得到完善，农耕文明、田园风貌、民俗文化得到传承和拓展，实现农业生产功能与休闲功能有机结合，各项产业有机融合，带动农民增收致富能力大大增强。小张村景致独特，乡土气息浓郁，民俗文化内涵丰富，村落民居保持较完整的原生态，基础设施功能齐全，村庄各要素统一协调，传统文化与现代文化交相辉映，浑然一体，村落景致令人流连忘返。小张村具有良好的精神风貌，各种基层组织健全，管理民主，全村和谐；村民尊老爱幼，邻里相敬如宾，村民生活怡然自得，民风淳朴，热情好客，诚实守信。

为加快产业发展，2011 年 5 月，小张村成立了众兴小麦种植专业合作社。种植小麦 1 000 余亩，获得"无公害农产品"认证、绿色食品认证，申请注册了国家地理标志证明商标（垦利黄河滩区小麦）。同时生产石磨全麸面、面艺食品、小杂粮、农家大笤帚、华业莲藕等产品，打响了"齐鲁众兴"品牌，"齐鲁众兴"商标被认定为山东省著名商标，并审定为山东省知名农产品企业品牌。2014 年同山东省农业科学院联合建立了山东省农科院黄河三角洲众兴小麦博士工作站。依托博士工作站的技术力量和合作社的土地资源优势，规划了 100 亩小麦实验田、1 000 亩小麦示范田、10 000 亩优质小麦推广基地。此外，与鲁东大学联合建立了莲藕龙虾高效养殖博士工作站，还开展了"院士齐鲁行到小张村"活动。

为建设美丽休闲乡村，小张村于 2015 年 4 月注册成立了"中国众兴书画研究院"，实施把小张村建设成为黄河口画家村的规划。利用村民富余的住房，打造舒适的画家住处和创作室，让他们接地气，触发创作灵感，创作出好的作品。与 100 名中美协会员画家签约，3 年内让他们分批长住小张村，村里统一为他们安排生活，借助画家的影响提升小张村的文化品位。2015 年 4 月，小张村成功举办了"中国·垦利首届黄河口书画艺术节"，邀请省部级老领导 10 多人、全国著名书画艺术家 30 多人参加。展出全国及当地书画家作品 700 余件，参观者近万人。艺术节的成功举办，提升了小张村的文化品位。

自 2017 年以来，小张村按照发展全域旅游战略，以垦利黄河滩区万亩优质小麦种植基地为依托，打造沿黄万亩生态景观，形成集休闲观光、农事体验、农产品加工、田间采摘于一体的农业旅游胜地。

2017 年 3 月，小张村配合东营伟豪文化创意有限公司承担了垦利万亩麦田田园综合体建设项目，完成了项目规划，实施了 4 处精品民宿建设工程，建设了黄河口民俗博物馆，打造了倍受游客喜爱的面艺美食。4 月底，举办了中国众兴麦田文化旅游节，推动了乡村旅游及小麦种植及加工业的发展。

2018 年 1 月 29 日，小张村举行了"走进新时代——大美之春垦利黄河滩区家家书画家家乐"活动启动仪式。此项活动将开展剪纸艺术传承、国学讲座、乡村记忆书画采风、乡村风情摄影采风、刺绣培训、旗袍艺术表演、面艺亲子体验活动、草编艺术培训活动、旅游商品制作活动、乡村故事作家采风等一系列活动。通过一系列活动的开展，不仅能够促进村民文化品位的提升和文化素质的提高，同时也为全区文化旅游事业的发展做出应有的贡献。此外，开展了齐鲁行走研学游活动。

小张村民宿建设，是垦利万亩麦田田园综合体项目的建设内容。目前已开工打造4处各有风格、各有特色的民宿。具体内容如下：

一是打造10种特色美食：如烧布鸡（音）、石磨豆腐、老面馍馍、手工凉皮、月子酒、家乡水饺、水煎包等。打造完工后，游客到小张村可一饱口福。

二是打造书画创作室。作为画家村建设内容的一部分，便于书画、书法家及爱好者到小张村深入生活，接地气，触发创作灵感，现场创作书画作品。

三是打造面艺食品加工培训基地。除加工独具特色的面艺食品外，还开展面对村民、中小学生的面艺食品加工技艺培训活动。

四是打造黄河口民俗博物馆，以黄河口面塑艺术品，展示黄河口民俗文化，实现民宿文化与面塑艺术品的完美结合，使参观者流连忘返。

2018年5月1日，举办了黄河口面塑手工制作大赛，收到了很好的效果。

2018年5月26日，举办了第二届垦利麦田文化旅游节，并与中国香港米铺村签订了友好村协议。为小张村今后的借力发展打下了坚实基础。

经过几年的建设，小张村基础设施配套完善，已形成美丽迷人的特色民居村。村"两委"协调投资60多万元，建成了功能齐全的教育文化大院，为提升村民科技文化素质奠定了基础；投资120多万元，修筑柏油路9 600平方米；投资60多万元，进行村电网改造；投资38万元，修建公路桥和排水沟400多米；投资2 100万元推进新农村建设，新村建设已初具规模，目前已有135户搬进新居。

由于成绩突出，近年来，小张村先后获得全国农村科普示范村、全国农民专业合作社示范社、全省农民专业合作社示范社、全国"一村一品"小麦示范村、全省"一村一品"小麦示范村、全省卫生村、全省美丽休闲乡村、全市卫生村、全县精神文明村等荣誉称号。

河南省郏县姚庄回族乡

【最佳休闲时间】 3～6月
【主导产业】 休闲生态农业、茶食业
【特色产品】 特色饮食业、矿泉水生产、金镶玉加工
【体验项目或活动】 休闲观光
【情况介绍】

姚庄回族乡成立于1985年5月，位于郏县东南部，距平顶山市区13千米。全乡总面积7.2平方千米，辖6个行政村，14个自然村，总人口10 260人，其中回族占55%。时至今日，姚庄乡有百岁老人3位，90岁以上老人67位，80岁以上老人256位，被冠以"长寿之乡"的美誉。如今按照"打造全域休闲环境，发展全域休闲经济"的工作思路，大力建设茶食小镇，争创中国美丽休闲乡村。

1. 组织领导坚强。近年来，乡党委、政府在县委、县政府的正确领导下，认真贯彻习近平新时代中国特色社会主义思想和十九大精神，紧扣"打造全域休闲环境，发展全域休闲经济"的发展方向，全乡动员，全民参与，积极创建中国美丽乡村，有力推进了全乡经济社会各项事业统筹发展。

2. 产业优势明显。姚庄回族乡确立了特色饮食经济、特色加工经济和特色生态经济等三大支柱产业。现已发展各式饭店28家、茶馆12家，规模牛肉屠宰加工场16个，烧鸡、烧兔店20多家，金镶玉加工店5家，水厂6家，500亩以上生态园3个，相关从业人员1 000多人，年产值达1.8亿元。突出地

方"最特色"，大力发展休闲养生旅游经济，年接待游客 50 万人次。

3. 经济基础坚实。截至 2018 年上半年，全乡完成地区生产总值 30 757 万元，同比增长 11.9%；完成规模以上工业增加值 16 196 万元，同比增长 11.8%；完成社会消费品零售总额 22 127 万元，同比增长 12.1%；完成 500 万元以上固定资产投资 38 665 万元，同比增长 76%；2018 年以来，招商选资引进超亿元项目 8 个，实际到位固定资产投资完成 95 750 万元。

4. 生态环境优美。以争创中国美丽休闲乡村为目标，通过项目支撑，建设"美丽宜居姚庄"，先后建成乡垃圾中转站 1 座，设置果皮箱 260 个，新购垃圾运输车 2 台，大型铁质垃圾箱 50 个，洒水车和清扫车各 1 台。在各村设置"可沤粪"和"不可沤粪"绿、蓝双色垃圾桶 5 000 多个，建筑垃圾消纳点 6 个，循环农业有机肥处理场 3 个，统一收集垃圾，实现了垃圾的日产日清、密闭运输。全方位打造独具姚庄特色的生态廊道，建成了 50 米生态廊道 1.6 千米，30 米生态廊道 3 千米，20 米廊道 4.2 千米，共计 1 500 亩的生态廊道，全乡累计栽植绿化树木 22 万余株。经过多年来绿化美化、严格管护，生态环境得到了修复与保护。镇区内外构成了一副"曲水流觞时节好，茂林修竹池台永"的美丽画卷。

5. 产业业态丰富。以"打造全域休闲环境，发展全域休闲经济"为发展目标，着力推进"六区六园"建设（"六区"是指在 6 个村分设 6 个经济繁荣发展管理区；"六园"即建设"百岁矿泉产业园""农家茶产业园""民族工艺产业园""园林娱乐产业园""民族文化展示园"和"周末美食园"），牢牢抓住"四季常绿，四季有花、四季有果"的发展方向，以及"好看"的"看好"、"好吃"的"吃好"、"好玩"的"玩好"的发展理念，牢牢抓住三产融合、特色融合的发展方式，推动了全域休闲游发展带动全乡民俗风情游、康养项目开发、清真特色饮食业等产业的发展。

6. 服务设施完善。大力发展全域旅游，建成了乡游客中心，依托乡电商服务中心，抓好与河南爱诺、利客道、华中商城等电子商务有限公司"党建＋电商"合作，与 6 个村党群服务站签订协议，实现线上线下共同销售，积极助力群众增收致富。建有安全饮水厂 1 座和污水处理厂 1 座，开通了姚庄至平顶山，姚庄至郏县的班车。完善公共服务。各村建成文化广场 1 个和乡综合文化站 1 所，农家书屋 6 个。现有中心校 1 所，小学 4 所，幼儿园 3 所。现有乡卫生院 1 所，各村建标准化卫生室 6 所，基本满足全乡不同层次、不同群众常见病就医需求。电力、通信等基础设施完善。

7. 乡风民俗良好。创新开展"六星"评定活动。六星，即"公仆星""公益星""孝悌星""四旁卫生星""四旁绿化星"和"庭院经济星"。截至 2018 年，已评选出乡级、村级"六星"72 名，在全乡营造了争当先进、争做好人、崇德向善的浓厚氛围。坚持"一约五会"制度。每村都有村民议事会、道德评议会、红白理事会、禁毒禁赌会、孝善理事会，积极参与村规民约制定、村级组织换届、支部公益项目筛选、"六星"评定等工作。并通过"一约五会"管理村民日常行为规范。组织"四组一队"。在妇女队伍中组建发展组、权益组、宣教组、家风组和巾帼志愿者服务队，发挥妇女半边天作用，灵活开展"巧媳妇"工程、"双学双比"活动，评选"最美家庭""文明家庭"，组织巾帼志愿服务队针对留守儿童、空巢老人等定期开展志愿服务，培树宣传典型，倡树文明新风。

8. 品牌效应突出。姚庄回族乡素有"中原特色饮食文化之乡"的美誉。近年来，先后荣获"国家卫生乡""国家生态乡""全国特色景观旅游名镇""全国民族团结进步创建活动示范单位"和"全国农村公路养护和管理先进集体"等各级荣誉 200 余项，连续 10 年荣获市、县"信访工作四无乡镇"，是郏县"中国长寿之乡郏县核心区"。礼拜寺村被授予"全国生态文化村"，小张庄村荣获中国传统村落称号、三郎庙村荣获"中国少数民族特色村寨"称号。2018 年 4 月平顶山市整治农村环境、倡树乡风文明、推动乡村振兴现场会在姚庄回族乡召开，相关经验做法受到市委主要领导高度肯定，并在全市进行推广。

河南省光山县帅洼村

【最佳休闲时间】 2～4 月、8～10 月
【主导产业】 茶产业、红薯粉条产业、林果产业、乡村旅游产业、养殖业、水产业
【特色产品】 生态茶、红薯粉条、麻鸭、麻鸭蛋、桃、板栗、茶油、糍粑、挂面、黑猪肉
【体验项目或活动】 现场炒茶、水域垂钓、九架岭徒步、九架岭骑行、野炊、地方花鼓戏演艺、舞龙、舞狮、有氧漫步、水库游泳
【情况介绍】

　　帅洼村位于光山县西南，距县城约 30 千米，全村 19 个村民组，546 户，2 408 人，党员 48 名，注册成立了茶叶、红薯粉条、扶贫互助、土地专业、乡村旅游 5 个专业合作社。该村地处山区，群山环抱，东西走向的九架岭山脉如金水芙蓉帐横穿全境，库容 300 万立方米的民胜水库似高山明珠镶嵌其内，山水相依，是典型的"山水—鱼米之乡"。全境 12 平方千米，森林覆盖率达 90% 以上，历史古迹与传说众多，近年来，村"两委"按照"产业兴旺、生态宜居、乡村文明、治理有效、生活富裕"的方针建设村庄，取得了可喜的成绩，先后获得"全国文明村""全国生态文化村"等国家级奖牌 7 个，省级奖牌 30 多个。

　　1. 整合资源，打造美丽休闲村庄。2006 年以来，村"两委"整合各类资金 3 000 多

万元，改造升级了环通 19 个村民组的公路 23.6 千米，建成新型农村休闲居民区 192 户，村公路两旁、广场四周、各村民组公共面积全部绿化完成，19 个村民组人居环境治理基本完成。村小学、文化大院、文化广场、敬老院、社区服务中心、村办公室已与居民区连成一片，基础设施配套齐全，购物方便、通讯方便，村民住在其中，乐在其中。"春赏兰花娇，夏闻稻花香，桂花遍地开，蜡梅竞芬芳。"

　　2. 强化山区优势，发展生态产业。帅洼村成立注册了 5 个农民专业合作社，合作流程按照"一产助推乡村旅游，二产服从生态建设，三产激活脱贫致富"的发展模式，大力发展绿色有机休闲农业，加速全村"茶产业""红薯粉条产业"的转型和升级，带动贫困村民和低收入家庭就业 220 多人，绿色品牌"九架岭毛峰""帅洼红薯粉条"已走进豫南百姓的餐桌，并被纳入光山"十宝"，进入网络销售，前景可观。

　　3. 乡风文明，村民安居乐业。帅洼村是"全国文明村"，全县"五星级文明村"。村"两委"利用村规民约、家规、家训、红白理事会、道德评议协会、志愿者协会等开展村风文明建设，利用大型宣传栏开展"讲文明、树新风"文化宣传，每年村民自评自选身边的"好婆婆""好媳妇""好党员"以及"五星级文明农户""庭院清洁农户"，村"两委"组织在文化广场颁奖。文明新风树起来，农村休闲真自在。帅洼村配得上中国美丽休闲乡村。

湖北省建始县村坊村

【最佳休闲时间】 5～10 月
【主导产业】 关口葡萄
【特色产品】 关口葡萄
【体验项目或活动】 葡萄采摘节、攀岩（飞拉达）、民宿、关口葡萄王、村坊火龙

【情况介绍】

村坊村位于建始县南，距县城 55 千米，有国土面积 8.22 平方千米，15 个村民小组，416 户，1 678 口人，耕地面积 1 500 亩。村坊村地处北纬 30 度、东经 110 度的清江河岸，气候温和湿润，常年薄雾笼罩，俗称雾雨村坊，散射光强，昼夜温差达 8℃，土壤有机质丰富，属富硒带土壤，得天独厚的气候优势，孕育了独特的"关口葡萄"。

葡萄产业是村坊村脱贫致富奔小康的主导产业。村坊村现有关口葡萄种植面积 3 000 亩。全村从事葡萄主导产业的农户有 400 户，占全村农户总数的 96.1%。2017 年全村葡萄总产量达 3 000 吨，实现销售收入 3 500 万元。2017 年 9 月 15 日，花坪镇在村坊村举办首届"关口葡萄"采摘节，在绵延 25 千米的葡萄长廊，串串丰盈的"关口葡萄"吸引了全国各地的游客和村民前来采摘。结合旅游观光、举办开园品尝采摘、借助电子商务平台，将村坊关口葡萄向各地推介销售，农旅结合的产业优势明显。

全村现有专业合作社 10 个，成效卓著的合作社有 4 家，现有社员 335 户，适度规模经营比例达 83% 以上，农民人均可支配收入为 1.3 万元，农民收入的 87% 来源于葡萄，农民人均可支配收入高于全县平均水平的 60% 以上，集体经济发展态势良好，经济基础坚实。

村坊村平均海拔为 960 米，森林覆盖率达 80% 以上，年平均气温 14.4℃，年均相对湿度 80%，无工矿企业污染源。村民生产生活方式绿色化，人居环境整洁，无脏乱差现象，绿色发展理念深入人心，生态环境优美。

村坊村目前主导产业为葡萄种植业，严格按照绿色产品的要求进行种植，实行区域化布局，专业化生产，规模化经营。立足于发展成熟的葡萄种植业，村坊村深度挖掘本村资源，积极发展农旅观光业，成功举办第一届"关口葡萄"采摘节，并引进了鸡公岭飞拉达攀岩户外运动基地项目，初步形成了农旅观光、体旅竞技的产业发展形态，丰富了产业业态。

为了有效促进葡萄产业的进一步发展，村坊村得到了花坪镇人民政府的大力支持，着力提升服务设施，目前涉及全村主干道的产业路硬化已基本完工，又下达了 75 万元财政资金，硬化 3 条到组公路 2.4 千米。其他服务设施将根据葡萄产业的发展纳入规划，建设一个集旅游、餐饮、住宿、体验、文化展示于一体的美丽休闲乡村。

在大力推动经济发展的同时，村坊村十分重视乡风文明建设，结合本村实际制定了村规民约，从忠、孝、仁、爱、信、义、和、平 8 个方面对广大村民进行引导，形成了尊老爱幼、邻里和睦、热情好客、诚实守信的淳朴民风。为使民俗文化得到较好传承，"村坊火龙"项目正在申报非物质文化遗产。

由于村坊村独特的地理优势和气候条件，专业的种植、加工技术，为关口葡萄树立了良好的品牌。基地关口葡萄以先进的生产技术配合现代企业经营管理方式，依托华中农业大学对口帮扶给予的技术支持和"公司＋专业合作社＋农户＋基地"的模式经营发展，将村坊关口葡萄向各地推介销售。同时，建立品牌网站，构建销售信息网，在恩施以及武汉等一线城市进行品牌推广，宣传推介。恩施益寿果品有限责任公司的益寿牌村坊关口葡萄，已通过绿色食品认证、农业部农产品地理保护标志认证，并获湖北省著名商标，还通过了 ISO9001 质量管理体系认证。

湖北省宜都市全心畈村

【最佳休闲时间】 12 月至次年 10 月
【主导产业】 柑橘、黄桃、特色养殖
【特色产品】 宜都脆桃、全心黄桃、好莓妙草莓、金橘、砂糖橘、蓝莓、黑斑蛙、鲈鱼、甲鱼、龙虾

【体验项目或活动】 自我展示平台、草莓、蓝莓、桃子采摘园、桃花节

【情况介绍】

全心畈村位于湖北宜都枝城镇西北部，距县城5千米。全村国土面积6.5平方千米，耕地面积276公顷，水域15公顷，林地192公顷，有樟树、银杏树等名古树，森林覆盖率38％。辖5个村民小组，565户，总人口2 004人。近几年来，全心畈村树立创新、协调、绿色、开放、共享发展理念，按照"政府引导、市场主导，以农为本、联农带农，城乡互动、融合发展"的原则，以促进农民就业增收、满足人民美好生活需要、建设美丽宜居乡村为目标，狠抓工作创新，不断与时俱进，农业、农民、农村发生翻天覆地变化，一个美丽休闲乡村庄应运而生。

1. 理清思路，立足实际做规划

全心畈村按照"一产形态，三产功能"的构想，高位谋划了以生态旅游、休闲观光、四季采摘、民宿体验为亮点，在山、水、田、园上做文章，融入田园综合体建设的发展思路。

注重因地制宜。2014年，根据本村特殊的地理位置，把建设美丽乡村的目光放在了打造宜都美丽后花园上，提出植入地域、文化两大元素，建设黄桃生产专业村、特色养殖重点村、现代农业示范村、观光农业旅游村的设想。将全村划分为三大特色农业板块：即1 000亩桃花核心观光区；1 200亩四季果蔬采摘区；800亩生态特色养殖区。

改善基础设施。规划制定后，如何找到突破口？村民讨论后认为：环境治理是美丽乡村建设的重中之重。于是抓住宜都市"四好公路"建设政策机遇，按时按质高标准建好望赤路、全新路、与洋津畈村接线路，将6.2千米主干道提档升级，主干公路旁搞好绿化美化工程；借助新桥河流域治理、枝城西流域治理项目，沿红岩河新修5千米健康绿道。

美化村内环境。全村范围内多栽树、广植绿，让全心畈绿色连片、四季有花、处处有景。

2. 把握重点，围绕特色抓发展

全心畈村最大的特点就是离县城近，有地有山有水，适宜发展种养业和开展农事体验及休闲旅游。于是，在三个板块上做起了大文章。

打造桃花核心观光区：以二组黄桃基地狮子山及对面桃山为主阵地，辐射整个桃花节会场入口到出口区域共1 000亩，分批次做好黄桃树品种改良，形成山上是黄桃、山下是脆蜜桃及乌山李为主的桃李基地，同步以桃花文化为引领，挖掘桃木文化，开发一批与桃木有关的手工工艺品。

建好四季果蔬采摘区：以现有龙虾养殖基地沿红岩河顺流而下至村委会驻地周边至岳宜高速全心畈大桥区域共2 000亩，以现有葡萄、芦笋、蔬菜、草莓、砂糖橘、蜜橙、黄桃、脆蜜桃、乌山李及蓝莓等基地为主，科学合理规划下一步土地流转具体种植项目，设立土地流转准入机制，保障土地流转工作有序进行及基地持续正常发展，按时节及基地生产的果蔬品类，排列整理一年内各个时令段的产品，利用"互联网＋"有序持续向市场推送信息，力争一年四季游客不断，基地产品供不应求。配套建设全心畈生态农业物流中心，涉及仓储、冷链、初加工等功能，从而保障上述基地果蔬贮藏保鲜，对外销售运输。

培植生态特色养殖区：以龙虾基地沿红岩河逆流而上至太极岛位置近800亩区域，合理布局，充分发挥红岩河流域的资源优势，引进一批适合地方气候珍稀水产品种类和具有相关水产品养殖技术经验的老板、能人、创业者前来合作共赢，村级提供保姆式服务，筑巢引凤。

3. 突出主体，流转土地富农民

土地是生财之母，对土地进行流转才是

生财之道。通过创新经营模式，实行大户引领，拓展了新业态。

抓流转土地。2010 年全村整理土地 2 457 亩，并于 11 月开始流转土地。近几年持续围绕土地做文章，先后发展了黄桃、蔬菜、葡萄、草莓、脆蜜桃、金橘、砂糖橘、花卉苗木、特色养殖等产业。到目前为止，全村土地流转总面积 2 200 亩，占全村耕地总面积的 45%。全村近 70% 的农户有土地流转，常年在流转土地上务工的村民有近 200 人，年劳务收入 300 多万元。

抓模式创新。通过建立"公司＋合作社＋农户"模式，推进规模化经营，先后建设了 16 个特色种养基地。其中，黄桃基地 1 010 亩、脆蜜桃和乌山李基地 210 亩、蓝莓基地 20 亩、金橘基地 150 亩、砂糖橘基地 80 亩、反季节蜜橙基地 50 亩、蔬菜基地 200 亩、葡萄和芦笋基地 100 亩、草莓基地 220 亩、花卉苗木基地 150 亩、青蛙养殖基地 30 亩、稻田养虾基地 50 亩、鲈鱼养殖基地 20 亩。

抓业态拓展。全心畈村立足村里的资源优势，大力发展休闲农业和乡村旅游，引导农民发展农家乐 20 家，其中，集吃、住、游、娱一体，投资规模 500 万元的生态农庄达 3 家。

4. 培育品牌，对接市场活流通

为了解决农产品卖的难题，全村首先抓质量，培育品牌；其次抓农事体验和采摘，对接市场；再次抓销售，做到传统与现代销售方式的紧密结合。

推广科技抓示范。大力推广农业新技术，新品种，积极推行农业标准化生产，先后引进开发了 10 多个名优蔬菜品种。"安全菜园"蔬菜基地 220 亩，除了全程采用有机种植方式外，还对土壤进行过改良，从根本上解决了过去蔬菜种植粗放，标准难统一，质量无保证的问题。

管住质量育品牌。村里成立了标准化生产管理办公室，制定了标准化生产操作规程，实行生资供应、技术指导、产品检测、包装销售"四统一"管理，向社员提供各种优质生产资料，定期举办蔬菜标准化生产讲座，签订安全生产责任状，积极推广标准化生产技术。全村已培育蔬菜品牌 6 个，桃子品牌 2 个，还有 3 个正在申报之中。

多种形式促销售。自 2014 年起已连续 5 年举办桃花节，累计接待游客 30 万人次，总收入达到 3 500 多万元，带动了农业产业发展，不仅增加了人气，在农产品销售上做到传统与现代紧密结合，在武汉、宜昌、常德等大中城市建立销售点 6 个，村内 20 多人搞起了电商，每年电商销售额以 20% 的比例递增。《湖北日报》《三峡日报》、湖北电视台垄上频道、荆楚网、湖北宜都网等媒体曾作过多次报道。

5. 加强领导，全程服务促保障

村级党组织威信高、能力强，领导坚强有力，能很好发挥战斗堡垒作用；能忠实履行职责，把党对农村工作的领导体现在抓好乡村治理、带领村民发展经济、走共同富裕道路上；能有效发挥农村党员、能人的带头作用。

组建专班真服务。在美丽休闲乡村建设中，村党支部把服务作为发展的凝聚力，群众张嘴，干部跑腿，形成了合力。参与项目规划、协调、服务等环节，制定美丽休闲乡村建设管理制度，实现人员、政策、项目、法律等组织保障，做到了项目在哪里服务就跟在哪里，问题出在哪里矛盾就消化在哪里，支部书记曹光兆被评为宜都市"五强书记"。

招商引资下功夫。利用村里外出能人、实体老板等人脉资源及民间资本，引进招商引资项目及相关项目建设，做实土地资源增收。近几年引进了 20 多个老板，激活资金 1.2 亿元，带动全村总投资 3 亿多元。

培育主体扩规模。在大发展过程中，招商引资来的 20 多个老板成立了 13 个合作社，网络农民 80%，使农民成了美丽休闲乡村建设的主体。为了整合村内优势特色规模产业，组建了宜都市全心畈生态农业联合合作社，进一步打造全心畈品牌，对上争取农业政策，对下缓解用工难、销售难等实际困难，为群众提供增收途径。

6. 团结奋斗，齐心建设出成效

经济实力增强。2017 年完成农村经济总收入 8 088.59 万元，人均纯收入 21 598 元，村集体经济收入 51 万元。旅游消费产业每年接待游客 8 万人，累计收入达 1.2 亿元。农民合作组织、家庭农场、种养大户等适度规模经营比例达 70% 以上，村集体经济发展好，村民人均收入高于周边农民 20% 以上。

工作得到肯定。2015 年，全心畈村被宜昌市卫计委评为宜昌市计划生育基层群众自治先进村；2016 年，被评为湖北省卫生村；2017 年 2 月被省环境保护委员会授予"省级生态村"称号。2017 年 11 月，被市农业局、市文体新闻出版广电旅游局表彰为宜都市休闲农业与乡村旅游示范点；2017 年 11 月，被宜昌市司法局、宜昌市民政局授予全市第二批"民主法治示范村"；2017 年 12 月，被宜都市统计局表彰为全市村级统计基础工作规范化建设先进村；2018 年被宜都市委评为先进基层党组织。

村容村貌改善。普遍把打造宜居环境作为重点内容，重点突破环境整治这一美丽乡村建设的重点和难点，通过整村规划设计，发动村民参与开展环境卫生整治，加大对空心房，旧厕，猪圈等整治，"三格式"化粪池在全村覆盖率达到 95%。建设特色农民公园，实施新村建设，绿化亮化、污水整治等项目，使村容村貌在较短的时间内实现了较为明显的改观。

产业领域拓宽。将产业发展作为美丽休闲乡村建设的重要内容之一，立足自身特点和实际，推动特色产业发展，领域得到拓宽。16 个专业合作社种养品种达到 30 多个，四季出产品，四季有花果。尤其是休闲农业作为一种新的业态带动了三产发展。在当地和业内知名度、美誉度较高，游客满意率达到 95% 以上。

村风民风清正。在美丽休闲乡村建设过程中，积极发动群众参与，结合开展文明建设、文化创建，让群众得实惠，受教育、转观念，提高了广大村民群众的文明素质，健康文明的生活方式，清洁环保的生态理念逐步深入人心。制定了乡规民约，农耕文明、民俗文化得以传承发展，民风淳朴，社会和谐；村民尊老爱幼、邻里和睦、热情好客、诚实守信。近 3 年无群体性上访和重大恶性治安案件发生。

湖南省花垣县十八洞村

【最佳休闲时间】 2～10 月
【主导产业】 旅游业、新型农业
【特色产品】 猕猴桃、黄桃、山泉水、蜂蜜、腊肉、苗绣、酒
【体验项目或活动】 农耕文化、户外野营、苗绣
【情况介绍】

（一）基本情况

十八洞村位于素有花垣县"南大门"之称的双龙镇西南部，紧邻吉茶高速、209 和 319 国道，距县城 34 千米，州府 38 千米，矮寨大桥 13 千米，高速公路出口 10 千米，交通十分便利。全村总面积 14 162 亩，耕地面积 817 亩，林地面积 11 093 亩，森林覆盖率 78%。全村辖 4 个自然寨，6 个村民小组，225 户，939 人。该村地处高寒山区，平均海拔 700 米，属高山熔岩地貌，生态环境优美，境内自然景观独特，被誉为"小张家界"。有莲台山林场、黄马岩、乌龙一线天、背儿山、擎天柱等景点，特别是十八洞溶洞群，洞洞相连，洞内景观奇特，神态各异，巧夺天工。

村内瀑布纵横，枯藤老树，鸟语花香，高山峡谷遥相呼应，享有"云雾苗寨"之美称。该村属纯苗族聚居村，苗族风情浓郁，苗族原生态文化保存完好，民居特色鲜明，有"过苗年""赶秋节""山歌传情"等民族文化活动。

2017年，十八洞村人均纯收入由2013年的1 668元增加到10 180元，集体经济收入53.68万元，减贫136户533人，光荣摘掉贫困村帽子。先后荣获"全国先进基层党组织""全国乡村旅游示范村""全国文明村""全国民族团结进步创建示范村""全国第四批传统村落""全国少数民族特色村寨""国家乡村旅游扶贫重点村""第三批全国宜居镇村""全省脱贫攻坚示范村"等殊荣。

（二）主要景点

1. 精准扶贫红色路线。2013年11月3日，习近平总书记深入该村梨子寨访贫问苦，沿途走访石拔专、杨冬仕、施成付等农户，嘘寒问暖，与群众深入交流，首次提出精准扶贫主要思想，形成红色旅游路线。

2. 十八洞溶洞群。十八洞溶洞群，洞洞相连，洞内景观奇特，神态各异，巧夺天工。

3. 莲台山林场。境内有3 000亩杉木林，森林覆盖率达78%，负氧离子含量高，适宜徒步、康养、拓展训练等活动。

4. 夯街大峡谷。境内有一线天、黄马岩、背儿柱等景点，自然风光秀丽，雾天绕缭，彰显苗寨与自然融为一体。

5. 农耕文化园。涵盖黄桃、猕猴桃、黄金茶、稻田鱼等体验园，集观光、采摘、休闲于一体，增强人与自然零距离感受。

6. 苗绣文化。领略苗族刺绣风情，品味针线技艺，细读苗绣历史，感触苗绣传承文化。

7. 苗族原生态文化。"过苗年""赶秋节""四月八"等民族文化浓郁，独具特色，保存完好。

（三）优势及产业

1. 精准扶贫首倡地位。2013年11月3日，习近平总书记在十八洞村作出了"实事求是、因地制宜、分类指导、精准扶贫"的重要指示。4年来，十八洞村牢记习总书记嘱托，在各级党委政府和相关职能部门的关心下，积极探索并总结了可复制、可推广的精准扶贫十八洞模式。近年来，《人民日报》、新华社、中央广播电视总台等中央主流媒体和英国媒体纷纷聚焦十八洞村巨变，2016年央视《新闻联播》连续5天系列报道《"十八洞村"扶贫故事》，2017年央视《新闻直播间》连续两天报道《村庄里的中国：再访十八洞村》，焦点访谈聚焦《十八洞村脱贫记》，以精准扶贫为题材的电影《十八洞村》在全国热映，在国内外引起强烈反响。2018年6月2日，老挝人民革命党中央总书记、国家主席本扬来到十八洞村，探寻"精准扶贫"的中国经验。

2. 苗族文化底蕴浓厚。苗族风情浓郁，苗族原生态文化保存完好，民居特色鲜明，有"过苗年""赶秋节""山歌传情"等民族文化活动。每到春节，这里便有抢狮、接龙、打苗鼓等传统习俗；每逢赶秋节，这里便组织舞龙、八人秋、椎牛、唱苗歌、苗族绝技等活动，该村还拥有苗绣、蜡染、花带、古花蚕丝织布等苗族文化旅游产品。

3. 苗族建筑风格独特。古民居为纯木结构，青瓦盖顶，每座屋与屋之间留有巷道，并都铺青石板，房屋采光雕有精致的窗花，基石刻有文字和动物等图案。雕刻的花鸟、虫鱼走兽形象生动逼真，栩栩如生。整个传统古村落集中连片，规模宏大，原真性古建筑保存十分完整，被习近平总书记誉为"古色古香的苗寨"。

4. 自然风光秀丽。十八洞村属典型喀斯特地貌，有莲台山林场、黄马岩、乌龙一线天、背儿山、擎天柱等景点，开发潜力较大，村内溪流绕过，水源清澈，生态林覆盖广，雨天云雾缭绕，景致优美。

5. 产业优势凸显。一是猕猴桃产业。2017年贫困人口实现人均分红1 000元。二是十八洞山泉水产业。山泉水厂按"50＋1"模式壮大集体经济，即十八洞山泉水厂每年50万元保底分红给集体经济，同时每生产一瓶山泉水，再拿1分钱注入到村扶贫基金里。三是苗绣加工。依托十八洞村苗制农产品加工专业合作社，2017年实现苗绣产值7万余元。四是乡村旅游。与首旅集团、消费宝公司合作，发展十八洞乡村旅游。截至目前，乡村旅游开发累计投入4 050万元，2017年共计接待游客26万人次，实现旅游收入200余万元。

（四）发展规划

1. 强化村容村貌建设。一是结合实际，推进特色民居改造。目前，特色民居样板房已完成试点建设，下一步将全面推进整村民居改造工程。二是认真抓好污水处理。目前1个自然寨已完成污水管道的安装，其余自然寨的污水管道正在进行。三是实施厕所革命。梨子寨全部实现厕所改造，其余3个自然寨正在全面推进厕所改造工程。四是健全垃圾清运管理机制。按照要求定时定点在每个自然寨对生活垃圾进行清运，加强环境保洁力度。五是推进亮化工程。已完成3个自然寨太阳能路灯的建设工程，并计划使路灯的安装符合民俗村寨旅游风格。

2. 提质改造基础设施。全面推进梨子寨大道、梨子寨村口、竹子寨村口的改造工作，布局村级活动中心和精准扶贫展览馆，建设十八洞新型多功能村部，完善剩余高规格基础设施。

3. 发展农旅休闲业。积极组建十八洞村农旅经济合作社，下辖黄桃、茶叶、猕猴桃、蚕桑、金秋梨、养蜂、中药材、农耕等18个合作社，鼓励农民以土地入股，选取能人带动合作社的发展，力争8月中旬挂牌运营。突出农旅休闲特色，体验乡村风光，大力培育新型高规格农家乐，提供高质量农业产品和农业体验服务。

湖南省长沙市岳麓区桐木村

【最佳休闲时间】 3～10月
【主导产业】 休闲农业
【特色产品】 蓝莓、草莓、葡萄
【体验项目或活动】 亲子游、农耕体验、采摘果蔬
【情况介绍】

桐木村位于长沙市岳麓区莲花镇西南部，2004年由原桐木、新台、丰塘3个行政村合并而成，是"莲花漫谷·花香小镇"的中心地带。全村总人口1 132户，3 578人，党员96人，支村"两委"班子6人。

桐木村生态环境得天独厚——森林覆盖率达78%，山林绿视率达95%。地域面积6.38平方千米，其中耕地面积2.1平方千米，山塘131口，河道6.3千米。区位条件便利通达——距莲花镇中心2.5千米，距长沙市市区车程12分钟，京珠复线（S61）、雨莲大道穿村而过，有莲花互通口出入，离长韶娄高速3千米。历史文化源远流长——宋朝遗址皇粮桥静默千年，保存完好，车辙痕迹依然清晰。造型独特的非物质文化遗产皮影戏在桐木村艺人李作成的继承下发扬光大。

近几年来桐木村以"休闲桐木，自在人居"8个字为宗旨，依托现有的资源优势，积极谋求发展，引导村民共建美丽乡村，以和谐宜居的生态环境、多元鲜明的产业形态、自然独特的村容景致、活力质朴的精神风貌，形成独特的、清新亮丽的现代新村风格。

2017年全村实现经营收入5 800余万元，接待游客超70 000人次，旅游产业拉动消费1 400余万元，吸纳本村1 100余名剩余劳动力在家乡就业。全村共流转土地4 000余亩，

带动 600 余农户增收。全村村民人均年收入 2.9 万元，年增长率达 30%。先后被授予"湖南省两型示范村庄""省级为民办实事美丽乡村""省级秀美村庄""湖南省两型示范基地""长沙市城乡一体化建设"先进单位、"长沙市绿色示范村庄"等多个荣誉。

1. 以农业提质为出发点，发展乡村旅游，着力构建多元产业格局

通过推进农业与休闲旅游、健康养老、生态科技等要素的有效融合，逐步形成涵盖绿色农业、休闲农业、特色农业、观光农业和健康养老产业等新业态的现代农业公园，大力发展乡村旅游，促进农业产业的多元化发展。一是打造生态安全的绿色农业。以湖南森蓝农业科技有限公司、南洲湖农业生态休闲山庄、长沙市南轩蔬菜种植专业合作社为代表，发展蓝莓、嘉宝果等有机水果种植及大棚蔬菜生态种植。二是打造纵情乡间的休闲农业。南洲湖休闲山庄开展了假日亲子活动；开心农场以现代化农庄管理模式，建立区域性休闲生态主题园；莲花书栈、莲遇民宿等开发城郊周末游新模式，爬山登顶、鱼塘垂钓等活动吸引了众多城市居民。三是打造不可复制的特色农业。利用桐木村特有的地理、气候、产业基础等农业资源，引进培育发展了蓝莓基地及蓝海迷迭香基地，开发研制了蓝莓酒、迷迭香精油等系列产品。四是打造流连忘返的观光农业。以景和园林、南洲湖休闲山庄为重点，推出集风景游览、水面垂钓、蔬果采摘等于一体的农事体验活动，使游客身临其境、参与其中。五是打造前景无限的健康养老产业。以西域生态公司为主，建设运营湖南服务规模、服务质量及设施设备领先的养老机构，已被民政部评为定点机构，拟建设"一公园、一城、一基地"为规划目标的莲花生态养老城。

2. 以设施完善为突破点，切实加大投入，大力提质乡村人居环境

一是道路提质。桐木村充分利用资源优势，着力发展美丽乡村建设，硬化村级公路 30 多千米，完成道路"白改黑"近 10 千米，村级主干道均配备太阳能路灯。二是河道治理。顺应现代农业公园建设，在桐木河道罗冲桥至黄陵桥一带进行提质改造，河道清淤、护坡砌石、植树种草，自然环境焕然一新。三是环境美化。积极配合岳麓区三年造绿大行动，倡导植树造林，禁止乱砍滥伐，有效保护了森林植被资源。在桐木村辖区内雨九线两厢、桐木县道沿岸植树种花播草近 5 000 米，新增绿化面积达 2 000 平方米。四是污染防治。随着生活水平的提高，生活垃圾、农药化肥、环境污染等现象日益凸显，进而导致土地、空气和水源不同程度受到污染，人类的健康隐患日趋增多。对此，桐木村顺应形势，狠抓环境卫生落实，做到垃圾切实分类和及时转运，并通过下组入户、海报广播、QQ 微信等平台实时宣传，让环境治理意识家喻户晓，落实房前屋后卫生、秩序、绿化"三凶"，人居环境得到极大改善。

3. 以示范创建为着力点，突出品牌引领，强力推进美丽乡村建设

一是营造宣传氛围。采取召开动员会、发放倡议书、张贴标语等形式，充分发动全村社会贤达人士、五老人员、党员干部，示范带动村民共同建设幸福家园的积极性。二是创新建设模式。以"物件摆放整齐美、环境卫生洁净美、身心健康生活美、花果飘香景观美、先锋表率心灵美"为标准，在全村开展"美丽村组"和"美丽庭院"创建评选活动，打造好"小菜园、小果园、小花园"等独具特色的美丽庭院，通过部分"美丽庭院"示范引领，带动全村群众共建美丽乡村。三是开展示范组和示范园区建设．完成桐木现代农业公园 6.5 千米自行车道建设；进行示范组周边基础设施和景观改造；在桐木河边修建两型生态瓜果长廊，打造 400 余平方米公共绿地。四是聘请专业设计公司升级美丽乡村规划，重点打造杨柳湾湿地公园和巡

检湾滨河广场，目前桐木河河水清澈，景观木栈道已初具雏形，巡检湾滨河广场正在如火如荼打造之中。

4. 以群众需求为落脚点，完善公共服务，致力提升群众幸福指数

一是完善了"一站式"服务大厅建设。将原来的 3 间办公室整合成一个大厅，集党员服务、社会综合事务、村委便民服务、计生服务、群工站和志愿者服务站于一体，办事方式由隐蔽型向阳光型转变，提高了办事效率，提升了群众满意度。二是丰富村民业余精神文化生活。修建了农民文化活动中心，可供村民唱歌、跳舞、习字、体育健身；成立了"桐木村文艺队"，组建腰鼓队、龙灯队、军鼓队、广场舞、扇子舞队等文体队伍；建立了"农家书屋"藏书 6 000 多册。这些文体设施的修建及文体活动的开展，不仅有益于村民锻炼身体，陶冶情操，还增进了村民之间的沟通交流，丰富了政治理论和科学文化知识，提升了群众幸福感。三是提高全村教育水平。完成桐木小学的改扩建工程，完善教学基础设施，优化教学环境。发展"农家学舍"，为农村留守儿童提供学习新方式，成为全市闻名的公益品牌。

5. 以和谐共建为切入点，丰富乡俗文化，全力提高村纪乡风文明

一是完善村支部班子建设。加强支村"两委"班子建设，正风肃纪，发挥总支部书记带头作用，定期召开民主生活会，突出抓好思想作风建设，讲民主、纳民言，完善对支部成员的培养和监督机制。二是发挥党建示范引领作用。按照"三服务一线工作法"要求，以党建为龙头，以服务为宗旨，以制度为保障，紧紧围绕全村重点工作，把党建工作融入到村级发展的建设当中，按照"党建引领，党员带动，培育特色，服务项目"的思路，真正形成"依托党建强根基，培育特色促发展"的良好局面。三是发扬健康乡俗民风。组织开展创"星级文明户""争当文明村民""文明和谐家庭"等活动，培养有理想、有道德、有文化、有纪律的社会主义新型农民，逐步引导村民走富裕路，做文明人，净化社会风气。四是保护传承历史文化。在民间艺人李作成的倡导和引领下，皮影戏已成为长沙市示范性综合实践基地素质扩展训练的项目之一，将在后辈继续传承中得到进一步绽放。五是发展志愿服务团队。积极组建党员红色服务队、"稻草人"巡逻队、青青草爱卫队、红帽子纠纷调解队、禁毒妈妈等志愿服务团队，将志愿服务与推进村务中心工作、满足村民需求、传递农村文明相结合，形成自主建设、自主管理、自主服务新局面，营造助力为乐的社会新风尚，促进和谐共处的生活新气息。

广东省南雄市灵潭村

【最佳休闲时间】 9～12 月
【主导产业】 水稻、腐竹
【特色产品】 腐竹、油菜花
【体验项目或活动】 磨豆腐、做豆浆、做腐竹
【情况介绍】

灵潭村地处广东省韶关南雄市珠玑镇中北部，是红色革命老区村，下辖 11 个村小组，共 518 户 2 079 人，其中贫困户 44 户 119 人。随着时代的发展，地处偏僻的灵潭村，这个梅关古驿道上曾经盛极一时的重要驿站，日渐凋敝。2015 年全村集体收入只有 1.5 万元，人均可支配收入 6 894 元。2016 年村农民年人均可支配收入 12 247 元，村集体经济收入为 17 万元。

"秀水灵潭，红色热土"，是灵潭长远发展的定位。按照"看得见山，望得到水，留得住乡愁"的美丽乡村建设理念，灵潭村党总支部注重统筹谋划，整合涉农资金，大力推进基础设施建设，着力改善全村人居环境。

在灵潭村党总支部的推动下，灵潭村累计治理山塘、池塘 18 口，新修农田水利设施约 10 千米，改造道路 7.8 千米，修建桥梁 4 座，新建污水处理生态湿地 360 平方米，休闲广场 5 个，公共厕所 4 间，改造房屋外立面 8.48 万平方米，绿化美化面积约 2.5 万平方米，全村人居环境得到有效改善，村民幸福感和获得感明显增强，一幅幅"产业兴、百姓富、乡村美"的乡土画卷正在灵潭村徐徐展开。

灵潭村精准扶贫的经验做法，得到社会各界的充分肯定。截至 2018 年 7 月，省内外各级部门领导及社会相关人士前往灵潭村考察学习共计 9 000 多人次，形成了良好的示范带动效应。2018 年 6 月，灵潭村还被农业农村部平甫培训基地选定为现场教学点，充分利用扶贫成果，实现了"村庄变课堂，田间变教材，干部变教师"。

灵潭村的贫困，很大程度缘于村民一直过着"靠天吃饭"的传统农耕生活。村党总支部和驻村第一书记多次开会研讨，深刻认识到，扶贫保障性政策的落实只是一项基础工作，并不能解决贫困户长远增收问题，仅靠传统农业也没法让灵潭村民过上更好生活，必须激发村民内生动力，带领群众走产业发展道路，振兴乡村产业。

为此，灵潭村坚持因地制宜，在产业扶贫上大做文章。两年多来，在帮扶单位支持下，在驻村第一书记引导下，灵潭村党总支部以壮大村集体产业为主线，激发贫困户内生动力，增强稳定脱贫造血功能，探索出了一条脱贫致富与新农村建设相结合的新路子。灵潭村通过成立村集体公司——济福生态农业有限公司，实行政经分离的管理模式，培育了六大扶贫产业，其中，光伏发电项目并网发电，腐竹厂项目对接社会企业，20 座烤烟房实现规范化运作，集体种植发展为订单农业，农机服务队专人管理，灵潭驿站对外营业创收，六大扶

贫产业正在形成一条集农业生产、农产品加工、乡村旅游等为一体的产业链，解决村民就业岗位 40 多个，其中贫困户参与务工 13 人，2017 年村集体收入达到 56 万元。与此同时，构建"租金＋薪金＋股金"利益联结机制，让农民变股东，参与务工、收租、分红，实现共建共享，确保了脱贫增收的长效性和可持续性。

广东省兴宁市东升村

【最佳休闲时间】 每天 7：00～10：00；16：00～18：00
【主导产业】 李花、李果、茶叶、生态水产养殖
【特色产品】 高山李果、茶叶
【体验项目或活动】 李果采摘、蔬菜采摘、小孩、成人空手捉鱼体验、钓鱼、生态林区锻炼、休闲观光
【情况介绍】

径南镇东升村位于兴宁市东部山区，距梅州市区、兴宁市区各为 26 千米；G205 国道，梅河高速公路穿梭而过；是径南镇和月形山乡村旅游区的中心位置。总面积 5.2 平方千米，总人口 1 812 人，是第一批全国绿色村庄，广东省名村。

近年来，东升村在党委政府的正确领导下，大力实施十九大关于乡村振兴发展的战略，立足东升村的自然资源丰富和人文底蕴深厚的优势，以森林公园建设为突破口，以果茶产业化为重点，以乡村文化旅游为纽带，以解决三农问题为目标，成功创建了国家 3A 级旅游景区（免收门票），让东升人们过上了城里人一样的生活，并逐渐形成了东升村农村休闲旅游、生态文化旅游、观光体验旅游的特色。利用乡村休闲旅游，带动茶叶、果业的特色产业发展，实现村强民富。据 2017 年年末统计，东升村年集体经济纯收入从几年前的 1.9 万元增加到现在的 16 万元，人均

可支配收入从 4 300 元增加到 7 894 元。

东升村按"山、水、田、林、路、居"综合建设和"农、林、牧、副、渔、商"按需发展的原则，采取分三步走的思路：一是改善农村生态环境，打造月形山森林公园；二是改善人居环境，建设幸福村居；三是实施乡村振兴战略，发展乡村文化旅游，打造国家 3A 级旅游景区。通过各界关心和社会贤达的捐助，先后投入 2 000 多万元，东升村由小山村华丽转身变成乡村休闲文化旅游大景区，东升村的山更绿水更清了，环境更加优美，形成了"公园建在乡村、乡村变成公园、公园就是我家"的新格局。陆续打造了十多个旅游景点，建成登山石级路 15 千米、环村公路 24 千米，自行车绿道 24 千米；新开辟了十里李花坡、养生谷、油菜花和向日葵田园综合体、明月湖、中华姓氏及乡村风光宣传长廊、凹下和竹下窝文化旅游休闲长廊等一批新景点；完成了有 600 多年历史的明朝古寺——东升寺和 300 多年历史的"古官亭"的重建及兴宁十大古树之一"古朴树"的保护；对东升村 24 座百年古民居分期进行修缮并开发利用，其中曾氏"三省堂"被改建为东升村史展览馆和农耕农具展览馆。客家第四代杠字屋百年古民居"啟中第"被评为梅州市第一批历史建筑；樟阳寨的古墓"文武二帝"修饰一新；明月湖的徒手抓鱼和客家豆腐坊的体验活动给月形山乡村旅游带来新的亮点；连续多年成功举办李花节、茶文化旅游节、李果节助推了乡村休闲旅游的发展。立春赏李花、清明品茗茶、立夏摘李果、重阳去登山等充分满足了前来东升休闲旅游游客的需求。通过发展乡村休闲旅游，东升村的茶叶、李果更加产业化、规模化、特色化。果农收益翻了一番，村民实现了在家门口就可以就业，生态环境变好了，农民的幸福指数大幅提高，长寿人口（80 岁以上）从 90 年代的 30 多人增加到现在的 60 多人。

东升村乡村旅游取得了长足进步，但也存在基础设施较为薄弱、休闲旅游项目扩展不足、资金建设筹集困难等问题，今后将在打造新的乡村休闲旅游项目、修缮潘学海举人故居等方面加强建设，把东升村致力于打造成为集登山、健身、观光、探秘于一体的休闲旅游和望得见山、看得见水、记得住乡愁、留得住根的乡村旅游两大特色乡村休闲旅游景区。

广西壮族自治区苍梧县沙地村

【最佳休闲时间】　节日期间
【主导产业】　砂糖橘、鹰嘴桃、旅游
【特色产品】　茶叶、鹰嘴桃、砂糖橘
【体验项目或活动】　民间戏剧、九月九老人活动、篮球赛
【情况介绍】

沙地村位于梨埠镇东南部，距镇政府 10 千米，坐落于东安江下游，西中库区上游，整村面积 21.5 公顷，共有 5 个自然村，18 个村民小组，845 户、3 648 人，整村耕地面积 1 825 亩，水田面积 1 500 亩，其中旱地面积 325 亩，属鱼米之乡，产业发展以水稻种植为主，有砂糖橘 326 多亩，2019 年规划整村推进种植鹰嘴桃，使全村走上富裕路。

沙地村党支部为广西壮族自治区五星级党支部。在上级党委政府的大力扶持下，在村民的积极配合下，沙地村古殿仙迹桃花岛旅游景区得到全面发展，全年游客高达 10 万多人次，特别是在春节期间，游客更是摩肩接踵，成为沙地村各项事业欣欣向荣的一个缩影。

沙地村在创建美丽休闲乡村的过程中特征明显：一是注重生态环境的保护。使绿色发展、循环发展、低碳发展和节约型社会理念深入人心，实现生产方式和生活方式绿色化，做到人居环境整洁，无脏乱差现象。全村农户卫生厕所普及率、垃圾污水处理率均

超过 90%。二是实现产业业态丰富。农业功能得以充分拓展，乡村资源得以深度挖掘，吃住行游购娱等休闲旅游要素统一协调，就地吸纳农民就业创业容量大，带动农民增收能力强。三是保证服务设施完善。村落民居原生状态保持完整或特色突出，餐饮、住宿、体验、文化展示等基础设施功能齐全，配置合理。四是促进乡风民俗良好。制定了乡规民约，农耕文明、民俗文化得以传承发展，民风淳朴，社会和谐；村民尊老爱幼、邻里和睦、热情好客、诚实守信。近 3 年无群体性上访和重大恶性治安案件发生。五是品牌效应突出。在当地和业内知名度、美誉度较高，游客满意率达到 95% 以上。对当地休闲农业和乡村旅游示范带动作用强。

广西壮族自治区马山县乔老村

【最佳休闲时间】 8月至次年3月
【主导产业】 洛神花、沃柑、牛大力、竹鼠特色养殖、乡村农家乐、民宿
【特色产品】 洛神花、金银花、沃柑、旱藕粉丝、竹鼠
【体验项目或活动】 水上乐园、蔬果采摘、儿童游乐园、玻璃桥、环广西自行骑行绿道、青少年户外活动基地
【情况介绍】

乔老村位于马山县东部，距离县城 10 千米，全村有 19 个自然屯，全村 797 户 3 883 人，民族以壮、瑶为主，民风淳朴。乔老村地处石漠化山区，全村耕地总面积为 2 575 亩，人均耕地面积只有 0.64 亩，2012 年，乔老村被列入第三批贫困村整村推进项目村，随着大石山区大会战、扶贫村整村推进等政策支持下，在一部分经济能人的带动下，土地逐步向整体流转经营模式转变，农业生产逐步向休闲现代立体农业等转变，乔老河两岸经济发展也正向农家乐旅游方向转变。2014 年，乔老小都百屯被作为自治区级生态示范村进行建设，全村走向了农旅结合、促农增收的新型生态致富道路。2015 年，在上级领导和有关部门的大力支持下，在全村民众凝心聚力的不懈发奋下，乔老村率先在全镇范围内完成农业核心示范区建设，形成了以乔老河为核心的综合性现代农业示范区。示范区依托环弄拉生态旅游区的构建和综合示范村建设的有利契机，规划投入资金 1.8 亿元，以发展生态农业、精品农业、休闲观光农业为起点，以生态蔬菜和特色水果规模化种植为龙头，将农业生产、自然风光、休闲娱乐、环境保护等融为一体，按照运行组织化、创建设施化、生产标准化、技术集成化、经营产业化的要求，集中力量创建核心区 3 100 亩，拓展区 5 000 亩，辐射区 10 000 亩。2016 年，在上级党委政府的领导下，全村努力开展工作，由于生态建设工作成效显著，获得的荣誉有 CCTV 寻找中国最美乡村、十大提名中国十佳小康村、中国美丽乡村百佳范例。2017 年，在上级领导和有关部门的大力支持下，乔老村充分发挥党组织战斗堡垒作用，通过抓示范、树样板带全局，在全村民众凝心聚力的不懈发奋下，全村实现整体脱贫，贫困发生率下降到 1.94%，2017 年先后被评为中国特色民族村寨、自治区休闲农业和乡村旅游示范点、自治区文明村、自治区五星级党组织。2018 年以来，乔老村在脱贫攻坚（振兴乡村）工作中不断创新发展道路，开拓致富路子，在原来"基地＋专业合作社（公司）＋农户"的经营模式基础上，打造集果蔬药材生态农业基地、竹鼠养殖专业合作社；建立现代农业示范基地，建立果蔬有机种植大棚 130 个，有效转移了剩余劳动力。以特色农业旅游景点为招牌，果树药材生态农业基地为产销基地，农旅结合，大力推进资产收益扶贫。目前，正在努力挖掘自然资源潜力，做好乔老半岛基础建设，招商引资，发展休闲观光型集体经济。

海南省陵水县什坡村

【最佳休闲时间】 8月至次年5月

【主导产业】 种植业

【特色产品】 野蜜、黎家红米酒、吊罗山珍品、吊罗五月茶、灵芝、有机绿橙、槟榔、益智

【体验项目或活动】 黎族文化八音演奏、竹竿舞、黎歌对唱、黎锦、藤条

【情况介绍】

有一个地方"屋靓村美腰包鼓，世外黎乡胜桃源"，它就叫大里，云南有大理，陵水有大里；那里的人都唱"大里有条瀑布河，水从高流如云飞。河里水清石头净，鱼头虾须可眼见。"

大里美丽乡村位于陵水县本号镇北部，与琼中县接壤，距陵水县城 35 千米，毗邻吊罗山国家级自然保护区。其地理位置可概括为"一山一水一盆地"，大里美丽乡村位于陵水水源地小妹湖上游，四周为吊罗山山脉环绕，就像是一个盆地躺在山中，具有得天独厚的自然资源，自然生态环境优美。什坡村委会（3 个自然村），共 669 人，其中建档贫困户 50 户（已全部脱贫）。全村以农业为主，种植业以槟榔、绿橙为主。农民家庭经济收入以种植和外出务工为主要来源，2017 年全年总收入 1 500 万元，人均可支配收入10 000元。

什坡村的特色之处就是具有得天独厚的自然资源，原生态的自然环境，环境优美，有林地、瀑布、河流、田洋，光照充足，雨水充沛，气候条件优越，年平均温度 20℃；拥有黎族文化八音演奏、竹竿舞、黎歌对唱和人文技艺黎锦、藤条等传统黎族文化；现主要通过发展乡村游带动农家乐、民宿、竹竿舞表演、户外研读等多种形式发展经济，已具备一定的活动举办及接待能力，呈现出良好的发展态势。

什坡村共 3 个自然村：宜居型美丽村庄

3 个，综合得分评定等级属于五星级海南省美丽乡村。

2016 年，什坡村被列为精准扶贫贫困村，2016—2017 年，县委、县政府累计投入 8 000万元用于大里地区基础设施及产业发展等方面，按照旅游乡村及宜居型美丽乡村建设的定位，以保护生态和突出黎族文化传承发扬为前提，扎实推进精准脱贫工作及振兴农村产业。截至 2017 年年底，项目已基本完成，村庄道路全部畅通，村级组织办公场所、村民文化中心、民宿及接待中心等项目已投入使用，一批黎族特色文化八音演奏、竹竿舞、黎歌对唱和人文技艺黎锦得以传承及展现出来，一大批本地特色农产品野生灵芝、林下益智、山间野茶等品牌农产品及系列旅游纪念品开发上市，通过软硬件方面的改造建设，大里地区已成为人气较旺的乡村旅游点，为农村增收、农村发展夯实了产业基础。2017 年，大里地区什坡村先后被评为全国宜居村庄、海南省三星级美丽乡村、四椰级旅游乡村。2017 年 6 月，大里地区通过招商引资引入社会资金投资，现阶段将与社会企业按照"乡村生态游＋农业公园主题旅游度假村庄"主题定位深度合作，围绕提升旅游体验、丰富大里业态内容方面继续建设，力争将大里打造成"梦幻黎乡、世外桃源"旅游目的地，让大里成为中国美丽休闲乡村之一。

海南省琼海市沙美村

【最佳休闲时间】 每天 16 点左右

【主导产业】 沙美内海海鲜、农村鸡鸭鹅公道、杂粮、酒吧、民宿、咖啡

【特色产品】 沙美渔人、琼海公道、五谷杂粮、小清吧、海堤甜品、内海咖啡、祥勋客栈、怡然轩、琼海公道、沙美集市、互联网＋、荷花专卖、九品莲花、望海居

【体验项目或活动】 沙美内海湿地生态保护区

【情况介绍】

沙美村是位于博鳌镇南面的一个行政村，毗邻博鳌亚洲论坛永久会址，坐落于金牛岭脚下，面朝生态湿地沙美内海，又被九曲江和龙滚河环绕。全村有 10 个村小组，301 户 1 075 人。沙美村自然资源得天独厚，集山、水、林、田、湖要素于一身。2017 年 10 月，沙美乡村振兴示范村建设工作启动，在保持沙美乡村风貌、风土人情和绿水青山的基础上进行乡村改造建设。修缮和改造民居 150 间、扩建 4 米环村路 3 千米，电网、通信网络、自来水实现了进村入户，污水均进行截污纳管集中处理。同时，依托沙美自然风貌特点，打造出"椰林水韵"等沙美六景，大幅提升和完善沙美村人居环境，彻底改变了该村落后的村容村貌。

有了漂亮的"面子"，还要有实在的"里子"。市委、市政府一直把沙美乡村振兴示范村作为一项利民工程来抓，坚持把老百姓的利益放在最重要的位置，通过推进农旅融合发展，以"党支部＋公司＋合作社＋农户"的模式进行统一经营管理，目前沙美村已初步发展起了热带高效农业、休闲农业、民宿、书吧、农家餐饮、电商等农村特色产业，让老百姓享受到美丽乡村建设带来的实惠和红利。

同时，坚持"绿水青山就是金山银山""山水林田湖草是一个生命共同体"的建设理念，充分依托沙美内海优良的生态本底，规划打造 1 500 亩的湿地生态区，对鱼虾塘进行退塘还林还湿，营造红树林湿地景观，完成退塘 600 余亩，新种红树 6 万多株。在原有湿地生态基础上，打造了"密林野趣""白鹭齐飞"等景观节点，进一步提升和优化区域生态景观。此外，疏浚沙美内海原有河道，建设步道游线和水上游船线，配套建设码头、眺望台、观景平台等休闲空间，让农民上岸吃上旅游饭，真正让"绿水青山"变成当百姓共享的生态资本。

通过引导农民发展休闲农业、乡村旅游业，转变了千百年来当地农民依靠传统种养养家糊口的生产生活方式，带动 86 位农民实现当地就业，农民收入方式从原来以生产性收入为主，转向生产性、财产性、工资性、经营性、转移性综合收入。

通过实施村庄环境整治、基础设施配套工程、退塘还林还湿等工程，彻底改观了区域"脏乱差"环境，越来越美的生态、生活、生产环境，使人民向往美好生活的获得感、幸福感、安全感更加充实、更有保障、更可持续。

重庆市万州区楠桥村

【最佳休闲时间】 9 月至次年 6 月
【主导产业】 万州大瀑布旅游、玫瑰香橙产业
【特色产品】 万州大瀑布旅游、青龙苑民宿、德馨居农家菜、玫瑰香橙、大岩青脆李、优农益家生态猪
【体验项目或活动】 玫瑰香橙园采摘体验；大岩青脆李采摘体验；万州大瀑布观瀑、划船、丛林飞车、冰雪世界、观音洞祈福等；青龙苑亲子活动项目
【情况介绍】

楠桥村地处甘宁市级现代农业园区和万州国家农业公园甘宁核心区，辖 8 个村民小组，724 户，1 924 人。该村基础条件好，交通便利，公共服务设施齐全，干净整洁，民风淳朴，2017 年成功创建市级农村人居环境整治示范片，2017 年被评为万州区最美乡村，2017 年全村农民人均纯收入达 1.5 万元。

1. 特色产业发展壮大

全村土地流转率达 70％以上，建有鑫家园、西部农业、顶耀农业、凯帕农业等玫瑰香橙标准园 1 300 亩、亩产值上万元、年产值近 2 000 万元；发展有形态美艳、口味甘甜的大岩青脆李 150 亩，年产值 300 余万元；

建有优农益家标准化生猪规模养殖场一座，为万州区优良仔猪培育基地，年产值500余万元；重庆三峡农业科学院、万州区玫瑰香橙研究所在该村建有粮油、蚕桑、玫瑰香橙科研基地。建有鑫家园生态农业观光园、古树别院民俗风情院落；建有集餐饮、住宿、文体娱乐于一体的青龙苑和德馨居乡村酒店等农家乐10家，常年300余人在家门口实现就业增收。

2. 特色旅游资源丰富

辖区旅游资源丰富，建有国家4A级景区万州大瀑布，景区内能360°观瀑赏景，登陆安古桥感受历史沧桑，于甘宁广场瞻仰东吴第一猛将甘宁的威猛英姿，在天风栈道上探险，在太白楼品尝特色美食，景区内还设有划船、丛林飞车、冰雪世界、观音洞祈福等特色游乐项目。玫瑰香橙园每年2月至4月组织开展玫瑰香橙采摘游乐活动，古树别院、青龙苑等民俗风情尽情展示，亲子游乐、农业观光等项目常年迎客。围绕万州大瀑布旅游和农业休闲观光开展餐饮服务，为游客提供新鲜可口的特色餐饮，特色菜品有土豆炖腊猪脚、味春土鳝段、生态青龙河胭脂鱼、炝锅虾仁、炝锅鱼、养身桑葚酒、香橙果酒、荷香芭芭、青龙泡菜等。全村年接待游客30余万人次，旅游收入2 000余万元。

3. 特色文化传承悠久

建有以东吴第一猛将甘宁命名的甘宁广场，甘宁将军衣冠墓，三国文化氛围浓厚。重庆市级非物质文化遗产——甘宁鼓乐，自东汉年间发明以来，迄今已传承了85代弟子共600余人，甘宁鼓乐在川东、巴渝及三峡库区占有重要地位，在一定程度上反映了巴渝部分地区近两千年的历史兴衰。它是一种以演奏形式表现民族文化的载体，是一种积极健康、活动向上的民间音乐艺术品，具有极高的历史价值、人文价值、教育价值、医疗价值、社会价值、实用价值，自鼓乐诞生至今，一直在该村传承不断、发展良好。

4. 生态环境优美

新华社、中央电视台等十多家中央媒体记者组成的中华环保世纪行曾到楠桥村采访调研美丽乡村建设情况，市级、区级媒体也多次到此采访。楠桥村作为改善农村人居环境市级示范片村落，在"净化、绿化、亮化、美化、文化"上做文章，人居环境良好。辖区山水秀丽，生态环境优美，瀼渡河横贯全村，森林覆盖率达60%。注重环境美化亮化，村旁、宅旁、路旁、水旁等"四旁"绿化美化好，建有月季花长廊2 000米；在广场、村委会、主要院坝、主要道路等安装了太阳能路灯；对村庄道路、河道、庭院、房前屋后进行整治；改造建筑34栋，广场铺设1 000平方米、改善植物景观26 900平方米、文化展示墙500米。全村建立了"户清扫、组保洁、村收集、镇转运、区处理"的"五级联动"垃圾清运处理机制，生活垃圾治理率达95%以上，农村污水处理率达到85%以上，农户卫生厕所覆盖率达92%以上。

5. 乡风民俗良好

楠桥村制定了以守法讲秩序、文明树新风、健康除陋习为核心内容的村规民约，引导和督促村民健康文明生产和生活，积极参与农村人居环境整治和美丽休闲乡村建设。村民家庭观念、集体观念较强，村里成立了由退休返乡公职人员、外出事业有成人员、热心公益事业人员、村里德高望重的长者参与的红白理事会和民事调解委员会，参与村民及村务活动，处理事务注重公开、公平、正义，勇于参与公共事务的管理。

近年来，无一件因村务民主管理而引发的矛盾纠纷，村党总支的凝聚力进一步增强，群众的满意度进一步提高，干群关系进一步融洽。定期举办文化活动，丰富村民的文化生活。精心组织并充分利用"十星"文明户、整洁庭院等创建评选等载体，弘扬先进典型，提升农民文明素养，倡导人人争先进、家家讲文明的良好风尚。运用远程教育、农民田间学校，深入开展普法教育、技能培训，引导村民自觉做到学法、用法、守法。

重庆市长寿区邻封村

【最佳休闲时间】 3～6月，10～12月

【主导产业】 长寿沙田柚产业、乡村旅游业

【特色产品】 长寿沙田柚

【体验项目或活动】 采果、赏花、垂钓、农事体验

【情况介绍】

重庆市长寿区邻封镇邻封村地处长寿东部，位于风景优美的龙溪河畔，毗邻国家4A级风景区长寿湖风景区，距长寿主城20千米，是全国优质沙田柚生产示范基地核心区，素有"中国长寿沙田柚之乡"的美称，是邻封镇政治经济文化中心，曾荣获国家人口和计划生育群众自治示范村、重庆市特色微型企业村、重庆市生态卫生村、小康村、千百万普法示范村、长寿区少数民族文化村等荣誉称号。

1. 产业优势明显，经济基础坚实

邻封村种植长寿沙田柚已有130多年的历史，现种植面积4 000余亩，年产量约700万个，产值约5 600万元。长寿沙田柚汁多味浓、醇甜如蜜、爽口化渣，被誉为"源于沙田、优于沙田"，曾获多项国家殊荣，2006年获"中华名果"荣誉称号，2009年成功注册长寿沙田柚地理标志商标。通过多年的发展，全村成立专业合作社26个，家庭农场7个，覆盖全村10个组，980户果农，有效整合了物资、技术、销售等资源，打通长寿沙田柚进市场、进景区、进网店等销售渠道，长寿沙田柚已成为保障地区经济发展和农民增收的主导产业。

2. 生态环境优美，产业业态丰富

邻封村自然风光优美，人文历史厚重，有万亩柚林、龙溪碧水、东林古寺，堪称邻封"三绝"；有"十里柚乡·百里花海乡村生态观光园"、明清古街、电厂旧址，是赏花、休闲、避暑、疗养的好地方。多年来，借助农业产业和旅游资源优势，全村已形成"春赏花、夏戏水、秋采果、冬祈福"的四季旅游形态，发展农家乐31个，能同时接待900名游客住宿，8 000名游客用餐。打造了长寿沙田柚、柚子宴、龙溪菜籽油等旅游商品，年均接待游客50万人次，旅游收入约2 500万元。

3. 服务设施完善，乡风文明良好

为改善群众生活环境，提高乡村旅游服务接待能力，在上级部门的大力支持下，建成了以"邻封三绝""十里柚乡·百里花海乡村生态观光园"为中心的旅游交通网络；打造了果园观光步道、龙溪河亲水步道、赏花旅游道等旅游设施；建成柚乡休闲广场1个，体验中心1个、观景平台3个、旅游厕所3个，停车场3个；同时通过实施环境整治、改厕、改圈、改厨等项目，开展文明旅游宣传、乡风文明创建等活动，推进了乡风文明建设。2018年，荣获重庆市乡村文明旅游示范村荣誉称号。

4. 品牌效应突出，发展前景可观

通过多年的发展，邻封村成功打造了"中华名果——长寿沙田柚之乡""十里柚乡·百里花海乡村生态观光园""邻封三绝——东林古寺、龙溪碧水、万亩柚林""邻封三宝——柚子菜、龙溪河野鱼、柚林貂蝉"等旅游品牌；长寿沙田柚荣获长寿区十佳特色旅游商品、五大特产名片荣誉称号，十里柚乡·百里花海乡村生态观光园荣获长寿区五大旅游名片荣誉称号。

四川省开江县竹溪村

【最佳休闲时间】 3～9月

【主导产业】 "稻田＋"产业

【特色产品】 有机稻谷和有机水产品（草鱼、鳙鱼、鲫鱼、泥鳅）

【体验项目或活动】 农耕文化体验、竹溪豆干手工体验、休闲观光、蔬果采摘、美食品鉴等

【情况介绍】

(一) 基本情况

开江县靖安乡竹溪村地处靖安乡东大门，辖区内开任公路穿肠而过，距开江县城35千米，离任市镇6千米，甘棠镇5千米，到靖安乡4千米。面积2.3平方千米，耕地1 962亩，（其中田1 592亩）。现有机耕道8千米，便民路1 400米。总人口2 625人，劳动力1 380人，外出务工1 104人。由于农村土地收入有限，在外经商或进城务工已成当下农村的普遍趋势，村里的留守儿童和老人没有耕种能力，不少田地荒芜、资源浪费。针对此现象，竹溪村引进开江稻法自然农业发展有限公司，并通过土地流转的方式，有效利用了土地和农村的剩余人口。

(二) 优势条件

1. 有坚强的组织领导。全村总户数736户，现有党员52名，其中女党员10名，村社干部10人，辖5个村民小组。村支部书记周元琴，竹溪村人，2015年11月担任村支部书记至今，对竹溪村村情了解透彻，能有效发挥村级党组织领导作用。2011年带领村民发展银杏产业，目前已发展300亩；2015年带领村民发展养殖业，目前养猪场存栏300头；2017年带领村民发展"稻田＋"有机循环农业。

2. 有明显的产业优势。竹溪村依托开江稻法自然农业发展有限公司，大力发展有机循环生态农业，创新提出"稻田＋"产业发展模式，建成"稻田＋"产业融合示范园区，基本形成一二三产业融合产业体系。目前，在竹溪村及周边村社建成"稻田＋"有机循环农业示范基地3 200亩，产值达4 000余万元；开办有乡村星级农家乐3家、家庭式农

家乐20余家，开发乡村旅游精品线路1条，年接待游客8万人次，年收入达1 600余万元；通过益农信息社、农村淘宝等网上平台以及土特产展销店进行销售，年销售收入达500余万元；以休闲农业和乡村旅游、农村电商为代表的第三产业收入占比达45％。

3. 有坚实的经济基础。竹溪村有健全的党支部、村民委员会、村工会、村级事务监督委员会、村集体经济组织、村便民服务代办点等基层组织。竹溪村村民成立专业合作社3个，家庭农场1个，种养大户11个，推动适度规模经营发展。村集体经济组织发展好，村民人均可支配收入达到1.42万元，较周边村民高22％。

4. 有优美的生态环境。竹溪村通过支部大会、村民代表大会、院坝会、村民小组会、"文明卫生户"评选活动、"文明家庭"评选活动、义务劳动日、保洁员等多种形式做好环境保护，使绿色发展、循环发展、低碳发展和节约型社会理念深入人心，人居环境整洁，无脏乱差现象。通过大力发展有机循环生态农业，做好产业发展绿色化。近几年通过"五改一整治"，做到农户卫生厕所普及率100％，垃圾污水处理率95％。

5. 有丰富的产业形态。竹溪村积极开展"精准扶贫"，一是引导贫困户与公司开展各种形式的合作养殖、种植、加工（竹制品、豆制品、米制品等）、配套服务（农家乐、宾馆、土特产展销店、观光车等），助力精准脱贫；二是让没有劳动力的贫困户把扶贫资金投入到产业园区，使企业有了更多资金发展，贫困户也实现了稳定增收。目前，开江稻法自然农业发展有限公司已经带动竹溪村的56户贫困户、150人实现稳定增收。同时，公司还进行务工扶持，通过吸收就业助力贫困户脱贫，招聘有劳动能力的贫困人员在园区就业。吸纳125名大学生和返乡农民工创业创新，并成功创办领办4个新型经营主体和2个村集体经济组织，安排带动600余人就业，就业人员实现工资性

6. 有完善的服务设施。近年来先后新建改建了竹溪村小建筑设施、村便民服务中心、乡村花园和肉菜市场，铺筑总长 10 千米的环村柏油路，建设老年人活动中心、文体中心、文化公园、无害化厕所等。打造了天下第一担、共享农庄、二十四节气景观点、李家大院、创客基地、农耕文化体验园、博物院、竹溪豆干手工体验坊等景点，配套建成了稻田体验餐厅、阳光厨房、稻田人家农家乐、乡村客栈等乡村特色旅游设施，吸引了大批游客休闲观光，推动了田园休闲、农事体验、创意农业等乡村旅游蓬勃发展。

7. 有良好的乡风民俗。竹溪村多方筹资加强基础设施建设，改善全村生态环境、提升文化品位，融入农耕、民俗和"稻田＋"文化；在村民尊老爱幼、邻里和睦、热情好客、诚实守信等良好风气、良好习惯基础上，通过坝坝会、小组会、村民大会等多种形式总结"四好村"创建内核，制定出《开江县靖安乡竹溪村村规民约》；2018 年 1 月被评为四川省省级"四好村"；近 3 年竹溪村无群体上访和重大恶性治安案件发生。

8. 有突出的品牌效应。竹溪村"稻田＋"乡村嘉年华，在达州市具有较高知名度，游客满意度达到 98%，同时带动周边村社大力发展"稻田＋"有机循环农业、乡村旅游业等。目前，在竹溪村已建成"稻田＋"双创孵化空间和"稻田＋"团队培训基地，吸引本县农民及外来就业者进行"稻田＋"产业技能培训，提高农村劳动力素质和技能。

当下，竹溪村生态环境优美、产业功能多元、村容景致独特、精神风貌良好，成为名副其实的美丽休闲现代新村。

四川省西昌市丘陵村

【**最佳休闲时间**】 春季、夏季、秋季
【**主导产业**】 特色水果、休闲观光乡村旅游等

【**特色产品**】 樱桃、脆蜜桃、车厘子、枇杷、蓝莓、香梨、猕猴桃、杏子、李子、土瓜等
【**体验项目或活动**】 鲜果采摘、森林康养、垂钓、摄影、徒步、骑游、登山、棋牌等
【**情况介绍**】

丘陵村地处"七彩西昌·阳光水城"西北方，富饶的安宁河谷西岸，苍翠的牦牛山东麓，距城区 25 千米，是典型的二半山区村，以盛产水果，特色"农家乐"远近闻名，这里青山绿水，环境整洁，空气清新，旅游资源丰富，素有"四季花果山"之称。幢幢特色民居高低错落，点缀在茂密的果林中，出门就见青翠的百年果林，沿着干净清爽的公路和蜿蜒的观光步道漫步林间，犹如人间仙境。密林环抱的丘陵村除了美丽的林木，还有浓郁淳朴的乡村风情，是一个"宜居宜业宜游"，集休闲、采摘、旅游、观光为一体的美丽休闲乡村。面积 6.8 平方千米，辖 6 个村民小组，286 户 1 386 人，生态观光农业及乡村旅游是村民致富增收的主导产业，2017 年共接待游客 86 万人次，实现旅游收入 2 670 万元，以休闲农业和乡村旅游为主的第三产业占全村总收入的 73%，村民人均可支配收入达 2.83 万元，较周边村高 40.4%。

丘陵村发展的制胜法宝是"党建＋产业"模式。近年来，在改革发展的驱动下，在村民的拥护下，丘陵村"两委"忠诚履职，始终坚持以科学发展观和习近平新时代中国特色社会主义思想为指导，认真贯彻落实党的十九大精神，牢牢抓住实施乡村振兴战略重大发展机遇，紧紧围绕自身资源优势，带领村民苦干实干拼命干，大力发展以樱桃采摘观光为主的乡村休闲旅游产业，基本实现农业与旅游、集体经济与个体经济、物质文明与精神文明共同发展、村民共同富裕的发展目标，走出了一条绿色、生态、可持续，具有丘陵特色的富民强村发展

道路。

丘陵村拥有上百年的樱桃种植历史和古老樱桃植物群落，是西昌全国休闲农业和乡村旅游示范市的主要区域，"乡村八景"之首，是樟木箐乡国家级生态乡镇的核心区，同时也是西昌国际阳光度假的重要组成部分。作为"四季花果山，七彩樟木箐"战略发展目标的落脚点，丘陵村气候宜人，四季如春，年均气温18℃；日照充足，年均日照2 421小时；土壤肥沃，有机质和养分含量高，特别适合种植优质蔬菜和水果。目前，丘陵村共种植6 500亩樱桃、1 000亩脆蜜桃、2 000余亩杨梅、枇杷、蓝莓、香梨、猕猴桃、杏子、李子等特色水果，10 000亩辣椒、玉米、红薯等有机蔬菜。随着果蔬种植业的快速发展，越来越多的游客到丘陵旅游，村民纷纷在自家院里办起农家乐，全村共有农家乐118家，电商32家，基本实现产销一体。丘陵第一、第二、第三产业比例从以前的82∶0∶18，发展到现在的27∶0∶73，全面实现从粗放型农业到休闲农业的产业转型。

丘陵村不仅是美丽休闲乡村，更是经济发展、乡风文明、群众和谐的新农村示范村。依托樱桃产业发展，丘陵村成功创建"茅坡樱红"国家3A级旅游景区，先后荣获"国家级生态乡镇""国家级环境优美乡镇""省级生态示范村""凉山彝族自治州生态村""凉山州文明村""凉山州乡村人才开发行动示范村""凉山州幸福美丽乡村""西昌市先进基层党组织""西昌市四好村"等23项殊荣，目前正在创建国家4A级旅游景区。

贵州省安顺市西秀区大坝村

【最佳休闲时间】 4～11月
【主导产业】 经果林、果酒加工、畜牧业
【特色产品】 金刺梨鲜果、晚熟脆红李、雷竹、蚂蚱、肉牛、牛奶系列产品、金刺梨果酒系列、生态土鸡、腊肉、剁椒、腐乳

【体验项目或活动】 金刺梨赏花节、金刺梨采摘节、农家特色餐饮、农家旅馆住宿、特色烧烤、农事体验、水果采摘、民俗采风、户外露营、儿童乐园、户外健身、榕昕休闲生态牧场等

【情况介绍】

大坝村位于双堡镇西侧，距镇政府所在地7.5千米，毗邻九龙山国家级森林公园和007县道，交通便利，区位优越，全村总面积10 273亩，耕地、荒山面积宽广，气候适宜，水资源丰富，山清水秀，环境优美，辖6个村民组9个自然村寨，共有农户366户，人口1 603人，居住有汉、布依、苗、亿佬等7个民族，是省级新农村建设"整乡推进"项目示范点，区级"一事一议"财政奖补项目示范村寨和市级"四在农家·美丽乡村"创建示范点。

加强组织领导，搞好规划编制。2012年起，大坝村党支部书记带领村支"两委"干部，请相关部门专家做了大坝村"村庄规划"和"产业规划"，成立了村社一体的农村经济合作组织"安顺市大坝村沿年种植农民专业合作社"。此后，结合"四在农家·美丽乡村"示范点创建工作，村支"两委"高度重视，成立了以支部书记为组长的创建工作领导小组，并对相关成员进行调整和充实，制定切实可行的工作方案，明确责任和分工要求，扎实开展创建工作，实现了美丽乡村建设。

围绕"富、学、乐、美"，积极开展村庄建设及宣传。2012年以来，大坝村紧紧围绕"富、学、乐、美"创建要求，村支"两委"多次深入村民家中，通过走访村民、召开党员大会、村民大会、院坝会等方式进一步加大宣传力度，征求民情民意，使"四在农家·美丽乡村"创建工作家喻户晓、深入人心。

扎实工作，成效显著。近年来，在各级党委、政府的正确引导和支持下，大坝村按照"一建四改治八乱，五有四化三提高"的

工作要求和村庄建设规划，扎实开展村庄建设和环境整治工作：一是建设美丽乡村，为了让村民拥有一个宜居的生活环境，大坝村邀请安顺市黄果树设计院设计了别具地方民族特色的美丽民居，并根据村民们制定的"科学规划、住宅统一、超前发展、群众自愿、量力而行"的建设思路，通过"除旧布新"的模式实施村居改造，第一批 28 栋农家别墅统一粉刷浅黄墙面，铺盖蓝色小瓦，每幢别墅二层半 378 平方米，室内客厅、书房、车库等设施一应俱全。第一批农家别墅建成后，吸引很多干部群众前来参观学习。2015 年初，应群众要求，全村启动第二、三批农家别墅建设项目，建设面积为每栋 348 平方米。目前，全村建设农家别墅 131 栋。二是扎实开展四改工作，按照美丽乡村建设要求，村支"两委"对全村水、灶、厕、圈进行升级改造，目前已实现户户通自来水、使用安全卫生的灶具、厕所卫生达标、圈舍卫生干净，达到人畜分离等要求。三是大力整治八乱，村支"两委"始终将"四在农家·美丽乡村"创建工作作为重点，制定管理制度，在镇党委、政府的统一安排下对农户进行入户宣传，对村内八乱现象大力进行整治，保证了该项工作的顺利开展，如今治理效果明显，八乱现象基本消除。四是加强基础设施建设，完善配套设施，目前已建成设施完善新办公楼，建成公共厕所 3 座，方便广大村民和过往游客；配备垃圾清运箱 5 个，保洁人员 5 名，垃圾清运车 1 辆，卫生监督员 1 名，树立了"整脏治乱、人人参与"的良好形象。完成道路硬化、亮化、绿化等工程全覆盖；通过开展一系列的工作，大坝村的人居环境得到很大程度的改善。五是通过精神文明建设提升村民素质，大坝村通过远程教育平台开展社会主义核心价值观和道德讲堂活动。为加强卫生文明创建，大坝村制订了"二三四"村规民约，通过宣传学习和扎实有效的工作，村民综合素质和社会主义核心价值观得到明显提高，街头正能量氛围浓厚，村民都能学礼、行礼、守礼，如今大坝村 80% 以上的农民都掌握了 1~2 门适用技术，涌现出了一批有文化、讲文明、懂技术、会经营的新型农民。如今的大坝村，不仅房屋外在美，更是屋内整洁美，不仅村庄美，更是人文美、和谐美。

抓产业，促发展。一直以来，大坝村干部群众都认识到：发展农村经济，产业是支撑。大坝村因势利导，在村支书的带领下，确定发展生态农业和乡村旅游业的产业定位，村支书带头种植金刺梨，并组建安顺市大坝村延年果（金刺梨）种植农民专业合作社、安顺市一轩品蚂蚱养殖专业合作社、安顺市卢正学肉牛养殖农民专业合作社。全村以金刺梨种植为支柱产业，合作社会员日益增多，目前，全村 95% 的土地已入股合作社，形成了"支部＋合作社＋基地＋农户"的农业生产经营模式，种植面积也逐年扩增，收益按照非贫困户"235"和贫困户"136"的分红机制进行分配（非贫困户：20% 归村集体经济，30% 为运营维护费用，50% 为非贫困户分红；贫困户：100% 归村集体经济，30% 为运营维护费用，60% 为贫困户分红）。2015年，金刺梨市场价格偏低，出现滞销，大坝村积极与科研院校联系，取得贵州生物科学院技术指导和支持，试制生产出金刺梨果酒，同年，在各级党委政府的帮助和支持下，大坝村党支部成立大坝延年果酒厂，引入设备进行深加工，形成生产、加工、销售一体化的产业链；2016 年，区委、区政府高度重视，由区级平台公司（西秀区城投公司）进驻，与大坝延年果种植农民专业合作社共同建设，相继投入 8 000 余万元建设大坝延年果果酒厂，2017 年 9 月，西秀区城投公司与大坝延年果种植农民专业合作社组建贵州大兴延年果酒业有限公司。2018 年 1 月 26 日，新酒厂正式投入生产。目前，大坝村可酿造出 12 度的金刺梨干红果酒和 42 度的金刺梨白兰地和金刺梨啤酒，口感较好，深受群众和游客欢迎。酒厂年产各类金刺梨果酒5 000吨以上，产值达4亿～5亿元，不仅彻底解决了金刺梨滞销问题，提高了金刺梨的"含金量"，拉动周边地区金刺梨产业的发展，还提供了大量的工作岗位，为群众增收致富扩宽渠道，为大坝村一二三产业融合发展，社会经济飞速发展再添动力。在区委、区政府的帮助下，引进青岛榕昕集团，利用山地荒坡资源，规划建设了面积2 000余亩，集奶牛养殖、奶制品加工、亲子娱乐等为一体的生态休闲牧场。与安投公司合作，依托大坝温泉资源，开发建设温泉度假村。2017年，大坝村接待游客突破10万人次，打造了集农家体验、观光、休闲、度假于一体的生态休闲旅游产业链。

截至2017年，大坝村种植金刺梨5 000亩、晚熟脆红李1 200余亩、雷竹300亩、荷花池5个，发展200亩荷塘水产养殖区，年产5 000吨以上金刺梨酒厂一座。大坝村村民人均纯收入从2008年的1 982元增长为2017年的12 000元；村集体经济由不足10万元增长到2017年的350万元。

贵州省独山县翁奇村

【最佳休闲时间】 4～10月
【主导产业】 茶叶、旅游服务
【特色产品】 茶叶、精品水果、特色美食
【体验项目或活动】 观光、休闲、度假、文化、娱乐、运动、康体、美食、影视等
【情况介绍】

翁奇村位于独山县影山镇东侧，交通便利，气候宜人。全村总面积33平方千米，有11个村民小组，639户2 295人。布依族占总人口的98%以上。

翁奇村地理位置十分优越，青山环抱，绿水悠悠，环境优美，风景秀丽。近年来，依托国家的民族政策，在各级政府的支持与帮助下，对全村的水、电、路、通信、河道、民居等基础设施和生活设施进行改造和建设，促进了村寨的保护和各项事业的发展。特别是2006年被列为贵州省乡村旅游建设示范村后，各级政府先后投入600多万元资金对传统村落进行规划和保护，为全村的长远发展奠定了坚实的基础。

翁奇村旅游资源十分丰富，布依山歌便是其中之一。翁奇布依山歌是独山的民间山歌主要流传地。翁奇布依山歌以其悠久的文化历史、深厚的歌词底蕴，婉转悠扬的曲调，充满着欢快洋溢的表达方式而广为传唱，流传至今。翁奇布依山歌是翁奇人民在长期生产劳动中形成的民族文化特色和精神财富，是推进社会物质文明和农村精神文明的具体表现之一。为弘扬民族文化，倡导文明新风，传承民间文学艺术，2008年10月，翁奇村被文化部命名为"中国民间文化艺术（山歌）之乡"。

寒食节亦称"禁烟节""冷节""百五节"，在清明节前一两日。每年寒食节的到来，奎文阁周边居民都会自发穿上平日细心保存的民族服饰，相约来到奎文阁前的坝子上参与祭祀，在主持人高念祈文的过程中，在浓浓的节日氛围中，大家不分你我，一同祈祷国泰民安，幸福绵长。

翁奇村具有得天独厚的自然风光、文化旅游资源和生态观光旅游资源。奎文阁建于清同治十二年（1873）间，阁楼保留了清代建筑雕镂艺术的特色，其古建筑是黔南的唯一，是独山县乡村休闲度假旅游的代表景点。奎文阁院四周有松柏、梧桐、紫荆、桂花等古树二十余株，一侍轻风弄树，飒飒作响如语如歌。八月桂花盛开的时候，香飘十里，沁人肺腑。目前"春赏花、夏游泳、秋品果、冬尝农家饭"的和谐乡村旅游特色已经形成，"游奎文阁、中状元榜""赏自然风光、品生态茶香、吃农家饭"已成为翁奇乡村休闲旅游的品牌。

茶叶生产在翁奇村种植业中占有很大比重。通过引导群众开展茶园整合开发，促进茶叶种植基地流转，"公司＋专业合作社＋农户"合作模式已具雏形，统一种植、统一加工、统一品牌、统一包装、统一销售的理念深入民心，茶叶资源整合和创建品牌工作稳步推进，对全村茶叶产业的发展起到积极推动作用。同时贵州御龙尊茶业有限公司在翁奇村乡村旅游景区内规划建设茶文化创意园，更好地将茶文化、影山文化、布依文化融为一体，展现翁奇景区乡村休闲游、生态茶园观光游和特色文化理念，做强旅游产业，助推服务业的发展。

2015 年通过招商引资，引入贵州净心谷旅游开发有限公司入住影山镇进行旅游综合开发，翁奇村位于该公司开发建设的核心区域。净心谷旅游开发项目将由净心谷影山古镇组团、净心谷独山县集散中心组团、净心谷生态农业观光园组团、净心谷核心文化组团、净心湖生态文化组团和净心谷生态养生养老旅游度假组团建设成 5A 级景区。项目建设内容包括影山古镇、生态农业观光园、儒学文化园、天下第一水族馆、红枫谷休闲区、佛学院、影山草堂、白岩观、贵州化石公园、净心岛、胭脂河、净心湖、生态养生养老度假中心、石马新村等。是一处打造世界级生态旅游度假区和高山净心文化旅游俱乐部的绝佳宝地。净心谷旅游开发项目可作为独山北线旅游一带后花园、黔南后花园、贵阳国际旅游城市后花园和国内外休闲度假的后花园。建设完成后，净心谷景区将会形成与相邻景区功能互补，集生态化、主题化、网络化，集观光、休闲、度假、文化、娱乐、运动、康体、美食、影视等多种功能于一体，满足现代游客的休闲度假旅游的需求的大型综合型景区。目前，净心谷景区已完成了影山古镇、生态农业观光园、儒学文化园、天下第一水司楼、翰林府、七角亭、净心广场、生态停车场、净心湖等建设，并于 2017 年 8 月部分景点已对外开放。

近年来，曾在翁奇景区内举办"多彩贵州"独山赛区选拔赛，"喜迎十八大、庆国庆、贺中秋"歌会，第一、二、三届独山论坛·中国茶产业发展智库峰会，黔南布依族苗族自治州 2015 年项目观摩会，黔南州 2016 年旅游工作推进会，自行车比赛，"万人彩跑"，中国交响乐团 2018 年新春慰问演出等各种大型会议、活动。2017 年独山盛典公司借助景区的资源优势入住翁奇景区，并开展了 10 多场丰富多彩的演出活动，每次观众都爆满，效果十分显著。

云南省腾冲市和睦茶花村

【最佳休闲时间】 12 月至次年 3 月
【主导产业】 红花油茶、乡村旅游、农家乐
【特色产品】 红花油茶油、香椿、椿头、青梅、松子、核桃、淮山药
【体验项目或活动】 古法榨油、科技示范园、农业劳作体验
【情况介绍】

全村辖 9 个村民小组，2017 年末，有农户 403 户 1 609 人。和睦村交通便捷、四面环山、环境优美，森林覆盖率达 85％以上。全村耕地总面积 1 419.26 亩（其中：水田 308 亩，旱地 1 111.26 亩），林地 3 046.7 亩，其中红花油茶面积 1 600 亩，有百年以上树龄的红花油茶 4 万余株，农户家家种有红花油茶，全部参与红花油茶种植、加工、销售及相关的观光旅游服务业。2017 年全社区农村经济总收入 1 831.45 万元，农民人均可支配收入 11 397 元，比当地农民人均可支配收入多 2 237 元，高出 20％；其中休闲农业和乡村旅游收入 210 万元，占全村农业经济总收入 490 万元的 42.8％，是全村农业经济的主要支柱产业。

腾冲红花油茶种植规模最大、最为集中的是和睦村，被称为茶花村，有记载和睦村

种植红花油茶历史已达 800 年以上，还有后山朝云寺的"观音送油"的传说。现拥有红花油茶古树 1 万多株，500 年以上树龄的红花油茶树有 130 株，200 年以上的有 1 000 株，100 年以上的有 7 000 余株，和睦村红花油茶由于长期的自由授粉、天然杂交、自然变异，变异品种多，形成了丰富多样的自然类型。最负盛名的要数玉狮子了。位于村委会的玉狮子被称为镇村之宝，它花容极大，一朵花包含 9 个花蕊 18 个花瓣，所以又称"九芯十八瓣"。它还是腾冲境内所有玉狮子的母本，在茶花市场热闹的时候曾有人出价千万欲购而不得，因此，它现在也被荣称为"千万树"。到和睦村随便寻访一位村民，他都能跟你谈很多关于这株神奇玉狮子的故事。和睦村古茶林已被世界茶花协会誉为"世界红花油茶物种基因库"，被国家林业局列作"红花油茶种植资源保护区"，成为名副其实的"红花油茶第一村"。

每年从 11 月至次年 3 月近半年的时间里，鲜红的茶花朵都会点缀在枝头，光洁青翠的绿叶和花朵将和睦村装扮成花的海洋，村庄农舍掩映在红花绿树之中，茶花争相斗艳，梅花傲雪怒放，油菜花争艳媲美，宛若人间仙境，成为不可多得的美景，不少外地游客慕名前来观花。每年冬春之交是和睦村最漂亮的时候。

红花油茶果压榨出的茶油营养丰富，不饱和脂肪酸含量达 90% 以上，其脂肪酸组成与橄榄油极为相似，被誉为"东方橄榄油"，食之具有预防心血管疾病、滋补提神、驱虫健胃、护肤美容等功效。值得一提的是，和睦村仍然沿用着 400 多年前的土式榨油法进行榨油，这也成为当地历史的活记载之一。

走进和睦茶花村，可感受"村在林中，家在花中"的生动画卷，可住进当地农家小屋，品尝到当地的茶油焖饭、茶油农家菜、茶油土锅子、蜂蜜茶油饮品、香椿、椿头、淮山药等野菜及药膳。感受刺绣、立秋杆、春粑粑、榨茶油、祭榨神、茶花节等当地民俗。还可带走茶油系列、荞麦系列、淮山系列、蜂蜜、刺绣等农特产品。近年来，和睦村开设农家乐，烹饪以茶花、茶油为食材的特色美食，和睦茶花村的特色餐饮成为腾冲乡村旅游的一张名片。

主要做法经验：

强化基层组织建设、夯实产业发展基础。村级党组织能力强，社会和谐，民风淳朴，村民尊老爱幼、邻里和睦、热情好客、诚实守信。

村"两委"选定红花油茶产业作为主导产业，积极发展乡村旅游业，带领村民发展经济、脱贫致富。发挥基层组织战斗堡垒作用，积极筹措资金，强化美丽乡村及乡村旅游基础设施建设。近年来，按照建设宜居美丽乡村的要求，政府对和睦加大建设力度，抓实旅游基础设施和公共服务建设，完善、提升旅游接待能力和水平；整合资金加大基础设施建设、村容村貌整治力度。2011 年、2012 年先后投资 880 万元，实施和睦村进村道路建设边境支付转移项目；投资 154 万元，实施和睦社区一事一议财政奖补美丽乡村建设项目。实施和睦村内主干道路建设，共 2 条，投资 71 万元。2010 年以来，完成了 90 户农户危旧房重建工程，180 户农户实现家居环境改造。投资 61.23 万元实施和睦社区三组 2014 年度美丽村庄省级重点建设村项目，建设"茶花招人、茶香醉人、油香宜人、产业有依托、经营有门道、环境优美"的物质优厚的美丽乡村。2014 年，根据《马站乡和睦社区中国传统村落保护一事一议财政奖补项目规划》实施和睦传统村落保护编制与上报工作，完成投资 150 万元；和睦社区环境综合整治项目环境保护项目、省级示范村建设项目已通过评审，共投资 300 万元。

着力发展"一村一品"，突出主导产业效益。红花油茶是和睦村农业的支柱产业，全村现有红花油茶种植面积 1 600 亩，同时，辐射带动周边邻村红花油茶种植 5 000 余亩，带动农户 2 860 余户，1.4 万余人。全社区 403 户农户全部从事红花油茶种植，社区劳动力 100% 接受了红花油茶生产技术培训，100 人获得新型农民科技培训毕业证，100% 的农户掌握了红花油茶种植管护技术，专业技能得到进一步提高，茶油产量和以茶花和古法传统榨油为主的观光生态体验式旅游产业不断提升。

2017 年全村挂果投产红花油茶面积 1 600 亩，平均亩产油茶籽 50 千克，总产量 80 吨，实现销售收入 160 万元，亩均收入 1 000 元。

积极推进农旅整合，发展休闲农业与乡村旅游业。和睦村红花油茶树形优美，花色好、周期长，可从 9 月持续开至次年 3 月，因而，每年冬春之交是和睦村最漂亮的时候。2011 年起，市委、市政府围绕将和睦村打造为"中国红花油茶第一村"的目标，2014—2017 年连续将和睦村作为腾冲市花海节分会场，通过"花开和睦"摄影大赛、"花海文涛"征文比赛、边交会影展宣传、花海节趣味活动等途径，多次受国家、省、市各级相关媒体采访，将和睦茶花村"人依树，树养人"的和谐美景逐渐推向大众视野，形成了腾冲乃至云南又一张亮丽的旅游名片。2017 年累计接待游客 6 万余人次。大力发展农家乐，目前和睦村有农家乐 8 户，民居旅馆 1 户，主要以和睦特色菜肴为主，辐射带动周边村寨发展农家乐 10 户，带动农民就业 500 个，全村年均旅游收入突破 210 万元。如今，和睦茶花村旅游名气已远播省市外，当地政府在下步工作中致力于将和睦茶花村打造为 A 级景区，提升旅游内涵及质量。

以和睦茶花村为核心，整个大云华片区，凭借天然红花油茶、笼苁胜景、优质香椿、椿头、红豆杉王、道教圣地等资源，成为腾冲继江东银杏村之后迅速崛起的乡村旅游点。

积极推进"产加销一体化"，丰富新业态。社区"两委"根据本村农业产业特点，全力推动"一村一品"发展模式，大力发展红花油茶产业，以红花茶油加工企业和农民专业合作社为龙头，发展"产加销一体化"的专业村"龙"形经济。引导群众成立了腾冲和睦古树红花油茶专业合作社，入社社员 282 户，占全村农户的 70%。并与龙头企业有效对接，实行订单生产。先后与腾冲高黎贡山生态食品有限公司和腾冲市和顺鑫生态食品开发有限公司签订合作协议，由公司负责红花油茶籽的收购、加工和销售业务。公司通过加强基地建设和加工厂建设，采用"企业＋专业合作社＋基地＋农户"的运行机制，形成红花油茶产业化经营格局。产前，向农户提供优良管护技术、管理方法和资金的帮助，而农户则承诺按公司要求进行规范化生产和交售产品。产中：由专业合作社及公司向农户提供技术、农用物资、防病治病、管理等指导和服务。产后：公司以保护价（茶籽每千克不低于 40 元）收购农户采摘的茶籽，并进行加工和销售。

腾冲红花茶油主要是以"互联网＋线下体验连锁＋金融＋原生态旅游"的模式，依托高黎贡山品牌，把腾冲原生态健康特色产品推向全国各地，实现引进来，走出去的全原生态体验式营销。目前，公司在云南、北京、天津、安徽、四川、上海、广东、内蒙古、浙江等地建立了线下体验店 50 家。2018 年底，公司将在全国各地开设 200 家线下体验店，实行线下体验，线上消费的互联网营销模式，实现线上产品销售＋产品生态溯源体验、旅游相结合。

社区通过专业合作社、龙头企业的有效对接，"腾冲红花油茶"品牌效应凸显，产品销售出现供不应求的现象，带动农民增收效果显著。

加强和睦社区传统村落保护工作，促进可持续发展。围绕"规划先行、示范带动、布局合理、突出特色"的思路，以红花油茶农业文化遗产挖掘和保护为重点，充分挖掘红花油茶传统文化，展示让游客体验古法传统榨油，村"两委"引导群众制定了乡规民约，保护古村落的整体风貌，新的建筑风格保留原有传统建筑风格，村内道路路面均采用本地火山石板铺筑，对巷道可利用的石板路面进行重新修整，更新改造排水管网，结合路面改造和排水管网建设，清除河道淤泥，疏通排水沟渠，使和睦社区古村落原有的功能充分发挥，农耕文明、民俗文化得以传承发展。

随着和睦茶花村美丽休闲乡村的建设，乡村旅游初具雏形。实践证明，美丽休闲乡村建设带动农村一二三产业互动发展和高度融合，形成新型农业产业形态和乡村旅游业良性互动，进一步彰显了休闲农业促进增收的经济功能、带动就业的社会功能、保护利用传承农耕文明的文化功能、美化乡村环境的生态功能等，促使大量的农区变"景区"、乡村变"公园"、农产品变商品，让闲置的土地流动起来，让闲暇的时间充实起来，让富余的劳动力活跃起来，日益成为富裕农民、提升农业、美化乡村的战略性新兴产业。

云南省玉溪市红塔区大营街社区

【最佳休闲时间】　全年

【主导产业】　第二产业

【特色产品】　农产品加工产品（芝麻片、玉泉酒、青松毛烤鸭）

【体验项目或活动】　温泉 SPA，善容养生，会展服务，青少年游泳培训，茶艺培训，巾帼创业培训，美丽乡村马拉松，农村实用人才培训。

【情况介绍】

云南省玉溪市红塔区大营街街道大营街社区，地处玉溪坝子西南部，距玉溪市区 5 千米，总面积 2.6 平方千米，拥有 600 多年的历史。社区下辖 3 个自然村、9 个居民小组，现有人口 5 534 人，社区党总支下设 15 个党支部，现有正式党员 479 人，预备党员 3 人。在改革开放的新形势下，大营街社区抓住机遇，通过发展乡镇企业壮大村级集体经济、培养吸纳人才，积极推动以工哺农、带动一二三产业全面发展，群众生活水平和社会保障水平不断提高，率先成为一个文明富裕的新兴农村，享有"云南第一村"的美誉。社区先后被评为"全国村镇建设文明集镇""全国乡镇企业思想政治工作先进单位""全国精神文明创建工作先进单位""全国先进基层党组织""云南省先进基层党组织""云南省爱国主义教育基地"等荣誉称号。2017 年，社区被评为"首批全国农村幸福社区建设示范单位"和"全国文明单位"。2017 年实现农村经济总收入 78 亿元，农民人均纯收入 28 379 元。

1. 组织领导坚强

大营街社区始终把加强党的领导作为凝心聚力、共同富裕的基石，发挥党组织的领导核心作用。一是配备好居组班子。紧扣改革、发展、创新，谋划居组班子配备，推行领导班子成员与集体经济负责人"一肩挑"，把关心集体、心系群众、公道正派、廉洁自律、擅长经营的能人选进社区"两委"班子，特别是将党性强、懂经济、善管理、敢创新作为选配党组织书记的重要条件，强化了党组织的政治引领作用，提升了党组织引领发展的能力。二是实施好领头雁工程。在发展党员时社区党总支严格把关，除要求政治素质过硬外，还要求具备一定的专业技能和特长，注重从生产一线、致富能手、回乡毕业生、青年妇女和共青团员中发展党员。近几年来，百余名具备管理才能、热心集体事业、有文化素质的居民加入了党组织。在党员相对集中的企业，依托党支部建立健全定期轮训制度，把党员政治理论学习同文化素质、业务能力、实用技术培训结合起来。积极开展党员设岗定责、党员先锋岗、党员责任区活动，激发党员带头致富的内在动力，形成干部领富、党员带富、组织帮富、群众致富的良好格局。

2. 产业优势明显

大营街社区生态环境好，旅游服务业发展较好，在省内具有较高的知名度，辖区内现有汇龙生态园、映月潭休闲文化中心两个4A级旅游景区及汇溪公园、玉泉寺等旅游景点和与之配套的宾馆、交通等设施，形成了集文化娱乐、体育设施、餐饮住宿于一体的较为完整的旅游产业体系。拥有按国际标准化建设的可同时接待2000多人的汇龙国际会议中心；设有室内温泉泳池、多功能儿童游乐区、干湿蒸房等设施，可同时容纳1000余人沐浴温泉；露天温泉区包含SPA水疗池、纳米温泉、养生中药区、美容养颜区等30多个风格各异的汤池；男女更衣室700余个；酒店住宿设有705个床位；餐位6060个；配套停车位323个。为认真贯彻落实十九大报告中对实施乡村振兴战略提出的"产业兴旺、生态宜居、乡风文明、治理有效、生活富裕"的总体要求，红塔区委、区政府将大营街设为红塔区乡村振兴战略示范区，并先后成立红塔区乡村振兴战略大营街示范点工作领导小组和大营街乡村振兴战略示范区建设指挥部。大营街社区结合自己的发展情况及温泉特色小镇建设，坚持遵循乡村发展规律，构建农村一二三产业融合发展体系，开拓进取、争创一流，全力打造全市乃至全省乡村振兴战略示范点。2017年大营街社区集体企业总产值为34.57亿元，其中以农产品加工企业为代表的芝麻片厂、玉泉酒厂、水松纸厂、滤嘴棒厂等集体企业产值达9.73亿元，汇龙生态园、映月潭休闲文化中心为代表的乡村旅游业产值达3.51亿，种养殖业产值约为0.69亿元，上述产值约占社区总产值的40.3%。

3. 经济基础坚实

20世纪80年代，大营街社区借着改革开放的东风，率先转变思路跳出"以农为主"的圈子，坚持以经济建设为中心，不断优化产业结构，发展新兴产业、优势产业，大力兴办乡镇集体企业，发展农产品加工企业，在卷烟产业链上淘到了"第一桶金"，形成了自成一体的城镇工业经济格局。21世纪初，社区党总支提出"扩张规模，拉开框架，完善设施，改善形象，美化环境，繁荣经济，大力发展第三产业"的新一轮发展思路。以玉溪卷烟厂滤嘴棒分厂、玉溪水松纸厂等农产品加工生产企业为龙头，不断加大技改力度，提升产业效益，积极引进新项目，建成新型工业园区。玉溪水松纸厂自行研制的高精度水松纸分切设备技术性能达到国际先进水平，研发的具有自主知识产权的高精度薄型基材激光打孔设备达到了国内领先水平和国外同类产品先进水平，先后组织实施了2个国家级星火项目、1个国家级火炬项目、1个省级重大科技攻关项目和1个省院校项目等10余个科技项目，开发了3个"国家级新产品"，7项科技成果填补了国内空白。大营街社区上缴国家税金从1984年的5.5万元增长至2017年的1.1亿元，增长了2000倍；农村经济总收入从1984年的210万元增长至2017年的78亿元，增长了3700多倍。2017年大营街社区农民人均收入28379元，高于整个大营街街道农民人均可支配收入15645元的44.87%。

4. 生态环境优美

按照中央和省委、省政府农村人居环境整治三年行动计划总体要求，从1995年至今，社区坚持推进美丽乡村建设。先后投资3亿多元，建成2个国家4A级旅游景区和2个公园，修建2条连通市中心的高等级公路，并配套全省一流的村级卫生院、幼儿园和老年活动中心，组建了300多人的绿化、环保、卫生专职队伍，配备了洒水车、垃圾桶、清扫车、垃圾清运车等，加大投入和管理力度，巩固"国家卫生镇""全国文明村镇""云南省生态镇"创建成果，建成社区总面积达 3.31 平方千米、城镇化率达 60％以上、水利化程度达 85％，街道总长 1.3 万米，人均绿地面积达到 69 平方米，成为生态宜居的美丽家园。

5. 产业业态丰富

为弘扬民俗、饮食文化，向省内外游客推介大营街饮食文化和特色产品，把玉溪米线文化节办成集娱、购、游休闲度假、聚会于一体的精品节日，于 1 月 29 日在大营街汇龙生态园举办为期 15 天的 2017 中国玉溪（第七届）米线文化节·汇龙花影。本届米线文化节及郁金香花展历时 15 天，汇龙生态园共接待游客 24 万人次，销售米线 50 余吨，实现旅游收入 300 余万元。

为发掘和推介休闲、生态观光多元化旅游产品，展示大营街鲜明的乡村旅游特色，加快大营街温泉特色小镇建设的步伐，玉溪汇龙生态园承办的玉溪汇龙生态园 2017 第二届菊花艺术节，展区总面积 12 000 平方米，共展出 300 余个品种、5 万余盆菊花。云南电视台、玉溪电视台、红塔区电视台以及《玉溪日报》进行了专题报道。

2017 年，大营街旅游企业共接待游客 155 万余人次，旅游从业人数 717 人，实现营业收入 4 963 万元，实现利润 560 万元。

6. 服务设施完善

1985 年前后，社区集镇中心区进行了第一次人居改造，投资 5 000 余万元统一规划建设了三层新民居，人均居住面积由不足 8 平方米增加到 50 平方米，居住条件得到了极大改善。为适应群众不断提高的住房需求，2010 年 11 月 25 日，社区启动了第二轮人居改造。民居改造工程坚持统一规划、统一建设、统一拆除、统一分配、统一管理的"五统一"原则，总投资 13 亿元，新建民居 1 482 户、单元房 112 户。特色民居全部按照八度设防的标准设计，突出乡土气息和民族元素，民房单体建筑风格为斜顶灰瓦、粉墙彩画、古典窗型，青瓦白墙配上传统的花鸟、山水国画和书法，显得古色古香，兼具中式风格和滇中传统居民特色，院落之间花草相隔、溪水淙淙，小区中星罗棋布的是中华传统美德、善行义举榜及党建宣传内容，浓郁的文化气息扑面而来。

社区投资建设汇溪公园、玉泉湖、汇溪宾馆、玉泉寺、汇龙生态园和映月潭休闲文化中心等旅游休闲景点，全力打造一流的休闲娱乐区；以房地产为新的突破口，规划建设总占地面积 700 亩，建成景和苑、景康苑、景泰苑、景隆苑等包括高档别墅及高、中、低档单元套房等在内的多个住宅区。汇龙生态园总投资 8 000 万元的汇龙温泉酒店完成提档升级，于 5 月 1 日起开始试营业，取得了良好的经济效益和社会效益。

7. 乡风民俗良好

口袋鼓了脑袋不能空，生活富裕了精神要充实，新村建成了新风要弘扬，家园建美了管理也要跟上。对照社会主义新农村建设"生产发展、生活宽裕、乡风文明、村容整洁、管理民主"的要求，社区把学习"八荣八耻"作为重点，使社会主义荣辱观真正入脑入心入行，努力构建知荣辱，讲正气，树新风，促和谐的文明风尚。在党组织和党员中开展创先争优活动，让党员争做表率和模范。在党的群众路线教育实践活动中，结合美丽玉溪服务先锋工程和三个环境整治工作，让党员干部深入一线服务群众，树立正确的人生观、世界观、价值观和权利观、地位观、利益观。为提高人民群众的思想道德素质，社区大力开展法律和科技知识的教育，努力形成团结互助、平等友爱的人际关系。多次举办"十星级文明户"知识讲座和培训，提高群众的文明意识，充分发挥大营街社区爱国主义教育基地的作用，用身边的事教育鼓励群众。社区还开设"道德讲坛"，通过先进典型宣讲来践行社会主义核心价值观。

2016 年，大营街社区启动村规民约（居民公约）修订完善试点工作，社区领导班子通过各种方法，不断完善新《村规民约（居民公约）》以及《新增（减）集体经济组织成员资格认定方案》的内容，制定出符合社区实际、适用于社区自治的"两个文本"。真正做到自己的村规自己定，切实做好社区的居民自治工作，逐步形成"自我管理、自我教育、自我服务、自我监督"的社区居民自治工作新格局。通过村规民约（居民公约）的调整修订完善，解决了历史遗留的户口问题，促进社区的和谐稳定发展。2015—2017年 3 年间，社区均无群体性上访和重大恶性治安案件发生。

8. 品牌效应突出

为进一步打响社区旅游品牌效应，映月潭休闲文化中心、汇龙生态园于 2017 年 1 月 14～17 日参加了"玉溪号"旅游文化高速列车前往广州的宣传营销活动。在宣传营销活动中，映月潭休闲文化中心通过各种方式发放宣传单 300 份、映月潭温泉票 300 张、小茶果 500 个、精油 36 瓶。汇龙生态园发放宣传单 300 份、温泉门票 100 张、郁金香花展门票 600 张、小礼品 1 000 份。同年 11 月 1 日，映月潭休闲文化中心、汇龙生态园参加了由红塔区旅游发展局组织为期 4 天的南宁宣传营销活动。近年来，从未收到过游客投诉事件。

2017 年大营街社区根据农业部的工作安排，在 4 月至 8 月共开展了七期培训，其中两期大学生村官创业主题、两期农民专业合作社主题、一期美丽乡村主题、两期农民创业主题，涉及农村实用人才 700 人，其中云南 350 人、贵州 150 人、四川 100 人。

社区的新农村建设得到各界的广泛认可，国务院有关部委、云南省委、玉溪市委、市政府领导分别来社区调研，越南访问团、印尼东爪哇省媒体访问团、柬埔寨班迭棉吉省代表团、尼泊尔反腐败措施与实践研修班考察团、香港特区政府高级公务员清华大学国家事务研习班等前往社区参观考察。

大营街社区大力推进生态城镇建设，促进产城融合。注重城镇、商业、文化、旅游等合理布局，结合自身的发展情况及温泉特色小镇建设，坚持遵循乡村发展规律，以丰富的乡村民俗文化、深厚的历史文脉、丰富的特色美食以及交通区位优势为依托，集温泉度假、乡村民俗旅游体验、乡村活态集镇体验、旅居康养为一体，融合玉溪特色小吃、餐饮美食、温泉民宿客栈集群、特色购物于其中，形成以民俗文化为特色，乡村美食、乡村生活和温泉体验为内涵，复合康养旅居理念，以欢乐温泉、滇中乡村民俗体验休闲度假旅游胜地为目标，构建旅游核心吸引物，开创企业发展与传统文化保护"双赢局面"，将大营街整体成打造云南旅游新地标、玉溪旅游新中心、大营街乡村振兴的实施载体。

西藏自治区省尼木县卡如乡

【最佳休闲时间】 7～10 月
【主导产业】 农牧业、旅游业
【特色产品】 核桃、雪菊、藏香鸡、农副产品、文创衍生品、藏家民宿、农牧家乐
【体验项目或活动】 休闲农业、森林观光、藏地民俗体验、文化旅游、餐饮住宿
【情况介绍】

尼木县位于西藏自治区前、后藏的结合部，拉萨西环线核心旅游城市中央，同时也是拉萨—日喀则旅游线的重要节点。距拉萨 147 千米，距日喀则 154 千米，位于 318 国道旁、拉日铁路尼木站（吞巴乡）。尼木县卡如乡位于县境西南部，318 国道 4 772 处，人口 1 276 人，通公路。卡如乡下辖卡如、赤朗两村，以农业为主，全乡贫困户 44 户，191 人，贫困户占总居民的 14%，半农半牧，在尼木县经济发展中极具代表性。2015 年，全乡人均收入 10 870 元，人均耕地 0.7 亩。卡如乡拥有丰富的自然资源，包括赤郎沟景区特有的高原森林景观、多种疗效的卡如天

然温泉、千年核桃林与原生藏族村落；独特的文化资源：藏地民俗、非遗文化、尼木三绝等。

尼木县卡如沟域一期文化旅游休闲生态度假区，是由尼木和美乡村民俗文化旅游有限公司依托尼木县卡如乡独有的生态、人文景观资源，进行文化旅游产业开发，打造的集休闲农业、森林观光、藏地民俗体验、文化旅游、餐饮住宿等功能于一体的沟域文化旅游生态休闲区。

（一）建设思路

因地制宜，探索具有卡如特色的沟域经济发展之路，文旅牵头，三产联动，实现乡民增收，脱贫奔小康。

（二）建设内容

该项目以旅游业为龙头促进农业生产、畜牧养殖、加工制造业等融合发展，打造集休闲农业、森林观光、藏地民俗体验、文化旅游、餐饮住宿等功能于一体的沟域文化旅游生态休闲区。

项目的建设将最大限度地提升基础配套设施，优化产业结构，带动产业升级，拓宽农牧民增收渠道，助力实现精准扶贫。该项目已于2018年5月启动试运营。

（三）功能配套

项目依托卡如村具有的独特生态、人文景观资源，因地制宜，对风景名胜资源和民俗文化进行挖掘，设置为文化旅游区、驿站休闲区和森林览胜区三大功能区：

1. 文化旅游区·核乡寻忆

设计思路：坚持"传承、保护、开发"的原则，将本区域打造成为集合田园自然景观、核桃文创生产加工、人文特色旅游等于一体的旅游度假示范区。保护性开发千年核桃园，使之景观化、规模化、体验化，打造景观林道、摄影体验等项目；重点发展文玩

核桃等衍生品，提升其包装设计，并提供展销平台，打造文化藏院。对原村落进行风貌改造及业态升级，打造极具藏文化元素及卡如民俗特色的核乡林木民宿。整合尼木县非遗文化资源，打造文化藏院和藏艺非遗集市，提升游客互动体验感，丰富卡如文化体验项目。

文化旅游区位于度假区入口处，规划用地面积12 580平方米，区内主要景点有：千年核桃观赏林道、新植核桃园区、核乡林木民宿、藏艺非遗集市、文化藏院。

（1）千年核桃观赏林道。依托千年古核桃树的资源优势，在保护古树、遵循景观和谐统一的基础上，修整道路、增加导视，打造千年核园观赏林道，长度3千米。同时重点包装具有外观或历史特色的古树，开发其具有故事性、互动体验性、参与感的相关项目，如祈福等，让游客纵享诗意生活，品味浪漫情怀。

（2）新植核桃园区。新增种植75亩核桃树，以食用核桃和文玩核桃为主。形成园林景观带，丰富本地的特产，促百姓增收入。以此打造特色秋叶采风摄影区，丰富区域可观性、可玩性。与各大院校合作，扩大本地的宣传力和传播面，吸引更多游客前来。核桃林内间作木屋，在不破坏生态的基础上，提供林间休闲、采风观景、民风体验、旅游配套等功能。

（3）核乡林木民宿。对村落进行风貌改造及业态升级，引导村民开设具有卡如特色的藏家乐：将原汁原味的藏式民居、生活习俗、特色饮食、节日庆祝、歌舞互动等全方位呈现，让游客体验原生态的藏式风情，感受藏族同胞的热情朴实，丰富完善服务配套。核乡林木民宿改造面积1 800平方米，对建筑外立面、局部空间进行改造。风貌改造后的民居兼具民俗体验、特色餐饮和住宿等功能。

（4）藏艺非遗集市。藏艺非遗集市临

318 国道，方便过路游客购买。建筑面积 1 145平方米，依托尼木各类非物质文化遗产项目资源，如尼木藏纸、普松雕刻、藏戏白面具、藏靴、藏鼓、雕版等，集非遗手工艺展销、体验于一体。集市店铺采用前店后坊的形式，游客可观看制作工艺，体验制作过程，并购买旅游产品，提高村民手工艺收入。与此同时，非遗文化以学徒制的方式保护传承，可增加乡民专业技能，扩大收入渠道。

2. 驿站休闲区·温泉桃园

设计思路：打造为集农业体验、温泉住宿等功能为一体的驿站休闲区。开发雅江特色的生态温泉园，为过路游客提供泡汤、住宿、餐饮等服务。建设高效日光温室，种植高原净土蔬果，游客可现场采摘购买；种植桃林，春可观花，秋可采摘，让游客体验田园乐趣。

（1）高原桃园。

引进优质桃树苗栽植，实现春可观花，秋可采摘，使之成为 318 国道上一道亮丽的果园风光带。

（2）高效日光温室。建设高效日光温室，促进农业生产，并为游客提供采摘、品尝等农业体验。作为卡如乡农产品的销售窗口，促进农民增收。

（3）生态温泉酒店。梳理卡如地热资源，引流温泉水，打造以温泉和藏乡风情为特色的温泉酒店，为自驾游、背包客以及往来人员提供住宿配套。

3. 森林览胜区·林谷探奇

设计思路：赤朗沟作为尼木国家森林公园的核心，拥有大面积的大圆柏丛林和高原杜鹃花，独特的沟壑发育地貌形成了塞上江南和高山峡谷相融合的奇特景观。本区域旨在通过加强赤朗沟的旅游基础设施建设，全面提升景区的旅游配套，增强旅游接待能力，成为自驾游客和深度游游客的旅游胜地。进一步加大沟域经济开发力度，改善牧民生活方式，在大力发展旅游业的同时，带动周边

产业发展，增加农牧民收入。森林览胜区位于驿站休闲区西北部，区内景点主要有藏牧风情体验区、圆柏观景平台和森林徒步探险步道。

（1）藏牧风情体验区。将赤朗村 14 户农牧民搬迁安置到卡如村的竹别组安置区，并对其原有住所进行风貌改造和功能提升，使之成为集牧家生活体验、藏餐饮食服务、牧家民俗体验等于一体的藏牧风情体验产品。

（2）观景平台。赤朗沟景区拥有大面积的圆柏和高原杜鹃，杜鹃盛开时，景色秀丽，具有很强的观赏价值，在视野开阔处建造观景平台，让游客饱览藏区特有的高原森林景观。卡如沟域一期项目建设圆柏观景平台 1 050平方米、沙洲观景平台 590 平方米。

（3）森林徒步探险步道。在圆柏和杜鹃集中的区域建设森林徒步探险步道 15 千米，宽 1.5 米。让游客体验徒步探险、挑战自我的乐趣，近距离接触高原植物宝库中的圆柏和高原杜鹃，感受山川的壮美和高原植物的强大生命力。

陕西省商南县太子坪村

【最佳休闲时间】 4～11 月

【主导产业】 旅游业、特色农业

【特色产品】 "金丝十三花"系列产品（土腊肉、土蜂蜜、特色中药材、干木耳、干香菇等）

【体验项目或活动】 太子坪溶洞漂流、酒浴汗蒸、户外拓展、豆腐作坊、杏树采摘、农事体验、狩猎体验（圈养狩猎）

【情况介绍】

商南县太子坪村位于金丝峡镇北 9 千米处，距金丝峡镇高速路出口 10 千米，是连接金丝峡镇和国家 5A 级景区金丝大峡谷的景观廊道，村域面积 53 平方千米，辖 20 个小组、808 户、3 126 人，其中 2016 年建档立卡贫困户 217 户，670 人，2017 年建档立卡

贫困户 207 户，729 人，党支部现有党员 126 名。经过近年来的建设打造，太子坪美丽乡村呈现出如下特点：

基层组织健全，团队战斗力强。在美丽休闲乡村建设过程中，村党支部秉承"立足景区服务游客，立足社区服务居民，立足'三业'服务脱贫"的宗旨，探索实施"分类设岗定责，积分评星争标兵"党建载体，根据党员的技能、年龄、特长等情况设定 5 个岗位（创业就业岗、产业岗、纠纷调解岗、文明新风岗、综合服务岗），充分发挥基层组织的战斗堡垒和党员的先锋模范作用，实现党建领航、党员带动，奋力实现追赶超越。

产业优势明显，三产融合紧密。以太子坪美丽休闲乡村和太吉官渡特色小镇为核心，建设金丝峡镇旅游产业园区，依靠丰富的自然资源和巨大的游客市场，大力发展特色观光农业、农产品加工业和旅游服务业。利用适宜的气候，发展绿色蔬菜种植、金丝仙菊种植、果树种植、土蜂养殖、冷水鱼养殖、特色野生动物养殖等既具食用价值又具深度挖掘价值的农林畜牧业，同时，由此延伸出了农产品加工包装、亲子观光体验、采摘体验、狩猎体验、特色菜品等二、三产业，优化产业结构，拓宽产业发展渠道，推动一二三产融合，扩大园区内涵，提高园区容纳能力，带动休闲农业和乡村旅游业快速发展。2017 年，年接待总人数 167 万人，第三产业收入 4 729 万元，占农村经济总收入 7 882 万元的 60%。

经济基础坚实，各类经济组织发展迅速。在太子坪村"两委"的正确引导下，太子坪村经济得到了迅速提升，各类经济组织迅速发展。太子坪村委会通过基础设施入股冷水鱼基地，村集体经济年收入达 30 万元；各类农民合作社发展势头良好，境内有丹参农民专业合作社、金丝仙菊农民专业合作社、油用牡丹农民专业合作社等 5 个合作社；龙头企业发挥示范带头作用，境内拥有太子坪溶洞漂流有限责任公司、太子坪旅游富民有限公司、陕西省万山牧业有限责任公司、商洛盛彩包装有限责任公司、悦心民宿等龙头企业，在特色旅游产品开发、农特产品包装、高端民宿发展等方面起到了重大作用；个体工商户迅猛发展，通过太子坪美丽休闲乡村建设，为沿线群众提供了增收致富的渠道，通过农家乐协会统一组织管理，打造农家乐集群，截至 2017 年年底，新增农家乐 135 家，全镇共有 238 家，全部在农家乐协会管理下健康有序发展。目前，适度规模经营比例超过 80%，村民人均年可支配收入为 11 762 元，为全镇 14 个村（社区）最高，并超过全镇人均可支配收入（9 490 元）20%以上。

生态环境优美，保护机制健全。太子坪村作为 5A 级景区金丝大峡谷的前山门，景色优美，气候宜人，自然资源优势明显，为了进一步突出太子坪景观特点，提高太子坪景观质量，保护太子坪景观完整性和协调性，一方面邀请专家对太子坪景观进行统一改造提升，通过栽种景观树、修建景观绿道、特色景观小品等措施，提高太子坪景观质量。另一方面，建立完善的垃圾污水处理制度，在秋木沟修建先进的垃圾热气化处理场，无公害处理垃圾，日处理能力达 30 吨，实现垃圾定点堆放、定时处理，同时利用气化垃圾产生的余热，为人工温泉供热，既提高了资源的利用率，又使垃圾处理率达到 100%；在人口集中区域修建人工湿地，在分散区域引进小型污水处理设备，污水处理率达到 100%；大力进行改圈改厕，旅游沿线均为卫生厕所，全村卫生厕所普及率超过 95%；建立电子监控信息平台，利用信息化平台统筹管理、协调资源，推动环境综合整治信息化、常态化、智能化。

产业业态丰富，旅游内容充实。村容精致独特，文化内涵丰富。"民间八大坊"通过农事体验、透明化生产的方式，体现太子坪农耕文化的独特魅力，传统文化与现代文明的结合，使得太子坪美丽休闲乡村拥有独特的魅力，令人流连忘返；太子坪溶洞漂流利用天然形成的溶洞，形成独特的漂流区域，上码头游水嬉戏，溶洞旅途体验奇特，下码头极限刺激，有着"男人一路欢笑，女人一路尖叫"的别致体验；正在建设的体验式户外拓展基地以西北最大的户外拓展基地规划，建成后将为各色企业团队建设提供专业的团建服务。截至目前，太子坪美丽休闲乡村直接带动群众 1 693 人，间接带动群众 2 810 人，有效带动了农民群众就业，增加了农民收入。

服务设施完善，旅游接待能力强。依靠原有错落有序的地容地貌，修建了各具特色的"七大农庄"（桃花岛、御蜂园、前家坪、卧龙谷、龙凤湾、王家坡、太子坪），统一规划、统一建设，建筑风格一致，建设思路各异，产业发展多样，业态布置丰富。其中王家坡是由四川成都交大设计院一手设计、建造、运营的高端民宿区，整个农庄有农户 33 家，民居 36 栋，2015 年，王家坡被住房和城乡建设部评为全国宜居村庄，为保留、扩大这项荣誉带来的影响力，在整个改造过程中，王家坡保留原始生态特征，还原美丽乡村"半山错落之美，临水靠山之美，民俗特色之美"。整体设计按照"乡而不俗，土而不粗，低调奢华"的理念，打破原有独门、单户的建筑格局，将相连民房组合形成"经营院落"，营造出风格相似、体验迥异的业态布局，在实现规模化效益的同时也能有效避免"同质化"竞争。村庄内建造有酒吧、KTV、冷水鱼观光园、垂钓园等设施，设施齐全，体验丰富，游客在享受山水田园气息的同时，能够感受到现代科技给人们生活带来的巨大享受。每个农庄配套建设有游客服务中心、停车场、导引牌、旅游厕所、人工湿地、消防等基础设施，同时在太子坪（特色农庄）设置邮局、急救室等设施，为游客提供良好

的环境保障。近年来对沿线农户房屋统一打造提升，发展农家乐，截至 2017 年年底，沿线共有农家乐 238 家，日接待能力达 5 000 人次。

精神风貌良好，自治制度完善。太子坪村大力推进移风易俗活动，通过"美丽乡村·文明家园"活动，建设了村民广播室、图书馆、文化广场、道德讲堂等基础设施，为提高居民文化素质和思想道德水平提供了物质基础。同时，还完善了村规民约，成立村民议事会、道德评议会、红白理事会、禁毒禁赌会，并建立相应的管理制度，保障"一约"人人遵守，"四会"人人参与，切实提高村民自治水平。通过日常氛围宣传、讲道德课程、举办"我们的节日"主题活动、组织集体学习等方式，将精神文明建设渗透到居民的日常生活中去，大力开展"好媳妇""好婆婆""五好文明家庭""十星级示范户""最美庭院"等评选活动，评选各类先进 500 余人次，并在太子坪火神庙广场设施"崇德廊"，对先进典型进行公示宣传，营造出干部关爱群众、村民尊老爱幼、邻里相互关爱、群众争先学优、村民生活怡然自得的氛围，用淳朴的民风打动四方游客，为美丽乡村提升打下了坚实的精神基础。近 3 年来无群体性上访和重大恶性治安案件发生。

注重品牌塑造，品牌效应突出。在太子坪美丽休闲乡村打造之初，就邀请深圳麟德、上海联创、成都交大、重庆华诚等 4 家全国知名规划团队，反复斟酌、摄取精华，将功能定位、业态策划、路网设计、生态绿化、景观水系等统筹设计规划，协调推进了"山、水、田、园、路、房"六位一体的深度融合；在经营过程中，注重品牌创建，邀请商洛新潮学院对农家乐经营户集中开展以"金丝菜系"烹饪技术、文明礼仪、商南民歌为内容的农家乐培训，成立了金丝峡农家乐协会，注册了"金丝十三花"商标，规范农家乐管理，形成高品质的农家乐特色旅游品牌，展

示商南乃至商洛地地道道的农家菜系和恬静的农家田园生活。目前，太子坪村在2014年被命名为"国家宜居村庄"；太子坪美丽乡村已经通过省级美丽乡村命名，并创建国家3A级景区成功；"金丝十三花"商标已经成为省级著名商标。

陕西省礼泉县白村

【最佳休闲时间】 3~11月
【主导产业】 现代农业和设施农业
【特色产品】 樱桃、苹果
【体验项目或活动】 乡村农耕文化体验、采摘观光休闲体验、乡村农家居住体验
【情况介绍】

白村位于礼泉县城以东15千米处，有11个村民小组，720户，3 150人，耕地面积6 300亩，其中果园5 000亩。产业结构合理，种植、养殖两大主导产业已成规模。2017年全村社会总产值达到1.5亿元，农民人均纯收入18 600元。2006年白村党支部被中共中央组织部授予"全国先进基层党组织"称号，2007年被CCTV授予"中国十大魅力乡村"，2010年被农业部授予"全国一村一品"示范村，2011年白村现代农业园区被授予省级现代农业园区，2015年被省委农改办确定为新一轮农村综合改革试验点，2016年省委、省政府"1号文件"将白村社区建设的形式确定为关中地区新型农村社区建设的"推广模式"。

基础设施完备。一是建设区按照建设与保护、培育与传承相结合的原则，突出"传承历史、彰显文明、风情民居、诗意乡愁"主题，体现关中民居风貌，建筑形式以关中小院为主。二是生态区按照绿色生态的要求，突出美丽乡村的田园特色，完成社区绿化、湿地湖面、污水处理、垃圾处理等配套设施，社区居民生活品质全面提升。

产业支撑明显。一是园区化承载。园区核心区已发展到3 000亩，辐射区达到10 000亩，核心区亩均效益达到10 000元，初步具备了"产业完整、要素聚集、装备完善、管理规范、效益显著"的现代农业园区的条件，成为引领现代农业发展的"孵化器"。二是科技化支撑。大力推进农业新技术、新品种、新成果运用，先后建成千亩樱桃示范园、设施果蔬大棚200座，改造传统果园5 000亩，测土配方施肥新技术开始推广应用，农业品牌正在不断做强做大。三是多元化推进。依托产业特色、田园风光、乡土文化和民俗风情，深度挖掘农业多种功能，大力培育壮大休闲度假、旅游观光、创意农业、农耕体验、乡村手工艺等新产业新业态，促进农业和农民多渠道增值增收。

建筑风貌独特。白村新型农村社区规划设计按照"以人为本、生态文明、适度超前"的理念，进行高标准规划设计，突出"唐风·唐韵·唐文化"和资源节约、环境保护特色。社区整体建筑风格体现返璞归真、回归自然的理念，具备现代住宅的风韵与雅致，充分体现了唐风和关中民居地方独有特色。关中小院采用具有亲切感与亲和力的坡屋顶，凸显关中民居特色，穿插唐元素构建，体现建筑的典雅格调；建筑色彩以灰瓦灰砖白墙为主，屋顶分为高低错落的多个层次，同时融入唐文化、关中民俗文化、农耕文化，体现地方特色。

乡土特色浓郁。一是传承弘扬孝礼文化。在社区建设24孝图文化墙，在广场周边设置"社会主义核心价值观""厚德陕西""村规民约""善行义举榜""五常八德""弟子规"等，开展"十星级文明户""好媳妇，好公婆""五好家庭""十佳孝子"等评优树模活动，营造积极健康向上的社会主义文明新尚。二是建成农民文化活动中心。一楼是图书阅览室、广播室、文化活动室、乒乓球室、道德讲堂、治安调解室、村史馆、便民服务大厅；文化活动室和青少年活动室配有锣、

鼓、琴、弦、棋等器械，供群众和青少年休闲娱乐。二楼主要有职业农民培训教室、电算化教学室、多功能报告厅、宴会厅以及健身房等，开展各类培训 5 000 人次。三是农民业余生活丰富多彩。建成了 1 200 平方米的乡村大舞台，组建锣鼓队、秧歌队、歌舞队和民俗自乐班，大力开展群众性文化活动，组织大型群众健美操、广场舞比赛。

辽宁省金州县土门子村

【最佳休闲时间】 5 月 1 日至 10 月 1 日
【主导产业】 旅游与休闲设施农业
【特色产品】 向应红大樱桃
【体验项目或活动】 住宿、采摘、薰衣草赏花、房车露营与三个设施农业大区
【情况介绍】

土门子村地处向应街道的西北部，小黑山东麓。总面积 7.8 平方千米，辖区 6 个村民小组，687 户，2 007 人，村党总支下设 4 个专业党支部，党员 73 人。

多年来，上门子村十分重视生态文化建设，实现了环境发展，生态经济兴旺，生态文化繁荣，生态文明提升，社会与自然和谐发展的共赢局面。同时，紧紧围绕休闲农业和生态旅游业两大板块，逐步走出一条以农业促旅游、以旅游促招商、以招商促发展的新路子。作为"中国最美乡村镇""中国十佳生态休闲旅游示范街道""全国百家红色旅游经典景区"，土门子村"两委"利用自身优势，紧抓机遇，借着打造乡村观光旅游品牌的强劲东风，经过几次考察，引进了"紫云花汐"薰衣草基地项目，占地面积1 600亩，已开发利用 1 100 亩。"紫云花汐"对外开放的几年里，举办了数次万人相亲大会。"紫云花汐"薰衣草基地的建立，营造了浓郁的生态文化氛围，与小黑山自然风光配合得恰到好处，基地上接小黑山风光，下连周边万亩瓜田果园，通过妙手生辉的规划建设，彻底改变了土门子村的生态环境。土门子村通过上地流转引进了多家企业发展设施农业温室大樱桃，累计投资近 200 万元，完成了占地 500 亩农业设施大棚建设。目前，大樱桃示范园已逐渐形成了万亩樱桃园的规模景观，有力地带动村民增产增收，村级收入增加了 150 万元，人均收入增加 3 000 多元。多年来，土门子村以发展为了群众、发展依靠群众、发展成果让群众共享为目标，全力打造幸福新农村。在大樱桃采摘、乡村观光旅游的基础上，借助薰衣草花田景区的吸引效应，村里统一组织村民在花田附近，建造了"农家乐"一条街。全街长 300 多米，以"住农家院、品农家菜、赏农家景、享农家乐"为主题。2015 年，"农家乐"一条街接待游客超过 5 万人次，人均收入增加 2 000 多元。2014 年，经多次考察，村里引进了具有云南丽江庭院风格的"丽江庭院归田居"，现已成为艺术家绘画写生基地。同年，又引入占地面积 2 000 余平方米的艺术家客栈项目，2015 年，村里又引进 5 家企业，建成了占地面积 20 亩的蝴蝶兰种植基地、占地面积 100 亩的有机无公害蔬菜种植基地、占地面积 150 亩的露地优质大樱桃种植基地、占地面积 150 亩的朝克梅种植基地和占地面积 50 亩的树梅种植基地。同时，带动当地 400 多人就业。如今的土门子村已经成为远近闻名的乡村观光旅游景区，先后被评为"大连市星级平安稳定村""大连市创先争优先进基层党组织""大连市巾帼示范村""大连市远程教育示范基地""全国旅游模范村""全国生态文化村"等荣誉称号。

在上门子村休闲农业和生态旅游的影响下，周边乡镇或地区的庄园建设，如雨后春笋般发展起来。随着小黑山风暴风的进一步开发，土门子村也将不断有新的、大的项目落地，也必将带来更大的影响，产生更大的经济效益，真正打造成闻名辽南的"瓜果之乡"。

浙江省宁波市江北区毛岙村

【最佳休闲时间】 3～5月，9～11月

【主导产业】 矿泉水、农家乐、红豆杉、农产品（白茶、橘子、杨梅等）

【特色产品】 红豆杉、橘子、"红杉谷"矿泉水

【体验项目或活动】 "勿舍"书吧、环水库自行车道休闲运动、公园亲子游活动、山地马拉松、农家乐

【情况介绍】

毛岙村位于慈城镇东北部，村域面积1.6平方千米，其中耕地437亩，山林3 548亩，下含3个自然村（大路下、方家、陈家岙），4个村民小组，共有村民167户、390人，村民代表33人，党员29人，村内企业共2家。主要经济作物有茶叶、杨梅、竹笋、红豆杉、橘子等。2017年全村实现经济总收入383.08万元（其中经营性收入77.41万元），村集体可支配收入110.34万元，农民人均纯收入32 723元。毛岙村作为"红色党旗引领绿色发展"的典型示范村，近年来在村党支部的带领下，全力打造以"和谐自然"为特色，集生态养生、休闲度假等于一体的休闲生态村，先后被评为省级美丽乡村、市级全面小康村、市级十大环境友好乡村等。

1. 做好规划编制，切实指导村级发展

为建设成为经济繁荣、设施完善、环境优美、文明和谐及生态旅游功能突出的社会主义新农村，毛岙村在保护生态环境、发展生态经济、建设生态文化的前提下，因地制宜，分步地对村庄进行多项规划编制，切实指导村庄开发建设。2007年编制了《毛岙村生态旅游开发规划》，2009年编制了《毛岙村庄建设规划》，为加快毛岙村生态项目的落地与开发建设，委托浙江筑奥景观设计有限公司编制《毛岙乡村生态景观规划》。2017年又邀请宁波大学编制了《毛岙村村庄发展规划（2015—2030年）》。

2. 以环境论英雄，蓝天白云效果彰显

以服务村民为理念，以生态和谐建设为突破口，毛岙村累计投入资金2 000余万元，大力开展以生态功能为主的村庄基础设施和公共服务建设，着力改善、整治村庄环境。

在村庄环境提升方面，近几年先后在村人口密集区新建生态星级厕所3个，目前村里聘请专业保洁公司管理村庄卫生，对村民实行门前三包，彻底消除过去的"脏、乱、差"，取而代之的是整洁的院落，洁净的厕所，幽静的乡间小路。同时，毛岙村在江北区率先实行农村生活垃圾"三化"成肥试点工作，2017年完成垃圾成肥设备安装及调试运行。2018年对村内主要垃圾收集亭的垃圾桶进行改造。按照区"美丽庭院"的标准进行绿化、彩化改造，2017年共改造环村沿线40户。2017年投资150万元实施了村庄景观改造提升工程，重点是环村休闲旅游线路景观风貌、打造部分节点景点，一期、二期公园之间紫藤蔓长廊搭建。2018年计划在全村启动"三线"综合梳理，将改变村庄原有部分路线乱搭，无用线路拆除等乱象。在水环境治理方面，累计投资1 000余万元，先后实施完成农村生活污水集中处理、自来水管网升级改造、进水设备改造、小山塘维修加固、溪坑整治等项目，从而彻底解决了村民及游客的用水问题，饮用水源达标率、自来水入户率、饮用水水质合格率、污水排放等均达到了预期目标，进一步促进了村庄生态环境改善。此外，为丰富村民生活娱乐，2017年投资40万元在二期公园新建村民文化广场。

3. 农旅结合，社会经济效益凸显

有了优美的山水生态环境优势，毛岙村清醒地认识到绿水青山不会自动转变为金山银山，发展的胜势也不会自动转变为发展的胜势。因此，对村庄的建设必须要有准确的定位。多年的开发建设，毛岙村明确了以运

动养生的生态休闲旅游为主题进行业态开发建设。提前布局，预留发展空间。作为江北区北山休闲游步道连接线中的关键一环，毛岙村投入 30 万元修建了 6.1 千米长的环村登山游步道，同时修建了一条 2.3 千米的环毛力水库标准自行车道，形成集登山、自行车、徒步、环湖长跑等运动一体区。先后重点实施毛岙生态一期、二期公园、村内环线景观提升、庭院改造等重点项目，新建人造瀑布、小憩长廊、溪边观亭、儿童游乐设施和茶屋等场所，在美化村庄环境的同时，为广大游客提供游览休憩、亲子游的场所，公园建成后将打造成全区规模最大的村级开放式公园。抢抓机遇，积极发展休闲旅游业态。通过村民自主、集体开发等多元开发模式，加快导入发展壮大以气养、食养、药养、体养、水养为主体的养生和民宿、特色农家乐等产业。目前茶语山庄、茂湖山庄、绿野农家等 6 家农家乐通过江北区农家乐经营示范户验收，对外营业规模达 4 000 余平方米。近两年，百合山庄、毛岙生态农庄、村门口等 6 家农家乐又陆续完成装修并对外开始营业。2017 年江北区首家农村精品书吧"勿舍书吧"也完成装修并营业，2018 年"勿舍民宿""居善地""汉花缘" 3 家精品民宿全面开建，预计明年都将陆续完工。同时，依托毛岙特色种植产业开发的杨梅、红豆杉、茶叶等本地特色旅游商品深受广大游客喜爱。

山东省青岛市城阳区青峰社区

【最佳休闲时间】 全年皆宜
【主导产业】 休闲农业和乡村红色旅游
【特色产品】 巨峰葡萄、红星苹果、金帅苹果
【体验项目或活动】 亲子果品采摘农场；爱国主义教育
【情况介绍】

　　青峰社区位于城阳区惜福镇街道东南部，社区三面环山，风景优美，旅游资源丰富，森林覆盖面积广，享有"天然氧吧"的美誉。青峰社区是以旅游产业发展为切入点，打造红色旅游、田园风光、廉吏童恢传统文化与现代廉政文化融合发展的特色景区，走出了一条以红色旅游为引擎带动社区腾飞、居民增收发展的新路子。社区获得山东省农业旅游示范点、青岛市卫生模范社区、青岛市爱国主义教育基地、青岛市廉政文化教育基地、青岛市"十佳"森林公园、惜福镇街道优秀党组织等荣誉称号。2017 年，社区共接待游客 85 万余人次，同比增长 5.8%，实现旅游收入 5 000 余万元，同比增长 8%。

1. 产业转型，完成穷山村到著名旅游景区的完美蜕变

　　青峰社区位于崂山西麓，依山错落的洋房群被从山体铺展开来的绿树红花簇拥着，每栋洋房楼顶都有一面鲜艳的五星红旗迎风飘扬，整洁的社区安静祥和，听不到一点喧闹声。眼前的景象让人很难想象，过去的青峰却是一个贫穷偏僻的小山村，山路崎岖泥泞，低矮的平房破旧不堪。"穷则思变"，不甘贫困落后的青峰社区居民开始依托保护完好的自然生态发展山区旅游，2009 年社区在整修登山路径时，发现了全国唯一一座站立着的毛主席天然石像，自此开始对现有资源进行深度开发，打造红色旅游胜地。社区累计投资 3 000 余万元，加强配套设施建设，修建仿木登山路径 16 千米，道路平缓，美观实用，老少皆宜；新建毛主席文化长廊 300 余米，包含红色革命及廉政文化展牌 80 余块，让红色文化铺陈开来，每登一次山就接受一次红色文化教育的洗礼；增设景点指示牌 40 余块，全天候播放红色革命歌曲，使游客更更深层次地体验和理解景区的文化内涵；配套修建大型停车场并安排专人值守，缓解假日期间景区停车难的问题。社区还投资 600 余万元对景区进行高标准绿化，共栽植映山红、白皮松、五角枫、黄栌等树木

21 000余株，栽种黑松树2 500余棵，樱花树100余棵，实现四季常绿、三季花开的美好景观，吸引了大量游客前来登山健身、观光旅游，为社区今后的旅游资源进一步开发打下了坚实基础。

2. 规划先行，实现崂山西麓新型社区建设新突破

随着环境的提升和经济基础的增强，为进一步改善居住和景观环境，青峰社区在改造建设中充分发挥首创精神，按照"不突破总体规划、不突破用地红线、不突破宅基地面积、不破坏生态环境"的原则，由居民自筹、社区投资、政府补助的方式共同出资，总投资约6 500万元，对社区进行了整体翻建改造，规划建设联排洋房99套、老人房18套，投资1 500万元建设7 500平方米商业设施、25 000平方米停车场，社区面貌焕然一新。社区在旧宅原址上依势统一配套建设220平方米的独栋别墅，最大限度地保留毛公山景区的原始山水地形和原有自然风貌，实现了崂山西麓新型社区建设的新突破。聘请清华大学建筑设计研究院统一规划设计，本着尊重自然、保护环境的理念，新建楼房均根据地势依山而建，建筑立面素雅古朴、高低错落，为便于村民眺望远处山景设置了观景平台，保留了古树、原有水体，利用田园、河塘、山体的自然优势和良好的生态环境，留住了刻满居民儿时记忆的"乡村符号"，真正实现了"保留乡村风貌，留得住青山绿水，记得住乡愁"的全域旅游新概念。社区坚持市场化运作，积极引导居民借助毛公山旅游开发之机，发展民宿、家庭旅馆、特色农家宴等增加居民收入，有力地促进了社区旅游业发展，产业链条不断延伸。

3. 突出亮点，推动社区红色文化基因的传承和发展

为打造社区亮点，传承红色文化基因，社区家家户户悬挂国旗和毛主席画像，墙体外还粉刷毛主席语录，形成浓厚的红色元素和党建氛围，让社区成为毛公山脚下一道亮丽的风景线。清风馆的修建，以追古抚今的手法，通过了解毛泽东同志的廉政勤政思想、务实为民的情怀，渲染廉吏童恢的生平事迹，让游客在潜移默化中接受廉政文化的教育和熏陶，进一步提高廉洁自律意识，让党员干部在清风化雨中不断提高全面从严治党的政治站位、增强行为自觉。为大力弘扬和传承优秀家风家训，推动社区形成家风好、民风纯、党风正、政风清的良好氛围，社区认真贯彻街道"惜福·家"文化，每家每户悬挂家训，着力以家风带民风，凝聚家风正能量、树立道德新风尚，以上的亮点打造，营造了独具魅力的青峰社区，吸引了社会的强烈关注和大量的游客前来观光体验。

4. 以红促金，带动乡村产业实现全面振兴

为进一步推动社区发展，打造全国著名红色旅游文化景点，为景区提档升级，社区推出红色教育游主题线路，组织举办毛主席诞辰纪念日等红色庆典，邀请国家、省、市各级领导参观调研，组织中小学生开展红色主题教育，了解红色历史，增长红色知识，学习红色精神，加强红色旅游宣传推介，完善旅游信息咨询中心相关配套设施，打造精品解说队伍，创作《毛公山红色的山》等红色旅游歌曲，提升社区吸引力和关注度，塑造红色旅游文化品牌。社区同时引进红色商业，特别是发动社区居民开发红色餐饮，打造红色特色商品零售超市，在红色旅游、红色教育、红色购物有效组合的过程中实现集体增收。现社区年均接待游客80余万人次，实现集体收入130万元，村民人均收入23 000元，较2012年分别增长85.7%、53.3%，取得了长足的发展。

山东省胶州市玉皇庙村

【最佳休闲时间】 3～10月

【主导产业】 采摘、农家宴、农副产品

【特色产品】 苹果、桃子、梨

【体验项目或活动】 黑陶制作、剪纸、纸张古法制作

【情况介绍】

玉皇庙村位于胶州市胶北街道办事处北部，与高密接界，全村 180 户，650 口人，耕地面积 1 290 亩，2018 年人均收入 30 000 元。

玉皇庙村因庙得名，自古以来就遐名远外，早在唐朝初年就因村东的玉皇大帝庙而得名。玉皇大帝庙有 1 000 多年历史，2009 年 4 月重建，并于同年 10 月 26 日举行了开光仪式暨首届庙会。庙正面建有山门，山门内主殿为玉皇殿、三教堂和法堂，东厢为财神殿、念佛堂和药师殿，西厢为送子殿、观音殿、胡仙殿、娘娘殿和居士房。庙内西侧建有洪福寺，寺双檐单层，主要供奉太白金星、北斗七星、托塔天王、玄武大帝，四周供放万尊小佛。每年正月十六、三月初三、六月初六、九月初九逢庙会，附近村庄和邻近市（区）的香客便会纷纷来上香祈福。

玉皇庙村内建有古香古色的展馆、书院等特色景点。民俗博物馆模拟展示了龙山文化、三里河文化的出土景象，再现了制作黑陶的场景及当年胶州的老城门石，各种老式农业生产工具、加工储藏用具、老式橱柜、灯具、衣镜，让游客不禁回想到了当初的那个年代；传统食品工艺馆展现了小磨香油和白糖桲子的制作流程，使郭氏白糖桲子和小磨香油等传统民间食品工艺焕发了新的生机；尼山书院将道家、儒家文化荟萃交融，使历史文明的遗脉薪火相传，让传统文化的优秀特质得以发扬；王母井景点再现了王母井护佑村民永不干涸的美丽传说，令人遐想不已，给村庄增添了浓浓的神话色彩；七仙女剪纸艺社、民俗手工艺馆，在弘扬国家非物质文化遗产的同时，让游客充分体验了民俗传统文化；锦波黑陶工艺室、光德黑陶工艺馆、宣纸工艺馆使游客在观光中普及了工艺品的由来及制作工序，既丰富了旅游内容，又让村民通过一技之长增加了收入；"胶高魂"爱国主义教育基地再现了抗战时期玉皇庙人的英雄事迹，花木兰冷恩成、宁死不屈与两岁儿子惨遭活埋的孙兰芝、乔老县长率民众英勇抗敌……太多浴血奋战的动人故事铸就了胶高魂的丰碑；古法慢工"一轮磨"豆腐，探访早年间传统古法豆腐工艺，精选黄淮地区优质非转基因大豆作为原料，用碧沟河井泉水泡豆、制作，选果树干枝作为燃料加以烧木柴的铁锅黏土灶，提出豆腐原有的丝丝甘甜，再现了百年前古法慢工做出的好豆腐。

2014 年 4 月，市委、市政府启动"美丽胶州"建设，着力提升新农村建设水平，打造一批特色村、精品村。胶北街道党工委、办事处抢抓机遇，综合考虑村庄区位、资源、人文等因素，将玉皇庙村确定为乡村文明家园特色村，引导村庄依托玉皇庙文化，大力发展乡村旅游，走"文化兴村、旅游富民"之路。

为完善村庄基础设施配套，该村投入 60 万元对中心街进行沥青罩面，硬化面积 5 000 平方米；投入 17 万元提升绿化档次和水平，栽植龙柏、黄杨、竹子等绿化苗木近万株；投入 310 多万元，铺设污水管道 5 800 余米；投资 15 万元，铺设自来水管道 800 余米；投入 30 多万元，完成 200 户的卫生改厕。投入 80 万元对 200 户村民房屋按照胶州老县城建筑风格进行统一粉刷，形成古朴典雅、生态优美、风格独特的乡村旅游特色村貌。

玉皇庙村依托碧沟河、王母井、韩信道等古老传说以及"玉皇庙战役"等红色文化，打造"红色教育基地""乔老县长故居"、尼山书院、王母井、民俗博物馆、传统手工艺体验馆等旅游景点，不断增强村庄历史文化特色，真正实现美丽乡村变景区。2014 年 11 月，玉皇庙村旅游景区被山东省旅游局验收评定为 3A 级旅游景区，成为青岛市首家古村落旅游景区。

为推动乡村文明建设提档升级，胶北街道办事处充分发挥特色种植优势，把玉皇庙作为发展乡村旅游的主要支点，采取成片造林和节点打造的种植模式，规划 20 千米旅游环线，沿线栽植蜜桃、苹果、樱桃等林果苗木和绿化苗木，打造"20 千米旅游长廊"。通过开展赏花、品果、采摘、游园、逛庙会等特色活动，实现本土农业与观光旅游的优势互补，使乡村文明建设与群众致富增收双赢共进。

玉皇庙村根据村庄特色，实施产业层次提升工程，坚持大投入、高标准，一方面积极争取市级资金和政策支持，补贴村庄和合作社；另一方面引进花卉种养技术、扶持生态园产业发展、吸引农家宴等服务业配套集聚，大大提升了村级组织自我发展的能力，走出了一条农民增收、合作社增效、产业增值、可持续发展的农村特色生态发展新路子。因村制宜，积极推进特色产业发展，切实增强农民致富、集体增收能力。

村庄被评为"中国最美村镇奖""山东省旅游特色村""3A 国家旅游景区"等荣誉称号。

新疆生产建设兵团第四师 71 团 7 连

【最佳休闲时间】 5～9 月
【主导产业】 种植业
【特色产品】 山花蜜、羊肚菌、薰衣草精油
【体验项目或活动】 赛马
【情况介绍】

新疆生产建设兵团第四师 71 团 7 连位于 71 团团部东 45 千米、218 国道北 0.3 千米处。东、西、北紧邻阿热勒托别镇，南邻 218 国道，是第四师最东面的一个连队，也是第四师的东大门。7 连现有土地总面积 775.2 公顷，其中：耕地面积 618.06 公顷，草场面积 17.53 公顷，林地面积 25.05 公顷，建设用地 47.27 公顷。人口 586 人，职工

242 人，其中少数民族 32 户。主要作物以商品玉米、马铃薯、甜菜为主，是全国玉米高产示范基地。2014 年 71 团开展万亩玉米高产创建工作，7 连实现了小面积超高产 1 433.6 千克的全国最高纪录。2013 年 7 连进行了灾后重建，新建营区占地 300 余亩，紧邻 218 国道，共新建抗震房 120 套，2015 年开始整体搬迁，目前抗震房入住率达 100%。2015 年年底 7 连被 71 团党委确立为旅游文化连队创建连，2017 年 7 连实现职均收入 37 692 元，人均收入达 29 121 元。职均收入中，养殖、旅游等收入 16 500 元，占职均收入的 44%；人均收入中，养殖、旅游等收入 16 000 元，占人均收入的 55%，与人均收入相比较，高出周边乡镇人均收入 9 000 元以上，所占比例达 30% 以上。

7 连依傍天山支脉阿吾勒山脉，延绵起伏的阿吾勒山脉峰峦叠嶂，雪水、溪水为种类繁多的草原和树木提供了充沛的水分，每当冰雪融化，万物复苏，一片绿毯和郁郁葱葱的树木生机勃勃，风景极其优美。7 连在南面的土山上种植大量的果树林木，美名曰"花果山"。为使"花果山"树木成活，连队党支部牵头并派专人定期浇水、为树木打杈，通过长期的精心管理，如今的"花果山"绿荫遍野，果满枝头，良好的生态环境引来百鸟筑巢，也吸引了前来游玩的人们，连队配套建有绿色农家采摘园、绿色农副产品销售亭，方便游客休闲、采摘、享用。人们惊叹，曾经的不毛之地改天换颜。这一切，无不凝聚着团党委、连队党支部、职工群众的心血。

为打造连队新貌，该连在新营区南种植有 90 余亩的薰衣草及马鞭草、东建有 50 亩的经济林、栽植有树上干杏、槐树、苹果、沙枣、桑葚、樱桃等。围绕经济林开辟成跑马场项目正在申报审批当中。营区北面种植有约 200 亩的香紫苏。每逢花季，整个营区被包围在花海之中，与烂漫的山花相映成趣，自然景观与人造景色相得益彰。2015 年 10

月，连队成立花果山旅游合作社，注册资金20万元。在7连党支部带领下，花果山旅游合作社，结合连队的良好基础，预计打造家庭民宿120户、餐饮20户、日接待入住游客500人以上旅游接待项目。目前已有社员45户，家庭民宿42户，农家乐5户，牧家乐5户，具备日接受游客200人以上的能力，截至2018年6月，累计收入90余万元。同时，连队党支部还利用信息平台、网络等媒体，大力宣传连队的旅游文化。自2016年以来，连队已成功举办了3届旅游文化节，连队的知名度逐年递增，回头客也在增加，游客对入住连队满意度达到97%以上。2016年10月，7连被评为全国最适宜居住村庄。

7连新营区呈扇形分布，住房按楼房标准建造，屋顶为彩钢构架，远看红墙绿顶令人感觉清新自然。每户家庭中的厕所均为100%的水冲式厕所，景区内还有水冲式公共卫生间一个。院落内种植各类蔬菜瓜果，院外小桥流水，各巷道柏油路面，整洁干净，路边有分类式垃圾箱40个。营区周围薰衣草、福禄考、向日葵各类鲜花点缀，并实现了春有花、夏有景、秋有果，使7连成为集观光、纳凉、娱乐、餐饮、食宿于一体，远近闻名的打卡地。

每逢旅游季节，巴扎的热闹、赛马场的角逐、篝火晚会的歌舞表演等构成了旅游文化连队的靓丽景观。

新疆生产建设兵团第四师73团8连

【最佳休闲时间】 5～9月
【主导产业】 反季节设施葡萄、露地葡萄、树上干杏
【特色产品】 反季节设施葡萄、树上干杏
【体验项目或活动】
【情况介绍】

新疆生产建设兵团73团8连，位于伊犁河谷地理中心，团域范围内S220、S316、S242三条省道已通车，即将开工建设73团至70团拜什墩社区的跨河大桥，打通73团至新源的缺失路段，使73团成为东联新源、北至尼勒克、西达察县、南接特克斯—昭苏的交通中心区，交通枢纽地位突出。

在旅游方面，73团地处伊犁河谷旅游观光带中心，东有那拉提景区、唐布拉自然景区，西有霍尔果斯、都拉塔、惠远古城等景点，南有昭苏夏塔、特克斯八卦城、喀拉峻、科桑溶洞，东有核桃沟、库尔德宁等景区，北有伊犁河自然湿地生态观光景区。属于伊犁州黄金旅游带上的中心节点，也是伊犁河自然景观金腰带上的纽扣。在这里，有绿水碧湖、绿树成林的田园仙境，在这里，有民族特色、军垦创业的文化底蕴。8连属于哈萨克族聚集连队，总人口912人，其中妇女256人。连队生态农业发展卓有特色，已建成全国最大的哈萨克葡萄庄园，疆内最大的反季节葡萄生产基地，伊犁最大的哈萨克族有机水稻基地等。拥有大棚葡萄599座，陆地葡萄5 330亩，葡萄长廊3.3千米，共种植红提、美人指、无核白等9个品种，目前已将"金琪珊"红提葡萄成功销往俄罗斯、哈萨克斯坦、吉尔吉斯斯坦和蒙古国等，内地市场已延伸至长三角地区、广州、兰州、西安等大中城市，展示出丝路古道上的靓丽风景画卷。

近年来，73团充分利用国家少数民族地区扶贫项目、镇江市援建项目等多项惠民政策，按照"保护与发展并重"的方针，将优秀民族文化的传承与特色民族村寨的保护、经济社会发展与生态环境保护有机结合。自2001年开始，73团开始对牧工实施了定居工程，并加大相关配套工程建设力度，做到"三通"——通自来水、通电、通水泥路；"五有"——有住房、有棚圈、有牲畜、有菜地、有果园；把推进水、电、路、有线电视、通信、网络等基础设施建设作为建设少数民族特色村寨的着力点，整合资源，将民族特

色村寨建设与扶贫、交通、水利、农业、民政、旅游、文化等惠农支农的项目资金捆绑使用，坚持规划先行，按照"群众积极参与、户户规划到位"的要求，把民族特色村寨建设与美丽乡村建设、生态文明建设、旅游开发等专项规划有机衔接，紧扣民俗主题、突出民族文化要素，使家家户户建设具有民族特色的建筑，并且展示不同的哈萨克民族手工艺品，一家或多家展示一个民族元素的产品，不断开发和延续具有哈萨克文化代表性的作品。如富有民族特色的手工艺品地毯、挂毯、服饰、马鞍、皮鞭、冬不拉、酒壶、木制餐具、刀具等，充分体现他们的聪明才智。通过对连队办公室、文化活动室、卫生所、阅览室、爱心商店等基础设施的不断完善，不同程度地改善了少数民族村寨的生产生活条件，同时也提升哈萨克族牧民的生活质量。

2016年5月制订了《第四师七十三团中心连队建设项目实施方案》，将民居建筑风格定位于现代民俗风情建筑，将哈萨克文化融入村庄建设，体现当地民俗，以旅游发展为出路，利用区位、交通和特色优势，促进农民多元增收。项目包括住房改造工程、配套基础设施建设工程、人居环境整治工程及公共服务体系建设工程。8连新建道路2 473.64米（其中车行道面积15 915.98平方米，绿化带面积12 368.2平方米）；供水管道6 418米；排水管道7 727.97米；新建垃圾收集点15个，果皮箱13个；公共厕所3处，总建筑面积122.03平方米；新建综合服务中心总建筑面积1 601.5平方米，功能主要包括游客接待大厅、卫生间、就餐大厅、厨房、咨询室、会议室、办公室、产品展览与销售区等；新建2座公共停车场，总面积为22 035平方米。

近年来，73团对少数民族贫困户实行精准扶贫和民族团结"三户人"政策，实行"因人定策，一人多策，一户多业"帮扶政策。在少数民族就业观念的引领方面，通过"三同"，即：同园区生产，同步结对培训，民汉同楼混居，彻底转变少数民族就业观念，如今的八连少数民族职工群众都有了自家的产业，他们放下羊鞭子、拿起剪刀子、种上葡萄、进入工厂、数着钞票、住上楼房，使过去的"马背民族"从传统粗放的生活方式转变为现代文明生产生活方式，成为有机葡萄基地的建设主力军，从8连的牧民到金岗循环经济产业园区的产业工人，实现了从未有过的精彩嬗变。

休闲农业典型案例

"三区同建"振兴乡村

——建设八里庄玫瑰小镇发展乡村旅游实例

【基本情况】 衡水贵和农业技术开发有限公司位于枣强县枣强镇八里庄村,成立于2009年,2015年加入河北省供销社新合作集团,是供销社下属合作企业,公司总注册资本1.1亿元,年综合产值3亿多元,年纳税额近2 000万元,是河北省重点龙头扶贫企业、市级产业化龙头企业、市重点扶贫龙头企业,现有职工200余人,其中工程类专业高级职称人员20人、中级职称人员35人、初级职称人员50人。

八里庄村位于衡水市枣强县城东北,距离县城不足2千米。2014年,为尽快实现"农业产业园区＋新型农村社区＋生态旅游观光区"三区同建目标,公司一期流转枣强镇八里庄村全部耕地3 060亩,二期流转郝家庄、孟家庄、尧上村、大桃园、店东张庄等周边耕地共计11 000多亩,聘请中国农业科学院进行了科学规划和设计,以一二三产融合为产业发展模式,立足农村基础,通过依赖当地自然生态,挖掘当地乡村文化,利用当地资源,采用制度创新、技术创新、产业集聚等方式,实现不同产业或同一产业内不同产业部门相互渗透、相互交叉融为一体,玫瑰小镇依托原"三区同建"项目,着力建设玫瑰产业区、特色加工区、生态涵养区、民俗居住区四位一体的特色旅游小镇,发展模式得到省、市各级领导的高度重视,且争得2016河北省"三区同建"重点标杆项目,国家有关部委和省、市领导多次到园区调研指导。八里庄村2016年被评为省级休闲美丽乡村、衡水小镇和八里庄玫瑰小镇等称号,同年被省发展和改革委员会确定为首批6家省级新型低碳试点社区之一,2017年被评为中国美丽乡村。

【发展模式】

（一）模式概括

"公司＋基地＋合作社＋农户"的产业化模式延长了农产品的产业链,提高了农业土地产值,同时结合园区的一二三产融合发展模式,园区农民由原来单一靠农作物收入,转化为"土地流转租金＋就业劳动所得＋入股分红＋旅游服务收入",收入显著增加,并通过农村新型社区建设改善了原有居住条件及配套设施,园区通过绿色种植提高了绿化覆盖率,防治水土流失,保护了村庄景观多样性,改善了乡村落后面貌,形成生态功能完善,环境优美的产业景观。通过产加销游一体产业链条完整的标准,带动农村一二三产业共同发展,为衡水市新农村建设起到一定的示范和带动作用。

（二）发展策略

以"三区同建"为建设基础,实施"一二三产融合"大农业发展模式:

一产发展农业产业园区。以玫瑰种植、光伏农业设施、果蔬种植、马莲小枣种植产业为主导产业,发展特色种植和设施果蔬种植,提高土地产值,增加农民收益、企业收益、社会效益。油用玫瑰种植业项目引进油用玫瑰新品种"中天玫瑰"种苗1 500亩。通过"公司＋基地＋合作社＋农户"的模式,园区组织了专业技术服务团队,发展玫瑰规模化种植5 000亩;农光互补科技果蔬种植业项目招商引资上市公司（EAST易事特）在本地成立衡水银阳新能源有限公司并投资3.7亿元在园区建设占地750亩的高标准光伏农业大棚,用设施农业的优势与山东寿光蔬菜控股集团企业签订战略种植合同;马莲小枣特色种植业项目种植马莲小枣1 500多亩,园区通过传统的马莲小枣种植基础,利用公司统一经营的有利模式,继续推进地方特色种植产业链,推广园区农产品品牌,带动农户增收,提高园区经营收益。

二产配套加工物流园区。建设以玫瑰深加工、农产品加工、农贸仓储物流为主的配套工业产区，提高农产品附加值，保障农副产品的仓储流。园区引进国际一流的德国伍德超临界萃取设备，从事以玫瑰细胞液、玫瑰精油等产品为主的深加工。每亩玫瑰可年产鲜花 400 千克，基地现有规模可年产玫瑰鲜花 2 600 吨，利用生产线可加工生产玫瑰原液 1 200 吨，按国内平均市场的玫瑰原液市场收购价 12 万/吨计算，项目量产后可实现玫瑰加工产值 1.3 亿元，折合每亩加工后产值近 2 万元。园区通过深加工，极大地提高了农业种植收益，带动农户大幅增收，园区一般入园农户年收入不低于 2.8 万元。

三产拓展乡村民俗游区、休闲农业观光旅游区。按照计划，2016—2020 年，园区将建成以游玩观赏、婚纱摄影、休闲度假、生态养生为主的玫瑰风情园，为此制定了"游玫瑰园、喝玫瑰茶、吃农家饭、住乡村别墅、带有机蔬菜有机杂粮"的特色旅游观光项目。以国家 4A 级景区衡水湖旅游区为龙头，制定了连片旅游、多线路的旅游模式，"衡湖看荷花，贵和赏玫瑰，园区吃住游，健康随你归"，将八里庄村打造成为京津冀旅游精品线路和最佳休闲、生态观光旅游的目的地。

【主要做法】

（一）挖掘特色资源进行科学规划

以玫瑰种植产业为主，设施农业种植为辅，发展特色玫瑰种植规模 5 万亩以上。同时发展加工业、休闲旅游产业、文化产业、创意产业、美丽产业、养生产业，以"自然、浪漫、欢乐、健康"为主题，实现小镇的文化展示、玫瑰科研、休闲度假、红色旅游、影视基地、温泉体验、特色餐饮、生态休闲、养生美容以及多种玫瑰风情主题的商业功能。

（二）完善基础建设提升人居环境

八里庄新型农村社区以枣强县八里庄村为核心，与周围的郝庄村、大桃园村、尧上村、孟家庄村实现五村联建，是省委、省政府确定的全省唯一的"四新"应用示范点，是市委、市政府重点推进的"三区同建"项目，由河北省城乡规划设计研究院规划设计。新型社区建立健全了"四位一体"的治理机制，在规范农村社区协商的同时，加强多元主体共同治理，使群众能广泛参与到社区的管理与建设中。新型社区环境良好，村民关系和谐，社区内经常进行社会主义核心价值观宣传活动，各种文化体育活动，为社区村民普及知识的同时，也加强了村民之间的联系，促进社区村民团结和睦。通过种植林木和玫瑰提高了绿化覆盖率，增加了村庄景观多样性，改善了乡村面貌，实现了生态功能完善，环境优美。

（三）着力发展乡村旅游实现效益提升

在产业和品牌培育上，着力建设最具投资竞争力的特色玫瑰产品生产加工制造基地；在小镇建设上，着力建设京津冀区域最具影响力的玫瑰特色小镇；在文化创意上，着力打造最具感召力的玫瑰文化主题小镇；在旅游开发上，以国家 4A 级景区衡水湖为龙头及北京、天津等众多旅游资源，深度开发连片旅游、多线路旅游，从根本上将"玫瑰小镇"融入到京、津、冀、鲁"一小时高铁经济圈"，形成产业、经济和文化融合联动的新模式，实现产业功能和社区功能、旅游服务功能的高度融合，使之成为让人愿意留下来创业和生活度假的首选胜地，一个"养"的天堂，一个"花"的国度，一个"乐"的田园。

【利益联结机制】

（一）土地入股公司，保底分红的模式

2013 年，公司通过镇政府、村委会，与农户协商签订了土地流转协议，流转八里庄村全部耕地 3 060 亩，每亩为一股，以每亩每年 400 千克小麦价格股金保底，年终公司盈余达到 100 万元以上再二次分红；与农户签订了入股分红合同和种植合同。

（二）劳务合作模式

一是出租蔬菜大棚和温室。公司将建设好的 10 个冬暖式大棚、4 个投资 3 000 万元、3.8 万平方米光电一体的智能联栋温室，以合理价格承包给部分农户管理经营；公司保证承包户的最低收益。二是返租倒包。将玫瑰园除草、摘花等工作分块承包给部分农户，公司既提高了管理效益，农民又增加了收入。光伏园春秋式大棚也将分包给农户管理经营，增加其群众的经营和打工收入。三是雇用农民打工。

（三）宅基合作模式

公司与村委会签订了集体土地流转合同，一期以八里庄村界内的部分土地为基础，广泛征求群众意见达成共识，与农户签订《房屋拆迁安置协议》，原有村庄建设用地 292 亩，并先行拆迁村内 82 亩回迁建设区域用作新民居启动区；二期启动郝家庄、孟家庄、尧上村、大桃园 4 个村的建设，与一期合为一体、连成一片能容纳万人的大型社区。项目建成后，可节约村庄占地近 1 000 亩。计划把农民宅基地和村内空闲地按照股份合作制的形式利用起来，成立新型宅基合作社，使群众能从宅基地复耕利用中得到收益。将置换出来的村庄用地用于玫瑰种植及立体农林复合经济模式开发，培育职业农民，谋划发展辐射区，通过完善农村设施配套、增加公益设施和公共产品投放，转变农民群众的生活方式，促进农村繁荣，使农民群众也能享受到富裕体面的生活。

【主要成效】 总体效益以八里庄乡村旅游 30 万人/年游客量起步，依托衡水湖旅游资源，打造京津冀协同格局中璀璨夺目的旅游目的地。预计到 2025 年，实现旅游接待 200 万人/年，小镇总收益达到 4.8 亿元。

（一）经济效益

本项目定位于休闲农业产业园项目，游客消费主要包括旅游、餐饮、住宿、购物、娱乐五项。经过项目的环境提升、旅游项目的植入以及接待项目的提升，未来的消费人群除了到八里庄度假区的观光休闲游客外，更多的是住一段时间的度假养生游客。停留天数的增加将直接为项目带来经济收入的增长。另外，玫瑰主题度假项目，《平原枪声》红色旅游度假项目、乐活牧园度假等项目的设置也将会创造更多收益。

（二）社会效益

构建新型的特色生活方式，打造乡村旅游度假经济，形成一系列特色小镇及度假乡村，为当地居民提供就业岗位，为城市居民提供休闲养生场所。到 2025 年，吸引 10 万人次老年人前来养老避暑，吸引 10 万人次学生群体前来修学旅游，吸引约 10 万人次城市居民前来休闲度假，吸引 100 家企业前来开展会议、旅游活动，为当地居民提供约 1 000 个就业岗位。

（三）生态效益

维护本区生态平衡是本项目的一项重要任务，在以农田、水域生态保护为前提，开发建设的同时不破坏原有的生态环境，通过科学规划，有序展开，增加绿地面积，使区内的植被得到有效保护，从而促进乡村生态效益的更好发挥。

（尹红珍　霍保安　贾云英）

小店区华辰农耕休闲农业园

【基本情况】 山西华辰高科农业观光集团有限公司（简称华辰农耕园）是一个集高科农业观光和传统农家体验为一体的休闲观光农业企业，于 2009 年注册成立，当时企业名称为太原市华辰高科农业观光有限公司，注册资本金 1 000 万元，核发营业执照；2016 年更名为现名，注册资本新增至 3 000 万元，位于太原市小店区北格镇张花村。园区起初占地面积 188 亩，因企业不断发展的需要，经市、区两级政府批准扩建为1 000亩；以太原市、晋中市、清徐县农业旅游资源为基础进行园区规划设计；以全新的理念，采用现代农业科技成果，将生产，生活，服务，休闲，娱乐，景观等功能有机结合，充分体现知识性、趣味性、参与性和观赏性，在保证观光农业产业发展的前提下，营造富有乡土特色、浓厚园林氛围、独特生态意境的农业景观；以农村自然生态环境、田园风光、农业资源、农业生产内容和农耕文化为基础，通过规划设计与施工，加以系列配套服务，为游人提供生态观光、旅游、休闲、娱乐、度假和体验的场所。

【发展模式】

（一）模式概况

园区发展综合性较强，既有"企业＋农户"模式，又有"观光＋采摘"模式，多种模式结合、并存。园区目前已完成水幕电影区（含实景剧、音乐喷泉等）、莲鱼混养垂钓区、生态水果采摘区、特色畜禽养殖区、珍稀树种繁育区、设施农产品种植展示区、拓展训练区、农产品加工体验区、餐饮区、演艺区的建设，并且已经开始运转；同时多功能接待中心，玫瑰庄园正在筹建中。

水幕电影区。该区占地面积为10余亩，配有投影设备、喷泉系统、灯光系统、音频设备等，已于2018年6月底完成基础设施建设。2018年园区在该区成功举办了2018·首届华辰小镇文化艺术节（期间表演了大型实景剧《小桥·流水·人家》）、山西省首届中国农民丰收节、"舞动三晋"山西省特色广场舞优秀作品汇演，好评如潮，吸引了20余万人次。

莲鱼混养垂钓区。占地2亩，主要种有红莲、白莲、睡莲、霸王莲等，种植与观赏合二为一，打造园区清新悦目、美轮美奂的基调；并套养草鱼、鲫鱼、泥鳅等。既供餐厅及周边市场需求，又能服务垂钓者享受静心养力垂钓的情趣。

生态水果采摘区。占地300余亩，采用不同设施种植和大田种植的方式和无公害技术生产。现有特色品种：早黑宝葡萄、达米娜葡萄、秋红宝葡萄、无核白鸡心葡萄、玉露香梨、黄金梨、金盖酥梨、苹果、桃、枣、樱桃、红太阳杏、核桃等品种，还有新品种西瓜、甜瓜、各种蔬菜、薯类等。一是展示成果，二是放心食用，三是喜悦采摘。

特色畜禽养殖区。占地10余亩，采用设施养殖与自然生态养殖相结合。现有贵妃鸡、山野鸡、百姓笨鸡、优种猪等，还有供大家观赏的孔雀、梅花鹿、羊驼、鸵鸟等。

珍稀树种繁育区。占地200余亩，利用山西农业大学协作单位的优势，研究农业技术，现已引进近十余种北方稀缺树种进行推广。有华北栾、黄金树、金枝白蜡、千头椿、白皮树、香花槐。

农产品种植展示区。占地30余亩，园区建有适应本地区连栋大棚、日光温室等现代农业生产设施，并引进国内外优良品种如：小黄瓜、小番茄、草莓、彩椒、尖椒、菜椒、瓜果等，除为园区餐厅提供品尝使用外，开展不同形式的采摘活动。

拓展训练区。占地20余亩，体验挑战自己的快乐，项目包括水上乐园、彩虹乐园、攀岩、射箭、真人CS、VR电影、沙滩摩托车、水上碰碰船、水上冲关、迷宫、水上骑行船、露营、浑水摸鱼、碰碰车、星际飞车等。

农产品加工体验区。占地10余亩，在已建成的传统工艺食品加工小作坊内，按照不同的加工项目和类别进行分区，设置传统豆制品制作、秘制酱卤肉腌制、传统黄酒加工等食品加工生产线，运用现代化科技手段，采取传统工艺，加工即食食品。游客可以根据不同的需求和爱好，或亲身体验运用传统工艺和现代化设备生产食品的过程，或从中采购现成的稀有产品，原料均来源于专门定制订购或园区自产自制，包装设计理念由园区的核心元素组成，生产技术由省农科院等技术单位合作支持，将多种先进技术糅合应用，产品达到绿色生产、食用健康的目标，从而带动周边区域农业生产加工朝着绿色、安全、优质、高效的方向发展。

餐饮区。占地 10 余亩，品农家饭菜，享农家风味。

演艺区。占地 5 亩，大戏园式的建筑，承接文艺表演。到 2018 年年底园区游客突破 30 万人次，全年营业总收入突破 5 500 万元，园区为周边农民提供了大量的就业机会，带动农民增收，并且从没有发生拖欠农民工工资的情况，周边农民及农村社区与园区有良好的互动关系，满意度很高，取得共同发展、利益共赢的效果。

（二）发展策略

公司的发展策略是通过企业＋农户模式、观光＋采摘模式等多种模式相结合，把全国各地的游客吸引过来享受休闲农业观光园的独特气息，把无公害的绿色产品带回去，尽情享受品尝；给游客提供一个"春天踏青赏花，夏天避暑，秋天采摘瓜果，冬天品尝农家饭菜"的好去处，真心打造一个"乡味更香，农味更浓"的园区。

（三）主要做法

1. 基础硬件条件

（1）游览条件。游客服务中心位置合理，规模适度，设施齐全，功能完整，有专业咨询服务人员。园区有各种标识牌和景物介绍牌，各种标牌位置合理，造型特色突出，艺术感和文化气息浓厚，与景观环境协调，能烘托总体环境。公共信息图形符合 GB/T 10001.1—2006 和 GB/T 10001.2—2006 标准。有游客公共休息设施且布局合理，数量充足，富有特色。园区内农田、农舍、农作场景内辟有专门参观通道。

（2）食宿条件。总服务台位于前厅显著位置，有装饰，光线好；接待人员以普通话提供接待、问询、结账和留言服务；提供行李存放服务、休息设施。华辰农耕园客房装修良好、以剪纸艺术和大红灯笼为基调进行装潢，具有浓郁的地方特色，配有软垫床、桌、椅、床头柜等配套家具，有电视机和温控设备，卫生间全天供应冷热水，房间内有服务指南、价目表、宾客须知等。客房、卫生间每天全面整理一次，每客更换床单、被单及枕套，保持客房卫生。厨房布局合理，使用面积与接待能力相适应，紧邻餐厅，厨房墙面满铺瓷砖，地面铺有防滑地砖，有地槽，有吊顶。厨房烹调间、面点间、冷菜间、洗碗间独立分隔，各操作间温度适宜，厨房有必要的冷藏、冷冻设施，冷菜间温度符合食品卫生标准，有食品库房和非食品库房，配有取菜口。厨房内有空气消毒设施，良好的通风排风排烟设施，有餐（饮）具洗涤池、清洗池、消毒池或消毒设施，蔬菜清洗池、肉类清洗池独立分设，有专门放置临时垃圾的设施并保持其封闭，专门的餐厨垃圾处理设施。厨房与餐厅之间，有隔音、隔热和隔气味作用的设施，有必要的消防设施，有消杀飞虫、爬虫的防范措施，有外购大宗辅料、粮油、副食品等佐证资料。

华辰农耕园配备有各色餐厅，农家饭菜餐厅、烧烤餐厅、小吃餐厅等，并且各个餐厅位置合理，地面已全部做硬化处理，防滑、易于清洗，装潢美观大方，采光通风良好，整洁。根据餐厅所销售产品的种类，餐厅内配备有各种风格的桌椅、用具、餐具、酒具、茶具等。全部配有菜单及饮品单，并且菜单及饮品单印制装帧精美、富有特色。

（3）交通条件。距太原武宿飞机场 20 千米，距太原火车站 25 千米，距太太路不到 200 米，门前就是小牛线，开车从市中心到园区不到 30 分钟。小店至园区有 458 路公共汽车，直接通达。园区设有专门的停车场，且环境优美，停车场标志规范、醒目。

（4）购物条件。华辰农耕园设有专门的

农产品展示中心，出售园区蔬菜、瓜果和自产的加工品（豆腐、豆腐干、面粉、驴肉、猪头肉、皮冻、蛋卷、粉条、黄酒、干果等），并且这些产品都有园区自己的特色。游客采摘、加工和所出售的农副产品，都达到"三品一标"要求。园区制定有相应的退货规定，购物场所绝无围追兜售、强买强卖行为。

2. 管理和服务条件

（1）管理条件。园区内部管理规章制度健全，有投诉制度，投诉处理及时、妥善，档案记录完整。建设开发项目符合小店区总体发展规划要求。园区内有 85% 以上的从业人员经专业培训合格；关键岗位从业人员持证上岗，持证上岗率达到 50% 以上。管理层中需要专门资质的管理和专业技术人员全部取得相应的资格证书。

（2）服务条件。服务人员对客人礼貌、热情、友好，对客人一视同仁，尽量满足客人的需求，服务过程中表情自然、亲切、热情适度，提倡微笑服务，对客人提出的问题暂时无法解决时，耐心解释并于事后设法解决，不推诿和应付。服务人员遵纪守法，诚信经营，保护客人的合法权益。服务人员统一着装、佩工牌上岗，仪容仪表端庄、大方，站、坐、行姿符合各岗位的规范与要求，让客人感到舒适。

有导游讲解服务人员 5 人，兼职讲解员 5 名，在旅游旺季能满足游客需要，讲解词科学、准确、生动并具有针对性。园区内设有各种项目，休闲体验项目较多，吸引力较强，且紧密结合地方特色，乡土风情浓郁，文化深厚，项目包括垂钓、捕捞、采摘、种植、喂养、体验制作豆腐、酿酒、骑马、攀岩、射箭、真人 CS、划船、野外露营、烧烤、歌舞、7D 影院、沙滩摩托车等。节庆活动有早黑宝葡萄采摘节、摄影节以及民俗文化、歌舞表演等。娱乐设施有多功能厅、歌舞厅、棋牌室、茶室等。

3. 生态环境条件

园区内自然环境优美，空气清新宜人，走进华辰，犹如走进一幅风光秀丽的山水画卷！这里满园叠翠，遍野泛香；亭台怪石，错落有趣；池塘院落，洁净整洁；鸟鸣鱼跃，素朴淡雅；这里一年四季风景不断，春来万物竞生，草绿花红；夏季气候凉爽，景色宜人；秋至瓜果飘香，飘溢满园；冬季白雪皑皑，奇妙无穷。春赏花，夏戏水，秋品果，冬冰钓，再加上"华辰"农家特色餐饮，"吃农家饭，品农家菜，住农家屋，娱农家乐，购农家物"，俨然成为游人休闲度假，保健疗养的天然氧吧。

4. 安全与公共卫生条件

（1）安全条件。华辰农耕园认真执行国家、省、市、区等相关部门制定和颁发的安全法规和制度，并取得工商、环保等部门的许可。园区内危险地段标志明显，并有专人值守。备有突发事件处理预案，建立有救援机制。

（2）公共卫生条件。园区内干净整洁，无污水、污物，无乱堆、乱放、乱建现象，建筑物及各种设施设备无剥落、无污垢。男女卫生间分开设置，厕所设专人打扫与服务，室内整洁，无异味；洁具洁净、无污垢、无堵塞。园区内垃圾箱布局合理，标识明显，造型美观独特，与环境相协调。垃圾箱分类设置，垃圾清扫及时，日产日清。

园区内及农户居住区污水排放不污染农田、地面、河流、湖泊等。食品卫生从业人员持有健康证，知晓食品卫生知识；不使用对环境造成污染的一次性餐具。

5. 园区特色推介（特色活动、特色产品等）

特色活动：篝火晚会，体验自制豆腐，早黑宝葡萄采摘节，挖红薯，赏花节，小店牺汤文化节，华辰园（首届）生态文化旅游节暨世界名马文化节，中国农民丰收节，风车节，油伞节等。特色产品：早黑宝葡萄，玉露香梨等。

6. 企业周边著名景点

晋祠公园，榆次老城，常家庄园，蒙山大佛，滨河公园。

7. 园区所获荣誉

园区秉承"以人为本，诚信发展，超越领先"的经营理念，经过多年的奋战，完成了全方位、多层次的布局。自 2010 年以来，园区先后被省政府、市政府、区政府及各级农业、旅游、科技、文化部门，以及妇联等团体，分别授予各种奖项、命名数十项，还被农业部和国家旅游局评为全国休闲农业与乡村旅游示范点，通过了国家无公害农产品产地与产品认证，被全国休闲农业与乡村旅游示范点星际企业（园区）评审委员会评为五星级企业，并获颁国家 3A 级旅游景区牌匾。

【利益联结机制】

（一）有鲜明的农业特色

山西华辰高科农业观光集团有限公司于 2009 年开始不断完善并成功运营，园区占地面积 1 000 余亩，现已完成莲鱼混养垂钓区、生态水果采摘区、特色畜禽养殖区、珍稀树种繁育区、设施农产品种植展示区、拓展训练区、农产品加工体验区、餐饮区、演艺区的建设，同时老年修养中心、玫瑰庄园、水幕电影（含音乐喷泉）正在筹建中，是一个集农业观光、农事体验、农家菜肴、休闲度假、旅游服务、科普教育为一体的综合景区。园区将农业资源与农业景观有机结合，设有景观大棚、景观长廊等；景观大棚内种植了各种蔬菜瓜果，以从以色列引进的品种为主，邀请专业人员进行设计，高矮搭配、颜色搭配，再配上弯弯曲曲的小路，形成了一个集观赏和采摘为一体的景观大棚。景观长廊以无核白鸡心葡萄为主，再搭配种以葫芦，绿茵茵的一条大道展现在了人们眼前，一边游玩，一边又可以随手采摘，休闲舒适，大快人心。

华辰农耕园在发展过程中，注重带动周边农户的种植产业，从山西省农业科学院果树研究所引进新品种——早黑宝葡萄和玉露香梨为主进行示范推广种植，近两年来早黑宝葡萄在市场上要卖到 60 元/千克，玉露香梨 10 元/个，以科技示范的示范带头作用，辐射带动了周边 1 000 余亩果树生产的进一步发展，取得了明显的经济效益。公司还组织培训活动，学习无公害生产技术、操作规程，将放心的蔬菜瓜果销售到客人的手中。

（二）促进当地新农村建设

目前园区以早黑宝葡萄、玉露香梨为依托，以充分挖掘农耕文化为主线，无论其建筑风格，到装饰品位，都着重体现了自然、淳朴、和谐、环保的特色。园区与周边农户进行合作，为农户提供专业指导，农户负责为园区提供水果，蔬菜，蛋类，粮食等，从而获得巨大经济效益。为发展以采摘、耕种、观赏为核心的休闲农业旅游项目，在园区的带动下，一些生态园，采摘园，农作物观光园如雨后春笋般诞生！从而推动了"三农"产业发展，农民增收致富，改变了乡村面貌！

（三）促进当地农民就业增收

华辰农耕园非常重视对传统农耕文化、民俗文化、农业教育文化的挖掘、保护、弘扬和传承。以当地的农业生产资源为依托，以本地农业生产和经营为基础，对传统的生产方式、生产工具、生产习惯等有针对性地加以保护，同时向游客讲解、示范并邀请其参与。如葡萄的修剪、栽植，整地时犁杖的使用，切草，自制豆腐，都邀请游客体验劳动的乐趣和学到基本知识的喜悦。

公司通过多种方式活动，开展交流使机关干部、知识分子找到了久远的历史回忆，作为寻根的留念；企事业单位职工游客回归大自然，可以化解疲劳，调整身心健康；青少年学生参与活动，可以引发他们对劳动的热爱，加强对自然知识的掌握，对心灵对思想都是一次很好的熏陶。园区的各项活动，为周边的农民提供了就业岗位和就业增收机会，如销售水果、蔬菜、小杂粮、禽类等，加上园区建设施工人员，全园区每年为周边农民提供 300 余个就业机会，农民工占 80% 以上，从来没有拖欠农民工工资的情况，使当地农民有了较多稳定的收入。

（四）获得显著经济和社会效益

华辰农耕园自创建以来，以其特有的农业特色、民俗风情、热情周到的服务，吸引了来自四面八方的党政机关、企事业单位、专家学者、文化名人和各地游客，人数连年增加，到 2018 年年底游览接待游客 30 万人次以上，销售收入 5 500 万元以上。园区安置了大量农村剩余劳动力和下岗职工就业，带动了当地和周边地区农村经济的发展，取得了显著的经济效益和社会效益，实现了真正的共同受益！

【发展启示】　华辰农耕园按照具有指导性、前瞻性和可操作性中长期发展规划，把乡村旅游作为新的经济增长点和支柱产业，带动休闲农业发展，促进农村、农业、农民增收发展。不断提升行业发展水平，扩大休闲农业与乡村旅游产业的社会影响，全力打造"都市现代农业"品牌，预计到 2019 年游客将达到 50 万人次。

发展乡村休闲旅游业
让旅游业成为村民
共同富裕的主导产业

——忻府区合索乡北合索村
乡村休闲旅游业典型材料

【基本情况】　忻府区合索乡北合索村，立足村情，科学规划，带领村民发展设施农业、新农村建设、乡村休闲旅游业，发挥地热资源优势，在用活水上下功夫，短短 8 年时间，带动村民入股共同参与发展乡村休闲旅游，

在一片荒废的河滩上，开创室外泡温泉模式，建立国标露天游泳池、水上冲浪、室内生态馆，建设起集泡温泉、游泳、儿童乐园、水上冲浪、住宿、采摘、餐饮、体育活动等多元消费旅游产品，成为忻州、太原等周边城市市民休闲旅游的目的地，成为村民增收致富的主导产业，成为全省发展乡村休闲旅游的典范。北合索村 2013 年被省农业厅、旅游局授予"山西省休闲农业与乡村旅游示范点"、2015 年获中国最美休闲乡村称号、2019 年被山西省政府授予"3A 级乡村旅游示范村"。北合索发展乡村休闲旅游业的成功实践，为广大农村发展乡村旅游业提供了可复制，可推广的经验。

忻府区合索乡北合索村，位于忻州城西 8 千米处，陀罗山脚下，省道忻黑线、县级公路合马线环村经过，距二广高速忻州和平路出口仅 8 分钟车程、省城太原市 45 分钟，交通十分便利，全村共有 648 户、人口 1 600 口人，3 600 亩耕地，人均纯收入 8 000 多元，北合索党支部和村委以"抓党建，带队伍，促发展；抓基础、兴产业、促增收"为核心，以"增加村民增收，走共同富裕道路"为目标，因地制宜，科学规划，干群同心，敢作为，善作为，持之以恒，不断探索，不断创新，把北合索建设成为忻州市现代设施农业示范村，乡村旅游示范村，新农村建设示范村。先后被中华全国妇女联合会授予"全国妇联基层组织建设示范村"、农业部授予"全国农民专业合作社示范社""山西省一村一品重点村"、忻州市委、区委授予"先进基层党组织""农村党风廉政建设工作先进集体"。

北合索温泉位于忻州城西陀罗山风景区脚下的北合索村西北面，距大运高速忻州出口 8 千米，忻黑线、合奇线环村而过，距省城太原仅 40 分钟车程，具有机场、高铁、高速公路的区位优势。2010 年秋季北合村在打水井时，发现第一眼温泉，现已打成温泉井

6 眼，地热面积 10 平方千米，水温达 65℃，含硒等多种对人体有益的微量金属元素和矿物质，浴后对治疗骨关节疾病、皮肤病、糖尿病、高血压、湿疹、外伤后遗症、植物性神经功能紊乱等多种疾病有帮助，经权威部门鉴定是华北最好的温泉之一。

【发展模式】

一是政策优势。2010 年北合索打出第一口温泉井以来，省、市、区领导高度重视，市政府统一高起点规划，高标准建设，并就北合索温泉开发进行土地调规，第一期规划 2600 亩，作为北合索温泉开发建设用地；并规划设计从九原街通往北合索温泉的旅游路，使五台山与北合索温泉联通。

二是资源优势。北合索村有 600 年的建村史，村南端有元朝时期建筑的市级文物福田寺大院集群区，为发展乡村休闲旅游业提供了厚重的文化，可供游客禅修；村东有 13 栋 764 套新建的新农村楼房住宅小区，可为游客提供长期康养住宿；村北有千亩设施农业园区，园内的笼红香瓜、雪桃、葡萄、黄瓜、西红柿，为游客采摘提供便利；村西北有 500 亩自然林区，形成天然氧吧；新打的 6 眼温泉井，日出水 10 000 立方米，富含硒元素等 20 种矿物质，为开发乡村休闲旅游业提供了先决条件。

三是周边旅游资源丰富。村西面有忻州市避暑旅游风景区陀罗山；西北面有国家级文物金洞寺；村周边是合索乡土特产主要产区：无公害、驰名地理保护产地的孙家湾香椿、西呼延红薯、作头长山药、下闹峪核桃、水头沟苏梨、陀罗蜂蜜、南合索有机黑玉米，为游客采摘提供了广阔的市场。

四是交通优势。北面有忻保高速，到北合仅 20 分钟，东面有二广高速、大西高铁，到北合只需 8 分钟，五台山机场到北合仅 40 分钟，拟建的九源街到北合索旅游专线，把北合索与芦芽山、五台山、奇村、顿村纳入忻州大旅游圈，为北合索温泉开发及运营，提供了交通便利。

【利益联结机制】

怎样把这个资源用活好，成为拉动当地经济发展，带动农民增收的主导产业？北合索村党支部、村委会，从 2011 年以来，就从基础设施建设、产业发展、村民安居、温泉康养等开发乡村旅游业等环节上进行探索实践，实现新农村建设围绕旅游业配套，基础设施围绕旅游配套，采摘农业为旅游业配套。使游客来得顺畅、住得舒心、吃得放心、玩得开心，乡村休闲旅游业成为村民共同富裕的主导产业。

抓基础设施建设，为发展乡村旅游提供条件。2009 年，创业返乡的企业家段丑亭回村担任村委主任，面对村内道路破旧、堵塞、断头路多的现状，他发动村民，打通断头路，拆除堵塞路，拓宽村中路，硬化 6 千米主干道，小街小巷铺砖路 5 条 3 千米，实现五纵三横道路网，建成四通八达的乡村道路网。安装路灯 200 盏，实现亮化、美化。在道路两旁栽植松树、云杉等树种 800 多株，实现环村绿化；实施电网改造，安装 400 安培变压器 2 台，200 安培变压器 2 台，80 安培变压器 3 台，高压线全覆盖；户户安装有线电视，实现光缆入户；村内移动、电信等设施全覆盖；建供热站一座，解决 13 栋安居楼房的供暖；实施供热水工程，把温泉水送到楼上，村民足不出户就能享受温泉洗浴。

完善公共服务，为发展乡村休闲旅游业提供保障。建设文化设施。建健身广场 2 座、文艺演出场所 2 处，文化长栏 7 处，大型宣传牌 4 个，图书室 1 处，组建 50 人锣鼓队 1 支，模特表演队 1 支，为乡村休闲旅游提供多元文化消费。健全村内卫生医疗服务体系。村内设医疗卫生室 3 所，满足村民就医治疗；建设便民超市：村内有便民超市 5 处，经营家具电器、日用品、新鲜果蔬满足村民需求；设立物流快递服务站（所）3 家，满足村民网上购物需求；打造具有乡土风味的农家饭店、农家乐9家，能满足乡村休闲旅游吃、住需求。

发展采摘农业，为发展乡村休闲旅游业配套。2009年，北合索支部村委按照乡党委政府"干部创环境、能人创产业、群众创效益"的发展思路，抢抓省、市、区大力发展现代设施农业的政策机遇，跑资金引项目，抓产业调结构，实行土地流转，搞规模联片种植，以示范带动拉动设施农业发展为抓手，以"发展现代设施农业，增加农民收入"为载体，于2009年引进企业发展设施农业，带动村民参与发展，2001年由北合索村32户村民注册资金270.6万元，成立富村园农业专业合作社，经过9年的建设，已吸收农户300户，带动近680余人从事蔬菜生产经营，累计投资达1 956万元，目前规模已达到1 033亩，315座标准温室大棚。1～6月生产香瓜、葡萄、西红柿、黄瓜等采摘产品；8～12月生产西葫芦、西芹等蔬菜，年生产果蔬2 510吨，产值达1 200多万元。平均每个大棚收入为4万元，最高一个大棚收入为9万元，成为村民增收的主导产业。为了解决种植户保鲜难、育苗成本高的问题，在省、市、区有关单位的大力支持下建设1 000平方米的恒温库、3 034平方米的工厂化育苗棚，为进一步扩大种植规模，打造2 000亩现代设施农业园区奠定基础，成为吸引城区市民假日度假采摘观光的首选。中央电视台、新华网进行了报道，富村园农业专业合作社被忻州市农委、区政府授予设施农业先进单位，被农业部授予优秀专业合作社示范社称号。其成功经验有以下几点：

一是典型引路。为了发展温室大棚，村委创优环境，招商引资，为其提供水电路三通，协助承租土地，当年投产当年见效，同时安排村民到大棚内打工，边打工，边学技术，为发展大棚做了铺垫。

二是考察取经。村委组织村民到榆次、太谷、偏关、朔州、河北乐亭、山东寿光等地，进大棚看、与当地种植户交流，回来请农业专家讲，思想解放，排除顾虑。

三是用地问题。建大棚，必须形成规模，最难的问题是调地，村委出面，统一规划，村委承租村民土地，再原价转包给建设户，对不愿建大棚想种地的，支村委干部把自己承包的耕地拿出来，让村民挑，取得以地换地，解决集中连片问题。

四是资金问题。大棚建设资金是关键问题，村委出面与信用社协商，村民联户担保贷款，解决资金难的问题。

五是主体问题。在建设大棚过程中，为尽快把想建大棚的村民组织起来，村委协助建设户组建蔬菜专业合作社，合作社统一聘请施工队土建、制作龙骨架、进膜、购棉被、农户安装、铺膜、育苗、管理，这样统分结合，既降低成本，又保证质量和进度。目前已建成集生产、销售、育苗、保鲜仓储为一体的全市千亩园区之一。

改善人居环境，把美丽宜居北合索村建成游客康养休闲之地。2011年，为响应市委号召，北合索村被确定为忻府区西部移民村，接收城西片人口不足200人的山区村民移民北合索居住，让移民种上大棚，住上楼房，尽快实现产业移民。为了实现移民移得出，留得住，能致富的目标，在省、市、区、乡各级领导及有关部门的大力支持下，专家组精心设计，北合索村被划分为三大板块：第一板块为村中南北大街以东，总占地面积323.64亩，全部为旧宅基地及公益占地，其中拆迁220户（146 520平方米）及5家驻北合索村单位（31 302平方米），腾出宅基地面积177 822平方米，项目总投资约3.6亿元，规划建设用地面积146 080平方米，总建筑面积283 360平方米，建设32栋6层7个单元2 688套楼房，能容纳8 000多人的新区，并配套建设幼儿园、中心小学、中学、医院、超市、供热站、供气站、污水处理场、垃圾处理站等公益设施；第二板块为农家四合院规划区，南北大街以西至引渠，总占地241亩，建设农家四合院，打造北合索康养小镇；第三板块引渠以西为小二楼区，占地136亩，全部规划建设成小二楼的养老度假区，成为村民增收产业。

截至2018年，北合索村已完成投资2.1亿元，建成13栋91 345平方米、764余套楼房，并实现四入户，即：光缆入户、热水入户、地暖入户，一个宜居、宜业、宜游的新型农村展现在西北乡大地上。

村民入股打井，激活产业实现增收。北合索村在2009年实行农业综合开发时，发现地下有地热资源，2010年，由村委主任段丑亭牵头，吸收72户村民，每股1万元，筹资72万元，入股打井，打出第一眼温泉井，供市区洗浴中心热水，年终按股分红，每股分红2 000元，从2011年到现在每户已分红2万元，村民坐在家，实现收益。

把热水用活，解决民生问题。为解决楼房的供暖，2014年，村委主任段丑亭出资300万元建起供热站，为移民楼13栋764套楼房解决供暖问题，每平方米收费10元，村民既得实惠，又享受清洁能源。

建设生态室内馆，让更多村民参与乡村旅游发展，得到实惠。北合索温泉，从2011年开始建设，从刚开始的4个泡池进行对外招商引资试验，到2013年，随着游客增多，陆续建起露天游泳池。形态各异的泡澡池，吸引了更多的游客，成为太原市民休闲度假的目的地。

如何扩大规模，把温泉产业建成带动村民共同富裕的主导产业？2016年，经村党支部、村委会研究，决定发动村民入股，兴建大型室内馆，一可缓解游客多，容纳不下的问题；二可满足不同类型游客的需求。在召开村民代表大会就建设室内馆进行招商引资建设，还是动员村民入股建设参与分红走共同富裕的道路问题上，党支部村委会经过走

访座谈，经过慎重考虑决定：面临村民增收难的问题，村委大力发展旅游产业，让旅游业成为村民增收的主导产业，让村民积极参与共建共管共享，实现共同富裕。这一想法得到了广大村民的认可，随后"两委"干部登门入户做宣传，动员村民入股建设室内馆参与分红。征得村民同意后，他们成立温泉开发小组，负责收集村民的股金，设立专账，聘请专业人员设计、施工，短短1个月，吸收村民300多户，股金600多万元，到2017年11月，一个充满南方特色的大型室内生态馆开业，到2018年年底，除去必要开支，入股村民每入股1万元可分得1 000元红利，村民共计分红130.1万元，实现了不出家门实现收益的效果。

发展乡村休闲旅游业，让村民参与共建，实现就地就业。北合索温泉从建设一开始，所需的泥水工、清洁工、保安、各管理层的人员，全部是来自本村的农民，目前温泉风景区共有职工70名，其中高级管理人员4名，中层人员7名，其余50多名人员月工资为1 200~3 000元。村民实现就地就业。

北合索温泉已累计投资6 000万元，建起村民体育活动中心、建设接待大厅2座、国标露天游泳池1座、儿童游泳池1座、室内生态馆一座，水上冲浪一个，温泉区内建有形态各异的露天泡澡池32个，小吃摊点13个，可接待游客同时就餐100人的餐厅3座、飞行体验基地1个、儿童水上欢乐园1处，供游客休闲度假。

北合索温泉先后接待了澳大利亚、加拿大、韩国、日本、非洲等16个国家及北京、上海、广州、成都等地的大批游客。年接待游客达50万人次，日最高接待人数突破5 000人。北合索温汤成为太原、忻州市民休闲度假的首选地，是山西省休闲农业与乡村旅游示范点、2015年北合索获得了中国最美休闲乡村称号。

【经验启示】 怎么把农村美起来，农业强起

来，农民富起来，是摆在乡村干部面前的一道难题，北合索村干部吃准村情，抢抓政策机遇，从引进企业发展大棚，到发动村民参与建设大棚，建成蔬菜种植专业合作社，从种植普通蔬菜到种植瓜果的成功转型，把菜园变采摘园，是农业参与乡村旅游业的成功经验之一；面对空闲宅基地，他们用土办法，采取拆一补一的办法，建设安居工程，把村民请上楼，改善村民的住宿条件，同时把多余的房改造成接待游客的客房，分享乡村旅游带来的红利，这是村干部破解农村闲置宅基地与乡村旅游对接的经验之二；忻州是地热资源丰集区，如何把这个资源用好，激活乡村旅游，北合索村干部选择了露天泡温泉的发展模式，把村民的闲置资金通过入股的方式集中使用，把地热资源转化成旅游资源，把天南海北的客人吸引来，带动村民一齐发展乡村旅游，让旅游业成为村民的增收产业，这是他们创新发展乡村旅游的经验之三。北合索乡村休闲旅游业的成功，得益于村干部创新发展模式，得益于广泛发动村民深度参与，为当前农村发展乡村休闲旅游业提供了方案，值得学习借鉴。

内蒙古额尔古纳市室韦农牧场奥洛契庄园太极岛景区乡村休闲旅游业典型案例

【基本情况】　奥洛契庄园太极岛景区是内蒙古额尔古纳市室韦农牧场为了振兴地区经济发展，推动当地旅游上台阶，走高质量、高端旅游品牌路线，提升呼伦贝尔和额尔古纳市旅游的知名度、美誉度；同时为农场扩大就业，增加人民群众职工收入，产业转型升级，也是响应中央乡村振兴战略，打造北方亮丽风景线而量身打制的产业实体。奥洛契庄园太极岛景区于2017年5月建设，规划面积19 500亩，位于呼伦贝尔市额尔古纳市蒙兀室韦苏木境内，在"全国十大魅力名镇室韦"与"寻梦临江"旅游线路之间，"蒙古族的母亲河"（中俄界河）——额尔古纳河将其三面环绕，茫茫兴安岭侧卧一旁，形成额尔古纳河"右岸"少有地势平坦、面积广阔、风景优美有利于景区建设之宝地。周边秀丽的自然风光，给予奥洛契庄园太极岛景区四季变化的多彩美景。热情、奔放的俄罗斯族文化，赋予奥洛契庄园太极岛景区活力四射的浓厚文化底蕴。

室韦农牧场党委通过积极探索，把奥洛契庄园太极岛景区发展定位为"一区一基地"，即：室韦农牧场农旅结合互动发展的样板示范区，室韦农牧场复合型生态农业产业基地，妙笔书写了一篇具有民族特色的"农旅结合"发展现代农业庄园的大文章。

室韦农牧场奥洛契庄园太极岛景区规划分为7个区，其中：一区的1 989亩为油菜与小麦种植区，以世界面积最大的太极图腾为主体田园景观，配以680亩各式花海、24亩向日葵迷宫等多种观赏田园景观为点缀，共同构成核心观赏区；二区是由赛马道、卡丁车赛道、滑草道等多类野外运动场所组成的越野运动区；三区是由爱情告白亭、玫瑰园、情侣树等多种富有美好爱情寓意的景点所形成的爱情浪漫区；四区是由木栈道、码头构成水路交通的界河码头区；五区是由景区正门、野生动物雕塑、农垦文化展示馆等服务游客陆路入园的景区正门区；六区是由瓜果蔬菜采摘区、别墅等为倾心小住的游客提供的康养区；七区是由康养院、庄园侧门等服务于高端会谈和贵宾入园的贵宾楼及湖草林区。

奥洛契下三岛内拥有世界最大的、由小麦和油菜种植而成的直径1 300米，外圆4 082米，面积1 989亩农作物人工太极图。在2017年美国《国家地理》唯一股权合作伙伴《华夏地理》刊登了庄园巨幅太极图，并配文：内蒙古呼伦贝尔市，交错种植的小麦和油菜形成太极图案，中国农业的未来也需要传统的农业文化和新兴科技成果的融合文字说明。因占地面积太大，需登高或借助无人机才能观赏到全貌。为了游客观赏游玩拍照，景区又种植了一个面积 500 亩的小太极图，可在景区二号观景台拍摄全景。庄园内有 18.6 千米环岛路，全部沿中俄边界设置，可骑自行车、徒步、坐俄式马车、电瓶车尽览两国风光。环岛道路曲折起伏，又是汽车越野、马拉松赛的天然赛道。

【发展模式】

（一）室韦农牧场奥洛契庄园太极岛景区发展模式及文化背景发展模式

室韦农牧场响应"双创"热潮，以创建奥洛契农垦文化产业园区为平台，遵循"农业＋旅游＋文化"发展新模式，植根于厚重的华夏基因，坚持艰苦奋斗、勇于开拓、追求卓越的企业灵魂，以俄罗斯族文化底蕴洞见农耕文明之物华天宝，在自身支柱产业农业上寻求创新，在垦区新兴产业旅游业中谋划创业，最终奥洛契庄园太极岛景区是额尔古纳市第一个以"创意农业、农旅结合、一二三产无缝融合"为发展理念的农垦"双创"产业园区。即以"创意农业"为创新，"农旅结合"为大众创业，"一二三产无缝融合"为最终发展目标。

室韦农牧场奥洛契庄园太极岛景区以公司管理机制运行，室韦农牧场于 2017 年 6 月 8 日成立额尔古纳市奥洛契庄园太极岛景区有限公司，该产业园经营、管理、维护均由该公司运营。

该公司成立后，下设总经理办公室、农艺部、基建部、旅游部、综合部、财务部等 6 个部门，制定健全的规章制度，明确了员工守则、各部门工作职能、考勤制度等，为景区正常运行提供制度保障。

室韦农牧场主动融入乡村振兴大潮，引导带动更多职工群众创业致富，以产业园为

载体，欢迎全国乃至全世界人们，来室韦垦区欣赏绿水青山田园风光，品尝优质安全农牧产品，体验传统农耕文化。并将垦区土特产、特色手工业、特色农产品加工产品等商品，通过农村电商等线上、线下营销手段，卖到全国乃至全世界消费者手中。学习借鉴全国前列地区"双新双创"的先进经验，推进室韦垦区乡村振兴建设发展。

（二）室韦农牧场奥洛契庄园太极岛景区核心发展理念

室韦农牧场党委以"绿色生态景区"为目标，借助室韦地区旅游优势，创新发展思路，牢固树立"绿水青山就是金山银山"发展之路，提出"农业生态旅游发展"的理念，在"生态、农业、旅游"上做文章，提出了生态旅游发展战略，积极探索"生态＋农业＋旅游"的绿色产业发展新模式，大力发展生态农业观光旅游，培育新的经济增收点，推出农业与旅游共赢的新路子，实现全场经济社会发展"双赢"的目标。

室韦农牧场奥洛契庄园太极岛景区是按照党和国家加强生态文明建设的要求，牢固树立绿色发展理念，严守生态保护红线，坚定发展绿色产业，全力实施旅游业优先发展战略应运而生的三产融合型田园综合体。展现了呼伦贝尔市"绿水青山就是金山银山，以及在绿色生态中前行"的生态理念。奥洛契庄园太极岛景区"最大的价值在生态、最大的责任在生态、最大的潜力也在生态"，庄园的创建会让更多游客了解呼伦贝尔特色、带动城市经济发展，展现呼伦贝尔独有的自然魅力、人文魅力、生态魅力。奥洛契庄园太极岛景区位于中国 2005 年 CCTV 十大魅力名镇室韦和寻梦临江之间，是旅游黄金路线上的重要节点，游客必经之地。该地区在谷歌地图上标为奥洛契下三岛，额尔古纳河转弯流向俄罗斯后回折形成半岛，三面环水，被俄罗斯国土所环抱。另一面背靠莽莽大兴安岭。具有森林、湿地、河流、草原、耕地

等多种地貌地形。额尔古纳是呼伦贝尔的缩影，室韦是额尔古纳的缩影，而奥洛契庄园太极岛景区的建成将会成为额尔古纳市黄金旅游线上的明珠。奥洛契庄园太极岛景区周围环境优美、景色宜人、植被多样、空气清新、气候适宜、碧空如洗，是典型原生态、森林草原过渡带，北纬 51°最佳景观点。是不可复制，独一无二的理想休闲旅游佳境。

（三）室韦农牧场奥洛契庄园太极岛景区发展主要做法

室韦农牧场以奥洛契庄园太极岛景区为平台，凭借自身农业基础、机具、人才队伍、生产资料等优势，结合室韦垦区俄罗斯族风俗、界河口岸、蒙源文化以及优美的自然风光等丰富的旅游资源，利用创意农业新概念，调整产业结构，探索农旅结合发展新思路，将垦区支柱产业和新兴产业融合发展，适度发展农产品加工业，辅助一、三主导产业，从而增强农业附加值，丰富旅游业资源，促进垦区加工产业发展。培养一批新型农民，利用产业园为平台，树立网络思维，运用农业电商等线上、线下手段，销售垦区特色产品。鼓励职工群众加入"双创"热潮，使室韦农牧场多元化发展，并带动垦区各产业可持续、健康发展，最终实现室韦垦区乡村振兴。

依据"农业＋旅游＋文化"发展模式，以农业为基础，旅游为产业，文化为内含。结合室韦垦区适合旅游、农业以及相关文化活动的时间节点，奥洛契庄园太极岛景区每年从 4 月下旬至 9 月下旬对外开放。每年开园将以俄罗斯族传统节日"巴斯克节"为文化依托，人们身穿节日盛装，举行民族文化展演、民族佳肴展示、民族小游戏竞赛等多项民族文化活动，持续 7 天热闹非凡的民族节日是开园的头彩。"巴斯克节"期间，园区内各类农机具正是修整备耕阶段，园区将会对外展示现代化农业机械。"巴斯克节"结束后，园区内各类作物将进入播种阶段，园区将会推出农机操作体验。进入 7 月，室韦垦区将举办"蒙源"文化节，该文化节期间将会举行赛马、射箭等赛事和表演，体现垦区蒙源文化传承。该文化节后，室韦垦区旅游业将逐渐进入高峰期，园区内作物逐渐长成，各项服务和功能也将会有序开展。

【利益联结机制】 在室韦农牧场新发展阶段，"靠天吃饭"内涵已发生变化。告别竭泽而渔的开发利用，经济发展不应是对资源和生态环境的竭泽而渔，转而用可持续发展的眼光，把生态作为重要的运营资本。奥洛契庄园太极岛景区被呼伦贝尔市、额尔古纳市列为重点开发旅游项目，实现了经济链和生物链的有机结合，形成功能复合、良性互动的生态农业开发体系，促使农业现代化水平不断提升，从而最终让手中的"金碗"更加闪亮，更能聚财。庄园动工建设以来，广大农牧场干部职工克服了重重困难。在短短 9 个月的施工期内，完成了世界最大人工太极图的种植。建设了一、二号观景台、欧式风车、张力帆、呼伦贝尔界石、心形广场、玻璃温室（研学基地）、爱情岛、景区侧门、环岛路等旅游设施及景点。共计投入资金 4 000 余万元。现庄园打造初步成型，已达到接待游客的能力，2018 年试营业期间接待游客 56 000 余人次，深受好评。吸纳 26 人就业，为地区经济发展和社会稳定发挥了积极作用。2019 年 6 月 10 日营业以来，日接待游客约 2 000 余人，门票收入达 180 多万元，不仅农场有了新的收入增长点，更重要的是形成了农业、牧业、旅游业三业并举的经济新格局，破解了农场多年二元经济结构，为探索农场发展走出一条新的路子。

【主要成效】 室韦农牧场之所以选择做观光农业，是因为目前观光农业符合职工群众的需求，室韦农牧场有 265 名职工，8 万多亩耕地。这在机械化水平已达 98％，农业科技推广处于相当高水平的室韦农牧场，人多地少的矛盾日渐突出。随着时间的推移，地域经济的需要以及职工群众需求的增长，景区也需要紧跟时代。现在室韦地区的旅游走到了内蒙古的前沿，来呼伦贝尔肯定要来额尔古纳，来额尔古纳肯定要来室韦，因为室韦是蒙古族的发源地，还是罗斯族的聚居区，另外还有界河、口岸以及现代化农业。农业农村部 2019 年 7 月把奥洛契庄园太极岛景区列为全国 150 条"夏纳凉"实施休闲农业和乡村旅游精品黄金线路之一。以前老百姓靠农业和牧业养家，现在又多了项产业，把现代化农业多余的劳动力解放出来，让他们去做旅游业，这就是一二三产融合。

景区只有不断打造和完善旅游基础设施才能吸引更多的游客，带来可观的经济收入。景区未来计划在一、二、三核心观赏区内，新建小动物棚舍、玻璃观景台及栈道、观光环线 12 千米、滑草游乐场、种植百合谷、芍药坡；四、五、六、七游玩区新建码头、景区大门、中小型加油站、康养院、停车场、小型水坝等与旅游相配套的基础设施。致力于将奥洛契庄园太极岛景区打造成一个集旅游、避暑、休闲、运动、特色农业相结合的呼伦贝尔地区康乐内容最丰富、最与大自然和谐相处的现代生态旅游观光休闲目的地。以此增加职工收入，拉动地方经济发展，解决当地大学生就业难的问题，未来景区年收入将突破 1 000 万元，为 100 多名待业人员提供就业岗位。

【发展启示】 室韦农牧场奥洛契庄园太极岛景区，是结合当地特色资源推进乡村振兴的重要举措。全场充分发挥了龙头企业的示范作用，形成了以庄园为纽带、以服务为宗旨的北疆景区示范带，大力发展集生产、观光、休闲度假为一体的生态旅游业，带动了职工群众致富，形成"旅游、服务、消费"一体化经济体制。"旅游＋农业"，是农业供给侧结构性改革的一部分。作为一种新型产业形态，它既为乡村发展绘出了美好蓝图，也让

农场职工心中增添了无限憧憬。在项目建设中，农牧场干部职工体现出真抓实干、雷厉风行的工作作风。在资金紧张情况下，发扬艰苦奋斗、勇于开拓的农垦精神，在这片土地上交出了规模宏大的彩色答卷。

好风凭借力，扬帆正当时。室韦农牧场奥洛契庄园太极岛景区将以休闲旅游为引领，以"壮大文旅产业、康养产业、休闲度假产业、生态观光农业四大产业，培育文化产业、运动健身、养老养生、休闲度假四大功能"为载体，全力打造国家级旅游度假目的地。

盘锦中尧七彩庄园乡村休闲旅游典型案例

【主体简介】 盘锦中尧七彩庄园坐落于辽宁省盘锦市大洼区王家街道，地处东经 122°07′，北纬 40°98′，中纬地带。西南濒临渤海，地势平坦，土质盐碱，盛产优质稻米，属暖温带半湿润大陆季风气候，旅游资源丰富。其特征是：四季分明，季风较大，雨热同期，干冷同期，降水充沛，温度适宜，光照充足，无霜期长。春季，多西南风，气温回升快；夏季，气温高，但无酷热；秋季，多晴朗天气，气温明显下降，雨量骤减，北风渐多；冬季，严寒季节，多西北风。

近年来，盘锦市凭借着丰富的旅游资源——红滩绿苇、稻香汤宿、中国十大魅力湿地之首等殊荣，正式成为全国首批全域旅游示范城市和全国文明城市。大洼区中尧农垦集团也正是依托盘锦丰富的旅游资源开发建设了国家 3A 级旅游景区——盘锦中尧七彩庄园，并依托七彩庄园和农垦改革，成立了旗下子公司若干。

景区位于盘锦火车站至辽东湾新区和营口市方向的向海大道王家路口，南与榆树街道罗家村毗邻，北靠大洼区。距离大洼城区 4 千米，距离盘海营高速公路盘锦南出口 10 千米，距离盘锦火车站 25 千米，距离营口市

蓝旗机场 50 千米，是通往国家 4A 级旅游景区红海滩国家风景廊道的必经之路，区位优势明显，文化底蕴丰厚，并有得天独厚的生态环境为依托。旅游区内风景秀丽、环境清幽，各种树木葱翠茂密，百花竞放，水域丰富，许多奇珍异鸟在这里栖息繁殖。

七彩庄园于 2013 年 3 月 15 日正式开工建设，同年 8 月 22 日正式开园对游客开放。是以农业科普知识教育为基础，以乡村采摘、休闲游乐为重点，依托地方特色自然风光，打造汇集农业观光、农事体验、休闲度假、团队接待、文化娱乐、产品展示、文化展览、研学实践、拓展培训、餐饮住宿等为一体的中国北方功能最全的乡村旅游、现代农业生态观光景区。园区主要划分百果园采摘区、阳光温室采摘区、婚纱摄影草坪婚庆区、乡缘民宿湖畔人家住宿区、舌尖文化美食区、莲花湖景区、金水垂钓蒙古族风情区、森林氧吧休闲区、动物园游览区、枫林溪谷绿植园景区、游乐场景区、大尧山景区、荷塘清韵景区、中尧影视城景区、跑马场卡丁车体验区、红色之旅体验区、冰雪嘉年华冬季游览区、魔幻夜景灯光区等、十八大功能游览区，若干个景点。

传统的唐王征东历史文化、王家台明朝戍边文化，秦始皇兵马俑文化，国有农场农垦文化，中尧油井石油文化，红色旅游文化及冰雪嘉年华文化等通过活动展现并传承，让游客切身感受到了文化、旅游及大自然与原生态景观的产业融合。

景区先后被住房和城乡建设部、国家旅游局授予"国家特色景观旅游名镇"，国家3A 级旅游景区，全国休闲农业与乡村旅游五星级示范园区，辽宁省全民健身户外活动基地，辽宁省休闲农业与乡村旅游示范点，盘锦旅游行业优质服务示范企业，盘锦市环境教育基地，盘锦市科普教育基地，盘锦市中小学生研学实践教育基地，盘锦爱国主义文化教育基地等称号。

【发展模式】

（一）模式概括

七彩庄园景区开业以来一直归原王家镇政府管理，农垦改革后划归盘锦中尧农垦集团有限公司管理。七彩庄园管理机构为盘锦中尧农垦集团有限公司和盘锦中尧旅游有限公司，经营管理体制为"集团＋公司"模式。集团属于区政府下设机构，只负责景区规划、开发和统一管理。集团集中精力抓规划实施、行政审批、资源开发、行业管理、宣传促销、行政执法等工作。集团的内设机构为：办公室、景区规划处、工程建设部、财务管理处、旅游管理处、景区稽查大队等。以开展创建全域旅游经济强区，申报国家 4A 级景区等活动为载体，全力为旅游企业服务。大力引导培育壮大七彩庄园旅游产业。

景区各项管理制度健全，经营管理采取市场化经营模式。盘锦中尧七彩庄园有限公司成立后，集团把七彩庄园旅游的开发利用、经营管理等属于企业行为的职能委托给公司，公司每年依法向集团上缴利润。

（二）发展策略

企业管理引进先进的管理人才与经验，采用灵活的用人机制，健全现代企业制度，贯彻执行得力。

市场营销制度。针对七彩庄园客源市场，制定切实可行的宣传营销制度，并认真得以贯彻实施。宣传营销制度主要内容包括营销计划管理规定，营销组织，销售事务管理，市场调研事务管理，营销事务检查，营销人员行为准则、业绩考核等。

旅游质量管理制度。制定七彩庄园公司员工服务质量管理细则，提升旅游服务水平，建设游客满意景区。旅游服务质量管理细则主要内容包括通用服务标准（员工形象标准、个人卫生、职业道德等）和岗位服务标准（停车场服务、旅游咨询点服务、售票服务、保安服务、导游服务、住宿餐饮服务、商品销售服务、门票稽查服务、综合执法服务、环卫服务等)。

导游管理制度。制定景区导游管理制度，杜绝无证上岗、拉客宰客等行为。导游管理制度主要内容包括持证上岗、规范服务、诚信带团、奖惩办法等。

卫生管理制度。制定卫生管理制度，保持景区整洁、美观、卫生。卫生管理制度主要内容包括景区日常环境卫生管理、垃圾清扫、环卫工人的职责等。

环保管理制度。制定环保管理制度，建设生态环保型景区。环保管理制度主要内容包括环境质量检测、施工项目环评、节能减排措施的实施、噪声控制、污水治理、生物资源保护等。

统计管理制度。执行国家统计法和上级旅游行政部门景区统计管理规定，制定景区统计管理制度，认真做好景区统计工作。统计管理制度主要内容包括统计人员基本职责，统计数据的保管等。

员工培训制度。把培训工作作为景区综合管理的一项常态工作，年初制定培训计划和实施方案，开展有工作记录，年终有总结。培训工作计划和方案主要内容包括培训对象、培训内容，达标要求，培训方式、培训时间、培训地点、组织机构等。全面开展旅游质量、市场营销、安全、导游、卫生、环保、统计等业务培训。

建立征询游客意见机制。每个季度面向广大游客征询意见，对游客反映较突出的问题进行分析、改进，并进行通报。

随着景区的整合提升，七彩庄园还确立了质量目标和鲜明的质量方针或口号。质量目标：科学管里，服务旅游；安全第一，持续创新。

(三) 主要做法

旅游功能——吃。景区内餐饮环境设计主要以农家院及小桥流水的园林式布局为主，且服务周到、体贴、热情，所有餐饮设施的安全和卫生等都符合相应的国家标准。食品特色主要以弘扬盘锦地域美食文化的辽河口渔家菜系为主，可以满足不同游客的口味，可同时容纳 2 000 人就餐。

旅游功能——住。园区住宿主要以乡缘民宿、四合院民宿、湖畔人家别墅、海棠别墅、中尧宾馆等田园建筑风格为主，并且服务周到，专业培训后上岗，可同时容纳 500 人住宿度假。每栋住宿区前都设有农家菜园和景观花园，国内最长的仿古铁艺景观长廊贯穿南北，曲径荷香，颇具江南风情。百果园里错落有致，屋在园内、人在树下，乘阴纳凉、休闲采摘。清逸起于浮世，纷扰止于内心，久居都市，人人都向往着逃避到农村，能有一方属于自己的天井庭院，让您远离城市的喧嚣，尽享一份乡村的宁静。

旅游功能——行。景区配备 3 个大型停车场，一个备用停车场，可停车 2 000 辆左右。且景区内禁止机动车行驶，环保生态的观光电瓶车和自行车贯穿景区每个角落，大型节假日配备专业的引导志愿者疏通游客。环保生态的旅游步道及安全警示和救生救护设施遍布全园，且配备了专业的垃圾车，垃圾箱数量充足，垃圾分类处置，全天保洁，日产日清。

旅游功能——游。发展至今，集团还依托七彩庄园成立了集粮食收储、稻米精深加工、工业旅游、农耕文化展览于一体的盘锦中尧米业有限公司。景区内的休闲游乐＋观光度假＋四季采摘＋农事体验＋中尧米业公司的工业旅游＋红色旅游＋冰雪嘉年华，多业态的旅游产品经过景观设计与旅游线路的有效串联，让游客切身感受到了文化、旅游及大自然与原生态景观的产业融合。

旅游功能——购。景区购物场所装修设计合理，环保生态，服务态度热情，所有商品明码标价，农产品自产自销，有机绿色，包装独特。

主要经营景区内时令水果和七彩庄园在

中尧农垦集团旗下自产自销的"中尧"牌碱地大米等土特产品。

（1）本地野山珍特产系列产品。如山葡萄酒、蒲笋酱、野生菌类、野菜、腌菜等。

（2）本景区特产水果系列产品。如油桃、蟠桃、葡萄、苹果、李子、黄杏、木瓜、火龙果、草莓、碱地柿子等。

（3）盘锦本地工艺品系列。如芦苇画、蒲草编织、油雕等。

（4）本景区特色产品系列。如"中尧"牌有机碱地大米，七彩庄园野鸡蛋、七彩庄园鹅蛋等。

旅游功能——娱。景区还配备了七彩梦之韵大舞台、多媒体中心、宴会大厅等娱乐活动场所，灯光音效、化妆室等设施齐全，环境一流。依托景区的旅游及研学体验开发有插秧节、采摘节、桃花节、青年教师拓展训练、素质教育农事体验实践课堂、王家学校千人徒步、夏令营、冬令营、中秋赏月游、冰雪节摄影采风游、美丽乡村摄影展等娱乐活动，产品多样。

旅游功能——休养学悟、研学实践。休养学悟设施设备齐全，且拓展教练均为退伍军人组成。专业的团队、优质的服务、安全的活动组织，使得吃住行、游购娱、研学实践等在景区得到有效体现。盘锦市素质教育实践学校在景区内设立教育基地，并且常年开展各种素质教育、农事体验课及追寻红色足迹不忘初心，弘扬长征精神继续前进为载体的重走长征路、红色之旅爱国主义文化教育体验活动。

"红色之旅"影视基地。2016 年七彩庄园与中央电视台军事·农业频道《相约》栏目合作，并成功打造了央视 CCTV7《相约》栏目影视制作基地。

2017 年景区推出的"穿一次红军服、走一次长征路、唱一首红军歌、听一段长征史、吃一顿红军饭、重温一次入党誓词"的红色之旅经典线路"重走长征路"、大型实景演出

《红色之旅》还荣获了盘锦市第二届"盘锦印象、旅游文化商品创意设计大赛"优秀奖。

冰雪嘉年华之旅。随着冬季七彩庄园一年一届冰雪节的盛大开幕，七彩庄园推出了以"雪韵七彩，冰雪童话，梦里雪乡"为主题的冰雪嘉年华活动。活动内容包括：嬉冰雪住雪乡民宿，忆乡愁吃东北农家风味铁锅炖；采摘草莓木瓜火龙果，观魔幻夜景灯光盛宴；游冰雪奇缘，观玉树琼枝，穿林海雪原，赏梅林暗香；登长城雄关，体验冬季红色之旅和重走长征路的冬令营之旅。室外冰雪大世界游乐项目主要以滑雪圈、滑冰、雪地飞碟、雪地卡丁车、雪地碰碰车、雪地坦克车、高空滑索、幽灵世界、动物园等 40 余个项目为主；室内游乐场主要以高科技 VR 体验馆和开心乐园等 30 余个项目为主。景区每年冰雪节期间都会与省内外 150 多个旅游团队合作，整个冬季预计接待游客 3 万人左右，预计收入 120 万元。冬季客源充足，报价合理，所有游乐项目一票畅玩。

【利益联结机制】　七彩庄园景区占地面积 2 000 亩，开业至今，投入项目资金约 1.3 亿元，2016 年以来实现年收入 1 600 万元，全年接待游客 50 余万人次。在旅游业发展的同时，集团又相继依托七彩庄园成立了盘锦中尧农业发展有限公司。并且统一把盘锦中尧农垦集团下辖的 4 万亩土地收回，由农业公司统一集中经营，并且每年给农户发放土地流转金每亩 1 000 元。农户既得到了土地流转补偿，又解放了劳动力，还可外出打工或选择在公司承包土地。流转土地有租金，农忙时再到托管土地打工，一亩地等于有了两次收入。加工出的"中尧"牌有机稻米，质量达到欧盟标准，所产的盐丰系列、丰锦系列中尧牌碱地大米常年在七彩庄园特产超市和景区网站上批发零售，并获得第十届辽宁国际农业博览会优质农产品金奖称号。园区提供了众多就业岗位，吸纳大量农民就业，无

拖欠职工工资现象，园区和所属子公司各岗位和临时工作人员达 300 人左右，且农民占从业人员的 80％以上。园区休闲农业的持续发展，促进当地农民增收效果突出，人均年收入达 1.7 万元，高出全省平均水平 20％。

【主要成效】　盘锦中尧七彩庄园成立以来，不仅推动了当地新农村建设效果突出，而且又带动出盘锦市新农村环境建设的一批示范村镇，如全国华侨第一村的华侨村和曙光村等。通过七彩庄园的旅游发展，带动当地餐饮、住宿等第三产业发展效果也非常突出。如依托园区建设的吉祥饭庄，王家街道道边的各大饭店和农家乐住宿，还有王家街道各村新建的民宿项目等。良好的经济效益和旅游等项目拉动，还辐射带动了周边乡镇的"一镇一品、一村一景"的经典民宿、农家乐等项目及石庙子稻香小镇，唐家碱地柿子采摘，北窑葡萄采摘和疙瘩楼冰雪欢乐湖、新立镇北旅田园等冬季冰雪项目，使得全区旅游经济得到良性发展。

七彩庄园为了旅游区周边环境的美丽，还成立了专业的绿化队伍和清洁队伍，配备绿化＋保洁员 20 人，配备小型垃圾清运车 2 台、大型垃圾收集车 1 台（北京京环公司），实行全天候动态保洁，确保庄园及所在镇村垃圾日产日清，不留死角。周边的村庄与景区周围的生态环境建设效果非常突出。环境整治方面排污清淤，种植果树，同时，加大了绿化美化力度，打造了景区至街道居民区的景观绿植大道。种植乔木 1 250 株，灌木35 470 株，栽花近万株。

依托七彩庄园休闲旅游业的发展，有效促进了当地的农民增收，农业增效和生态环境的改善，社会满意度非常高。

【经验启示】　最近几年，我国经济快速发展，人们的生活发生了翻天覆地的变化，人们的旅游需求日益增加，乡村旅游在国内旅游业中异军突起，在农业发展、经济繁荣、农民增收方面发挥着积极作用。事实证明，七彩庄园的乡村旅游已经成为盘锦旅游消费中发展最快、潜力最大、带动性最强、创新最活跃的新兴业态，成功绝非偶然。一是有良好的交通区位条件。二是有强大的消费人流（客源）支撑，仅盘锦市就有 140 万人的巨大市场。三是形成了差异化的发展思路。盘锦的旅游资源以红海滩和芦苇荡等自然景观为主，新的乡村休闲旅游项目打破了传统的自然景观游览思维，可以在游玩的同时满足"吃、住、玩、游、购、赏、采摘"的多业态需求，同时还能感受研学拓展为主的重走长征路"红色"旅游氛围，创造了差异化的吸引力。四是七彩庄园的旅游确实带动了盘锦旅游业的发展，尤其是乡村休闲游的发展，近几年，又辐射了多处上规模的乡村休闲旅游景点。

但也必须清醒地认识到，我国乡村旅游虽然近几年发展快速，但还达不到发达国家的标准，存在着经营规模较小、基础条件不足、管理水平低下、服务质量不高等问题，不能满足日益增多的市场需求。今后要更加重视提升旅游者的体验，创新营销策略，打造诚信旅游品牌，做到规范经营等，才能推动乡村旅游的健康发展。

桦甸市名峰生态度假村有限公司

【基本情况】　名峰生态度假村坐落于肇大鸡山脚下，吉桦国道 195 千米新开河路口东 1.5 千米处，距吉林市 70 千米，距桦甸市 38 千米，始建于 1996 年，行政区划隶属吉林省桦甸市八道河子镇新开河村。

经过 22 年的建设发展，2012 年名峰郎生态农业有限公司承包名峰生态度假村后，先后投入 8 000 万元建设资金，度假村得到迅猛发展，现占地面积 26 万平方米，建设面积 19 万平方米，成为集绿色、生态、有机农业、保健养生、休闲娱乐、餐饮旅游于一体的大型综合性度假村。

度假村现设有 10 个区域，分别为餐饮住宿和民宿区、宾馆区、地下酒窖区、露天果树采摘园区、日光温室大棚果树采摘区、有机农作物种植区、百鸟园观赏区、娱乐区、森林氧吧体验区、休闲垂钓园。

度假村餐饮住宿本着价位高低适宜，薄利经营的理念，全心全意为大众服务。2015 年新建乾隆观山台及名峰宾馆，宾馆占地面积达到 1 000 余平方米，宾馆内设有多功能接待大厅、餐饮包房、客房、地下酒窖等区域，大厅内可提供大、中、小型会议场所及专业的音响设备、LED 显示屏、网络连接点歌系统等，会场可同时容纳 300 余人。山庄内设有 10 人到 50 人不等的就餐包房。露天餐厅可承办 500 人至 1 000 人的婚庆、生日宴席。客房分别有标准间、亲子间、三人间及多人热炕套包间。包房内设有独立卫浴、无线网络、电视机、麻将机等配套设施。另有独具田园风采和浓厚乡村气息、环境优雅的小型别墅及老北京式四合院，设有商务会客厅，同时可容纳 100 余人，以及 20 辆以上的大型客车的停车场。

【模式简介】 名峰生态度假村按照独特的"旅游观光＋农业采摘＋餐饮住宿"模式，依托当地农、林、副、渔等农业资源，发展乡村旅游项目，并逐渐形成了"春观花、夏纳凉、秋采摘、冬农趣"特色旅游项目，具有鲜明的当地农业特色。

公司一直秉承着"全面发展、绿色健康、生态保护、四季无休"的经营理念，打造生态品牌。度假村内建有露天果蔬采摘区、日光温室大棚，种植草莓、蓝莓、李子、葡萄、香瓜、黄瓜、西瓜、生菜、芹菜等各种有机果蔬，一年四季均可采摘。名峰生态度假村以园区内种植的不使用农药、化肥的健康果

蔬和散养的鸡、鹅、鱼、猪以及笨榨豆油为特色食材，烹饪出一系列特色健康美食，从源头上保证食材原料的安全，真正实现生态种养，绿色餐饮。

厚重的人文历史和优美的自然环境，投资 8 000 万元，相继建设了雄鸡塑像、月老山、荷花池等景观和名峰宾馆、地下酒窖等基础设施。总建设面积 19 万平方米，可同时容纳 800 人就餐，240 人住宿。每年接待北京、上海、广东等全国各地游客 5 万余人次，受到各地游客的广泛好评，年接待量持续攀升。在度假村建设发展的过程中，对新开河优良黑土地种植的大豆进行加工，生产出笨榨豆油；利用肇大鸡山天然优质泉水资源，采用原始酿酒技术，酿出纯粮小烧酒；收购当地农民的木耳、蜂蜜、笨猪、禽蛋、稻米进行加工包装销售，实现了旅游带动周边经济发展。

（一）游览条件

名峰生态度假村在乾隆观山台设有游客服务中心，服务中心位置合理，设施齐全，功能完整，有专业咨询服务人员。在各个景区，有各种标识牌和景物介绍牌，各种标牌位置合理，造型特色突出，具有强烈的艺术感，文化气息浓厚，与景观环境协调，能烘托总体环境。并且，公共信息图形符号符合 GB/T 10001.1—2006 和 GB/T 10001.2—2006 标准。在度假村随处可见布局合理的公共休息设施，数量充足，富有特色，供游客随时休息。园区内的采摘大棚内辟有专门参观通道。

（二）食宿条件

名峰生态度假村总服务台位于宾馆前厅最显著位置，装饰精美，光线足；前厅接待人员以普通话提供接待、问询、结账和留言服务；为游客提供行李存放服务、休息设施等贴心服务。名峰生态度假村客房 27 间，装修良好、具有浓郁的东北地方特色，门锁为暗锁、有防盗装置，有软垫床、桌、椅、床

头柜等配套家具，有电视机和温控设备，卫生间全天供应冷热水，房间内有服务指南、价目表、宾客须知等。房间内有两孔和三孔两种规格的电源插座，提供国际互联网接入服务。客房、卫生间每天全面整理一次，每客或应客人要求及时更换床单、被单及枕套。

名峰生态度假村厨房布局合理，使用面积与接待能力相适应，紧邻餐厅，厨房墙面满铺瓷砖，地面铺有防滑地砖，有地槽，有吊顶。厨房粗加工间、烹调间、面点间、冷菜间、洗碗间独立分隔，各操作间温度适宜，厨房有必要的冷藏、冷冻设施，冷菜间温度符合食品卫生标准，有食品库房和非食品库房，配有取菜口。厨房内有空气消毒设施，良好的通风排风排烟设施，有餐（饮）具洗涤池、清洗池、消毒池或消毒设施，蔬菜清洗池、肉类清洗池独立分设，有专门放置临时垃圾的设施并保持其封闭，专门的餐厨垃圾处理设施。厨房与餐厅之间有起隔音、隔热和隔气味作用设施，有消防设施和消杀飞虫、爬虫的防范措施。外购大宗辅料、粮油、副食品时有进货单、产品质量检验报告等佐证资料。

名峰生态度假村餐厅位置合理，地面已做硬化处理，防滑、易于清洗，装潢美观大方，采光通风良好，整洁。餐厅桌椅、用具、餐具、酒具、茶具等配套，有菜单及饮品单。菜单及饮品单印制装帧精美，菜肴具有浓郁的农家风味和东北特色。

（三）交通条件

名峰生态度假村距吉桦公路仅 1.5 千米，到达园区的道路交通设施完善、进出便捷。度假村内停车场标志规范、醒目，停车位充足，毫无交通拥堵之忧，车位难求之困。停车场设有专人管理，绿化美观，与景观环境相协调，亲朋好友汇集于此，倍感惬意风光。

（四）购物条件

名峰生态度假村购物场所位于总服务台对面。购物场所环境整洁，无围追兜售、强买强卖现象。供游客采摘、加工和所出售的农副产品均达到"三品一标"要求。对园区内商品及从业人员有统一管理措施，园区内旅游商品东北特色突出，在保持原样的前提下，所售商品执行无理由退换货规定。

（五）管理条件

名峰生态度假村内部管理规章制度健全，有投诉制度，投诉处理及时、妥善，档案记录完整。名峰生态度假村建设开发项目符合当地总体发展规划要求。名峰生态度假村从业人员 100% 经过专业培训合格；关键岗位从业人员持证上岗；财务等重要管理层中工作人员全部取得相应的资格证书。

（六）服务条件

名峰生态度假村服务人员对客人礼貌、热情、友好，尽量满足客人的需求，对客人一视同仁，全程微笑服务，对客人提出的问题暂时无法解决时，耐心解释并于事后设法解决。服务人员遵纪守法，诚信经营，保护客人的合法权益。工作中，服务人员统一着装、佩工牌上岗，仪容仪表端庄、大方，站、坐、行姿符合各岗位的规范与要求，让客人感到舒适。有导游讲解服务，讲解词科学、准确、生动并具有针对性。采摘、垂钓等休闲体验项目紧密结合地方特色，吸引力较强，乡土风情浓郁，文化深厚，有东北当地特色。

（七）活动条件

名峰生态度假村适时开展垂钓、捕捞、采摘、种植、喂养等农事活动和扎风筝、剪纸、玩具制作等农村手工艺体验活动，以及龙头节、三八节、母亲节、父亲节、七夕节、重阳区等节庆活动，活动中，开展扭秧歌、二人转、跑旱船等民俗文化、歌舞表演运动和骑马、登山、划船、秋千、野外露营、烧烤、篝火等游客喜闻乐见的娱乐活动，并为特定人群（老年人、儿童、残疾人等）配备旅游工具、用品及儿童娱乐场地及婴儿看护等特殊服务。

（八）安全条件

名峰生态度假村认真执行有关部门制定和

颁发的安全法规，并取得工商、卫生、消防等部门的许可。在水塘等危险地段标志明显，防护设施齐备、有效，雨天等特殊天气设有专人看守。备有突发事件处理预案，建立紧急救援机制，园区经常开展安全自检活动，发现安全隐患及时整改消除。

（九）公共卫生条件

名峰生态度假村园区内干净整洁，无污水、污物，无乱堆、乱放、乱建现象，建筑物及各种设施设备无剥落、无污垢。公共厕所布局合理，数量能满足需要。男女卫生间分开设置，标识醒目美观，建筑造型景观化，与周边环境和建筑相协调。公厕内设施齐全，配有手纸、手纸框、挂衣钩、洗手池、烘手器、镜台。厕所设专人打扫与服务，室内整洁，无异味；洁具洁净、无污垢、无堵塞。园区内垃圾箱布局合理，标识明显，造型美观独特，与环境相协调。垃圾箱分类设置，垃圾清扫及时，日产日清。园区内生产生活污水排放不污染农田、地面、河流、湖泊等。食品卫生从业人员有健康证，知晓食品卫生知识；对外尽量不使用一次性餐具，对内坚决不使用一次性餐具。

【利益联结机制】 名峰生态度假村作为桦甸市乡村旅游的龙头企业，得到了各级政府的支持。桦甸市和八道河子镇为了打造乡村旅游窗口单位形象，将基础建设资金向在度假村所在地的新开河村倾斜，推动新开河村村容与环境建设，当地村庄与园区周围环境建设效果突出。同时，带动了农民素质提升。从事乡村旅游的农民在与游客及外界的交往中，开阔了眼界，增长了见识，启迪了思想。他们在回家、返乡的过程中，对家人起到了耳濡目染的作用，促进了农民整体素质的提高。

带动当地农民就业增收。名峰生态度假村的员工 75% 以上都是当地的农民。在增加农民就业的同时，度假村还带动了周边农业结构调整。随着旅游人口增加，影响带动景区周边农业人口种植业、养殖业和服务业发展，呈现出各业兴旺的喜人景象，户均增收达 20% 左右。

【主要成效】 名峰生态度假村 2014 年度荣获"十佳百姓口碑金奖单位""乡村优秀旅游经营单位"称号；2015 年荣获"全国休闲农业乡村旅游 3 星级旅游单位""吉林市休闲农业乡村旅游 4 星级旅游单位"以及"吉林市乡村旅游 3A 级企业单位""乡村优秀旅游经营单位"称号；2016 年荣获"吉林市乡村休闲旅游 4A 级企业单位"称号，2017 年荣获"吉林市龙头企业"称号、2018 年荣获"吉林省龙头企业"称号，并成为桦甸市农业推广技术学校学习基地、长春市金唐爱国教育培训基地以及军事拓展培训基地、吉林市新东方外语培训基地、桦甸市摄影家协会基地。

随着知名度和美誉度的增加，名峰生态度假村营业收入连年攀升，2018 年达到了 490 万元。

【经验启示】 没来过东北的人都知道东北的矿物质资源、森林资源丰富，人们都还停留在"棒打狍子、瓢舀鱼、野鸡飞进饭锅里"的时代，殊不知现在的东北已经大变样了，人们利用当地的自然环境资源，全力发展东北乡村旅游，每一处都是景观、每一块都是绿色，真正做到了春观花、夏纳凉、秋采摘、冬戏雪。已成为东北抛去老工业、矿产资源又一项可持续发展的特色产业。

庄行镇乡村休闲旅游业典型案例

【主体简介】 庄行镇地处上海市金山、松江、闵行、奉贤 4 区交界之处，离市中心约 50 千米。G1501 高速公路、南亭公路、大叶公路以及浦南运河横穿景区的东西，浦卫公路贯穿南北，水陆交通十分便利，是典型的江南水乡、鱼米之乡。

庄行镇依托丰富的农业资源和深厚的历史人文资源，大力发展以上海奉贤菜花节、上海庄行伏羊节、上海金秋品米节、民俗文化节等特色节庆为主打的乡村休闲旅游业，逐步唱响了"春赏菜花、夏食伏羊、秋品新米、冬看民俗"的乡村旅游四季歌，有效提升了庄行乃至奉贤的知名度和影响力，不断提高了农业附加值，带动了农副产品销售，还美化了乡村环境，促进了农民增收。

庄行镇紧紧围绕区委、区政府指导思想，积极推进现代乡村休闲旅游发展建设，促进农业、农村和农民的可持续发展。进一步健全"政府搭台、市场主导、农民参与"的运作机制，修建和完善旅游配套设施，加大和提升农家乐标准化建设，挖掘和整合农耕及民俗文化，唱响以奉贤菜花节为主的四季乡村节庆，充分凸显上海社会主义新农村建设风貌区的乡村旅游特色。

庄行乡村旅游自 2008 年建成以来，在区农业部门、旅游部门支持与指导下，从一个偏远的市郊小镇逐渐发展为广大市民家喻户晓的知名旅游景区，旅游产业实现了从无到有、从小到大、从弱到强的跨越，成为"想休闲·到奉贤"的品牌之一、农业旅游的龙头，不仅打响了蕴涵我镇特色的乡村旅游品牌，形成了一二三产业联动发展，快速推进新农村建设的良好格局。

曾获得全国休闲农业和乡村旅游示范点、国家 3A 级旅游景区、全国休闲农业与乡村旅游五星级企业、全国最佳乡村休闲旅游目的地等荣誉称号。油菜花景观被农业部授予——中国美丽田园。每年几十万游客赏花、游花，成为上海最具特色的美丽乡村游目的地。

【发展模式】

（一）模式概括

"政府＋企业＋农民＋市场"模式。庄行镇主要采取"政府搭台、企业唱戏、农民参与、市场运作"的模式来开发乡村休闲旅游业，就是在乡村旅游开发中，按照镇党委、上级政府、旅游主管部门结合本地市场需求及旅游总体规划，确定旅游开发地点、内容和时间，面向全社会进行公开招标，通过购买服务的方式引进专业的公司进行专题设计和规划，开发过程中政府和旅游部门进行必要的指导和引导。在四季节庆活动中形成相对独立的招商和管理模式，创新思路、扩大招商渠道，逐步转变政府的"主角"角色，实现真正的市场化运作模式。当地农民还可以通过为游客提供住宿、餐饮、农副产品等服务而获取收益。

通过这种模式可以达到一举三得的效果：一是减少了政府对旅游开发的投入，二是使当地居民真正得到了实惠，三是减少了旅游管理部门的管理难度。

（二）发展策略

庄行镇发现乡村休闲旅游业具有三大发展优势：一是区位优势。G1501 等高速公路，形成三纵二横贯穿全镇，离市中心约 50 千米。二是历史文化优势。至今仍较好地保存着形成于 1368 年的一条明清老街；著名的火烧红莲寺也发生在潘垫。1929 年，陈云、刘晓等老一辈革命家领导的庄行农民武装暴动。庄行土布、羊肉烧酒已成功申报为上海市非物质文化遗产。三是农业产业优势。具有丰富的农业产业资源，是上海郊区最大的"四个万亩"生产基地，全镇已形成万亩蜜梨、万亩蔬菜、万亩粮田、万亩水产及 3 000 亩油菜花"五大产业"，使庄行具备得天独厚的绿色风貌，成为上海集田园风光欣赏、生态水乡体验、农副产品贸易为一体的低碳休闲旅游景点，为上海大都市增添了一叶"绿肺"。

庄行镇按照主题创意、景观创意、节庆活动等多种类型，以创新思维、创新元素的整合，打造满足市民需求的具有持久魅力的乡村休闲旅游景点。

建设开放式景区，让旅客亲近自然。作为一个没有围栏的全开放式景区，不仅为广大市民的户外休闲提供更为广阔的空间，景区内的各个景点真正成为一个"大家庭"，为各大节庆活动的开展提供了有力平台，旅客们可以真正放松身心、感受自然。同时，开放式景区也为各地游客领略当地文化内涵与习俗提供了有效途径，使农村真正成为都市休闲生活的"后花园"。

推动联动式开发，助推新农村建设。作为上海市新农村建设试点镇、奉贤现代农业先行区和都市农业示范基地，有力推进休闲农业产业快速发展。以国家 4A 级旅游景区标准完善了道路、停车场、指示系统等配套设施，进一步丰富了休闲活动项目，拓展了农业产业链，充分展现出花米庄行融入大上海的窗口形象。

坚持个性化模式，打造好四季节庆。乡村休闲旅游业依托的不仅是美丽的自然资源，更需要生产劳作、农村节庆活动、农村生活习俗等充满淳朴乡土气息的人文旅游资源，近年来庄行大力整合农业资源，以乡村为舞台，以原生态田园美景为核心，以民俗文化为灵魂，成功打造了"菜花节、伏羊节、品米节、民俗文化节"等四季节庆活动，并通过多年来的不断完善，逐步树立起节庆品牌形象，走出一条乡村休闲旅游的个性化发展道路。

（三）主要做法

总体空间布局。将乡村休闲旅游空间布局结构定为"一纵二横三片区"，联动发展。一纵：浦卫公路贯穿庄行南北；二横：南亭公路、大叶公路横卧划成三片区；三片区：南部乡村旅游功能区（核心区）、中部民俗文化功能区及北部滨江休闲功能区。

南部乡村旅游功能区（核心区）：依据现有的旅游资源条件，发展"一轴两带"旅游区："一轴"是以庄良路为轴，分成东西两个

功能带。东部依托旅游接待中心、乡村美食广场、民俗地、亲子村、金源果蔬等，形成以餐饮、住宿、购物为主要内容的配套服务区；西部以金色田园、大地"油"画、倩舍意象、阳光茶室、逸趣园等，形成以农业休闲体验为主要功能的金色观光农园。

中部民俗文化区：围绕汇集文化气息的老街，提升庄行乡村旅游的文化内涵，庄行老街是庄行镇历史发展的印记，是民俗文化的集聚区，传承庄行文化的重要载体。

北部滨江休闲功能区：大叶公路以北，黄浦江以南，主要包括新叶村、农艺公园、东篱园、金家庄园、轩明休闲农庄、涵养林等景点在内的区域。这部分区域北邻黄浦江，西靠松江区，风景秀丽，视野开阔、空气清新，是休闲旅游的好场所。

乡村休闲旅游业发展现状。在领导重视、团队协作、各方支持、政策配套的多方努力下，庄行乡村旅游产业发展呈现出日趋提升、不断完善的良好发展态势。按照"打造景点、串珠成线、挖掘特色、以节造势"的乡村旅游发展思路，据不完全统计，12 年来，景区共计接待各地游客约 810.16 万人次，实现旅游消费约 37 786.84 万元。

（1）景区管理。"四位一体"管理模式。为进一步加快乡村旅游发展，通过不断尝试与摸索，庄行镇在全市率先成立乡村旅游发展领导小组，由庄行镇分管农业、宣传、规划等领导共同指导乡村旅游发展。为加强对乡村旅游的针对性打造，庄行镇在乡镇层面率先设立旅游事业管理中心，并组建旅游投资公司，以及奉贤区首家农家乐专业合作社，形成"四位一体"的全新管理模式。在日常运作中，领导小组抓统筹协调；旅游中心抓管理；旅游公司抓建设；合作社抓服务。这一统筹管理、合力推进的全新运作模式有效促进了庄行乡村旅游的整体长效发展，为各环节工作的有序开展提供了有力保障。

（2）景区建设。为充分彰显景区独有的

资源优势和特色，全面提升景区硬件服务水平，景区结合当地旅游发展实际，在积极完善原有硬件设施的基础上，广泛听取各级领导、专家建议，并与知名设计院进行对接，最终确定了"倩舍塘水上游线"和"旅游接待中心"两大重点建设项目的规划。

①旅游咨询服务中心。目前，按照上海市旅游咨询服务中心标准，新建的集旅游咨询、景区介绍、医疗卫生、治安管理、田头超市等综合性服务于一体的游客咨询服务中心已竣工并投入使用，有效提升了景区在旅游咨询、旅游接待、旅游保障等方面的整体服务水平。

②倩舍意象。作为进一步丰富景区游览线路，全面整合旅游资源的倩舍塘水上游线打造已完成入口水门区（倩舍意象）建设。现已建成中心广场、古井老树、乡村大戏台、小桥流水、游船码头、休闲长廊等，同时种植了果树、绿化植被等，并借助庄良路两旁已颇有特色的绿化，营造了一个较为开阔的视野空间。

③周边景点。除了大力推进重点工程建设外，景区也高度重视乡村旅游推介中的常规活动开展，利用现有资源，倾力打造了农耕园、寻宝迷宫、花米庄行展示馆等特色景点。

（3）节庆组织。

①上海奉贤菜花节。至今已成功举办十二届，从乡土风景、乡间民俗、乡村休闲三个层面立体呈现"菜花魅力"，成为上海知名的乡村旅游节庆品牌。在第二届中国节庆创新论坛暨 2011 中国品牌节会颁奖盛典上，"上海奉贤菜花节"荣获"中国最具地方特色物产节会"的称号，庄行镇荣获"中国节庆经济发展先锋镇"，油菜花景观被农业部授予——中国美丽田园，提升了庄行乡村旅游品牌。

②上海庄行伏羊节。每年 7～8 月举办上海庄行伏羊节，推崇伏天吃羊肉，以其独特的饮食方式和良好的养生效果，受到了广大市民游客的喜爱。同期上市的上海蜜梨也以其味甘多汁，嫩爽脆甜，赢得了市民游客的好评。伏羊节不仅传承了我镇"羊肉烧酒习俗"这一上海市非物质文化遗产项目，也促进了"文、商、旅"产业经济联动，"吃伏羊、品蜜梨"成为夏季沪上乡村旅游的新风尚。

③上海金秋品米节。上海金秋品米节是以庄行万亩优质粮田为基础，展现丰收美景、新农村建设的风貌；以举办"上海市优质稻米品评暨市民最喜爱新大米评选"活动为平台，推介奉贤生态新大米，同时通过每年的新大米评选活动，不断提升品米节的影响力。

④庄行民俗文化节。传承乡土特色，发展民俗文化，乡村旅游的发展为保护当地非物质文化遗产找到了有力途径。汇集庄行传统的民俗文化活动，用原汁原味的乡土文化和乡村风情来吸引更多游客。

庄行土布产业随着乡村旅游的发展得以更深层次的延伸，形成了土布服饰、家居系列用品、土布贴画等诸多旅游文化产品，在 2010 年的上海市老凤祥杯旅游纪念品大赛中土布产品获得优秀奖，"羊肉烧酒习俗"和"土布染织技艺"也被列入上海市非物质文化遗产。

（4）宣传营销。宣传营销作为提升乡村旅游品牌影响力的有力途径，对乡村旅游产业的整体打造有着至关重要的意义。景区高度重视对这一工作的开展，并结合景区旅游活动推介特点，依托区有关部门的支持与帮助，通过各类宣传渠道，积极推进景区整体宣传工作。

①媒体对接工作。景区充分利用众多知名主流媒体的对外影响力，与上海电视台、SMG、生活时尚、新闻坊等电视媒体，《新民晚报》《新闻晨报》《东方城乡报》《文汇报》《旅游时报》《劳动报》《奉贤报》等报刊媒体，FM105.7、990 等广播媒体建立长期信息合作，对菜花节、伏羊节、品米节等品

牌节庆进行深入跟踪报道,使旅游信息及时、准确、全面地向社会各界传播。

②网宣工作。景区进一步加大与上海旅游网、东方网、奉贤旅游网、奉贤农游网以及各类车友网、社区论坛的合作,不断加大景区网络信息的覆盖面。据统计,目前网络搜索引擎百度、谷歌共收录有关庄行旅游信息约400万条,特别是菜花节等品牌节庆信息在全国节庆信息量中名列前茅。

③旅游营销工作。景区不断加大与各类旅游企业、旅行社的交流与合作,先后与上海旅游集散中心、携程旅游网、同程旅游以及数十家旅游企业签订合作协议,为景区整体接待量提供有力保障。

【利益联结机制】

(一)促销农副产品,增加农民收入

通过发展乡村休闲旅游业,不仅集聚了人气,盘活了资源,还带动农村特色产业发展,增加了农产品销售渠道。庄行蜜梨、庄行生态大米、梨园草鸡、梨园草鸡蛋、南美白对虾、庄行羊肉等农副产品形成良好销售势头。通过举办节庆活动,为农民搭建起了交流与合作的平台,为农村提供了更多的致富渠道,特别是菜花节和伏羊肉节期间,农家乐、农家点心等更是为农民发家致富提供了很好机遇,农民收入稳步增长。例如:伏羊节期间,以农民自产自销市场为主的销售模式,仅蜜梨单项产品推介、游客采摘等模式就销售70%以上。

(二)促进农家乐发展,带动农民就业

随着乡村休闲旅游产业的快速发展,潘垫核心区内的农家乐也从2008年的6家,发展到现在的12家,且各农家乐建设均严格按照有关标准,从食品安全、消防安全到整体硬件服务都日趋提升。同时,通过成立农家乐专业合作社,相关经营户互相协作、取长补短、抱团共谋发展。

截至2019年,我镇共有4家农家乐已成功创建为上海市三星级农家乐。相关产业的发展,又吸纳了大量本地的农村富余劳动力,向旅游服务业的转移,通过乡村旅游产业带动,2018年我镇新增农民就业人数1 200人,2019年增至1 500人。

【主要成效】

(一)社会效益

切实改善人居环境,提高农民生活质量。随着乡村休闲旅游产业的着力打造,拓宽了景区内3条主要道路,通过打造花米庄行景区,不仅改善了当地人居环境,也优化了庄行镇整体投资环境,吸引了诸多社会资本的参与投入,比如金源国际集团与张塘村的村企合作建设新农村项目、上海绿地集团的自然村落改造、农科院采悠园基地的建设等,更进一步加快了新农村建设进程。

(二)生态效益

加快推进景区建设,优化景区发展环境。在进行整体规划的基础上,按照发展农业旅游的需要,加快基础设施和旅游配套设施建设,同时加强环境整治,形成"天蓝、地绿、水清、居佳"的生态环境,使整个区域呈现粉墙黛瓦、村容整洁的水乡风貌,大家可以来花米庄行景区望蓝天白云、看碧水清波、吸清新空气、品特色美食。

(三)经济效益

拓宽农民增收渠道,不断提高农民收入。通过"以旅助农"的形式,有效盘活当地的农田、劳动力、闲置农宅等"三农"资源,给农民增收和农村发展带来了机遇和活力,通过增加景区来扩大农民就业人数,解决劳动就业问题,为农民搭建起交流与合作的平台,为农产品提供了更多销售渠道,让农民在热闹中得到实实在在的好处。

(四)文化效益

加快乡土文化传承,提升农民文明意识。发展中注重传承和发扬深具本土特色的民俗文化,为旅游注入文化元素,既丰富村民农

闲之余的精神生活，又将庄行历史文化、民俗乡韵生动活泼地呈现在广大游客面前，更为保护非物质文化遗产找到很好的途径。同时在潜移默化中提升农民对于旅游文化的理解，使他们知晓待客之道，也树立了"以节兴文、以文兴镇"的意识。

【发展启示】

政府搭台、有效引领。乡村休闲旅游的蓬勃发展离不开政府必要的支持和引导。发展乡村休闲旅游是促进社会主义新农村建设的有效途径，有利于促进农村生产发展，有利于一二三产业齐头并进，也是鼓励农民依托当地资源拓宽致富渠道、富民惠民的重要内容。

政策扶持、多元参与。定期对农家乐管理人员进行培训，提升从业人员管理水平。实行"三证"管理，统一宣传等措施充分发挥市场化配置资源的作用，积极吸引多元投资，鼓励集体、企业、国有、民营资本、农户、个人投资乡村休闲旅游，提高乡村休闲旅游经营市场化程度，推进庄行镇乡村休闲旅游健康有序发展。

完善设施，突破瓶颈。目前庄行镇发展乡村休闲旅游存在土地指标不足的问题，推动发展需要进一步完善设施设备，但由于土地指标问题所造成的发展瓶颈，一系列旅游配套设施建设受此限制难以落实，给景点整体发展带来了较大阻碍。后期要充分发挥土地流转政策效应，争取尽快解决这一瓶颈。

突出特色，提升档次。将丰富的自然资源和人文资源相结合，彰显差异化特色，打造具有本地乡土文化的庄行民俗风情乡村游。结合庄行非遗以及特色民俗表演在四季节庆期间开展活动，打造蜜梨及当令水果采摘园，引导游客参与土布贴画等非遗活动，这样一来既满足了游客对游、购、娱的需求，又丰富了乡村休闲旅游的内容，延长了旅游的线路和时间，增加了旅游消费，提高了旅游经济效益。

大力发展农旅 推进乡村振兴

【基本情况】

浙江蓝城双浦原乡，占地面积3 000余亩。园区位于西湖区双浦镇西部，东临杭富沿江公路，南临袁富路，西至灵山，毗邻中国美术学院等3所高等院校。该区域与杭州各重要地标直线距离均在20千米以内。公司全面传承蓝城优秀的文化理念、产品理念和服务理念，是"美好生活"的组织者、推动者、引领者，致力于打造成集农业科技、生态休闲农业资源开发、农旅研学教育于一体的现代化农业园区。融入风情小镇灵山，将大量原生态、高质量的人文、自然景观传递给游客，提升双浦人民自我认同感和归属感，将为双浦镇乡村旅游打下坚实基础，避免了小规模开发建设造成整体环境的破坏。

规划面积3 000余亩，规划有旅游区、原住民融合区、科技展示区三大版块。把基地的发展效益覆盖到普通农户，与农户建立了稳定、合理的利益联结机制，带动农民增收，逐步辐射到周边地区。坚持以农业为基，通过一二三产业的相互融合、联动，逐步使原本作为第一产业的农业变身为综合产业。

旅游区。2019年接待中小学生1万余名，开展团建109场，目标是打造成全年龄段的农业体验基地。园区内有市民菜园、果园采摘、花园体验、草莓采摘，计划未来继续开发花艺制作、房车露营等农业旅游项目。

原住民融合区。分别打造100亩莼菜、680亩水稻、105亩荷花等景观水田。与区文旅集团、永安山滑翔伞基地、头号玩家等旅游机构合作。建设布局了稻田观景台、农田骑行观光线、荷花马场等一系列的农旅设施。计划未来深挖农旅，开发房车露营、莼菜科普馆、无动力滑翔等旅游体验活动。

科技展示区。打造以种业为核心，各个农业产业围绕，农业全产业覆盖的科技园区。建设标准化、规模化、集约化、机械化的优势种子生产示范基地，同时与农业专家合作，开发优良新品种、新技术，发展草莓等无公害食品，创新新模式园区。已建设 37 亩循环农业基地、82 亩秸秆食用菌循环农业种植基地、150 亩蔬菜生产基地。计划未来建设 5 000 平方米种苗、40 亩花卉培育基地。

【发展模式】　首先是设定开发目标。设定开发目标首先要设定的就是产业发展定位，要牢牢抓住产业发展定位这个牛鼻子，首先要明白项目锁定的市场，主攻最具基础、最具有优势的特色产业，这由其盈利模式决定。因此，项目初始的顶层设计非常重要，决定了项目的成败。

要站在城市发展的高度，推动项目规划与城市规划相互融合，在节省社会资源的同时，进一步节约开发投入；在政府的总体规划的基础上，做自己的项目规划。

双浦原乡成立之初，就一直在不停地努力探索农旅产业的发展，从运营至今，一直未停下过探索的脚步。路径设想：一产：以提高效率，降低成本为目标，把农业合伙人机制扩大到养殖、水产等产业上；把农业团队的精力集中在技术服务、资源对接、渠道拓展上。二产：以园区生产的农产品为基础，开发易保存、耐运输、与健康、美丽相关的产品；双浦原乡负责制定标准，把控质量；团队把精力集中在提升品牌，渠道拓展上。三产：继续以中小学生学农基地为核心，整合资源，补充业态；引进合伙人，平台化运作；餐饮和农产品销售利用引导的客流，促进销售，提高园区影响力。

为了提高效率，减少管理成本，公司采取合伙人的机制。公司和农户合办合作社，农户在合作社中控股，农户自行承担农产品生产成本，参与农产品销售环节，公司和农户通过股权连接成一个共同体。运作方式是公司负责经营管理，控制农产品生产过程、数量规模，保障产品质量，技术服务；农户负责生产。职业农民负责日常田间管理，公司负责技术、标准、资源对接等，让专业的人做专业的事。这种制度的优点在于：土地统一管理、统一规划，能有效形成优势产业集聚；统一标准、统一品牌，能提高产品议价能力，抵御市场风险；适度分散经营，能丰富产业形态，合作机制能提高劳动效率，扩大销售渠道。

引入多家具有盈利模式，能自带客流的旅游企业，丰富园区业态；和互联网渠道商合作，积极引客导流，增加知名度；更深入地融入灵山风情小镇和未来铜鉴湖景区，利用农业园区的优势，和其他旅游业态互补，提升客流量。

完成三个角色转变：由农产品生产基地转化为农业科技展示平台、集散地；由农业技术的应用者转化为高产、优质农产品生产和配送流程标准的制定者，只有制定标准的人，在行业中才有话语权；由农业生产用人单位转化为农业经营技术人才和职业农民培训学校。

公司搭建平台，引入专业企业及人才；和农旅运营商一起，探索和原住民融合模式，运营示范性的特色餐饮、民宿，以点覆面，带动原住民加入，形成产业集聚区；农旅运营商利用特色农作物开发特色餐饮、特色茶点、农事互动体验、农作物烹饪加工体验、捕捞体验等相关农旅项目；学习先进地区的农旅项目，引进新的管理理念，提升民宿、餐饮及活动的服务水平；增加客流量；原住民：作为农业工人或者服务人员在原住民融合区工作；经过学习培训，利用美丽乡村建设成果（自有房屋或生产设施）或参股或独资，开设民宿、商店等，和双浦原乡共生共荣。双浦原乡、农旅运营商和原住民共同组成一二三产融合的示范区。

科技展示区建设标准化、规模化、集约化、机械化的优势种子生产示范基地,同时与农业专家合作,开发优良新品种、新技术,创新新模式;把基地打造成育种能力强、生产加工技术先进、市场营销网络健全、技术服务到位的农业科技展示平台。搭建农业科学家和农户、其他小镇之间的桥梁,快速转化农业科技成果;成为供销合作者,缩短农产品从田间到餐桌的距离,稳定优质农产品渠道,提升蓝城品牌在农业领域的影响力;把科技展示区打造成为蓝城农业科技的展示窗口。

通过成立农业科技公司,帮助农户、其他涉农小镇解决种什么、怎么种的问题。为了扩大产品线和优化产品结构,提升竞争力,春季公司引进了 40 种鲜食玉米品种,在双浦原乡做对比测试,筛选出综合性状表现突出的 6 个糯玉米品种、3 个甜玉米品种。农业科技产品的推广,可减少农药和肥料的使用量,提高蔬菜品质和产量,节省成本,提高农民收入,具有较好的社会经济效益。

农旅示范区现由浙江蓝城双浦旅游开发有限公司规划、策划、建设和运营。园区以农业景观为基础,以科普观光、农旅体验为抓手,以研学为突破点,开展耕作、手作等农业主题文化活动。

转变现状,以农业为基,改善生产环境;双浦项目比较特殊,项目区大部分土地由甲鱼塘回填而成,并不是真正意义上的农田,需要公司长期改造。

2019 年中央 1 号文件提出,大力发展现代农产品加工业。现状是:附加值高的深加工农产品并不多,技术含量高、市场竞争力强的深加工项目并不多见,深加工仍是中国农业发展的短板。只有从简单的初级农产品变成深加工之后标准化制品,规模化的优势才能充分体现出来,才能有效规避农产品集中上市之后出现的低价格,才能把商品的销售链条进一步扩大到全国,在现有产品生产、销售的基础上,总结经验,开发以健康、美丽相关的深加工产品,提升产品附加值。

充分利用双浦原乡的区位优势,深挖农产品的文化价值;注册农副产品商标"蓝氏原物",并将打造出一系列产品:例如莼菜系列(以莼菜为原料)、大米系列、果然系列(以蔬果为原料)等。

开拓性的工作需要开放性的思维。仅仅把眼睛盯在 2 800 亩的农地上,由公司直接去生产初级农产品、卖货的运营方式可能是个大困局,因为考虑到地租、肥力、排水、管理成本等都是对农业不利的,公司需要开放思维,农业不等于只是种植业,种植业只是农业中的一环,它的主力是 6 亿农民;或许现在生产上有这样那样的问题;对有些农户来说,种植生产是他们谋生的唯一一手段;公司不能和他们成为直接竞争者;应该是他们的帮扶者和领路人;帮助他们解决产前、产中、产后的问题;实现效益最大化;这样我们就变成服务者和农业科技的传播者。同样自持不等于全部自营,我们拥有土地,但不意味着一定要公司自己全部去经营,一支团队不大可能是全能的,应该专注于自己擅长的事;更要在自己不擅长领域寻找合作伙伴;公司把双浦原乡定位为复合型的产业园区;细分后;业态可达上百种;公司需要整合社会资源,引进了合伙人,让专业的人做专业的事,这样既可以丰富业态、也可以降低经营风险。

【利益联结机制】 通过农产品生产与农产品加工、设施栽培技术的推广等农业高新科技示范项目的实施,逐步形成生产与加工紧密结合型生产模式,既可拓宽项目区的产业链条,增加农产品的附加值,同时也增加了大量的就业渠道。项目建成后,围绕农业的发展,项目区和辐射区将会迅速形成多个特色产业带,就业机会也将大大增加。项目核心区直接就业 100 多个劳动力;拉动周边地区和相关产业扩大就业规模。

【主要成效】

1. 经济效益。通过农田景观营造、品牌塑造、农副产品的开发及网络宣传渠道的推广，吸引游客 15 万人，创造经济收入 1 000万元。

2. 社会效益。农业产业园区的建立，将会打破当地农业长期以来所形成的单一种植结构，重塑农产品加工产业的结构比例，形成当地的高效技术产业强势。同时在市场利益的驱动下，围绕主导产业，形成科学合理的产业关联和合理的比例结构，实现农业结构的良性循环。为当地的社会结构、经济结构、投资结构和产业结构调整做出基础性贡献，为周边地区的农业结构调整提供示范样板。项目完成后，通过园区良好的基础设施条件和规范的管理水平可以达到农业面貌靓、作物生长好、景观色彩美、视觉效果佳，使田园更标准更整洁更美观。农业与旅游的深度融合，为广大市民增加了一个新的休闲旅游观光场所。

3. 生态效益。项目的实施将有效地保护地力及其周边的生态环境。通过田块整治、景观营造，使周边生态环境资源得到健康合理有序的利用，实现农业生态的可持续发展。

【经验启示】 经营性配套原则上集中布置，降低成本，以农业或旅游为主的小镇，建筑体量相对于土地面积极其微小，若规划位置又十分分散，造成这些建筑的供水、供电、电信、排污等配套连接距离过长，其成本所占总成本的比例相对于房产项目更高，按建筑折算的单方造价也更高。公司需要把这些项目功能规划像模块一样搭建、配套起来，做整体集中布置。农业及后期农旅运营思维在项目规划初期提前介入，前置产业规划，有利于降低调整规划的成本，提高项目规划的可行性。

做农业不能依赖完美商业逻辑推理规划自己的经营模式，必须考虑市场需求、研究消费习惯。很多逻辑上成立的事情，在真正落地时，可能会因为之前忽视掉的细节而无法实施。这一点关乎产品销路是否通畅，决定着企业资金流转、盈利模式以及利润空间。

在小镇农业的实际操作中，除产业布局外，还有很多隐形的投入和细节需要关注。农业更像是一个吸金黑洞，越是往里投入资金，发现需要投钱的地方越多，到处都是"钱景"，到处都有很大的提升空间。所以，做农业要接地气，做农业投入要学会节制，节制的前提是有清晰的战略思路。这一点关乎企业的资金流向，决定着资金的使用效率。这是农业的魅力，也是农业的"陷阱"。对农业企业来讲，制定清晰的战略目标，选择合理的战略路径，知道有所为有所不为，懂得做取舍，才是真正的经营之道。

用工商业的经营方法塑造农业生产环境，破除对传统农业的偏见，放下农业和商业割裂与对立的传统思维，以商业的视角整合特色农业资源。我们坚信：科技与产业融合、紧盯农业产业"微笑曲线"两端，双浦原乡一定能通过市场的检验，走出特色之路！

依托产业发展 打造农旅融合精品线

——胡陈乡人民政府

【主体简介】 农旅融合，是指在尊重农业产业功能的基础上，合理开发并利用农业旅游资源，将农业农村发展与旅游产业的建立与推广相结合，从而形成"以农促旅、以旅兴农"的发展之路。

胡陈乡位于宁海县东部山区，区域面积106 平方千米，境内辖 18 个行政村和 1 个社区，人口 2.2 万人，是宁波市 16 个相对欠发达地区之一。全乡森林覆盖率达76%，水资源质量在Ⅱ类以上。一直以来，胡陈乡紧扣"中国农乡、多彩胡陈"发展特色，以休闲农业、乡村旅游为两大抓手，做深做优农旅融合文章，全力打造产业精美、村居优美、风景秀美的全域乡村公园，先后获得中国最美村镇产业富裕奖和特色奖、中国生态魅力乡、省美丽乡村示范乡镇、省休闲农业与乡村旅游示范乡镇、市乡村全域旅游示范区等荣誉。

近年来，胡陈立足生态优势，聚焦以农促旅、以旅富农、农旅结合，聚力做好做活绿色经济，做深做优农旅融合文章。投入800万元完善景区基础设施建设，建成投用"多彩市集"、乡游客驿站，建成省3A级景区村庄2个。创建全省首个"光点聚落"乡村振兴产业园，搭建"青年创客中心""光点夜校"等平台，创建桃小七、糍老头等2个青创品牌，孵化10余种文创、农创、旅创等周边产品，帮助群众增收致富。推陈出新"桃花源里"文明体验线、省委书记调研考察线、推进乡村振兴现场会学习参观线3条精品线路，走出了一条乡风文明与村庄建设同步推进的新路子。农事节庆好戏连台，以"慢享美胡陈，桃醉天下客"为主题，成功举办"东山桃花节"、水蜜桃节等农事节庆，胡陈水蜜桃顺利打入宁波、嘉兴等地市场，打响胡陈品牌。民宿经济蓬勃发展，新引入精品民宿1家，新增本土民宿2家，"九熹""心宿"两大精品民宿开门迎客，民宿产品备受青睐，串起"3＋X"精品民宿产业链，"心宿·无尘"首评2018年度浙江省"白金宿"。全域旅游如火如荼，胡陈成功入选第四批浙江省旅游风情小镇培育名单，将进一步擦亮胡陈旅游亮丽名片。年接待游客达60余万人次，旅游综合收入达5 000余万元。

【发展模式】

（一）发展特色

1. 农事体验＋观光旅游。围绕农事二十

四时节气，重点打造以"赏花"为看点的东山桃花节，拓宽胡陈旅游宣传渠道，打响胡陈旅游品牌名气。同时，大力推进"美丽乡村美丽游"，对接万亩现代农业示范基地，推出一批"十里桃林游""水蜜桃来尝鲜""爷爷的水稻田""金秋采摘季"等体验活动，逐步探索杨梅节、水蜜桃节、麻糍节、土豆节等特色农事活动，打造"2＋3＋N"的农事"节庆链"。

2. 农乡山水＋户外运动。依托胡陈乡境内丰富的山川丘陵和河道水域资源，建成国家级登山步道40千米，山地自行车道80千米，完成长山主露营公园、梅山国家级垂钓基地、永和滑翔基地、西翁麻糍体验馆等设施升级，形成覆盖水、陆、空的休闲体验项目版图。同时，依托以"户外体验"为特色的户外运动节，持续举办登山活动、垂钓比赛、滑翔赛、自行车赛、乡村马拉松等特色活动，利用登山、垂钓、滑翔、骑行等"慢活"运动集聚"粉丝效应""眼球效应"，不断打响胡陈乡乡野户外小镇品牌效应。

3. 农村风光＋休闲度假。持续推进"八村八景"建设，滚动打造梅山、西翁、中堡溪等特色村庄集聚区3个，建成省3A级景区村庄2个，"美丽宜居"示范村4个，60%以上行政村获评市级小康村，基本形成"一户一处景、一村一幅画、一乡一天地"。同时，抢抓"民宿热""乡土热"发展契机，携手高远文旅、上海翠泉等市场团队，开展"租景入股""村企结对"深度合作，唤醒农村沉睡资源，全力打造"心宿无尘""九熹大乐之野"、梦鼎、归云山居等精品民宿，让游客玩得开心、吃得安心、住得舒心。

（二）发展策略

1. 做实农旅融合基础，激活绿色发展潜力。坚持农业基础地位，深入挖掘山清水秀的生态优势和果蔬之乡的产业优势，做大做强特色农业产业，打好农旅融合"底子"。一是提升农业规模化。稳步推进土地经营权集中流转，全乡耕地流转率达 85%，已建成果蔬基地 1 000 亩以上 9 个，500 亩以上 10 个，培育形成水蜜桃、杨梅、土豆、毛竹等万亩特色产业集聚区，成功打造 4 000 亩市级特色水蜜桃产业示范区。二是推动农业品牌化。大力实施农业品牌战略，深化"公司＋基地＋农户"共赢模式，"七彩胡陈"荣获省著名商标。组织开展"桃王"擂台赛、土豆宴等乡土活动，进一步提升农民的品质意识，胡陈水蜜桃被评为全国水蜜桃金质奖，列为宁波市十佳名果，有效提升本地农产品知名度和美誉度。坚持"有机、绿色、无公害"农产品经销理念，已拥有胡陈土豆、胡陈蜜桃等国家级绿色食品 4 个。三是增强农业效益化。创新乡农合联运行模式，组建党建联盟，指导农户把好品种质量关、病虫防治关、销售服务关，胡陈水蜜桃、土豆等平均亩产效益较周边乡镇高出 20% 以上。加强成员间帮带销售，拓宽线上＋线下销售渠道，新建"农村淘宝"经营点 3 家，加强农产品经纪人培育，与知名水果经销品牌建立长期合作关系，逐渐形成生产不愁销路、销售不忧质量的上下游产业链，实现年帮带销售 5 000 余万元。

2. 做美农旅融合环境，增添绿色发展动力。按照"安居宜居美居"的要求，持续改善农村人居环境，将农村打造成为承载乡愁的重要载体，夯实农旅融合"里子"。一是打造美丽田园。大力整治农业面源污染，探索实行"田块长制"，设立农药废弃包装物回收网点，规范农资集中堆放，展现最美田园风光。全面关停禁养区畜禽养殖场 53 家，完成规模养殖场生态化治理 9 家，建成畜禽"两化"养殖场 4 家。深入落实"河长制"，动态监管河道 82 条 120 千米，中堡溪荣获"浙江省最美河流"。二是建设美丽村庄。先后投入 4 756 万元，完成 17 个行政村生活污水治理，全乡污水收集处理率、受益群众覆盖率达 95% 以上。加大村庄绿化彩化美化力度，建

成乡村特色公交停靠站 30 座、新建改建旅游厕所 14 座，创建森林村庄省级 2 家、市级 6 家，建成省"美丽宜居"示范村 3 个、市级特色村 4 个，市级环境提升村 16 个，60% 以上行政村获评市级小康村。充分挖掘村庄特色，坚持"一村一品"，形成中堡溪农事节庆、梅山休闲垂钓、西翁养老养生等特色村庄集聚区，实现村景交融，中堡溪村荣获省美丽乡村特色精品村。三是培树美丽人文。规范全乡村规民约修订，将"五水共治""垃圾分类"等内容转化为村民自觉行动。全面开展"美丽庭院"创建，梅山村荣获市"最洁美村庄"称号。广泛开展"挂牌亮家训"活动，建设梅山村、中堡溪村家规祖训馆，提升好家风，塑造好民风，实现 18 年矛盾不出乡。建设"桃花源里"市级美丽乡村文明示范线，依托文化礼堂、聊天长廊等阵地，村民自发组建同乐社、舞龙舞狮、船灯马灯等 9 支文艺队伍，成为美丽胡陈的人文新标识。

3. 做优农旅融合效益，提升绿色发展实力。践行"绿水青山就是金山银山"的发展理念，引导村民主动成为乡村环境的改造者、旅游业态的参与者、农旅产业的受益者，鼓起农民朋友"袋子"。一是节庆经济取得新突破。连续 12 年成功举办东山桃花节和水蜜桃节，东山桃园获评国家 3A 级旅游景区，建成省级果蔬采摘旅游基地。创新推出"爷爷的水稻田"、金秋采摘季等农事体验游线，对接农户培育果蔬示范园区 6 个，全乡形成"2＋N"的农事节庆活动布局，实现月月有活动、季季有主题，做大"四季仙果"品牌效应。2018 年全乡接待游客突破 60 万人次，直接带动农产品销售超亿元，实现相关从业人员人均增收上万元。二是民宿经济形成新格局。抢抓民宿发展机遇，成功引进"心宿·无尘"山水人文度假空间、兰博基尼度假中心、归云山居等项目，培育精品乡村酒店品牌。实施特色民宿提升，打造桃乡农

居、"林下歇"、甬家乐、天益山庄等乡土民宿，试水"公司化"运作、统一化管理，开展桃文化、和文化等主题特色服务。三是区域经济呈现新亮点。绿色产业集聚效应逐渐显现，禾融户外运动基地、梦鼎中小学生社会实践基地、国元有机抹茶产业化加工基地等一批项目落户胡陈，成为区域经济新的增长点，加快形成多点支撑、多极发展的产业格局。创新"村庄＋产业＋运营"的社会化托管模式，推动国家级垂钓基地、标准露营公园等常态化运营，实现政府、企业、村社合作共赢，破解村集体经济增收难题。

【利益联结机制】　胡陈乡始终坚持不断提高农产品附加值，把农业"接二连三"发展作为民富村强的根本出路。

1. 快马加鞭做大产业经济。稳步推进土地经营权集中流转，建成果蔬基地 1 000 亩以上 9 个，500 亩以上 10 个，培育形成水蜜桃、杨梅、土豆、毛竹等万亩特色产业集聚区，成功打造 4 000 亩市级特色水蜜桃产业示范区。率先打造农合联为农服务省级样板，深化"农企银"合作，全方位搭建惠农富农"新载体"。引进有机抹茶万亩生产基地，助推茶产品深加工效益升级、追赶跨越，带动茶农增收致富。

2. 借势借力推进跨界经济。立足胡陈山清水秀的优势、全域旅游的大势、农旅融合的趋势，做大打响"七彩胡陈""心宿""光点聚落"等乡域品牌，产业链条不断延伸。马不停蹄推动宝驿户外、上海翠泉、高远文旅等社会主体嫁接景区，集中连片，连线发展，致力打造胡陈版的乡村公园。目前，全乡民宿经济蓬勃发展，创造了一批旅游就业岗位，有效带动周边农户就业，让农户实现家门口赚钱。

3. 因地制宜发展村社经济。牢固树立村庄经营理念，引导村民深入发掘名人古迹、果蔬采摘、户外体验，大力开展"租景入股"、村企联盟，不断激活物业经济、村企合作、农旅融合多向致富道路，沙地下、长山主、张韩等一批集体经济薄弱村从此实现"消薄摘帽"，18 个村平均经营性收入首次达到 19.7 万元。

【主要成效】　胡陈，最初只是宁波南部山区一个普通的农业乡镇，也是宁海的欠发达地区之一。平均村集体收入低，乡域环境脏乱差，交通非常不便，村民生活水平不高。然而，随着农旅融合工作的不断推进，胡陈这个小乡镇发生了翻天覆地的变化。

1. 经济建设稳中有进。坚持以做大做强做精产业经济为导向，推动休闲农业、乡村旅游同步发力、整体提质。2018 年工农业总产值为 20.9 亿元，财政一般预算收入为 6 463 万元，农民人均纯收入为 15 465 元。全乡的村集体经济收益也从 2013 年的 324.3 万元增至如今的 832.03 万元，真正让农民鼓起了"钱袋子"。

2. 社会风气和谐稳定。全面深化"四位一体"的基层治理体系，创新信访接待、人民调解、司法调解"三位一体"的大调解模式，成功做到 18 年矛盾不出乡。实施"整乡推进、整片建强"示范创建活动，培育基层党建精品村 5 个，打造党建示范片 1 个，精品线 1 条，形成"党建＋"群星示范效应。大力推广"挂牌亮家训""最美故事会"等各类活动，开展"最美家庭""美丽庭院"评选活动，以好家风促进好民风，以好民风铸就好乡风。

3. 生态环境显著优化。全乡美丽乡村建设已从"一处美"迈向"全域美"，从"一时美"迈向"持久美"，从"外在美"迈向"内在美"，从"形态美"迈向"制度美"，逐步形成了美丽乡村建设的"胡陈样板"。目前，全乡实际建成市级环境整治提升村 17 个，建成省 3A 级以上景区村庄 2 个，省"美丽宜居"示范村 4 个、市级特色村 4 个、中心村

3 个，60％以上行政村获评市级小康村。自 2018 年实施"厕所革命"以来，陆续实现 77 座卫生厕所的改造提升，新建旅游厕所 10 座。

【经验启示】

（一）做好统筹规划

建立起由乡党委书记任组长、乡长和乡党委副书记任副组长，乡分管领导为成员的工作班子，多次下基层、走一线，充分考察本乡的资源禀赋、人文历史、区位特点、产业特色、消费能力和消费习惯等各类基本情况，实地谋划农旅融合工作规划，严格制定农旅融合工作"清单制""进度表"和"作战图"，实施农旅融合工作精准推进。同时，全面整合农办、发展服务办、城建办等部门资源，优选一批农旅融合创建项目开展建设，并配套游客中心、标识系统、骑行绿道等旅游设施。

（二）树立品牌效应

紧紧抓好全域乡村公园的创建目标，把握好农事节庆和户外运动两大抓手，以桃花节、水蜜桃节、户外运动节等各类节庆活动为媒介，全面推进"一村一品""一村一景"，全力打造"桃花源里"文明示范线。同时，抢抓乡村振兴战略实施的发展契机，创新推进"租景入股""村企结对""光点聚落"等新形式新业态，加快促进农产品转变为旅游产品，努力提高产品市场竞争力，探索建立集农产品生产、加工、休闲观光、特色产品销售等为一体的产业集群，打造胡陈特色农旅融合文化名片。

（三）推进人财集聚

打造"光点聚落"乡村振兴青创联盟，积极招引乡内企业家回乡任村主职干部，开辟农旅融合源头活水。同时，全面统筹用好各项涉农资金、社会资本、公共资源，充分坚持效益导向，集中各方力量，全力以赴，做深做透农旅融合发展文章，努力确保有限资金用在刀刃上。

唱好"一二三四歌"立足发展抓改革

——厦门市翔安区创新机制深化大帽山农场改革促发展

【基本情况】 大帽山国有农场建立于 1958 年 5 月，原属厦门市农业局直辖，2003 年 12 月划归翔安区管辖，为区直属全民所有制企业单位，同时担负着行政、经济、社会管理等多重职能。

2017 年，翔安区根据全市统一部署，开始拉开大帽山国有农场改革序幕。在推进改革过程中，翔安区始终立足以改革促发展，以改革激活力，以改革惠民生，始终坚持党建引领一面旗帜，摸索创造了"三国演绎"和"批量 3＋1"两项活跃农场经济发展的新机制，构建了美化环境的"三立三破"3 种工作模式，探索并初步形成了惠及民生的 4 种利益链接机制，逐渐形成了翔安区推动国有农场改革发展的独有经验。目前，农场居民已能真切感受到改革所带来的变化，亲切地把这 4 种工作机制称之为具有大帽山农场特色的"一二三四歌"。

（一）擎好一面旗帜为改革指航向

翔安区委、区政府高度重视大帽山农场改革工作，始终坚持党的领导，始终高举党的旗帜，充分发挥区、镇、场党组织的政治核心作用，引领大帽山农场沿着农垦改革发展的方向稳步向前。一是建机制。2017 年 12 月，在区委领导下，翔安区成立了农垦改革工作领导小组，统筹协调大帽山国有农场改革发展工作。二是绘蓝图。研究拟定了《关于进一步推进国有农场改革发展的实施方案》和《翔安区国有农场办社会职能改革实施方案》。三是强组织。成立了大帽山社区党支部，全面强化党的领导，整合原有 8 个村居组建了大帽山社区居民委员会。四是剥职能。将大帽山农场原承担的所有社会职能划至新圩镇政府统筹管理。2018年,大帽山农场办社会化改革工作基本完成,国有土地确权工作落实到位,提前完成省里下达的年度改革目标任务。

(二)创新两种机制为项目建设拓渠道

为深化推进农业供给侧结构性改革,加快推动休闲农业发展,营造大帽山国有农场生态优美的乡村环境,翔安区在市委、市政府的正确领导下和市领导的关心指导下,一是在全市首创"市级国企+区级国企+国有农场"联合开发休闲农业的"三国演绎"新模式,着力破解休闲农业发展各类难题;二是在全市首创批量"3+1"机制推动民宿项目快速投放市场,着力构建了规范高效的民宿审批工作机制。

"三国演绎"新模式孵化休闲农业高端项目。休闲农业项目的投资建设存在着所需资金量大、投资周期长等现实困难,社会资本往往望而却步。翔安区作为全市最年轻的区,休闲农业发展相对较晚,基础较为薄弱,缺少高端休闲农业项目支撑带动。为推动休闲农业突破发展,翔安区积极对接厦门市特房集团(市级国企),并调度本区投资集团(区级国企)和大帽山国有农场三家国字号单位,共同开发建设"大帽山境"田园综合体项目,该类合作开发机制系全市乃至全省首例。2017年2月,翔安区与特房集团正式签署合作协议,由厦门特房集团与翔安投资集团共同出资,成立大帽山生态农业(厦门)发展有限公司(以下简称"大帽山公司"),并由大帽山农场配合共同推进项目建设。"大帽山境"项目设计围绕大帽山农场辖区,周边新圩金柄、古宅等区域进行总体规划,立足平台共建,乡村共赢思维,导入"休闲农业+文旅+居住"的田园综合体产业模型,着力有效激活大帽山农场经济发展,带动周边农村加快乡村振兴步伐,是翔安区乃至厦门市

实施乡村振兴,全力推动农村一二三产业融合,促进农民转产就业增收的标杆之作。2018年4月,山境首期"宛厝"民宿顺利投入运营;2019年1月,山境二期"晴雨诗苑"民宿项目也顺利投放市场。除了两期民宿外,项目区还配套了精品餐厅、会议场馆、休闲茶社、豆腐手作坊、儿童牧场、生态农产品自助采摘区等特色配套项目及田园景观工程,未来将逐步实现集居住、商务、休闲、娱乐、研学、养老、投资等为一体的综合产业布局。

批量"3+1"机制推动民宿项目快速投放市场。为优化提升翔安区民宿产业发展水平,促进当地乡村旅游和休闲农业发展,2017年9月,翔安区出台实施《厦门市翔安区民宿管理实施细则(试行)》,将大帽山纳入全区民宿审批试点区盘子。同时,区里还成立了民宿发展协调领导小组,统筹协调民宿项目审批。为推动"大帽山境"民宿项目投放运营的提档加速,翔安区针对该项目区域原有建筑分布较为集中、风格较为统一的实际情况,研究制定了"批量设计、批量改建、批量审批+统一风格"的工作机制,推动客房批量投放市场,形成规模效应,提高项目吸引力、竞争力。2018年4月,翔安区充分发挥民宿发展协调领导小组统筹协调机制优势,集中开展了"大帽山境"(4栋30间)民宿许可审批工作,共同推动该项目成为厦门市首个获得民宿经营许可并投入运营的高端休闲农业综合体项目,也是全市历年获批客房量最多的单个民宿项目。项目一、二期民宿已拥有86间客房,120张床位。截至2019年4月底,项目累计入住及用餐已达40 000余人次,周末民宿入住率基本达到100%。

(三)"三立三破"模式为农场旧貌换新颜

2018年,大帽山农场作为市级重点示范村全面开展农村人居环境整治提升,全方位

实施村民既有住宅"平改坡"和"裸房整治",取得初步成效。累计完成房前屋后整治约 24 200 平方米、沿线路边清杂 15 470 平方米、雨污分流工程量 230 万元、美丽乡村工程量 820 万元;"平改坡"已完工 203 栋,正在施工 36 栋;裸房整治已完工 128 栋,正在施工 35 栋。农场人居环境面貌已焕然一新。

立机制模式,破组织难题,让农民从"无所适从"到"支持拥护"。在区委实施乡村振兴战略领导小组的统一领导下,结合村情实际,采取"一村一策、一户一案"的模式推进人居环境创建工作落到实处。一是建立工作专班。成立区级的大帽山农场乡村振兴工作领导小组,由区分管领导任组长,下设综合协调组、社会宣传组、产业运营组和建设管理组,各组按照职责分工开展工作。二是明确落实机制。学习借鉴浙江省和泉州市永春县"平改坡"经验做法,结合翔安实际,由区建设局牵头负责制定本区实施办法,多轮征求意见后,最终明确采取"以奖代补"工作机制,并以农户为主体与施工队签订施工合同,以充分激发群众的内生动力,同时激发资金流转活力,提高资金流通效率。三是建立工作模式。充分考虑村民需求的多样性,达到设计工期的要求,研究选定厦门经纬建筑设计股份有限公司等知名设计院根据村庄的建设规划,负责村庄整体风貌设计,对村庄总体建筑风貌进行把关,每栋农房方案及施工图纸由具备深化设计能力的施工单位完成,设计单位负责最后把关,确保材料统一,建筑风格符合村庄总体风格,平改坡的具体指标符合市、区技术参数要求。

立标准典范,破实施难题,让农民从"被动执行"到"主动参与"。领导小组深入调查摸底村庄现有农房现状,研究明确平改坡和裸房的整治范围和实施标准,确保创建工作取得实效。一是分类实施。将整治范围分为"保持现状及修缮、局部整治、全面整治"三种类型,针对不同类型实施整治。二是统一风貌。在满足屋顶防水隔热通风等功能方面需求的情况下,兼顾屋顶的外观形式,改善整个村庄的整体建筑风貌。三是示范带动。一期选取 5 栋农房作为"平改坡"的样板房,在改造完工后,组织村民实地参观,使村民对改造后的外观及材料工艺有直观认识,充分调动村民参与积极性。

立方法举措,破质量难题,让农民从"顾虑重重"到"心花怒放"。把平改坡及裸房整治当作是一件为民办实事的民生工程来抓。一是选强单位。重点对施工单位以往实施过的同类型屋面成功案例进行考察,选定建筑工艺技术精、施工队伍强、建设生产规模大的建筑公司作为施工单位,确保施工质量和安全。二是合理选材。对全区"平改坡"使用的材质、结构、施工工艺进行把关,在征求村民意见后确定最终方案。三是严格监管。因"平改坡"整治由施工班组统一施工,裸房整治由农户组织本地工匠自行装修,为加强现场施工管理,领导小组委托监理单位对施工质量安全进行监督和把关,督促农户严格按照设计风格采购外立面装修材料,同步做好施工安全培训和质量把关,有力地确保了施工的质量和安全,让村民住得放心舒心。

（四）四种利益链接机制为农场居民谋福利

大帽山农场在推进改革工作过程中,非常注重以项目促发展,以发展惠民生,依托"大帽山境"田园综合体构建了"企业＋国有农场＋基地＋农户"的多方利益联结机制,努力实现农场改革与休闲农业项目建设、农民转产就业等协调发展的有机衔接。

项目建设互惠机制。大帽山境项目选址大帽山农场的寨仔尾、后炉、上廊、罗田 4 个村庄作为项目核心基地,开发建设休闲农业文旅度假项目。在项目建设和经营过程中,一方面,由大帽山农场负责为项目区经营提供建设用地、耕地及边角用地,以出租的方式流转给大帽山公司进行综合开发经营，解决项目用地问题。另一方面，由大帽山公司支付一定租金，增加农场收益。在项目经营过程中，大帽山农场除了获得可观的租金收益外，还通过项目吸引大量的游客走进农场，推动了沿线村庄农户的特色农产品营销，有效活跃了大帽山农场经济，促进了大帽山乡村旅游产业发展和农民增收。

"优先吸纳就业机制。为推动大帽山农场经济社会建设取得更好成效，翔安区委、区政府进一步加大对农场居民转产就业的支持力度，针对服务大帽山境项目，推动企业与大帽山农场建立优先吸纳就业的合作机制。大帽山农场按照企业工作需求，积极从农场现有社区村民中进行宣传和引导，为企业推荐了多批素质较为优秀的农民到山境项目上岗就业。大帽山境项目投入试运营以来，已吸纳当地超过 70 名村民就业，其中有 10 名大专以上学历的人员还进入了企业管理岗位，其余 60 多名人员也在民宿服务、园林植物养护、保洁、安保等不同岗位上实现了家门口的转产再就业。此外，企业还与农场建立临时工招聘常态化联络机制，既能满足项目区节假日等客流高峰期用工需求，又能拓展农场居民收入来源，促进农民增收。

"山境集市"带动机制。为充分发挥"大帽山境"项目示范带动作用，大帽山公司在项目营销过程中专项设置"山境集市"主题活动，定期开设多个展位营销各类特色农产品。在所设展位中，除 1～2 个展位营销本公司产品外，其余展位全部提供给农场及周边农户用于展示和营销各种特色农产品，有效带动农村特色手作农产品加工业发展。项目开业以来，累计已有胡老三、阿土面线、新圩豆干等多个本土特色手作农产品，以及农场居民自产的蜂蜜、地瓜片、芋头片、土鸡蛋、农家菜等多种土特产品参与活动营销，有效激活了农场和周边农村经济。

"田园综合体＋农民合作社"共建机制。

随着"大帽山境"项目营销规模的不断扩大，企业现有农业种植基地已无法全面满足对优质农产品的需求，亟须在本地区寻求优质农产品供应资源。为此，翔安区农业部门根据企业需求，加强服务对接，积极牵线搭桥，帮助企业筛选本区在高端蔬菜种植领域独具优势的多家农民专业合作社作为意向合作主体，着力帮助企业构建"田园综合体＋农民专业合作社"的经营模式。下阶段，"大帽山境"项目将与翔安本土农民专业合作社开展包括"订单种苗、订单生鲜、订单配送"等在内的多项合作机制，着力打造具有大帽山特色的现代农业合作机制。

一眼万年印象稻源

——万年县稻源生态农庄

【基本情况】　休闲农业的发展是乡村振兴的必由之路。在乡村旅游蓬勃发展的今天，如何在同质化的休闲农业产品中脱颖而出，如何破除旅游产业高投入低产出的困境，促进可持续发展，这是休闲农业从业者必须思考的问题。休闲农业发展的根基在农村，农业支撑了乡村旅游的发展，反之休闲农业的发展也必须反哺乡村，形成良性生态才能为善一方。稻源生态农庄在发展的过程中，始终立足于村落，立足于万年，以农业为根骨，文化为血肉，在经营活动中不断创新，整合村落资源，促进当地经济发展和产业升级。力求让每一位远道而来的客人，在乡村田园里，看得见山，望得见水，记得住乡愁。

江西省万年县稻农实业有限公司成立于 2014 年 3 月，其主要兴建开发万年稻源生态农庄，总占地面积 1 000 余亩，农庄四面环山，环境优美，现有各类员工 82 名，其中各类专业技术管理人员 17 人，当地农民就业人数 65 人。是一家以农业为载体，将特色餐饮、休闲娱乐、旅游购物、绿色消费、返璞归真等有机地结合在一起，功能齐全、安全快捷、全方位服务、具有较高水准的特色生态乡村旅游点。

公司坐落于江西省上饶市万年县大源镇境内，地处秀美乡村——白云村，交通便利，距离县城 5 千米，与万年神农源风景区仅 15 千米，离上万高速 2 千米，德昌高速 10 千米，紧靠省道 S310 线旁，处于万年县核心旅游资源分布区，与神农宫景点毗邻，与稻作文化起源地仙人洞景点一脉相承，具有得天独厚的区位优势。

万年县是块神奇的土地，被誉为世界稻作文化发源地、中国贡米之乡，稻作文化是万年独特的文化品牌，也是一笔无形资产和富贵财富。稻源农庄是以绿色、生态、环保为目标，以资源有效利用为载体，以科技创新为支撑，以市场化运作为手段，是一家集农业生产深加工与观光旅游为一体的农业公司。

【模式简介】

（一）模式概况

近年来，万年县稻源生态农庄以"产业整合、整体提质"的发展目标，围绕休闲农庄及乡村旅游这一主线，通过转变方式、优化结构、规范管理、注重创新、提升品牌、合理规划等举措，实现了农庄持续、快速、健康发展。

公司在大力发展水稻种植产业的同时，通过乡村旅游发展的热潮，将现代农业、果蔬种植纳为主导产业，聘请农业专家进行技术指导，将家禽的散养，果树、蔬菜、花卉的种植，以及观光休闲集于一体。具体规划为"三区一园"，主要为"农业科普示范教育区""莲虾、稻鸭文化体验区""四季果园采摘区"和"稻作文化体验园"。

农庄坚持"以农为本"，以农、林、牧、渔等特色农业生产、加工、经营为基础，以山林、田园、湖泊等自然景观为主体资源，有效配置资源，水田、果园、鱼塘、荷花、

山林交错分布，山清水秀，植被茂盛，空气清新；科学规划，合理布局，主体建筑或依山而建，或面水而居，环境宁静优美，于自然天成中带有浓厚的农耕文化色彩，给人以回归自然、物我一体的美好感受。通过近几年的不断发展，已获得江西省五星级农家乐、江西省省级休闲农业示范点、江西省 3A 级乡村旅游点、上饶市农业产业化龙头企业、万年县十佳绿色旅游酒店等荣誉称号。

同时农庄积极开发新型业态，丰富多样，已形成相对完善的产业链。目前已配套休闲服务项目：农业观光、休闲垂钓、稻作体验、亲子采摘、水上乐园、CS 野战、射箭打靶、七彩滑草、马术表演、自助灶台、田园 K 歌、研学拓展以及企业团建等，具有趣味性、体验性、互动性和创新性，同时具备健全的管理机构和完善的经营管理制度，合法合规、诚实守信经营。

农庄以乡村休闲旅游为主导，重点整合当地农林牧副渔业资源、乡村田园资源、乡村风景资源、乡村民俗文化资源、乡村历史文化资源等，高起点、高标准开发乡村旅游休闲产业，并以此促进当地生产发展、生活改善。

（二）发展策略

1. 立足本土，传承文化，打造印象稻源。文化一直是现代休闲农业开发的短板。"野稻驯化起于是"，万年作为世界稻作文化起源地，拥有着源远流长的稻作传统和独具特色的稻作习俗。稻源农庄立足万年，依托于万年稻作文化，打造印象稻源。通过开发稻香鸭、贡谷杆炖肉等稻作美食，打造田连阡陌的稻作景观，设计丰富多彩的稻作农事体验活动，引种万年前的野生贡谷，为游客打造稻作文化体验圣地。

2. 园店结合，坚持有机，开发特色旅游商品。稻源农庄以"农"为基，农庄自有种植园区和养殖园区，餐桌上供应的食材大部分来自于此。农庄坚持有机理念，不施化肥，

让每位来农庄用餐的游客都能品尝到地道原生态食品，尝到真正农家味道。农庄自家散养的正宗土鸡、土鸭、土鹅，鲜香美味，营养丰富，深受游客喜爱。农庄还和万年其他土特产品牌如大源雷竹笋、夏清华珍珠、贡米酒进行合作，邀请入驻，丰富产品种类，增加收入渠道。

3. 重视体验，完善业态，丰富乡村旅游生活。稻源农庄一直在持续不断探索开发多样的旅游项目，让游客来到农庄，有多样的休闲方式，而不仅仅局限于品尝美食和观赏美景。庄园目前开发了休闲垂钓、稻作体验、亲子采摘、动物观赏、水上乐园、跑马场、CS 野战、射箭打靶、田园 K 歌等配套项目，活动涵盖了所有年龄段，不论是稚子还是老人，都能在农庄找到适合自己的项目，尽兴而归。农庄根据季节特点，夏天开发了夜游和水上活动，避开炎炎酷暑，丰富游客夜生活。

4. 活动营销，多方合作，增强社会影响力。农庄依托得天独厚的资源优势，积极同摄影家协会、女子文学社、垂钓协会等社会团体合作举办摄影大赛、传统民俗体验、元旦篝火晚会等各式各样的活动，同时利用现今新媒体的传播优势，打造朋友圈爆款，大大提升农庄在本地的知名度和社会影响力。这种参与性的旅游活动，也进一步丰富了游客的游览体验，提升游客满意度。

【利益联结机制】

公司通过几年的发展与努力，本着"诚信、合作、创新、共赢"的经营理念，坚持"创新改良、科学种植、独到经营"的发展原则，使各项事业得到快速提升，并不断吸纳农村劳动力就业，其中解决残疾人就业 4 人，直接帮助贫困户脱贫达到 6 户，另外也拉动 1 263 农户发展，农户通过农田入股模式进行产业分红，采用签订合同的方式实现与农户的利益联结，2019 年全年实现平均每户增收 3 100 余元。企业依托当地的各种资源，在自身发展的同时，激发不同群体参与发展的积极性，尽最大努力帮助当地农户实现产业脱贫，坐上致富车。

【主要成效】

经济效益。农庄以"产业整合、整体提质"的发展目标，围绕休闲农业及乡村旅游这一主线，通过转变方式、优化结构、规范管理、注重创新、提升品牌、合理规划等举措，在经营活动中不断创新，接受新的商业模式，实现了农庄持续、快速、健康发展。2019 年实现销售收入 1 656.2 万元。

社会效益。稻源农庄是万年县休闲农业重点企业，通过整合优势，达到一二三产业的融合发展，在带动农民专业合作社社员的同时也积极帮助农户发展，在一定程度上解决农村剩余劳动力，其中解决残疾人就业 4 人，直接帮助贫困户脱贫达到 6 户，另外也拉动 1 263 农户发展，农户通过农田及技术入股模式进行产业分红，采用签订合同的方式实现与农户的利益联结，2019 年全年实现平均每户增收 3 100 余元。企业在不断发展壮大之余，积极参与到社会公益事业当中，努力承担起企业的使命感、社会责任感。

生态效益。农庄以绿色、生态、环保为目标，是第一批全面纳入江西省农产品质量安全追溯平台的企业，获得了无公害农产品产地认定与产品认证，另外在养殖方面，也已成为江西省"鄱阳湖"注册商标授权使用单位，为当前农村环境治理及农业产业结构的调整起到了较好的推动作用。

【经验启示】 经营观光休闲农业一定要有特色、亮点和文化，休闲农业从业者不仅要有创新的意识，更要有发展乡村旅游，造福一方百姓的乡土情怀。

注重生态环境保护，筑牢农业根基。绿

水青山就是金山银山，乡村田园农业最重要的就是绿水青山，秀美田园，这也是开展农业生产的基本前提。

盘活乡村资源，与周边村民协调发展。休闲农业发展要做到反哺乡村，不能与农民争利，要充分调动农村闲置的劳动力和土地，利用好政府政策扶持，建立利益联结机制，以自身发展带动新农村建设，带领当地百姓脱贫脱困，实现社会效益最大化。

挖掘文化，文旅融合相互促进。休闲农业发展要重视对当地特色非遗文化、农业文化的传承和挖掘，这样才能避免千篇一律，做到差异化发展。从业者要善用文化，将文化元素融入休闲农业项目开发的方方面面，让人在游中有文化体悟，增强顾客黏性。

以生态农业为依托，以现代农业园区的旅游休闲元素为主导，构建"休闲农业＋乡村旅游"的复合化发展模式，不断完善经营业态，促进产业的融合发展，增加农庄营收渠道，增强抗风险能力。

随着社会不断发展，脱贫攻坚的持续深入，农村将成为未来发展的热点。依托于农村的乡村田园模式也将大有可为。稻源农庄始终不忘初心，在这一领域持续深耕细作，为善一方百姓。

建精致田园 享美好生活

——凤凰村乡村旅游
发展的思考

【基本情况】 江西省凤凰沟现代农业示范园（江西省凤凰沟景区）是依托自身科技力量、产业基础、生态环境和区位优势而着力打造的集"科技示范、科普教育、技术培训、农业体验和休闲观光"农业多功能于一体的现代农业示范园。凤凰沟的发展历经十年探路（1998—2007 年）、两年发力（2008—2009

年）、八年成型（2010—2017 年）、开放升级（2018 至今）4 个阶段。2009 年 9 月 20 日江西省凤凰沟现代农业示范园正式开园，经过 10 年的发展，现已成为国家 4A 级旅游景区、首批国家级田园综合体试点单位、全国中小学生研学实践教育基地、全国十佳休闲农庄、全国休闲农业与乡村旅游示范点、全国休闲农业与乡村旅游五星级园区、江西省 5A 级乡村旅游示范点，2018 年接待游客量 73 万人次。

江西省凤凰沟现代农业示范园位于全国环境优美乡镇的南昌县黄马乡，总面积 1.2 万亩，人口 738 户，2 415 人。园区内拥有园林苗木、茶园、湿地、野生动物等自然生态资源，发展了以餐饮、会议、住宿、养生、研学、拓展等众多乡村旅游产品，以观光赏花、亲子研学、康养保健、宜居生活为四大主题，包括观赏植物展示区、蔬菜瓜果体验区、亲子乐园、研学教育营地、休闲度假区、江西省蚕桑丝绸博览馆、江西茶叶博览馆、农耕文化馆、地震体验馆等功能区块，实现了农、文、旅产业融合发展的局面。

区域内目前入驻新型经营主体约 120 余家，积极探索"村集体＋合作社＋企业＋基地＋其他新型农业经营主体＋农民"等发展模式，主要培育了南昌县桃源草莓专业合作社（省级示范社）、南昌县建场茶叶合作社、凤凰沟蔬果专业合作社、南昌县银桥花卉苗木种植专业合作社、南昌县凤凰沟养殖专业合作社、南昌县黄马红亮蔬菜专业合作社、南昌县黄马玉发蔬菜瓜果种植专业合作社等各类专业合作社，以及梨、火龙果、葡萄、水稻等示范农场（或示范户）10 余家，有江西金乔园林有限公司（省级龙头企业）、江西凤凰沟生态产业发展有限公司（省级服务龙头企业）、江西绿韵茶业有限公司、江西井冈蚕种科技有限公司、江西桂鱼王农业发展有限公司、江西佳禾米业有限公司（省级龙头企业）、南昌县白虎岭茶厂、江西老庆祥养老公寓管理服务有限公司等农业企业。桃园自然村、凤凰自然村、茶科自然村均紧邻南昌县黄马乡境内的江西省凤凰沟现代农业示范园。

【发展模式】 贯彻落实五大发展理念，充分发挥资源优势和特色产业优势，坚持"农旅融合、以农促旅、以旅强农"的发展路径，以转变农业发展方式为主线，以促进乡村旅游和农民增收为目标，围绕水稻、果蔬、茶叶、蚕桑、花卉苗木、休闲农业等主导产业，通过"产业、文旅、旅居"融合，打造凤凰沟田园社区和乡村旅游示范样板。

1. 生态观光模式

江西省凤凰沟现代农业示范园以农业为根，以生态为干，以产业为枝，以花果色为叶，围绕"春夏秋冬"主题，形成了"四季三园一区"八大主景，分别为"春歌、夏曲、秋韵、冬语、现代农业园、丝绸文化园、茶文化园、白浪湖休闲区"。园区有荣获"中国美丽田园"的"茶海""樱花谷"特色景观，有以"樱花、玉兰花、海棠花、桃花、梨花、油菜花"为主的"春歌"；有以"玫瑰花、果桑、葡萄、火龙果、梨、杨梅"为主的"夏曲"；有以"红枫、银杏、桔、柚"等为主的"秋韵"；有以"梅花、茶花、草莓"为主的"冬语"；有"白浪湖、天鹅湖、秋水"为主的水景明珠。

景区每年至少举办三场以花为主题大型节庆活动，其中以梅花节、樱花节、粉花节、红枫节为主要特色，把文化和旅游相结合，以节庆活动促进文化传承，以节庆活动引领旅游发展。景区樱花谷占地面积 1 000 亩，有 2 万余株樱花，打造了樱林、樱田、樱花隧道；花色种类更丰富，形成白色、红色、绿色、黄色、香味等"四色一味"的花海景观。樱花节已连续举办十一届，形成了景区特有的的品牌，提升了景区人气，带动了产品销售，丰富了产品内涵。有力地促进了景区的观光旅游业，成为江西省的赏花经济的亮点，并已连续 3 年登入央视新报联播。2018 年景区共接待游客 73 万人次，比 2017 年增长 7％，其中接待非洲、泰国、韩国、马来西亚等外国游客近万人次，福建、湖南、湖北、台湾、香港等外地游客 10 万人次，接待高铁专列游客团队 111 趟。近些年直接带动就业 130 人，间接带动就业近千人。

2. 农文旅融合模式

园区内农业特色资源丰富，有苗木品种 300 余个（其中彩叶树种 50 个），茶树品种 66 个（资源 248 份），桑树品种 150 个，果树品种 60 个，此外还有许多花卉及中草药类野生植物，植物种类共计 800 多个。良好的生态环境，引来大量野生生物在此聚居，其中有省重点保护野生动物白鹭、绿鹭、牛背鹭、翠鸟和红尾伯劳等。

（1）园区充分利用现有资源促使农文旅深度融合，依托凤凰文化、蚕桑文化、花卉文化、唐伯虎文化等新创旅游纪念品，深入挖掘凤凰沟民俗文化。探索"非物质文化遗产"如何注入凤凰沟文化，传承和发扬原有乡土人情，感受强烈的文化氛围，打造优势，讲好文化故事，通过抖音等自媒体做好故事营销，让故事上头条，让景点成网红，发挥民俗文化的经济拉动作用。

（2）合理开发农业文化遗产，大力推进农耕文化教育进校园，统筹利用现有资源建设农业教育和社会实践基地，引导公众特别是中小学生参与农业科普和农事体验。2018 年园区获得全国中小学生研学实践教育基地荣誉以来，不断开发校外教育课程和拓展活动，成为学校进行校外教育的研学实践基地。不仅使景区的资源和环境得到了很好的保护，更为学生进行植物科普教育提供了丰富的品种资源，让学生体验生态环境带来美好景观的同时，有利于促进学生感觉自然、爱护自然，融入自然，自觉加入生态文明建设中来，做到学游结合。2019 年上半年实现研学人数

5.6万人次，研学区域覆盖南昌、丰城、高安、新余、上饶、九江等地，获得较好评价。

3. 农产品加工模式

黄马·凤凰沟田园综合体创建区域茶叶加工能力优势突出，在省内外具有一定的影响力，拥有年加工万担茶叶的初制、精制设备150多台，生产场房8 000平方米，日生产干茶400千克的清洁化生产线1条，以及省内首座大型名优茶冷藏保鲜库。每当2 000多亩春茶大面积开采，当地的茶叶企业、茶叶种植大户就要忙于组织人员采摘新茶，清明前后的茶叶叶质细嫩，采摘期短，炒制出来的茶叶不仅营养丰富，而且性状、色泽、气味俱佳，质量上乘。

除茶叶加工之外，创建区域还有其他极具特色的农业加工产品，如桑叶桃酥饼、桑果糕、桑叶茶、纯桑蚕丝被、杜鹃红茶、前岭银毫茶叶、桑叶面、桑叶馒头、桑果汁、无患子纯天然手工皂、桑果醋、桑葚冰酒、茶叶枕、真丝围巾等，让周边农户生产的多样农产品畅销无阻，增加了致富门道，同时也因产品自身的质优价实，深受省内外游客欢迎。

4. 科研助力模式

凤凰沟以科技为支撑，以绿色为引领，以改革为动力，以服务为保障，确立"产研融合"理念，促进成果产业化。科技是第一生产力，区域内建有国家茶叶产业技术体系南昌综合试验站、国家蚕桑产业技术体系九江综合试验站，设有江西省茶叶产业技术体系首席岗位科学家，有"赣鄱英才555工程"人才1名、"江西省百千万人才工程"2名、"西部之光"访问学者1名、研究员7人、副高以上33人、博士、硕士研究生20多人。强大的科研团队为产品研发提供了强大助力。一是加大科研服务全省产业经济的能力。在园区国家现代农业产业技术体系为技术服务的平台基础上，通过组建全省科技特派团等形式，对接服务全省的农业类龙头企业。二是整合园区内"产研融合"，提高科技转化率。科研人员紧紧围绕蚕桑、茶叶、花木三大产业，紧扣旅游产品链和产业链，注重产业和市场选题，积极开发特色科技产品，围绕"接二连三"做活二产，做长三产，践行"农旅融合"，打造农旅产业链。三是建设智慧农业园区。区域建成了集电视、报刊等传统传播媒介和网络、手机短信、微信公众平台等新型传播媒介为一体的农村信息综合服务平台。主要信息传播媒介包括：南昌市农业信息网（www. nyj. nc. gov. cn）、南昌县人民政府网（www. ncx. gov. cn）、江西省凤凰沟现代农业示范园官网（www. ccphoenix. cn）、"12316"农业服务平台等。主要智慧农业建设体系有农产品质量追溯系统、生产指挥监控系统、景区无线WiFi系统、园区音响系统建设、农业场馆物联网系统等。

【利益联结机制】　通过投资建设基础设施，改造提升景观，增加产业带动能力、产业融合能力、增收致富能力。2018年共带动周边1 139户农民年增收达6 000元/户，年促进农民增收总额近7 000万元。

园区通过一二三产业融合发展，园区变景区，随着旅游人数的日益增加，带动园区周边农民发展农家乐29家，解决就业人数87人，农民增收近400万元。

园区统一规划设计，为周边农民提供集中的农产品销售摊位92个，实现人均增收1.5万元。

利用园区辐射效果，带动发展生态休闲体验农庄6家，年营业额达3 000万元左右，解决就业人数100余人。

充分发挥旅游功能销售农副产品，所域居民和职工承包种植草莓、葡萄、柑橘、早熟梨、火龙果等经济作物的人数增加到182人，面积达1 030.86亩，带动农户182户，农户增收256.16万元。

用人用工明显增多，2018 年全年共请用周边农民工 202 人，农民临时工 371 人，全年请用农民临时工 1 037 人次（每次工长 8 小时），共带动农民增收 165.06 万元。

【发展成效】

1. 品牌效益凸显

近些年，在南昌县委、县政府大力支持和县旅游主管部门的关心指导下，凤凰村乡村旅游产业发展迅猛，"凤凰沟景区"成为省内知名旅游景点，景区先后荣获"国家 4A 级旅游景区""中国美丽田园""全国十佳休闲农庄""全国中小学生研学实践教育基地"和"江西省 5A 乡村旅游点"等荣誉。

黄马凤凰沟樱花节已连续 3 年登录央视，梅花节、音乐节等节庆品牌也相继唱响，接待游客量达 70 多万人次。

2. 经济效益初显

凤凰村建设注重农业经营体制机制创新，大力培育农业龙头企业、种养大户、家庭农场、农民合作社等新型经营主体，整个凤凰村目前入村新型经营主体约 86 余家。核心区主要经营主体达 12 家，都以"公司＋基地＋农工（合作社、农场、大户）"为发展模式。2018 年凤凰村通过旅游、餐饮住宿、会务培训、园林苗木、茶叶，果蔬等产业带动实现全年经济收入达到 8 254 万元。

3. 社会效益明显

（1）生产与服务条件贡献。凤凰村乡村旅游使山、水、田、林、路的田园化方面得到很大的改善，并直接促进农民的增收，主要来自新增聘用的农民以"产业工人"、旅游服务人员的身份参与生产和旅游服务，同时安排科技特派团成员上百次到江西境内县乡产业科技服务。

（2）辐射带动贡献。凤凰村被授予"农业农村部农村实用人才培训基地"，并已成功举办了 35 期"中组部·农业农村部农村实用人才带头人和大学生村官示范培训班"，累计培训学员 3 460 人。辐射带动作用显著。

4. 人居环境改善

凤凰沟乡村旅游将围绕田园旅居综合体建设，按照"村庄美、产业兴、农民富、环境优"的要求，加强基础设施、产业支撑、公共服务、环境风貌建设，实现"三生同步""三产融合"，真正实现最具文化特色、宜居宜业宜游，可持续、可复制、可推广的江西最美农业综合体。

【经验启示】

坚持以农为本、促农致富

要以保护耕地、自然环境为前提，提升农业综合生产服务能力，突出农业特色，发展现代农业，促进农村一二三产业深度融合，提高农业综合效益和现代化水平；要保持农村田园风光，留住乡愁，保护好青山绿水，实现生态可持续；要确保区域内及周边农民参与和受益，着力构建村集体、合作社、企业和农民利益联结机制，带动农民持续稳定增收，让农民充分分享乡村旅游带来的发展成果。

坚持共建共享、协同发展。要充分发挥桃园自然村、凤凰自然村、茶科自然村等农村集体组织在乡村建设治理中的主体作用，通过农村集体组织、农民合作社、企业等渠道让农民参与乡村旅游建设进程，提高区域内公共服务的质量和水平，逐步实现农村社区化管理；要把探索发展集体经济作为产业发展的重要途径，积极盘活农村集体资产，发展多种形式的股份合作，增强和壮大集体经济发展活力和实力，真正让农民分享集体经济发展和农村改革成果。

坚持多元主体、市场主导。按照政府引导、企业参与、市场化运作的要求，创新建设模式、管理方式和服务手段，全面激活市场、激活要素、激活主体，调动村集体、合作社、企业和农户等多元化主体共同推动乡村旅游建设的积极性。提高区域内居民特别是农民的获得感和幸福感。

坚持因地制宜、稳扎稳打。要依托现有农村资源，特别是要统筹运用好农业综合开发、美丽乡村等建设成果，从当地实际出发，遵循客观规律，因地制宜，循序渐进，稳扎稳打，挖掘乡村旅游特色优势，体现区域差异性，提倡形态多元性，建设模式多样性；要创新发展理念，优化功能定位，探索一条特色鲜明、宜居宜业、惠及各方的乡村旅游建设和发展之路。

卢氏县休闲旅游典型案例

【基本情况】 2019 年 7 月 19 日，由河南省文旅厅、扶贫办和三门峡市政府主办，三门峡市文广旅局、扶贫办、卢氏县政府承办的乡村旅游发展助推脱贫攻坚观摩会、三门峡市 2019 休闲度假乡村旅游启动仪式在卢氏县官道口镇新坪村举行。新坪村是一个名不见经传的小山村，缘何能够吸引这么多的领导、专家和 30 多名从中央到地方各级媒体记者？能够举办这么高规格的全省性重要活动？这要从豫西百草园资源变资产、"风景"变"钱景"旅游扶贫模式说起。

卢氏豫西大峡谷旅游开发有限公司成立于 2004 年 1 月 6 日，注册地位于卢氏县官道口镇新坪村，经营范围包括旅游景区开发建设、经营管理，旅游景区规划设计，旅游景区管理咨询服务和托管经营，旅游工艺品研发、制作与销售（国家限制产品除外），养生产品开发与销售，旅游餐饮、住宿（仅限于分支机构），培训和会议服务，景区内旅游客运服务。

【模式简介】

资源变资产，"风景"变"钱景"。

豫西百草园位于官道口镇新坪村，与国家 4A 级景区豫西大峡谷相邻，由豫西大峡谷旅游开发有限公司投资，建设集中草药种植加工、民俗文化体验和生态休闲观光为一体的旅游项目，为 4A 级景区。

该项目计划总投资 1.54 亿元，截至 2019 年已投资 5 000 万元。项目采取"公司＋合作社＋基地＋农户（贫困户）"的方式，按照"土地集约化、农民职业化、经营特色化、销售网络化"运作模式，把旅游观光、养生体验、农耕休闲有机结合起来，建有以金银花、油牡丹、彩芍药、连翘为主的中草药示范园，以樱桃、苹果、石榴、红果为主的四季百果园，以薰衣草园、紫薇园、菊花台为主的花卉观赏区，以"光阴故事"为主题的民俗文化展览区。预计年营业收入 3 000 万元以上，带动新坪村及周边村贫困户脱贫致富。

主要带贫模式是收租金、领薪金、分股金的"三金"带贫模式。一是土地流转收租金。流转土地 2 500 亩，流转期限 30 年，亩均租金 450 元/年；二是劳务就业领薪金。景区提供中耕除草、看护管理、保洁服务等就业岗位，月均工资 1 500 元以上；三是资产入股分股金。由村党支部牵头、合作社组织，对村落原有民宅作价入股，由景区统一改造提升，开发民俗旅游，参与经营，按股分红。2017 年、2018 年连续两年，全村人均分红 1 000 元。

【主要成效】

景区在发展过程中，流转土地 1 000 余亩，栽植油用牡丹、芍药、金银花、连翘、葛根、桔梗、皂角等十余个品种，打造了中药材核心观赏区、薰衣草观赏区、紫薇园观赏区、二十四节气观赏区、鲁冰花观赏区，栽植各类果树和彩叶观赏树，形成了春有樱桃、夏有苹果、秋有石榴、冬有红果四季飘香的百果园和彩叶观赏区。同时，对河沟村 28 个民居院子全部进行修旧如旧改造，开设养生茶坊、乡村老物件淘宝屋、酒坊、磨坊、豆腐坊、做到"一院一品"，打造以"年代故事"为主题的民俗园，让游客回忆童年趣事，体验劳动的乐趣；让孩子体验原生食品制作，体验劳动的乐趣。充分挖掘田畴、林盘、农舍、篱笆等众多乡村景观要素，从多层面、多角度共同维护乡村的自然环境，保留传统的劳作技术，保护人与自然接触过程中形成的优美独特的乡村风光，营造与城市截然不同的悠闲、自在的生活方式和宁静、祥和的生活氛围，建设特色化、品质化的乡村中医药养生旅游目的地。

景区的开发建设给新坪村河沟组、北坪组、南坪组、寺上组村民带来了巨大实惠。百草园开发项目在促进旅游大发展的同时，更促进了当地的劳动就业，村民的增收渠道宽了，有土地租赁收入：每户土地流转收入将达到 6 000 元；有中耕除草施肥等劳动收入，每人月工资 1 500 元，每人年收入 12 000元；有股金收入：群众以宅基地入股的形式和百草园紧密联系在一起，为村民再添一份预期收入。创造了贫困群众租赁土地有"租金"、参加除草管理有"薪金"、房屋入股有"股金"的可复制可推广的三金收入的旅游扶贫模式。

豫西百草园除安排 50 余名 60 多岁的老年人在景区对中草药进行管理栽植外，还安排 50 余名 40～60 岁的农村妇女在百草园美食坊做起了农家饭，当地 20 余名戏曲爱好者来景区进行旱船、秧歌、快板、戏曲等民俗表演，探索出了文化扶贫新模式，进一步挖掘了民俗文化，让原汁原味的乡村文化有了展示的平台。目前，新坪村及其周边村庄在景区参加劳动的已达 120 人，世代闭塞的山乡如今处处涌动着发展活力。过去村里人农闲时打牌、喝酒，现在观念大变，积极参与旅游运营和旅游相关的餐饮、住宿等，村里几乎看不见闲人。村民们不光经济收入提高了，生活方式和生活体验都得到了极大改变。老年人通过在景区务工，幸福指数明显升高，人生价值得到体现，家庭氛围更和谐、更融洽。

豫西百草园景区建设不仅为景区树立了良好的旅游目的地形象，而且利用旅游业的辐射带动作用，引导当地居民参与旅游开发，新坪村的北坪停车场、寺上小区附近村民发展农家乐，目前已经开办多家农家乐，围绕旅游发展的思路非常清晰，效果也越来越显著。不仅解决了当地剩余劳动力，增加社会就业，而且加快当地群众的脱贫增收的步伐，促进产业升级和当地经济的发展，实现项目扶贫，精准扶贫和可持续发展。

随着旅游项目的蓬勃发展，目前游客人数已经从刚开始每年的 5 万余人发展到现在的 35 万人次，从当地游客为主发展到以外地游客为主。很多游客在田间、花丛中拍照留念，留下难忘记忆。百草园先后获得国家 4A 级旅游景区、河南省中小学社会实践教育基地、河南省中医药健康旅游示范基地荣誉称号。

【经验启示】

一是旅游脱贫须改革强动力。深化体制机制改革，激活发展的内生动力，是旅游脱贫的基本前提。要用好用活上级有关政策，同时针对性地制定相关政策，推进农村产权制度、农村经营体制等改革，盘活山林、旱地、房屋等沉睡资源，优化农村产业结构。同时，积极创新经营管理模式，建立合作社与农民的利益共同体，从而实现农村资源"活"起来、农村要素"动"起来、贫困群众"富"起来。

二是旅游脱贫须配套增活力。做强旅游业配套服务，是旅游脱贫的内在要求。要以旅游点为中心，围绕"吃、住、行、游、购、娱"和"闲、情、奇、商、养、学"新旧六要素，增加有效供给，精心布局配套服务设施，加快建设和完善交通、能源、通信水利等配套基础设施，夯实贫困镇村经济发展基础。

三是旅游脱贫须融合聚合力。将旅游业和其他相关产业深度融合、一体发展，是旅游脱贫的关键所在。要推动旅游业与现代山地高效农业、山地特色新型城镇化融合发展，与大健康、文化、体育等相关产业共生共荣，不断丰富旅游业态，加快产业转型升级，有效延长产业链、价值链，着力形成"全景域体验、全过程消费、全产业融合、全民化共享"的全域旅游新模式，实现相互搭台，形成发展脱贫攻坚的强大合力。

四是旅游脱贫须全景添魅力。坚持全景打造，形成旅游业的大格局，是旅游脱贫的有效抓手。要充分发挥当地旅游资源点多面广的优势，形成城乡互融、类型丰富的旅游格局，拓宽贫困群众增收渠道，让旅游业成为百姓致富新路子。

整合乡村资源　发展民宿产业

——湖南慧润农业科技
有限公司

【基本情况】　乡村休闲旅游是绿色产业、朝阳产业，也是重要的惠民工程，在国外已有100多年历史，在国内正处于蓬勃发展阶段。湖南慧润农业科技有限公司（以下简称慧润公司）顺应城乡一体化发展的大势和城市人口对乡村田园风光的向往，坚持"分享、合作、整合"的理念，以民宿为切入点，整合乡村资源，发展乡村旅游，探索出一条独具特色的民宿产业发展之路，形成了可复制、可借鉴的"慧润模式"。

慧润公司成立于2012年，企业负责人皮青原是长沙城区一家大型连锁超市有限公司的创办人，从超市行业退出后，下乡发展乡村旅游。从2012年在湖南长沙县开慧镇飘峰村投资创建板仓国际露营基地起步，经过近8年的建设和发展，公司现有13家实体，产业涉及旅游服务、农业种植、农副产品开发、

农村电商、乡村酒店、农村创业孵化等领域。从2012年至今，公司累计投资6 000余万元，建成了板仓国际露营基地、慧润锡福村乡村民宿、金井湘丰帐篷酒店、慧润农科新城科普基地、慧润影珠山谷度假营地、慧润蝶梦山谷等6个乡村度假基地，打造了"慧享游""锡福民宿"互联网与微信移动终端两大智慧电商平台，创建了"慧润旅游"乡村服务品牌、"板仓人家"农产品品牌和"白色野餐"营销活动品牌。先后被评为全国首批"中国乡村旅游创客示范基地""全国休闲农业与乡村旅游示范点""全国乡村旅游模范户""全国休闲农业与乡村旅游五星级示范企业（园区）""2018潇湘旅游口碑榜年度特色民宿酒店""2018中国旅游影响力乡村民宿TOP10"。2018年接待国内外游客超过30万人次，实现营业收入3 752万元。

【模式简介】

（一）模式概况

慧润模式即"民宿＋"模式，是以民宿为切入点，因地制宜，打造不同主题、不同特色的民宿产品。通过采取"公司＋村集体＋农户"合作形式，由公司统一运营、村级组织提供营商环境保障、农户负责民宿服务管理。经营收益按照"631"比例分享：农户60％、公司30％、村集体10％，实现公司、村集体和农户的合作共赢。

（二）发展策略

以分享、合作、整合为理念，打造可复制、可借鉴乡村休闲旅游模式，促进乡村振兴。主要发展策略是：

1. 以合作共赢盘活农村资源资产。公司通过建立多方合作关系，盘活农村资源资产，实现了资源共享、优势互补、快速发展。一是加强政村企合作。由村委会牵头成立福仙居乡村旅游开发子公司，推动乡村公路、农田水利等基础设施建设和农村环境整治，并按一定比例分享慧润公司的收益，既发展壮

大了集体经济，也为休闲农业发展营造了良好环境。二是加强农企合作。鼓励农民以住房等产权入股公司合作经营，并将合作农户的住房改造为乡村旅馆，由公司提供客源保障、营销推广和业务指导，合作农户负责游客接待，住宿费按比例分成，形成了你中有我、我中有你的利益共同体，充分调动了农民参与休闲农业发展的积极性。三是加强与各类创业主体合作。采取租赁经营等形式，利用其他企业的资源，开发休闲旅游项目。在湘丰公司的茶叶基地兴建了帐篷露营项目，联合开慧镇内的餐饮店接待外来游客，既盘活了存量资产，又减少了重复建设。

2. 以三次产业融合推动现代农业发展。公司引进现代要素，加快传统农业改造，推进农村一二三产业融合，提升了现代农业发展水平。一是建设规模化农业基地。发挥锡福村水果之乡的优势，规划建设千亩水果花卉苗木产业基地。目前已建成水果花卉、蓝莓基地100多亩，竹林园150亩，并带动6家农民专业合作社发展小水果800亩，实现了区域化布局、规模化经营。二是推进农旅深度融合。依托当地农业和农村人文生态资源，积极发展乡村旅游、住宿、餐饮等产业，大力拓展农业休闲、教育、娱乐、健身等多种功能，让游客充分体验"住农家屋、品农家味、干农家活、享农家乐"的乡村情趣，实现了以农促旅、以旅兴农。三是构建现代营销体系。运用"互联网＋"模式，建立电子商务平台和农产品绿色通道，通过线上展示与线下体验相结合，集中宣传推介"板仓人家"特色农产品，目前已与全国供销合作总社建立了产销合作关系。

3. 以创意开发打造特色休闲项目。公司利用农村资源环境优势，开发特色明显、参与性强的休闲项目，满足了人们多样化、个性化休闲需求。一是打造乡土特色项目。注重融入田园风光、村落建筑、乡村生活等元素，着力打造民宿旅游，突显"乡农"特色，

不搞高大上，为求原生态，让乡村看得见山、望得见水、记得住乡愁。二是打造时尚旅游项目。改造提升了垂钓荷塘、阳光草场等自然景观，建设了房车露营、南非帐篷酒店和澳洲小木屋，开发了生态住宿、山水丛林休闲项目，让游客体验返璞归真、回归自然的乐趣。三是打造文化休闲项目。深入挖掘当地传统文化特别是原汁原味的农耕文化，打造了拜孔子学礼仪、时令节气活动等旅游产品；以杨开慧的爱情故事为主题，开发了爱情湖度假、彩稻初恋画板等项目。

4. 以商业营销塑造品牌形象。公司十分重视品牌建设，加大品牌培育推介力度，创新营销管理，有效提升了市场竞争力。一是精心策划培育品牌。将休闲农业巧妙地与地方特色资源、农业生产活动、农村人居环境进行嫁接，打好"山水文化牌"，促进农业与休闲、文化与旅游的深度融合。二是联营联动推介品牌。除采用节庆活动、网络营销推介品牌外，还通过与知名社会团体联合经营，借势扩大品牌影响力。比如，与省自驾旅游协会合作，将帐篷营地打造成全省自驾旅游重点项目；与开慧纪念馆合作开发乡村旅游纪念品，形成"红色板仓、绿色露营"的品牌效应。三是优化服务提升品牌。按照"建一流企业、做一流服务、树一流形象"的要求，建立现代企业制度，加强从业人员培训，实现了规范化管理、标准化服务，获得游客好评。

（三）主要做法

1. 资源整合＋标准化建设，推动民居变民宿。在开慧镇飘峰村、锡福村，大力盘活闲置房屋、闲置田地、闲置劳动力和荒山、荒坡、水塘等存量资源，通过企业投入大额配套资金，农民投入小额改造费用，按照慧润公司提供的整体装修设计方案，统一对房屋进行包装改造，开发停车坪、公共厕所、自行车游道等配套设施，将民居改造为独具特色的民宿。目前已在锡福村形成喻家洞、

大明湖、新桃源三大民宿片区，建成民宿 21 家，民宿客房 108 间，并通过标准化建设、亲情化经营、亲和式服务，逐步彰显了乡村民宿浓厚的"人情味"，让游客尽享乡村最传统的美食、最惬意的生活、最淳朴的感情。

2. 绿色发展＋市场化运作，推动村庄变景区。坚持产业兴旺、环保先行的绿色发展理念，积极引入澳大利亚先进技术，定点铺设排污系统，对生活污水、化肥农药、餐厨垃圾及时进行净化处理，对流转的土地进行绿化、亮化、美化，形成了不开山、不填水、不废田、不搞大拆大建的民宿产业发展路径，实现传统民居与现代民宿元素的完美融合，促进了民宿经济与生态文明协调发展。慧润公司统一管理、统一培训民宿经营者，统一进行市场化运作、营业指导和营销推广，实现了农村与城市、民宿与市场的有效对接，目前已累计接待包括来自美国、法国、澳大利亚以及我国香港、台湾等地游客 30 余万人次，将传统村庄打造成了看得见山、望得见水、记得住乡愁、留得住乡情的休闲旅游度假区。

3. 基地建设＋合作化经营，推动农民变合伙人。打破单一的民宿发展业态，通过"民宿＋"基地建设，打造了以"民宿＋露营基地"为主题的板仓国际露营基地、以"民宿＋田园养生"为主题的锡福乡村民宿基地、以"民宿＋产业基地"为主题的湘丰度假帐篷酒店，并通过创新"企业＋村委会＋农户"的新型合作模式，引入村委会进行牵头协调、土地流转、股权投资，由村民经营民宿和接待游客，其收益按照村集体 10％、企业 30％、农户 60％的比例，由企业、村集体和村民三方共享，仅锡福村的 21 家乡村民宿，近两年累计经营收入约 300 万元（含餐饮等民宿带动的消费），村集体分享的收入超过 30 万元，经营民宿的村民人均年收入达到 6 万余元，既促进了村集体经济发展，又推动了农民向合伙人的华丽转变，实现了企业、

村集体和农户的合作共赢。

4. 品牌塑造＋网络化营销，推动农副产品变旅游产品。企业与村集体、村民合作，成立农业专业合作社，坚持以高于市场 10％的价格，对农民的蔬菜、瓜果、粮油、家禽、腊味等农副产品，集中进行采购，并通过精品包装和产品附加值的提升，创立了"板仓人家"农产品自有品牌，将农副产品变为了体现乡土特色、绿色生态的旅游产品。同时，积极拓展互联网电商模式，设计开发了拥有自主知识产权的"慧享游"互联网平台，通过"互联网＋民宿＋农产品"的共享方式，将民宿及其经营农户和农产品的信息逐一在线上平台展示和营销，促进线上线下资源整合，帮助农民抱团走向市场。近 3 年，村民通过线上线下平台向游客和市民销售的土特产、旅游产品高达 800 余万元，有效推动了农村一三产业融合发展。

【利益联结机制】

一是建立"631"利益分享机制。民宿收益按照农户 60％、企业 30％、村集体 10％的比例，由村民、企业和村集体三方分享，实现了企业、村集体和农户的合作共赢。近两年，仅锡福村的 21 家乡村民宿累计经营收入约 300 万元，村集体分享的收入达 30 万元。乡村农舍，经过旅店式投资改造后，单是租金收入就达 6 万多元，再加上公司提供的工资补贴，以及餐饮服务收入，一家农家驿站一年收入就有 10 余万元。

二是建立农产品增值共享机制。搭建农产品电商平台，由慧润公司统一包装、统一品牌、统一运营，村集体负责本村产品组织，按平台营业额 10％提成，农户负责农产品生产，以高于市场价 10％的价格，定期向农户收购自产农产品。

【主要成效】 从 2012 年至今，公司完成投资 6 000 余万元，带动经济产值超过 1 亿元，

截至 2018 年接待国内外游客超过 200 万人次，实现营业收入 3 752 万元，为村集体经济增收 800 多万元。

一是实现了天人共美。公司坚持生态主线，秉承绿色发展，不给环境带来破坏和影响，力求实现产业与生态协调发展，人与自然和谐共处。无论是板仓国际露营基地、乡村客栈、休闲自行车游道，还是薰衣草种植基地、青少年农村科普馆、乡村田园酒吧等，依地貌因势而建，按原态修旧如旧，有效实现"人文无干扰、生态无破坏"。

二是实现了城乡共赢。随着慧润公司的发展，一大批乡村旅游就业岗位应运而生，近 300 名外出务工人员返乡找到"用武之地"。在企业的开发引导下，周边村民向游客大量销售土特产，近 3 年累计销售额高达 1 亿多元，有效带动了当地种养业的发展，实现共同致富。与此同时，城里人在这里充分体验到了住农家屋、吃农家菜、干农家活、享农家乐的乡村游乐趣，也正是这里幽静的小道、茂盛的森林、清清的荷塘、绿绿的菜地、土造的农舍、喷香的锅巴饭，真正让游客看得见山水、记得住乡愁、留得住乡情。

三是实现了文明共进。一直以来，慧润公司坚持把现代文明与自然景观结合起来，将生态文化与城市资源整合起来，充分尊重当地的风土人情和民俗习惯，充分挖掘传统文化、红色文化和农业文明的内涵，使旅游发展获得当地村民的认同与支持，并积极参与到旅游开发中来。通过建设红色教育旅游区、慧润农耕采摘区、运动休闲养生区，注入文化因子，延伸产业链条，推动城市与乡村互动交融，形成独有的文化特色，提升了乡村旅游的底蕴和内涵。

【经验启示】 2015 年中央 1 号文件指出，要积极挖掘乡村生态休闲、旅游观光、文化教育价值。国务院出台的《关于进一步促进旅游投资和消费的若干意见》指出，要实施乡村旅游提升计划。公司的生动实践，既形成了发展乡村旅游的鲜活样本，也推动了当地新农村建设的长足发展，对于做活乡村旅游这篇大文章，创造了宝贵经验，提供了有益启示。

发展乡村旅游是促进农村发展的好途径。公司在发展乡村旅游的过程中，充分撬动农村平凡资源，带动了当地农村基础设施建设，发展了当地的现代农业，实现了生态文明、城市文明、乡村文明的互动交融，有力促进了当地农村的发展。实践证明，发展乡村旅游有利于农业产业结构的调整优化，有利于农民致富奔小康的愿望实现，有利于满足城市居民休闲旅游的迫切需求，是推动城乡一体发展、建设美丽乡村的有效途径。

发展乡村旅游是推动资本下乡的好载体。公司依靠自身的资本优势，瞄准和追踪城里人到乡村休闲旅游的市场需求，因地制宜发展乡村旅游，走出了一条既有利于当地新农村建设，又有利于企业做大做强的新路子。实践证明，发展乡村旅游，既能拓宽城市资本的投资渠道，又能给农村带来现代化的资金、技术、管理和信息，是城市资本下乡的好载体、好形式，具有广阔的发展空间。当前，城乡一体化发展正处于十分关键的时期，需要鼓励和引导城市工商资本投入农业农村，尤其需要发挥乡村旅游在推动资本下乡、实现城乡融合中的重要作用，切实加强引导、加快发展，使之真正成为农村经济发展的"催化剂"，新农村建设的"加速器"。

发展乡村旅游是有效致富农民的好帮手。公司立足当地资源特色和生态环境优势，在发展乡村旅游中推动资源共用、利益共享、城乡共赢，有效带动了当地农民增收致富、素质提升。实践证明，发展乡村旅游，把农家的庭前屋后变为经营场所，使农民由农业生产者变成经营管理者，实现就地转移、就地致富、就地城镇化，是富农强农的好帮手和培养新型农民的好路子。在大力推进新型城镇化过程中，打好扶贫攻坚战，实现农民增收致富，当前正处在一个十分重要的关口，而发展乡村旅游是拓宽农民增收渠道、实施精准扶贫的一个重要切入点。因此，需要加大对乡村旅游的政策支持力度，更好地带动农民在家门口就地创业、增收致富，实现以旅助农、以旅富农，真正将农村的"青山绿水"变成农民的"金山银山"。

"共享"筑就"智慧"彭山

——澧县华诚彭山旅游度假庄园有限公司

【主体简介】　在华诚集团董事长刘连华的规划和经营下，15 年前曾是 3 000 亩荒山的彭山，已经发展成为国家五星级休闲庄园、国家 4A 级旅游景区、中国最美农庄。

彭山不仅是大美彭山，更是"智慧"彭山。2016 年以来，很多农庄主，甚至是大企业集团、上市公司的董事长慕名来到彭山，了解如何运营乡村旅游，"约茶刘连华"已经成为"智慧"彭山最响亮的名片，费用被来访者"逼到"每次 3 800 元。"约茶刘连华"直接导致了社会对彭山"智慧"输出的强烈需求，为此，彭山独创了"企划部共享"、启动了休闲农庄的运营托管业务，创办了彭山农旅商学院。

彭山庄园的成功源于刘连华将"共享"理念运用到了极致，"以终为始定战略、利益关联搭平台、深挖需求搞营运、资本为王创财富"，实现了农旅行业的轻资产运行，筑就了"智慧"彭山。

彭山庄园由澧县华诚彭山旅游度假庄园有限公司投资开发，公司成立于 2013 年 6 月，是一家以乡村旅游、现代农业综合开发与利用为主体的多元化经营企业。

彭山庄园位于湖南省澧县澧南镇境内，由森林康养公园、湿地科普公园、城头山地质公园和有机农业基地、花卉园艺基地组成，

1 000 亩湿地、2 000 亩水域、3 000 亩山林。彭山庄园包含吃、住、娱、育、购等五大服务项目。

吃——以原生态健康养生为主题的彭山之恋连锁餐厅；

住——澧水河畔康养茶旅屋、山涧主题民宿、雅致客房；

娱——二十多种惊险刺激、有趣的游乐项目；

育——彭山地质文化博物馆、自然灾害体验馆、人生之旅科幻体验馆、花果科普迷宫、动植物科普园、书画室等；

购——自种自养自制农产品、有机香米、有机紫米、茶油、纯粮原浆洞藏酒彭山醇、四季特色水果等。

近年来，公司着力优化大米、茶油、水果、水产养殖及苗木绿化等农产品的加工与销售转型升级，搭建旅游服务平台带动产品销售，促进合作社、农户种植生产联动，实现了公司一二三产业的有机融合。2018 年，庄园游客接待量达 50 多万人次，农特产品、旅游收入 3 800 万元；庄园与乔家河居委会结对帮扶，通过庄园＋农户合作，带动周边 380 户农户共同发展，为村民提供就业岗位 185 个，人均收入 3 万多元，远超当地务农收入。

【模式简介】

（一）模式概括

彭山庄园的模式是"庄园试验、示范＋智慧成果输出"。过去十余年间，彭山庄园在刘连华的带领下，在"吃、住、娱、育、购"五个方面不断试验"共享"，总结经验、自我完善。目前实际上已经成为农旅行业的"轻资产"创新示范基地，又通过"约茶刘连华""企划部共享"、项目托管、彭山农旅商学院等源源不断地进行智慧成果输出。

在十余年的农旅行业探索中，彭山庄园以平台化为核心，"以终为始定战略、利益关

联搭平台、深挖需求搞营运、资本为王创财富"，被业界誉为"农旅教科书"。

（二）发展策略

创业之初，名不见经传的彭山就是一片荒山，既没有资源优势，也没有区位交通优势，还面临资金短缺的困境。不得已，刘连华逆向思维，"收取门票＋免费送出门票"成功地为庄园引流。有了客流的基础，刘连华又巧妙运用"共享"理念，几乎在零成本的情况下为庄园充实各种业态内容。

2017年初，"他用共享模式把3 000亩荒山零成本变身为国家五星级休闲庄园、国家4A级景区，年收入几千万"一篇网络文章成为网红，全国各地来彭山学习取经的人络绎不绝，由此引出了"约茶刘连华"，彭山也因此成了农旅人才培养和输出基地。

彭山庄园的发展策略是第一版块乡村旅游的收入维持庄园的正常运行；第二版块的产业收入用于庄园发展建设；第三版块的平台收入是未来庄园增值的重要来源。第一版块的收入包括门票、餐饮、游乐、住宿等；第二版块为依托于庄园的有机瓜果、蔬菜、大米、禽蛋等；第三版块是智慧输出的收入。庄园发展的核心理念是"共享"筑就"智慧"彭山、智慧输出增值彭山品牌，为彭山的资本运营奠定基础。

（三）主要做法

在全国很多庄园经营亏损的情况下，彭山风生水起，主要原因是运用共享思维平台化运营第一版块。庄园之所以可以平台化运营，首先要有一定的客流量，在此基础上才可以共享庄园项目成果。庄园共享项目试验成功后，进而引发了彭山的智慧输出。鉴于此，彭山庄园的做法主要包括三大类：一是庄园引流；二是共享解决资金短缺、同时锁定目标客户；三是智慧成果输出。以下是几个典型事例：

第一类：庄园引流。2014年，彭山庄园正式开业，为了吸引人气，刘连华首先在门票上进行了巧妙的设计。一是收取门票40元/人，然后赠送40元消费；二是将售价168元的彭山庄园贵宾卡作为礼品赠送给周边的企事业单位等高端客户，凭借贵宾卡，一年内不限次数，5人以内免门票。在庄园开业的第一年里，共送出贵宾卡8万张。刘连华抓住了游客的心理，只有花钱的才是有价值的，通过巧妙地进行门票置换，吸引了第一批客流。

游客来了，就需要有活动让大家满意并成为回头客。在庄园经营项目匮乏的情况下，刘连华首先想到的是多做主题鲜明的活动为彭山引流。例如：

周末彭山汇。每个周末，聚集一群上班族在一起吃喝玩乐看表演，放松心情、释放压力，度过一段愉快的时光。彭山约饭。这是一个神奇的组局社交平台，吃一些稀奇古怪的食物，交一群各行各业的朋友。让你的每次就餐都有人陪伴，让饭局有得聊、有的玩、有的看，让吃货的生活变得简单而精彩。端午屈原祭祀大典、共品一个千斤粽子。澧州是屈原行吟澧水时的核心地带，彭山每年端午举办屈原祭祀大典，不仅宣传了庄园的屈子文化，同时也向广大游客展示了中华传统礼仪，弘扬民族文化，庄园自然已赢得了美誉，游客还可品尝庄园特制的千斤大粽子。湖南卫视新闻联播连续两年报道了彭山端午屈原祭祀活动。

运用丰富多彩、各具特色的活动为庄园引流，是彭山一直坚持的。彭山庄园出版发行了20多万字的《彭山探幽》，深度解读彭山的历史人文和风景名胜；征集并发布了彭山散文集、诗歌集；拍摄了澧县本土原创MV《彭山之恋》，首发日当天点击量便突破30万。彭山庄园还举办了摄影大赛等；庄园利用官网、微信公众号、抖音等新媒体进行全网宣传，积累了大量粉丝。

通过这些引流举措，2014年彭山庄园游客量便突破了15万人次，2015—2017年，庄园年均游客量达 35 万人次，2018 年更是突破了 50 万人次，庄园持续盈利。

第二类：解决资金短缺、锁定目标客户。私人庄园建设，面临的一大难题是资金短缺。为此，彭山庄园通过深挖客户需求、搭建利益关联平台、以终为始定战略，打出了一系列漂亮的组合拳。一个又一个的"小聪明"构成了彭山的"大智慧"，不仅解决了资金短缺，更是提前锁定了目标客户。以下是几个例子：

众筹彭山之恋味道餐厅。该餐厅最初由庄园投资经营。2015 年，为了让味道餐厅增添新的活力，庄园将味道餐厅"共享"了。8 000 元一股，即可成为庄主。想成为庄主必须是三种人：第一，餐厅优秀员工，这是对员工进行激励的一种方式，同时有助于增强员工的责任心；第二，原材料供应商，这样可以保障原材料品质；第三，多次消费、有大量人脉资源的顾客。最终，77 人成为了彭山之恋味道餐厅的股东、共筹集资金 250 万元。"共享"之后，餐厅的效益一路上升，已连续 4 年为股东分红，年投资回报率保持在 20％以上。

"共享"游轮。彭山脚下有 2 000 亩水域，准备增设游轮项目。一条游轮需要 300 万元投资，钱虽然不多，但是购买后如何保证客源呢？彭山庄园在周边县市组织 10 家旅行社进行资源共享，每家旅行社出资 30 万元，不仅可以享受游轮永久免费使用权，还获赠 30 万元门票。共享游轮，不仅解决了资金问题，旅行社带来的游客还产生餐饮、住宿、商品购买等消费。

地质科普体验馆。彭山庄园是城头山地质公园的核心部分，随着研学旅行市场的兴起，彭山庄园新建了"彭山地质科普体验馆"，同时还引进了地震、台风、海啸模拟体验。体验馆建设之前，彭山庄园就提前锁定了目标客户。庄园在周边每一个县城找了一家保险公司，每家保险公司出资 10 万元建起了体验馆。作为交换，庄园为每一家保险公司提供了 10 万元的门票和 10 万元的体验馆消费。

除此之外，庄园内的住宿、商店、索道等游乐项目，都是通过类似平台化的途径，把投资和经营问题一并解决。庄园进行招商，由别人投资、经营，庄园统一管理、分成。庄园的花果科普迷宫、彭山醇洞藏酒、澧水河畔康养茶旅屋、彭山公益图书馆等项目同样也采用了"利益关联搭平台，提前锁定目标客户"的方式，既能解决资金问题，又能锁定大量客户群体，实现庄园与客户的共享共赢。

第三类：智慧成果"共享"。

企划部共享。休闲农业与乡村旅游行业企划人才极度匮乏。彭山庄园的共享模式试验成功后，刘连华意识到"一花独放不是春，百花齐放春满园"，于是推出了"企划部共享计划"。将彭山庄园企划部的员工与其他农旅企业共享，为他们提供方案策划、活动策划、人才培育、全网推广等服务，解决农旅企业缺专业人才的问题；把各种已经在彭山得到验证的策划、模式等"智慧成果"复制到其他农旅企业，以帮助更多企业发展、盈利。该计划推出一年多以来，已经为多家企业进行了企划共享。企划部共享还是彭山庄园的一个企业内部创业项目，同时也在一定程度上解决了庄园人才不足的问题。

项目托管。鉴于很多新建的乡村旅游项目缺乏运营管理人才，彭山庄园开设了项目托管业务，目前，正在为 4 家企业进行托管。在每一个托管项目中，彭山庄园输出一名总经理和一名经理助理，将在彭山试验成功的策划、业态、项目等输出到托管项目，省去了项目试错的时间和成本，让每一个合作单位资产轻量化并快速赢利。

项目托管是彭山庄园未来实施资本运营战略的一个重要组成部分。

彭山农旅商学院。制约农旅行业发展的核心是专业人才的匮乏。随着"乡村振兴战略"的提出和消费市场的转变，大量的企业和社会资本跨行进入休闲农业和乡村旅游行业，"彭山农旅商学院"便应运而生。

彭山农旅商学院是智慧彭山品牌建设的重要平台。

彭山智库。彭山智库是庄园正在实施的一个项目。计划将彭山多年沉淀下来的管理规范、操作细则、彭山农旅商学院课件、刘连华授课讲义、彭山共享案例等资料上传，感兴趣的人士通过共享其资源的方式获得彭山相关资料，这样不断扩大彭山智库。

【利益联结机制】 庄园充分用好用足国家扶持政策，全面实施精准扶贫战略，以乔家河居委会为重点，辐射周边数乡村民，采取多种方式助力脱贫致富。

办实事工作全面推进。目前，已投入扶贫资金30.45万元，协助乔家河居委会进行部分景观树的栽种；扶持村集体新建2 000亩油茶基地、水产养殖等脱贫扶持项目；扩建村文化活动广场；帮助贫困户参加新型农村社会养老保险、新农村合作医疗；对村饮水水塘进行扩建改建。

产业扶贫有序推进。以公司示范带动，已帮扶乔家河居委会380户村民种植有机水稻3 000亩、有机蔬菜200亩，由公司为村民提供技术支持，并回购销售、深加工为洞藏酒等，每户年均收入较之前提高4 500元。同时，公司与210多户村民达成养殖土鸡、土鸭、土猪协议，由村民养殖，公司回购使用、销售的形式扶贫增收，年销售土鸡/鸭1 500只以上、土猪200头以上。

就业扶贫常抓不懈。提供120多个工作岗位，解决贫困村民就业问题，人均年收入在3万元以上，远超当地务农平均收入。

联动发展日益提升。联片农户380户、3万多亩山地，按照"公司＋农户＋基地"的模式种植油茶、水果、苗木等，采取股本分红、经营所得、劳动报酬等多样化方式，带动当地村民走上共同富裕之路。

扶贫规划再出实招。目前，正在庄园内修建可同时容纳300人的疗养苑，并拟将周边彭山村80户闲置农居改造升级为客栈民宿，全力打造澧水流域首座特色小镇，让贫困村村民在家门口甚至家里创业，实现脱贫增收。

【主要成效】

经济效益。2016年，彭山庄园共接待游客35万人次，创营业总收入2 900万元，其中旅游收入1 500万元，第一、二产业收入900多万元。2017年，彭山庄园共接待游客40万人次，创营业总收入3 200万元，其中旅游收入1 700万元，第一、二产业收入1 000万元。2018年，彭山庄园共接待游客51万人次，创营业总收入3 800万元，其中旅游收入2 000万元，第一、二产业收入1 200万元。

社会效益。自2017年以来，已有700多名农庄主、企业走进彭山考察，约茶刘连华；400多人参加了彭山农旅商学院的游学、培训班等，一对一实践培训一个月以上的学员30多人；庄园创始人刘连华受邀在全国各地、行业论坛等授课分享30多场次，受众群体上万人；"企划部共享"已为湖南、湖北、江西、山东、山西、黑龙江等地17家企业提供服务，其中9家已开业并实现盈利；已托管项目4个，其中1个已盈利，3个正在建设中；彭山庄园向社会输送了20余位休闲农庄的管理人才，他们在常德市多家农庄中担任总经理、市场总监、策划、宣传等。

生态效益。自2002年植树造林以来，彭山由一片荒山到如今植被郁郁葱葱，生态环境得到不断改善。彭山庄园的建设都是围绕

"原生态、健康养生、保护自然"的准则，在不破坏原生态的基础上，因地制宜建设。经过十多年的努力，目前彭山已植树造林 50 万株，种植有优质水果 20 多个品种，共计 1 100 亩。如今的彭山，正是"绿水青山就是金山银山"，自然风光秀美，生态环境优良，空气中平均负氧离子含量达 6 900 个/立方厘米，一级饮用水源水质，绿化率达 90% 以上，有"天然氧吧""物种乐园""康养胜地"之誉。

【经验启示】　我国乡村休闲旅游行业已经有了很多好的实践，关键问题是如何梳理经验、总结教训，进行制度化推广。发展乡村休闲旅游是未来几年国家乡村振兴战略的重点任务之一，但是很多农庄、景区都在苦苦摸索，这也是大家纷纷"约茶刘连华"的原因。彭山庄园的发展实践启示如下：

传统的观念认为农旅行业投资大、见效慢，但是彭山庄园的实践证明这个"重资产"行业是可以变为"轻资产"的。

农旅企业就是一个平台，在这个平台上可以实现多方"共享、共赢"，同时解决资金和客户问题。

彭山庄园这样的农文旅企业，实际上是一个社会企业，承担了美丽乡村、增加就业、改善生态环境、为周边居民提供休闲娱乐场所等诸多社会公益功能。政府需要加强对这类社会公益性企业的支持。

彭山庄园面临着一个人才悖论，一方面是自身快速发展需要大量的人才，另一方面是或主动或被动地源源不断地向外界输送人才。乡村旅游急需人才，如何发展壮大彭山农旅商学院这样的机构需要引起各方思考。

高校与农旅企业合作大有可为，可以考虑在"互联网＋赛道"中增设农文旅"共享"赛道。天津财经大学创新与创业研究中心正在梳理彭山模式，过程中发现了很多校企合作契合点，并且已经开始行动。

重庆市乡村休闲旅游业典型案例

——"七彩祥耘开心农场"案例简介

【基本情况】　重庆市沙坪坝区中梁镇位于重庆市主城区，歌乐山山脉，是 20 世纪 80 年代重庆主城重要的渡淡蔬菜基地，也是重庆主城基本农田最为集中成片的地区。进入 21 世纪，随着重庆市农业中心转移到其他区县和农业从业人员的减少，中梁镇作为农产品生产基地的作用逐渐淡化，再加上中梁镇属于中海拔的山区丘陵地貌，田地分散不连片，无法集中打造、规模化耕种，所以大量农田荒弃，农村老龄化、低龄化问题突出，无规模化产业支撑。再加上中梁镇地理位置和产业政策所限，第一、二产业都难以取得规模化发展。但因为中梁镇位于主城核心城区，交通较为便利，生态环境较好，适宜发展休闲、观光农业，再加上城市人口对于高品质农产品的迫切需求，对农产品定制化生产、个性化服务的实际需要，以及全社会对于农产品全程溯源的质量要求，重庆海集农业开发有限公司于 2011 年，投入重金在中梁镇打造以农旅项目和农产品配送为实体，以"科普农业、教育农场"为创新手段，以农业物联网技术和智能农业应用为助推，通过供应链管理整合优质农业资源，一二三产业融合发展，以产业链解决方案为发展目标的创新性农业新业态。

重庆海集农业开发有限公司（以下简称海集农业）成立于 2016 年，注册资本金 1 000 万元。公司以"生态农业、智能农业、健康农业"为基础，以青少年"体验观光、科普教育、文化传承"为主题，专注于发展和普及农耕体验，文化推广，致力于生态农业的发展及农业物联网、大数据等智能应用。公司在重庆市沙坪坝区中梁镇，投资 7 000 万元，建设了"七彩祥耘开心农场""品耕·

共享田园"等现代农业项目，占地 600 余亩，平均海拔 600 米，依山傍湖、空气清新、土壤肥沃、水源纯净、交通便利，是沙坪坝区歌乐山国际慢城的核心项目。公司目前主要有以下 3 个运营项目：

七彩祥耘开心农场（原绿瀚开心农场）立足以"生态农业、科技农业"为基础，以青少年"体验观光、科普实践"为主题，联合中科院的博士团队深度挖掘现代农业元素，以寓教于乐的形式开展了系列农业科普实践和亲子体验活动。

农产品配送项目。为顺应国家有关部委关于"农超对接、农校对接、农企对接、农产品产销对接"的总体安排，海集农业建立为了机关团体、企事业单位、学校幼儿园提供"放心餐工程"的现代化农业配送中心，为重庆市主城区 60 余家单位、学校、幼儿园进行农产品配送。

"品耕·共享田园"项目是专为都市人群打造的定制化家庭农场（菜园）项目。项目秉承"生态智能、共创共享"的理念，严选主城周边未经污染、交通便利、环境优美、土壤肥沃的优良耕地进行基础整治及生态改良后，建设为都市人群认领的私有菜园，带动周边集体经济、农民家庭农场，发展定制化种植、认养服务。

【发展模式】

1. 模式概括

海集农业聚焦三农，发展创新，以创新作为企业发展的驱动力，用科技为传统农业赋能，探索出一条"公司＋集体经济＋农户"的农村利益联接和农村产业发展机制。以农旅项目创造知名品牌，用农产品供应链管理整合优质农业产业链资源，靠智能技术和农业物联网技术的实践应用发展高端和个性化定制生产服务，创新开拓出"农旅项目＋农产品供应链管理＋农产品定制化服务"的产业链发展新思路。

2. 发展策略

（1）"开心农场"打造农旅 IP 品牌。七彩祥耘开心农场打造重庆市首座"草场＋农场"的慢生活慢享体验区。以周边环境为天然课堂，通过趣味草场、农科小天地、绿色蔬菜园、奇蔬异果园、湿地生态区、动物小王国、趣味手工园、家庭小农场、开心采摘园、生活体验区等多个主题园区，开展丰富多彩的实践体验活动，寓教于乐。在增长知识，传承文化的同时，丰富青少年的生活体验，提高情感认知，促进青少年身心健康发展。

目前农场已发展为重庆市知名的亲子农场和研学旅游基地，近 8 年来，农场累计接待 300 余所学校、教育机构开展农耕实践体验，接待各类游客人数超过 160 万人次。

（2）农产品配送服务到"家"。海集农业按照管理标准化、质控国际化、配送专业化、销售多元化的发展思路，逐步实现了由小规模流通经营向标准化基地管理，闭环式质量控制，无缝式安全配送，一站式产品供应的产业一体化经营模式转变。成立至今已为重庆主城 60 余家企事业单位、学校、幼儿园提供配送服务，深受客户好评。在产品多样性、质量可靠性、服务便捷性和全程可追溯等 4 个方面，充分满足了城市团体客户对农产品的需求，建成了覆盖重庆主城区的专业配送网络，辐射西南地区的生鲜供应体系和通达全国的农产品整合渠道。

（3）"品耕·共享田园"推进有序。进入 2018 年下半年，国家"大棚房整治"对休闲农业、观光农业带来一定影响，为解决在耕地和基本农田发展农业产业的难题，公司又投入重金倾力打造"品耕·共享田园"项目，将智能技术和农业产业发展有效结合起来。盘活农村闲置的土地、房屋资源，建立起稳定、长期的城乡消费关系，让农民朋友和集体经济持续增收。

"品耕·共享田园"项目，将田块进行标

准化改造，分割成约 60 平方米一份的地块，并利用物联网技术对田地改造，用信息技术对用户认领和交易模式进行支撑。用户认领后的"共享田园"配有专业农业技师进行全天候种植托管服务，所有蔬菜均严格按照"绿色食品"等级标准进行种植。客户既可通过智能管理平台（App）观看 24 小时远程直播，查看气候、土壤的实时监控，进行喷灌系统的远程遥控，还可通过共享集市，互相开展物物交换、期货交易等消费体验，充分感受当农场主的乐趣和成就感。同时，通过公司开展的蔬菜配送到家服务，客户每年可以收获 30 多个时令蔬菜品种约 300 千克，还可以参加公司组织的丰富多彩的各类户外主题活动及生鲜产品专属定制化服务。

海集农业自主开发了"品耕田园"物联网系统，包括手机 App、"品耕溯源""云芯"智能气象站和后台管理系统。智能气象站将种植区域的实时气象数据发送到云平台服务器，后台管理系统和手机 App 能实时读取气象、土壤的各项数据，并能对灾害性天气预警，指导农业生产。遍布田间的摄像头将实时视频传输到云平台，生产管理者和用户可以通过手机 App 24 小时监控田地情况。通过手机 App 和后台管理系统，生产者和会员用户能够利用远程控制技术，实时操控喷灌装置，生产者可以对喷灌编程，利用农闲和夜晚时间灌溉，充分提高劳动效率。

在"品耕田园"App 上，公司充分整合歌乐山国际慢城及周边农户、集体经济资源，把特色产品、旅游线路和周边特色民宿、农产品推介给用户，并在农产品中植入产品溯源体系。利用 RFID 技术全程记录生产信息，并通过二维码技术和溯源平台，向终端消费者展示产品溯源全过程。

通过"品耕田园"App 和后台系统，能够真正为城市人群实现定制化生产，能够有效整合上下游资源，解决产业落户乡村和可持续发展问题。项目盘活了闲置土地，带动了农民朋友参与，既满足了客户对新鲜安全农产品的实际需要，又为城市家庭提供了一方回归自然、释放心灵的"世外桃源"，目前广受市场追捧，用户反响强烈。

【主要做法】

坚持以农为本，促进一二三产业融合。海集农业坚持以农为本，积极发展生态农业，带动产业联动发展。七彩祥耘开心农村目前已发展为重庆市知名的亲子农场和研学旅游基地，成为都市现代农业行业标杆。农场充满创意和乐趣的农耕体验、蔬果采摘、亲子游乐、学生研学、科普教育等项目，实现了一二三产业融合发展。打造了包含儿童梦想体验小镇、滑草、游船、户外拓展、田园生态美食等多类休闲服务项目，满足不同人群的乡旅需求，运营理念独特，广受市场追捧。

精选优质农产品，确保舌尖上的安全。海集农业配送中心建有现代化的仓储冷冻藏库及蔬果清洗分拣、切割、分等级包装生产线，公司内部建立了符合国际标准的质量控制体系，将产品质量与安全管理深入到产业链的各个环节，拥有专业的技术人员对产品进行严格的筛选和净品处理，并对产品进行质量检查，确保提供给客户单位的都是合格产品，并且质量监管已全面覆盖蔬菜、水果、肉类、粮油、禽蛋、水产、干货等农副产品。

盘活农村闲置资产，助推乡村振兴战略。"品耕·共享田园"项目将农业物联网、智能技术和农业产业发展有效结合起来，通过"品耕田园"App 和后台系统，能够真正为城市人群实现定制化生产，能够有效整合上下游资源，解决产业落户乡村和可持续发展问题。项目充分发挥村集体的组织协调作用，通过独立、联合或股份合作的方式，合理利用集体建设用地，盘活土地资源，建立与集体经济、村民长期稳定的利益联结机制。带动了农民朋友参与，既满足了客户对新鲜安全农产品的实际需要，又为城市家庭提供了一方回归自然、释放心灵的"世外桃源"，目前广受市场追捧，用户反响强烈。

【利益联结机制】

（一）带动村民共同致富

海集农业在最初打造"开心农场"等项目时，也不被当地村民理解，拒接租地、阻拦施工等问题突出。在后期发展经营中，企业很重视与周边农民的联动和帮扶。

指导农户有序经营。凭借"七彩祥耘开心农场"的超高人气和旺盛的人流量，企业指导当地农户开办农家乐、家庭旅社、茶社、停车场等经营项目，指导他们办理经营证照、开展不同经营业态，避免过度竞争，并主动将一部分餐、宿接待量发包给农户，引导游客车辆到当地农户院坝停车，让他们在保证服务质量的情况下赚取利润，同时也丰富了自身业态，解决了自身停车位不足的问题。

联合村委会开办节日集市。针对周边农民在园区四周贩卖农产品、小吃，管理无序、安全无保证的情况，企业联合村民委员会，由企业出地在"开心农场"停车场旁边打造了一块专门的假日集市，专门供周边农户经营自己的土特产、农产品和小吃摊。一户农民在周末或节假日一天的收入从几百元到4 000～5 000元不等。

聘用当地劳动力。企业优先保证当地劳动力用工，并给予培训、晋升的机制。每年当地劳动力产生约100万元的工资收入。

发展种养合作模式。利用企业的配送网络和农产品销售渠道，鼓励、帮助当地农户发展家庭农场，开展订单式种养。企业以高于市场价格保护性收购，解决了村民的后顾之忧，也解决了企业自身生产力不足的问题。

（二）集体经济入股分红

企业积极和当地集体经济体合作，以集体经济入股分红，共同开办项目等方式多方合作。

集体经济入股分红。由当地村委会或下属的集体经济组织争取到的政府补贴资金建设项目，由集体经济组织和企业共同经营，集体经济以分红方式获利，把资金变股金，资产变股本。2019年，中梁镇龙泉村村委会争取到财政资金50万元，购买了冷链运输车3台，以租用方式和海集农业合作，每年获纯利6万元。

联合发展项目经营。2017年和2018年，海集农业和龙泉村村委会合作经营了停车场，水上游船两个经营项目，龙泉村村委会年获利近20万元/年。

【主要成效】

（一）经济效益

"七彩祥耘开心农场"年接待研学学生、亲子游客20万人次，经营收入约1 500万元。农产品配送。海集农业服务60余家机关单位、学校、幼儿园，年经营收入约3 000万元。"品耕·共享田园"首批样板田地70份已售罄，年收入50万元，相当于每亩年收入4.5万元。

（二）社会效益

带动集体经济发展。海集农业目前为集体经济增加收入30万元/年。带动农民致富。海集农业每年创造当地工资收入100万/年，为周边带来旅游收入500万/年。

获得荣誉：2014年农场农产品获得"绿色食品"认证，是沙坪坝区首家获得"绿色食品"认证的生产基地；2015年通过农业部"蔬菜标准园"验收，获评农业部蔬菜标准示范园；2015—2017年，开心农场先后获得重庆市教委"重庆市中小学生社会实践基地""重庆市科普教育基地"认证，还获得"重庆市十佳人气农场""红岩青年创新创业基地""重庆市沙坪坝区农业产业化龙头企业""重庆市青少年社会实践综合示范基地""红岩青年创新创业基地"等称号。

（三）生态效益

人居环境改善。通过"七彩祥耘开心农

场"带来的高人气和高人流量，争取到政府资金对中梁镇和龙泉村人居环境的建设改造。8年来累计投入资金对龙泉村路面进行改造，安装太阳能路灯，集中污水处理和排污管网建设，村民改厨改卫，农民新村建设和环境美化等。

生态环境保护。通过农场的智能化建设和水肥供给改造，利用智慧管理控制平台的预报系统和专家指导系统，严控农业投入品的施用，节约大量宝贵的水资源，保护生态环境，发展绿色经济。

农产品生产公开透明。通过生产环节的透明公开、质量可追溯，客户和监管机构可以随时了解产品生产信息，解决了农产品生产不透明，公信力不足的难题。

【经验启示】

创新探索利益联结机制。公司在自我发展的同时，积极带动当地集体经济和农民共同发展，通过培训当地农民、与当地集体经济合作建设停车场和体验项目、与当地农户合作发展特色种养殖等方法，与当地农民和集体经济建立了长久的利益联结机制。解决了农业产业落地落户的问题。

充分发挥主体作用助推乡村振兴。发挥新型农业经营主体的作用，让项目突出特色效益农业、休闲农业、乡村旅游为重点的农村业态，不断培育和壮大公司的规模，使其在有限的土地资源上发挥更大的示范带动作用。促进现代农业发展与小农户有机衔接，不断提高农民在持股分红、园区就业、土地流转金、自主创业等方面的收入，以此调动农民参与乡村振兴的积极性。

探索建立完整的全产业链解决方案。以"科技农业、智能应用"为发展方向，重点发展智能农业和优质农产品的生产和供应链管理，把用户的大数据分析、产品溯源系统和智能无人生鲜售卖机结合，实现产地到餐桌的无缝连接和农村与城市的利益链接，积极探索解决用户的"最后一公里"问题，最终建立完整的全产业链解决方案。

都市田园　农旅胜地
——船山区永河现代农业园

【主体简介】　船山区永河现代农业园位于遂宁市船山区东部，总规划面积160平方千米，涵盖永兴镇、河沙镇、仁里镇3个镇共40个行政村，总耕地面积6.24万亩，总人口6.55万人。园区按照现代都市农业发展定位，以乡村振兴为总抓手，以农业供给侧结构性改革为主线，坚持"示范引领、全域园区"的建设理念，创新"大园区＋小园区＋业主"的发展模式，大力发展特色种养、精深加工、旅游观光、养生度假等新产业、新业态，全力推动一二三产业融合发展。目前，园区已完成土地规模流转4万余亩，成功引进种养殖、农旅融合等现代农业项目66个，累计完成投资34亿元，建成各类特色产业基地3.5万余亩，建成区总面积达到65平方千米。

【发展思路】　园区充分认识到休闲农业对新农村建设、促进农业产业结构调整、带动农民增收、促进现代旅游业发展等方面的重要作用，将其作为农村经济的新增长点，注重充分发挥政府在休闲农业发展过程中的主导作用。一是将休闲农业发展纳入区域发展的战略规划当中，在财力、物力、人力资源等方面给予充分支持，利用国有平台公司积极参与基础设施、新型业态的建设，掌握休闲农业发展的主动权。二是积极调动村集体组织的力量，村集体经济组织作为村集体利益的直接主体，充分发挥了其在休闲农业发展过程中的监督、协调、组织等作用，努力维系好政府、企业和农户三方的利益平衡，推动了园区休闲农业的平稳快速发展。三是把引进社会资金作为休闲农业发展的重要组成部分，给予企业一定的发言权，充分发挥非政府组织的作用，从而实现休闲农业的可持续发展。

目前园区休闲农业的经营主体主要有：国有公司、民营企业、农户、专业合作社、家庭农场及村集体经济等，形成了"政府＋企业＋农户""企业＋集体经济＋农户""新型经营主体＋农户"等多种经营形式。依托园区自身的资源优势，园区管委会不断创新园区服务工作机制，搭建了集体经济发展平台、农业科技创新平台、现代农业产业服务平台、农民就业增收平台的"四大平台"，全力提升"永河园"这一优质休闲农业品牌形象，努力推动园区休闲农业的创新发展。

【发展模式】

田园农业模式。以农村田园景观、农业生产活动和特色农产品为休闲吸引物，开发农业游、林果游、花卉游等不同特色的主题休闲活动来满足游客体验农业、回归自然的心理需求。

体验度假模式。即依托自然优美的乡野风景、舒适怡人的清新气候等，结合周围的田园景观和民俗文化，兴建一些休闲、娱乐设施，为游客提供休憩、度假、娱乐、餐饮、健身等服务。

自然风光模式。以乡村自然景观作为休闲农业的基础资源，通过综合设计和规划发展方向，满足游客基本心理游览需求，并在此基础上加强农业教育和科普功能，打造立体农业休闲区。

【利益联结机制】

园区创新联农带农机制，通过"公司＋合作社＋基地＋农户"，大力发展订单收购、股份合作、返租倒包等模式，让农民分享产业增值收益，带动农民增收效果显著。主要采取以下3种方式：

一是保障分红共享一批。针对缺乏劳动力的贫困户，大力推行财政支农资金股权量化，将财政支持新型农业经营主体的产业资金和生产性基础设施资金的30％股权量化到贫困户和村集体，年均保底分红5％～15％，既壮大了村集体经济，又解决了无劳动能力贫困户持续增收问题。

二是利益联结共享一批。针对有劳动力的贫困户，积极推广高金双保寄养、可士可二八分成、齐全四六分成、倒包返租、劳务承包等利益联结模式，推进农业企业健康发展，促进贫困农户稳定增收。用好5万元以下、3年以内"免抵押、免担保"的扶贫小额信贷政策，鼓励贫困户以贷入股，获取政策性收益。

三是帮扶就业共享一批。利用职教资源和全覆盖的农民夜校，加强对贫困群众职业技能定制化培训，采取转移就业、园区吸纳、创业带动、商会介绍、公益性岗位帮扶等方式，帮助园区内贫困劳动力实现就业。

【主要成效】

经济效益。园区休闲农业经济收益主要来源于农业产业和乡村旅游观光产业。一是农业产业价值。园区把产业发展作为休闲农业发展基础，已建成各类产业基地4万亩，通过建设具备旅游功能的水果、中药材、水产养殖基地2.3万余亩，每年可实现直接经济收益1.84亿元。二是乡村旅游休闲观光性收入2 100万元。共计实现年产值2.05亿元。通过进一步的投入和发展，园区内休闲农业的经济收益将大幅度增长。

社会效益。一是通过人居环境改造、优化和特色民宿运营示范，带动当地农户提升居住环境，或者自主参与民宿经营，增加收入；二是通过招引项目，吸引社会资本参与休闲农业投入。将农村闲置土地统一流转，用于发展特色产业种植基地，农户通过出租土地增收；三是盘活农村闲置资产要素，鼓励农户以土地入股、农房入股的方式参与企业的规模化种植或经营，农户通过股份分红方式增收；四是实现区域内农民就近务工，吸引外出务工人员返乡就业创业。目前园区提供固定用工岗位1 200余个，人均年收入1.8万元以上；季节性用工1.8万人次，人均年收入3 000元以上。

生态效益。园区坚持人与自然和谐共生、创新乡村经济发展模式，走乡村绿色发展之路。通过主题公园建设，盘活农村闲置房屋、撂荒土地，建设现代农业产业景观，增加了植被，保持了水土，改善了环境，减少了污染，进一步提升了农村的人居环境和生态环境，体现了"绿水青山就是金山银山"的生态发展理念。

【经验启示】

1. 政府主导，科学规划，群众受益。一是统筹规划，合理引导，科学开发。政府作为主导者应站在战略的高度，以长远发展的眼光来对待休闲农业未来的发展，将休闲农业发展纳入到区域旅游开发总体战略和区域经济发展总体规划当中，因地制宜，合理布局，科学开发。二是政策倾斜，加大投入。进一步加大资金投入，加强休闲农业景区的水利、电力、卫生、应急等各项基础设施建设。制定相关的财政优惠和扶持政策，采取减税、补贴、专项资金等方式，为休闲农业经营注入活力。三是搭建融资平台。利用政府职能，建立多渠道的融资平台，授农户以"渔"，鼓励农户主动积极解决经营过程中的资金需求，重点鼓励和扶植一批具有较强经营能力的农户，盘活休闲农业经营过程中的人力和财力，带动整个园区休闲农业发展。

2. 创新思维，深度挖潜，丰富业态。一是借鉴休闲农业发展成功的经验，结合自身特色资源，进行产品、文化、内涵的深度挖掘，推陈出新，走创新性的产品开发路线。

二是调整产品开发理念，在原有经营主题的基础上，引进适当的新经营主题，从而实现产品开发的多样化。三是充分体现地方风俗民情。通过开展具有地方特色的活动、表演和农家事来提升乡村性。

3. 强化营销，注重合作，提升影响。一是政府推动。政府可通过引导休闲农业经营者，强调营销在休闲农业发展中的重要作用，推动企业和农户等经营者不断总结经验，进行有意识的营销活动。二是企业行动。转变目前仅以本地区景点作为宣传的营销观念，通过科学的市场调研，与毗邻的休闲农业经营者协商，消除恶性竞争，建立区域联合营销意识，加强区域整体营销传播，从而树立区域品牌，强化市场竞争力。

发展乡村旅游　助推乡村振兴

——开阳县"水东乡舍"
项目乡村休闲旅游业
典型案例

【基本情况】 党的十九大提出，要实施乡村振兴战略。实施乡村振兴战略，关键是打破城乡要素双向流动壁垒，而城乡要素中最核心的要素之一就是宅基地和农民房屋使用权。中央1号文件明确提出，要"适度放活宅基地和农民房屋使用权"。为抢抓机遇，开阳县委、县政府高度重视，迅速行动，牢牢牵住"宅基地和农民房屋使用权"这个牛鼻子，以农村"三变"改革为抓手，引入贵州水东乡舍旅游发展有限公司，实施"水东乡舍"项目，通过"三改一留"开发模式，做实"622"利益联结机制，着力打造乡村旅游范本，打破城乡要素双向流动壁垒，促进农村产业融合发展，积极探索出一条农业强、农村美、农民富的乡村振兴之路。

开阳县"水东乡舍"项目，位于开阳县南江大峡谷、十里画廊景区范围。景区跨越开阳县南江、禾丰 2 个布依族苗族乡，面积 202.67 平方千米，距省城贵阳市 43 千米，距开阳县城 18 千米，有水东文化民族村落 2 个、布依族苗族人口 14 120 人、物质文化遗存遗迹 4 处、民族民居 2 224 幢，良好的自然资源和人文积淀优势，为发展乡村旅游奠定了基础。

2017 年实施的"水东乡舍"项目，秉承"一栋房、一亩地、一种生活"理念，以"亲近美好生活"为宗旨，打造乡村民宿，引入城市社会投资人进行投资，拥有 20 年经营权，农户以闲置房屋和土地入股，公司负责对房屋和土地进行统一改造并负责项目经营管理。该项目融合少数民族特色，对农民闲置传统房屋的主题风格、客房艺术、个性服务进行改造，打造出赏景度假型、乡野田园型、文化体验型等特色民宿，通过互联网平台与城市住房、旅游住宿等需求进行在线对接，实现民宿对外开放营业。游客可通过"i乡舍"App 预定住房，预定后获取动态二维码直接办理入住。该项目计划在十里画廊景区一带打造 1 000 户 5 000 余间民宿，目前已入股农户 110 户，完成改造 26 户，正在改造 23 户。同时，依托十里画廊景区绿水青山资源，按照果园、菜园、茶园、药草园、花园、体验地"五园一地"的建设规划，将农事体验、赏花品果、采摘游乐与水东文化、农耕文化有机结合，实现农旅融合发展。

【主要做法】

（一）经营模式

"水东乡舍"项目，以"亲近美好生活"为宗旨，通过"1＋N＋1"模式，建设一个旅游配套小镇，联动周边村寨农户，按照"三改一留"开发模式，实施 N 个水东乡舍特色农旅产业，打造一个乡村振兴示范区，构建城乡生活共享平台，实现城乡融合发展，助推开阳乡村旅游的跨越式升级，打造乡村振兴示范区。

（二）经营理念

秉承"一栋房、一亩地、一种生活"理念，以"亲近美好生活"为宗旨，依托良好的自然资源和深厚的人文积淀，按照闲置房改经营房、自留地改体验地、老百姓改服务员、保青山留乡愁的"三改一留"开发模式，整合城市资金、农村闲置资源，通过"i乡舍"城乡生活大数据平台，着力打造城乡生活体验产品，为游客提供高品质的乡村生活环境，实现城乡资源平台共享、城乡生活一键切换，促进城乡融合，助推乡村振兴。

（三）具体做法

实施"三权分置"，激活农村闲置资源。开阳县积极探索宅基地所有权、资格权、使用权"三权分置"，落实宅基地集体所有权，保障宅基地农户资格权，适度放活宅基地使用权，从宅基地的取得置换、明晰产权、抵押担保、入市流转、有偿使用等方面着手，拆除城乡二元体制机制藩篱，健全城乡之间要素合理流动机制，减少了农业农村发展中的壁垒和束缚。"水东乡舍"项目通过将农户闲置房屋使用权进行依法流转，吸引城市投资以乡舍改造资金入股"星级民宿"享受 20 年的经营使用权，平台公司负责对民宿进行统一打造、"i乡舍"App 开发及经营管理，推动星级民宿新业态发展，促进城市资金、项目、人才有序进入农村，进而激活闲置农地、闲置劳动力，实现宅基地的保值增值，增加农民的财产性收入，解决农村有资源、缺要素的现状，撬动更多社会资本参与乡村振兴战略。

通过"三改一留"，创新项目开发模式。"水东乡舍"项目通过"三改一留"开发模式，激活农村闲置资源，为游客提供高品质的乡村生活环境。一是闲置房改经营房。鼓励农户将自有闲置房屋入股公司进行统一打造经营，充分挖掘闲置资源潜在利用价值，把农村闲置房屋变成了"星级民宿"，把农民变成了乡舍股东，增加了群众收入。二是自留地改体验地。鼓励农民将闲置土地按照果园、菜园、茶园、药草园、花园、体验地"五园一地"的规划进行建设，发展农事体验、赏花品果、采摘游乐等乡村旅游产品，提高土地收入，实现农旅融合发展。三是老百姓改服务员。"水东乡舍"发展过程中，所需服务人员优先招聘本地村民，通过统一培训后上岗，为游客提供乡村旅游服务，解决了当地老百姓就业，提高了收入水平。四是保青山留乡愁。政府通过基础设施配套和富美乡村建设，最大限度地保护了绿水青山，为游客打造留得住乡愁的乡村环境，吸引游客休闲度假，让游客通过自耕自种自给自足享受"田园牧歌"式的生活。

依托"i乡舍"平台，促进农旅深度融合。水东乡舍公司与湖北大学合作，研发了"i乡舍"城乡生活数据平台。"i乡舍"数据平台，包括游客端、投资人端和农户端，游客端整合了周边旅游资源和旅游产品，为游客提供手机一键掌控在乡村的"吃住行游娱购"等各类需求，投资人端及农户端主要将游客订房及其他需求的信息实时共享，达到收益实时分配，通过三方App的数据实时共享，保障各方利益，让农户放心入股、开心分红。"i乡舍"数据平台内涵盖支持酒店及景区景点网上购票、特色活动体验项目、"找乡愁"特别项目、富硒农特产品和手工艺品的购买等多个功能，能满足不同层次游客的需求，为游客构建出行更便捷、业态更丰富的度假空间，推动旅游业发展。

【利益联结机制】 开阳县在实施城乡"三变"改革过程中，推广"保底收益＋按股分红"模式，做实利益联结机制，保障群众利益。开阳县"水东乡舍"项目产生收益后，按照"622"模式进行入股分红，城市社会投资人占60%、农户占20%、公司占20%。农户入股房屋按股分红收入每间不足1 200元，公司按1 200元进行分红，保障农户收

益。2018年8～12月，参与分红的社会投资人30人，共获得分红46.3万元，平均每人分红15 433元，最高分红23 803元；参与分红的农户30户，共获得分红15.43万元，平均每户分红5 144元，最高分红7 230元；公司获得分红15.43万元。同时，为助力脱贫攻坚，履行社会责任，公司在每一栋乡舍的营业额中提取1%用于帮扶贫困户，目前已带动50余户贫困户增收。

【取得的成效】

经济效益。一是带动直接入股农户年均增收1万元以上；二是带动龙广村农家乐、果农等农户年均增收3万元以上。

社会效益。一是通过利益联结机制，保护传统村落，减少对田园风光的开发破坏，实现大生态与大旅游融合发展；二是直接带动龙广村31户100人贫困户整体脱贫；三是直接带动就业30人以上，间接带动龙广村水果、蔬菜农户200户以上，实现多渠道增收。

生态效益。提档升级开阳"十里画廊"乡村旅游整体形象，促进生态环境保护，挖掘利用当地民族文化，为文化传承创造市场引导平台。

【经验启示】 "水东乡舍"牢牢牵住了"宅基地和农民房屋使用权"这个牛鼻子，通过"三变"改革打造"民宿经济"，抓住了实施乡村振兴战略的核心动能，打破了城乡要素双向流动壁垒，为农业强、农村美、农民富乡村振兴之路探索出了一条新路，在项目实施过程中，主要有以下几点启示：

一是"安居乐业"是"公约数"。"安居乐业"是人们"漂泊打拼"的多年夙愿，是融入中国人骨髓里的归属感，"水东乡舍"通过合理开发"闲置房屋"，找到了城市资金意愿流向农村的最大"公约数"，从而吸引了城市资本沉到农村。"水东乡舍"的实践证明，通过"安居乐业"让城市人从"过客"变为

"主人"，能让人寻到乡村归属感，唤起乡村振兴责任感。

二是"活化要素"是"牛鼻子"。"水东乡舍"紧盯中央1号文件释放的政策利好，巧抓"适度放活宅基地和农民房屋使用权"牛鼻子，活化农村各类要素资源，为城市资源下乡找到了突破、提供了载体，为乡村组织化、集约化发展提供了路径。"水东乡舍"的成功探索证明，"适度放活宅基地和农民房屋使用权"是大势所趋，是解决城乡要素双向有序流动的根本和关键。

三是"利益联结"是"杠杆点"。"水东乡舍"利用"两个协议"完善利益联结机制，通过就业带动、保底分红、股份合作等多种形式，构建了"政府+村集体+城市投资方+农户+平台公司"利益共同体，实现了由"旁观者"向"参加者"转变、"打工族"向"主人翁"转变。"水东乡舍"实践证明，找到调动多方"各施其才"的"杠杆点"，能有效撬动各方资源集聚，激发了乡村发展活力。

四是"新型业态"是"突破口"。"水东乡舍"从农业供给侧出发，以市场需求、消费需求为导向，通过整合农村零星分散农房打造"民宿经济"新业态，允许了城里人在农村买房养老、种地度假，为城乡要素双向有序流动找到了"突破口"。"水东乡舍"的实践证明，"新型业态"的开发能有效解决分散资源发挥不了作用、分散资金效益不好、分散农户干不了的"三分散"状况，使分散的"小生产"逐渐对接"大市场"。

"六朵金花"竞相争艳

——白银区乡村休闲旅游业典型案例

【基本情况】 近年来，白银区紧紧围绕美丽乡村、特色小镇、田园综合体和"三变"改革，进行高端化、精细化、差异化打造。充分挖掘乡情、乡韵和乡俗，以"花"为基，

建成了花村·顾家善；做活"水"文章，将休闲娱乐、文化体验融入其中，建成了古韵·大川渡；传承古法工艺，推进农事工业与乡村体验旅游融合发展，建成了乡坊·强湾村；以特有的丹霞地貌为基础，把地貌景观旅游、乡村生态旅游结合起来，建成了石村·萱帽塔；以农事体验为主，培育壮大集餐饮、采摘、娱乐于一体的乡村休闲旅游，建成了桃园·罗家湾；推动一二三产融合，大力发展农业观光、农事体验和休闲旅游产业，建成了大坪·农业园。花村·顾家善荣膺2018年中国100个美丽休闲乡村及央视财经频道魅力中国城2018年度魅力乡村旅游目的地。

（一）花村·顾家善

顾家善是白银区水川镇13个村之一，濒临黄河，与青城古镇隔河相望，区域面积1平方千米，全村共367户，924人，500多年前从江苏迁移过来。现有耕地1 514亩，水浇地596亩，人均0.6亩。主要产业为日光温室蔬菜种植和旅游业，全村有着多年养花的经验和传统。花村·顾家善是2017年白银市、区两级落实乡村振兴战略重点打造的精品美丽乡村。近年来，顾家善村连续获得"全国敬老文明号""甘肃省卫生村""白银市首批金融信用村""全市民主法治示范村""市级文明村"等多项荣誉称号。

（二）古韵·大川渡

大川渡村，原名大船渡，这里是境内黄河段用较大木船摆渡行人车辆的黄河渡口，因而得名。位于白银市南郊黄河北岸，与榆中县青城镇隔河相望，距市区24千米，区域面积10.04平方千米，辖10个村民小组，共1 102户2 952人，门牌为刘家庄、苏家窑、红庄子、魏家堡、花庄子、曾家街。村委会驻红庄子78号。耕地面积3 539亩，支柱产业为现代农业种植。

（三）乡坊·强湾村

强湾村位于白银市区南郊14千米处，濒

临金沟河生态景观带，全村共 485 户、1 715 人，有耕地 3 313 亩，其中水地 2 254 亩、旱地 1 059 亩。乡坊·强湾村是 2018 年白银市、区两级落实乡村振兴战略重点打造的精品美丽乡村。

（四）石村·萱帽塔

强湾村萱帽塔，现有 72 户，360 人。2008 年至 2009 年强湾乡针对全乡无房户及危房户特困群众在强湾村萱帽塔实施特困群众安居工程，按照统一规划、统一设计，集中连片安置的原则，投资 106 万元建成一户一院式住宅 20 套，总建筑面积 1 250 平方米，移民安置农户 20 户、77 人，主要依靠温室蔬菜种植、养殖业和劳务输出。强湾村萱帽塔是典型丹霞地貌区，具有"石村"之称。村内丹霞地貌到处可见，造型奇特，巍峨壮丽。

（五）桃园·罗家湾

白崖子村罗家湾，原名张家岔，现有 30 户，85 人，主要依靠温室蔬菜种植和劳务输出。目前，白崖子村罗家湾以打造"规划科学布局美、村庄整治环境美、创业增收生活美、乡风文明素质美"的美丽乡村为目标，积极发展乡村旅游。2017 年，白崖子村罗家湾的企业家、致富能人、在外成功人士罗继军在罗家湾计划投资 2 000 万元发展乡村旅游。目前已完成投资 1 200 万元，硬化了罗家湾通社道路 1 000 米，正在建设游客服务中心，打造精品民宿 10 个，核桃园 180 亩，钓鱼池 8 000 平方米，为白崖子村的乡村旅游注入新的活力。

（六）大坪·农业园

白银区现代农业科技示范园位于水川镇大坪，2015 年先后被评为省级农业科技园区和国家级农业科技园区核心区，规划面积 1 万亩，区域面积 20 平方千米，是白银市、区两级落实乡村战略，发展田园综合体的主阵地。大坪·农业园是百亩花海、竞相争艳、瓜果飘香、芬芳四溢，集"循环农业、创意农业、农事体验、生态休闲、观光娱乐"于一体的田园综合体，是一个提供现代农业技术交流学习的地方，是一个掌握绿色科技，打造健康生活的地方，是一个"容五湖四海，纳四海佳肴"的地方，是一个可以"赏田园风光，享采摘乐趣"的地方，是一个"绿色果蔬处处有，甜蜜美味遍地是"的地方，是"绿色、高效、创新、示范、生态"演绎大坪农业典范。

【模式简介】

（一）模式概括

"农业＋旅游"。依托白银区日光温室和林果产业比较优势，大力发展设施农业、观光农业，全面推进农业景观化、农村休闲化、农耕体验化，促进农旅融合发展。重点发挥白银国家级农业园区核心区示范带动效应，建设了 300 亩的"凤园花海"，配套建设了游客服务中心、生态停车场、七彩滑道、网红桥、儿童游乐园等设施，设计了以赏花踏青、聚会野餐、亲子休闲游为主的特色旅游线路，通过一二三产深度融合，推动单纯农业向农业观光、农事体验、休闲旅游、文化传承等复合性功能深度转变，打造了生态旅游的新亮点。

"文化＋旅游"。把文化作为旅游的灵魂，走文化与旅游深度融合的路子。进一步加强黄河文化、地方民俗文化和工业移民文化资源的挖掘、整理、保护和开发，沿着历史脉络，激活白银文化，讲述白银故事，传播白银声音。

"体育＋旅游"。立足白银地形地貌特点，发展时尚健康户外旅游，2019 年举办了"健身花海湿地间·畅游沿黄景观带"户外系列体育活动。认真贯彻落实《甘肃省"十三五"通用航空发展规划》，计划建设白银水川、白银银西等通用机场，加快培育低空旅游产品市场，重点开发高端直升机观光旅游、航空摄影、低空飞行等线路产品。

"康养＋旅游"。促进白银区中医药文化、中医药产业、养生保健和休闲旅游深度融合，水川以康养为主、四龙以休闲宜居为主，重点打造2个特色小镇。积极开发中医药保健、医食养生、泥疗沙浴、禅道养生等系列养生旅游产品。多层次、多样化开发休闲养老慢游产品，制定实施全区老年旅游发展规划，建设养老度假基地。白银市已引进中国科学院和中国工程院院士26名。正在建设花村·顾家善"院士之家"，黄河假日城湿地公园已搭建了甘肃白银市院士专家服务基地。大坪田园综合体已挂牌成立了"方智远院士专家工作站"和"甘肃省人才培训基地"。

（二）发展策略及做法

围绕"一城两带四融合六金花"总体发展思路，重点在基础设施、空间布局、功能业态、经营管理、核心景区和调动群众积极性等6个方面集中发力，开创乡村旅游发展的新局面。

一是大力完善基础设施，为乡村旅游发展创造良好条件。构建全区快捷交通网络，实施白榆公路、靖白公路等交通干道拓宽改造，着力筹建西峡口至五柳沿黄滨河路。加快省道103线白银区段公路建设，与兰州市配合做好黄河大峡谷旅游航道开发，开通乌金峡至大峡水上旅游航线，加快四龙至龙湾航道升级。筹建水川三类通用机场，形成水、路、空立体化旅游格局。提高乡村公路等级标准，开通市区直达"六朵金花"的旅游公交，改善乡村旅游景点的交通条件。完善旅游道路沿线导游导览牌、旅游形象标识、景点解说牌等乡村旅游标识系统。加大资金投入力度，提升接待、停车、环卫、通信、供水、供电、垃圾、厕所、应急救援、污水处理、安全消防、医疗保障等基础条件，配套建设餐饮住宿、休闲娱乐、户外运动、互动体验等服务设施，不断满足游客的多样化需求。

二是着力优化空间布局，加快构建乡村旅游发展格局。按照点线面结合的思路，通过串点成线、以线带面，努力形成主客共享、旅居相宜、农旅相融的乡村旅游大景区。在点上，注重景点、村庄、公共服务场所等各个点的规划建设，把每一栋建筑、每一个景点、每一个乡村都建设成精品、塑造成景观。继续深入打造"六朵金花"，高标准、高起点进行策划设计，深入挖掘当地文化元素，形成特色鲜明、要素齐备、吸引力强的乡村旅游示范点。积极引进高端医疗机构，在湿地公园北侧规划建设集保健、医疗、康复、护理和养老为一体的康养产业综合体，着力塑造黄河康养品牌。注重融"田园、乐园、家园"于一体，建设农业（田园）＋文旅（乐园）＋宜居（家园）协同促进，联动发展的大坪田园综合体。在线上，充分发挥黄河过境45千米的优势，与青城古镇实现对接和互动，积极参与共建兰州—白银黄河风情旅游带，形成南接青城古镇、西连什川梨园、北通黄河石林的黄河风情旅游长廊。着力打造金沟河生态景观带。在面上，充分运用"旅游＋"模式，推动旅游业与文化、康养、体育、农业、工业深度融合，打造出多层次、差异化的旅游产品，构建一体化旅游产品体系，真正形成乡村大旅游格局。

三是不断丰富功能业态，努力拓展延伸乡村旅游产业链条。按照个性化、特色化、差异化发展方向，因地制宜，丰富业态，充实内涵，做好每个乡村旅游点的文章，提高吸引力。每个村成立一个文化旅游公司和若干个合作社，实现规范运营，达到统一指导、经营和管理的要求。

在吃的方面，加强本地特色菜、农家菜、山野菜等菜品开发，以甘肃其他地方的精品美食为主，再引入陕西、成都等地特色小吃，至少100个品种以上，根据游客消费需求，每户农家乐核定两个品种作为特色招牌菜，杜绝因类同而造成的恶意竞争。同时，汇集各种美食，招商引资在水川黄河湿地公园一期人工湖西侧建设以特色小吃城为主的娱乐综合体。

在住的方面，适应多元化、个性化、高端化市场需求，规范和提升现有民宿的软硬件及服务水平，因地制宜，在"六朵金花"大力发展树屋、窑洞、客栈、帐篷、野营地等体验式住所，逐步向主题酒店、生态庄园、温泉度假酒店等高端旅游住宿方向发展。

在行的方面，开通旅游大巴专线，在城区、乡镇及景区外围设置多处旅游集散中心，引入共享单车，发展共享汽车，景区内部配置电瓶车、电动车、双人和多人自行车等出行工具，逐步导入直升机、热气球、观光小火车等游览交通方式，满足游客多元化需求。

在游的方面，自然景观保留原风貌，增加游步道、凉亭、绿化、美化等休憩和辅助功能，人文景观挖掘本地文化资源，摆老物件、讲老故事、秀老传统，做大做强做足"老天爷"赐予的得天独厚的自然遗产，"老祖宗"留下的独一无二的人文遗产，"老百姓"创造的独具风情的民俗文化，"老前辈"传承的独树一帜的革命传统。着重在"六朵金花"上集中发力，实行"一村一花"，每个村一个品种，多种花色，避免同质化。在花村·顾家善做好老柳树和老梨树的传承和保护，做大做强花产业。在古韵·大川渡深度挖掘"大船古渡"和"武当神钟"上千年的文化历史，让文物"动"起来，建设一座联通青城古镇的跨河 3D 玻璃栈道，使条城八景连为一体，实现互动和错位发展。在乡坊·强湾村打造作坊一条街，加强手工制作的体验性，打响老作坊的品牌，让产品出村入城，走向千家万户。在石村·萱帽塔设置多处石质休闲设施，定期举办大型黄河奇石展销会。在桃园·罗家湾建设一处以核桃为

主的采摘园，建设户外野营地，做好配套服务设施。在大坪·农业园以凤园花海为基础，以现代农业科技示范为核心，以田园综合体打造为目标，实现一二三产业融合发展，同时，利用日光温室拓展冬季旅游产品，填补冬季旅游空白。

在购的方面，加强手工编织、根雕盆景、窗花剪纸等乡村特色旅游商品开发，利用大坪现代农业优势，发展精致农业小商品，加快以铜和银为主的旅游小商品研发，注入城市符号，打造铜城白银品牌，实现以城带乡、以乡促城的城乡一体化发展格局。

在娱的方面，根据游客需求全方位多元素植入娱乐新业态，着力增加参与性和体验式较强的游乐项目，购置汽艇、游轮和羊皮筏子，发展黄河段野外拓展训练、徒步攀岩、科考探险等户外体育运动旅游产品。充分挖掘乡村文化资源，打造乡村文化演艺精品，建设湿地公园、顾家善（大川渡）、强湾、民乐 4 个固定演艺场所，日常演绎喜闻乐见的民间曲目，定期举办歌手大奖赛、秦腔争霸赛、明星演唱会等艺术盛会，增加水幕电影、灯光秀等夜间项目，尽最大可能延长游客的滞留时间。

四是强化行业经营管理，切实提升乡村旅游发展整体水平。突出农民作为参与和受益的主体地位，探索实施"企业＋农户""公司＋协会＋农户"等多种经营管理模式，实现适度集中经营，获取规模收益。制定乡村旅游住宿、餐饮、娱乐、购物等主要消费环节的服务规范和定级标准，加强旅游从业人员的专业知识教育和技能培训，提升乡村旅游的管理服务水平。健全行业自律和动态管理机制，规范乡村旅游市场秩序，确保诚信经营和公平竞争。建立农家乐、民宿评星定级和摘星退出机制，促进农家乐、民宿标准化、规范化发展。

五是加快核心景区开发进程，助推乡村旅游快速发展。整合四龙度假村和山水间

绿色生态园旅游资源，成立四龙旅游度假区管委会，申报国家4A级旅游风景区，加快四龙乡村休闲度假旅游发展步伐。以湿地为基础，以康养为主题，加快黄河假日城开发进程，打造乡村旅游的精品集散地。以峡谷观光、科考探险、休闲娱乐为主题，按4A景区的标准，开发黄河大峡谷，联通什川梨园和青城古镇两个4A景区，打造精品旅游线路，发挥品牌效应，和乡村旅游实现错位和互补，促进乡村旅游快速发展。

六是充分调动群众的积极性，实现全民参与的乡村旅游新格局。以产业化对农民再组织，以合作化对利益再分配，坚持农民的主体地位，充分尊重农民意愿，调动农民的积极性，实现村景一体，全民参与。首先，壮大村集体经济，作为调节利益分配的杠杆和纽带，农民通过土地、房屋、设施等资产入股，组建农民合作的村集体经济，打破传统农村集体经济的观念，以此来克服长期困扰和制约农村经济发展的体制机制。其次，把农民积极组织起来，第一步，创建农民创业平台，通过对村民进行多层次的集中培训，使村民具有服务意识和经营能力，明确抱团取暖的产业化可以从根本上解决收入和效率低下的问题，这也是破解"三农"问题在具体操作层面的现实课题。然后提供优惠政策和基本条件，让村民分期分批低成本或无成本进入平台，根据市场调研，设计业态、遴选项目；第二步，培育优势项目并逐步产业化，根据优胜劣汰的市场法则，对所有项目和商户进行动态管理，不断淘汰无效供给，补充新项目，经过市场选择，发现和确定优势项目，加以扶持和培育，并进一步考察市场前景，评估风险和效益，最终确定具有良好市场前景，可以扩大再生产的优势项目逐步实现产业化；第三步，增资扩股，成立农民合作社，全民参与，入股自

愿，照顾小户，限制大户，风险共担、收益共享，各个项目互相参股，公开透明，通过调节收入分配和再分配，避免两极分化，实现利益均衡，达到共同富裕的目的。

（三）主要成效

2018年，全区乡村旅游接待游客116.66万人，乡村旅游收入23 623.65万元，同比增长均分别为24%和56.84%，乡村旅游在促进经济增长、调整产业结构、实现高质量发展中发挥着极其重要的作用。截至2019年7月底，全区乡村旅游接待游客85.64万人，乡村旅游收入1.8亿元，同比增长均分别为24.3%和29.21%。新增旅游就业人数1 595人。

突出特色优势
加快乡村旅游产业强村建设步伐
——敦煌市月牙泉镇月牙泉村乡村旅游发展典型材料

【基本情况】　依托紧靠国家5A级景区鸣沙山·月牙泉的区位优势，敦煌市月牙泉镇月牙泉村的村民们在发展好传统产业李广杏的基础上，吃上了"靠山吃山、靠水吃水"的旅游饭。现如今，月牙泉村党支部充分发挥"战斗堡垒"和"示范引领"作用，在推动李广杏、景区驮运、农家客栈产业发展过程中，抓服务树品牌，抓规范强管理，不仅鼓起了"钱袋子"，而且还走上了旅游服务"国际范"，一年四季游客如织、络绎不绝，处处呈现出繁华热闹的景象。其中，以景区驮运、农家客栈最为突出，现有驮运户220户，骆驼1 200余峰，农家客栈161家，可提供床位5 000余张，年接待10万余游客。逐步形成了以景区驮运、旅游服务、特色林果为主的三大产业，全村在景区内从事工艺品销售、

照相、沙漠越野、拉骆驼、滑沙等旅游服务的人数约 800 人。旅游服务业收入 1.3 亿元，谱写了乡村振兴的新篇章。

月牙泉村位于甘肃省敦煌市月牙泉镇，地处国家级风景名胜区鸣沙山下，月牙泉畔，距敦煌市区 5 千米，该村因鸣沙山月牙泉而得名，地理位置优越，有着得天独厚的自然资源和区位优势。全村共有 3 个村民小组，256 户、1 083 人，耕地面积 2 800 亩，李广杏栽植面积 1 700 亩，占全村耕地面积的 61%，现有驼运户 256 户，骆驼 1 700 余峰。2018 年农民人均纯收入 17 360 元。月牙泉村是全市有名的旅游专业村和李广杏专业村，也是甘肃省新农村建设示范村。随着改革开放的深入，临近景区的月牙泉村主要以发展旅游为主，辅助种植棉花、李广杏、葡萄等，如今，月牙泉村的土坯房变成了砖瓦房，房前屋后的柴草堆不见了，以家庭式、别墅式和园林式为主的农家客栈一条街、月牙泉特色文化小镇，成为游客徜徉的新景区，在这里，有遮风避雨的长廊，有饭菜可口的饭庄，也有温馨舒适的客栈。近年来，月牙泉村先后荣获"中国乡村旅游模范村""全国生态文化村""2018 年中国美丽休闲乡村""全国乡村旅游重点村""全国造林绿化千佳村""甘肃省卫生村""酒泉市文明村标兵""新农村示范村"等荣誉称号，连续 11 年承办全国沙滩排球赛，成为全市重要的体育赛事场地。

【模式简介】

（一）模式概括

月牙泉村为进一步提升农家客栈服务水平，采取"支部＋协会"的形式，成立了农家客栈协会和协会党支部，依托网格化管理和游客接待中心，大力实施"飞天先锋服务站"党建服务项目，通过组织开办礼仪服务培训班，统一行业标准，规范网上订住、游客接送、景点介绍、游玩项目推荐等"一站式"服务，许多游客都为村里的客栈"点

赞"。针对农家园和农家客栈建设，制定完善了《星级农家园、农家客栈验收评比标准》和《月牙泉镇农家园、农家客栈管理办法》。充分发挥协会作用，执行标准制度，规范市场运行模式。镇党委、镇政府每年都会联系旅游名校教师、旅游方面相关专家或电商讲师为农家客栈经营户授课培训，让经营户及时了解信息时代新的旅游消费理念，创新运用科学的经营模式，实现人无我有、人有我精。

（二）发展策略

深挖驼运业"致富经"。随着近几年敦煌旅游热，游客井喷式增长，月牙泉村的驼运形势大好。驼背上的"钱袋"越来越鼓。村民们凭借驼运产业迈上了富裕小康之路。为了提升驼运服务的质量，驼运协会为驼运服务人员配发了新的服装和工作证，并组织驼运人员参加相关培训。旅游旺季，这里一天最多拉着骆驼跑 18 趟，一天下来至少能挣 1 000 多元。随着文博会召开，来月牙泉景区的游客越来越多，来买工艺品的游客也增多了，这里骆驼造型的毛绒工艺品比较受欢迎。驼运产业发展步入快车道后，村党总支一班人并没有停歇，为进一步延伸旅游产业发展链条，推动全村其他产业开放协调发展，旅游服务产业党支部积极引导村民发展以驼运产业为主体，住宿、工艺品销售、摄影和沙漠露营探险等项目协同发展的旅游服务产业链，依托这些旅游配套服务产品，全村年收入就可达 7 000 万元，形成了收入百花齐放、产业百家争鸣的可喜局面。

打好农家旅游"品质牌"。月牙泉村的客栈离景区近，价格适中、还具有农家特色，比较受游客欢迎。同时，客栈在网上就可以预定，很方便。这里大多数客栈主打乡村风格，装修装饰都是这种偏农村风格，土炕、大花窗帘、床单等。农户有自己的李广杏园、桃园、葡萄园，各色水果成熟的时候，游客还可以去体验采摘乐趣。

深耕现代农业"致富树"。李广杏是月牙泉村的"金蛋蛋"。村里专门注册了"敦煌飞将军"李广杏商标，制作设计精良的包装箱等，力求以品牌效益扩大市场份额，通过举办"中国·敦煌杏花节"和李广杏质量评比大赛，让月牙泉畔的李广杏成了村民致富的"金字招牌"。近些年来，虽然杏树花开的好，但因风沙、霜冻等气候因素，坐果率降低，产量大不如前。"不能让传家宝葬送在咱们手里"。经过广泛调研，村党总支选派能人牵头，及时成立了敦煌市李广杏协会，并聘请市、镇、村三级技术人员和科技示范户，组建李广杏产业党员技术服务队，集全市之力，破解发展难题，努力做大做强李广杏产业，取得抱团取暖的效果。在杏花盛开时积极组织村组干部、党员和群众进行煨烟防冻，同时积极与林技中心和保险公司对接，为李广杏树买保险，减少了农户的损失。并将栽植户组织起来，请专家、办讲座、传知识，通过更新复壮，加强技术服务、提质增效，月牙泉村的李广杏坐果率较上年提高了 40%，产量较上年增长 50%。为进一步擦亮、做大李广杏产业，月牙泉村党总支在广泛调研的基础上，主动出击，指导李广杏协会党支部积极筹划打响品牌攻势，连续 6 年举办了"中国·敦煌杏花节"和李广杏质量评比大赛，有效提高了敦煌李广杏的知名度。在党组织和协会的带动下，月牙泉村的李广杏产业不断发展，全村 90% 以上的耕地种植李广杏，已成为敦煌市最大的李广杏生产和集散地。同时，伴随外来游客的不断增多，村民的思想也活了起来，除在景区建立了敦煌李广杏直销点向中外游客推销外，一部分人还开起了网店，从鲜食杏到杏干，产品走俏北京、上海等 20 多个大中城市，有效延伸了产业链条。通过举办杏花节、参加李广杏评比大赛和"甘肃好味道"美食节等活动，打响特色林果品牌，助推特色农产品外销，近两年李广杏销售达 500 余吨。

(三) 主要做法

1. 加大资金投入力度，完善旅游基础设施建设

为了更好地发展旅游服务业，近年来，镇政府申请资金 60 万元用以提升改造月牙泉村农村旅游产业环境，为全村 259 户农户统一配置了垃圾桶，全村 3 个村民小组全部配备了保洁员。先后申请资金 300 万元，对农家乐门面进行统一的装饰装修，粉刷墙面 3 000 平方米，安装文化元素砖雕 24 副，仿古窗花 32 个，统一标识牌 32 个；改造一条街农户住宅 117 户，整修人行道 1.2 千米，为解决旅游旺季道路拥堵问题，新修建乡村公路 3 条。为解决农家客栈旺季出现"电跳闸""水供应不上"的问题，客栈协会党支部发挥组织优势，通过多方努力，建成了自来水调压站、天然气调压站、变压器，让商户们能在旅游高峰期用水、用电不发愁。通过采取一系列措施，进一步加强了旅游专业村的基础设施建设，有效推动了全镇农家园和农家客栈的快速发展，拓宽了农民的增收渠道。

2. 政府引导创业服务

一是加强政策设计、强化政府引导。充分结合传统产业转型升级发展现状，积极鼓励农民工返乡创业、万众创新。从创业房租补贴、载体建设、技术指导等方面，进一步明确细化创业扶持政策，加大对创业的政府引导扶持力度。在现行政策的基础上，正在梳理制定返乡创业专项扶持政策，力争尽快形成一套全面、完善的返乡创业政策体系，充分发挥政府的引导作用，为返乡创业者提供最优的政策服务。

二是力推载体建设，提升创业承载力。推进返乡创业，载体建设是核心关键，因此，月牙泉村积极引导社会力量，着力打造建设创新型孵化载体和创业空间。项目建成后可将零散个体经营商户集中起来，进行规模化、专业化的经营管理，集中搭建乡村旅游载体，

为广大返乡农民工提供创业平台。同时，组织人员到其他返乡创业孵化基地考察学习，吸收借鉴先进经验和理念，努力优化返乡创业物理空间环境，提升基地创业承载力。

三是着力创业体系规划，营造浓厚氛围。结合实际，梳理细化返乡创业扶持政策，营造创新创业浓厚氛围，为入驻商户提供技术交易、投融资等服务，建成经济信息服务平台，完善商户服务与商户展示板块，不断健全网上网下科技创新服务体系，优化简化政务服务流程，为创新创业提供快速便捷服务，充分激发创新创业活力。

3. 夯实文化底蕴，打响乡村旅游品牌。月牙泉村的民间艺术历史悠久，每年定期举办杏花节，借节会弘扬优良传统和节日习俗，目前建成了全市最大的李广杏生产基地，每年阳春三月，全村到处弥漫着浓郁的杏花香，除此之外月牙泉村还成功举办了世界著名品牌的时装发布会、敦煌（国际）葡萄节会等具有深远影响的大型活动。月牙泉村依托区位优势，大力发掘敦煌本土文化气息元素，倾力打造乡村旅游，成功举办了杏花节。在杏花节期间，架设观光灯 300 余盏，铺设大小电缆 2 000 米，组织党员群众 200 余人，进行了环境整治，并组织了 3 天观灯展、文艺演出、礼花秀、猜灯谜等活动。杏花节举办期间，开展了环保徒步游、绘画写生、手机随手拍、杏花诗会、骑骆驼体验等 14 项系列活动，全面展现了大漠敦煌春日的独特魅力，吸引了近万名市民游客来月牙泉踏青赏花。

【利益联结机制】 月牙泉村现有驮运户 256 户，骆驼 1 700 余峰。每户至少 2 个骆驼号，每户年收入 16 万元以上，全村驮运年收入 7 000 万元。农家客栈的房间价位 200～600 元不等，根据淡旺季在浮动变化，地段好的客栈一年平均能收入 30 多万元，装修风格较别致、房间数量多的客栈一年

可收入上百万元。目前，月牙泉村农家客栈全年可接待游客 300 000 人次，提供就业岗位 1 500 余个，年收入达 6 000 万元，农民增收致富实现了大幅度跨越。

【主要成效】

（一）经济效益

月牙泉镇月牙泉村农家客栈、驮运、露营基地等乡村旅游项目，为农民致富开辟了一条新的途径，通过调查，一峰骆驼一年的收入保守计算是 60 000 元，每张床位收入 15 000 元，李广杏亩均收入 2 500 元，全村户均有 2 峰骆驼、11 张床位，人均 2 亩李广杏，粗略计算全村 90% 的农户年收入都超过 20 万元。在这里，农民组团出国旅游早已成为农民冬季休闲的潮流。

（二）社会效益

月牙泉村乡村旅游产业快速发展，带动全镇 3 000 余人从事旅游服务业，占全镇人口的 30%，占全镇劳动力的 60%。农家客栈作为一种休闲式住宿方式，一方面本身就是一种旅游休闲项目，另一方面它的出现，对于自然风景区现有游客群体的消费行为由纯粹的观光游览向休闲度假转变也起到了积极的引导作用，延长了游客在景区的逗留时间，提高了消费水平，带动了敦煌市月牙泉村及周边乡镇第三产业的发展。随着文博会的成功召开，"一带一路"倡议的深入推进和国家的大力扶持，敦煌的灿烂文化吸引了来自世界各地的游客。现在的月牙泉村路更宽了，灯更亮了，村庄更美了，村民的素质更高了，他们以主人翁的姿态，时刻用最美的面貌迎接五湖四海的宾朋，用博大包容的情怀欢迎每位游人。

【经验启示】 月牙泉村党总支引领搅活了月牙泉村这一池春水。短短几年间，传统农业、景区驮运、旅游服务迅速走上产业化发展之路，让农民得了实惠，描绘了一幅基层党建

与富民增收"花开两朵""同心并蒂"的美好图景。下一步，月牙泉村将结合敦煌的城市规划风貌和地域特色，注重与城区、景区、文化产业园区融合发展。积极与城市规划、大景区规划、村镇总体规划相互衔接，发展特色产业。围绕传播弘扬敦煌元素，加大农村基础设施建设，统筹"农业＋文化旅游""农业＋互联网"等产业化项目协调发展，全面推进乡村旅游快速发展。

图书在版编目（CIP）数据

中国休闲农业年鉴.2019/农业农村部乡村产业发展司主编.—北京：中国农业出版社，2020.9
ISBN 978-7-109-27313-8

Ⅰ．①中⋯　Ⅱ．①农⋯　Ⅲ．①观光农业－中国－2019－年鉴　Ⅳ．①F592.3-54

中国版本图书馆CIP数据核字（2020）第174334号

中国农业出版社出版
地址：北京市朝阳区麦子店街18号楼
邮编：100125
责任编辑：贾　彬　　文字编辑：贾　彬　张丽四　耿增强
版式设计：韩小丽　　责任校对：刘丽香
印刷：北京通州皇家印刷厂
版次：2020年9月第1版
印次：2020年9月北京第1次印刷
发行：新华书店北京发行所
开本：787mm×1092mm　1/16
印张：17.5　　插页：4
字数：700千字
定价：300.00元